国家哲学社会科学成果文库

NATIONAL ACHIEVEMENTS LIBRARY
OF PHILOSOPHY AND SOCIAL SCIENCES

劳动力结构变化与制造业全球价值链升级

阳立高 著

科学出版社

内 容 简 介

本书从劳动力素质结构变化、劳动力受教育程度变化、企业CEO双海外背景、新生代劳动力供给变化、劳动力年龄结构变化、最低工资标准制度、劳动力市场管制、城乡劳动力市场结构、个人所得税改革和实训基地建设等十个维度，深入探讨劳动力结构变化与制造业全球价值链升级二者之间的内在联系与作用机理，并对劳动力结构变化影响制造业全球价值链升级的效应进行实证检验，最后就如何顺应劳动力结构新变化，促进制造业全球价值链迈向中高端提出政策建议。本书采用由现象到问题，从理论到实证的撰写方式，便于读者理解和应用，并加入国内外最新研究进展，为读者沿着该主题做进一步研究提供参考。

本书既可以作为高等院校经济与管理类专业的研究生和教师的科研参考用书，又可以作为本科生的拓展读物，还可以作为党政机关干部和企业管理层的决策参考用书。

图书在版编目(CIP)数据

劳动力结构变化与制造业全球价值链升级 / 阳立高著. -- 北京 : 科学出版社, 2025. 5. -- (国家哲学社会科学成果文库). -- ISBN 978-7-03-081793-8

Ⅰ. F249.21；F426.4

中国国家版本馆CIP数据核字第2025MA5861号

责任编辑：徐　倩 / 责任校对：贾娜娜
责任印制：张　伟 / 封面设计：有道设计

科学出版社出版
北京东黄城根北街16号
邮政编码：100717
http://www.sciencep.com
北京中科印刷有限公司印刷
科学出版社发行　各地新华书店经销
*
2025年5月第　一　版　开本：720×1000　1/16
2025年5月第一次印刷　印张：37 1/2　插页：2
字数：500 000

定价：298.00元

（如有印装质量问题，我社负责调换）

《国家哲学社会科学成果文库》
出版说明

为充分发挥哲学社会科学优秀成果和优秀人才的示范引领作用，促进我国哲学社会科学繁荣发展，自 2010 年始设立《国家哲学社会科学成果文库》。入选成果经同行专家严格评审，反映新时代中国特色社会主义理论和实践创新，代表当前相关学科领域前沿水平。按照“统一标识、统一风格、统一版式、统一标准”的总体要求组织出版。

全国哲学社会科学工作办公室

2025 年 3 月

序　言

廉价劳动力作为后发国家融入全球价值链的初始优势，具有双重性质。从比较优势理论视角来看，在全球价值链的嵌入阶段，低廉的劳动力成本为承接国际产业转移提供了要素禀赋优势，使得后发国家能够通过加工贸易等方式参与全球价值链分工体系，获得就业机会和外汇收入。这种模式符合刘易斯二元经济理论中劳动力无限供给的特征，后发国家通过劳动密集型产业的规模效应积累初步的生产经验和资本，建立起初步的工业基础。然而，过度依赖廉价劳动力可能导致“低端锁定”，阻碍全球价值链的升级。为维持成本竞争优势，企业倾向于延续劳动密集型生产模式，这种短期理性选择实际上弱化了技术创新动力，抑制了研发投入，使企业陷入价值链低端的路径依赖，形成全球价值链治理中的“俘获型”关系。更为关键的是，从人力资本积累和创新系统构建的视角来看，廉价劳动力模式往往与低技能就业相伴随，限制了人力资本积累和创新能力提升，形成了“技能停滞—创新乏力—产业升级受阻”的恶性循环。

劳动力要素的竞争优势正从数量型向质量型转变，参与全球价值链竞争的核心在于人力资本积累和创新能力提升，而非传统的劳动力成本优势。一方面，数字技术的广泛应用重构了劳动力与资本的替代关系，智能制造、柔性生产等新型生产方式对劳动力的技能要求显著提升。特别是在人工智能、大数据、云计算等新兴技术快速发展的背景下，传统的标准化、规模化生产模式正在向柔性化、个性化方向演进，不仅改变了劳动力与资本的投入比例，更重要的是提升了对劳动力质量的要求。另一方面，研发人才、技术技能人才、创新型人才等成为全球价值链升级的关键要素。从全球价值链分工演进来看，价值创造逻辑已从“第一次分离”（生产与消费的分离）、“第二次分离”（生产环节的地理分散）向“第三次分离”（任务与能力的分离）转变。在这一过程中，人才要素的重要性不断提升，特别是具备跨学科背景的复合型人才对推动制造业与新技术深度融合、促进产业链创新协同发展起着关键作用。

改革开放以来，我国充分发挥劳动力要素丰裕的比较优势，在全球价值链分工体系中实现了与发达经济体的互补性分工与协作，推动制造业实现跨越式发展。当前，随着人口年龄结构变迁和数字经济蓬勃发展，传统的劳动力比较优势正在发生根本性转变，如何加快构建人力资本驱动的新型竞争优势，推动制造业迈向全球价值链中高端，成为实现经济高质量发展的重要议题。阳立高教授及其团队的著作《劳动力结构变化与制造业全球价值链升级》正是在这一背景下应运而生，深入探讨劳动力结构变化对制造业全球价值链升级的影响。该书是该课题组历时六年的研究成果，部分阶段性成果曾刊载于《经济研究》《管理世界》《管理科学学报》《中国软科学》《中国工业经济》《世界经济》《经济学动态》等权威学术杂志，其敏锐的现实触角、开阔的理论视野、丰富的微观数据和扎实的计量分析，令人印象深刻。

该书以“认识—适应—引领”为研究框架，系统地从劳动力素质结构变化、劳动力受教育程度变化、企业 CEO 双海外背景、新生代劳动力供给变化、劳动力年龄结构变化、最低工资标准制度、劳动力市场管制、城乡劳动力市场结构、个人所得税改革和实训基地建设等十个维度，深入探讨劳动力结构变化与制造业全球价值链升级之间的内在联系与作用机理。通过理论分析和实证研究，揭示劳动力结构变化对制造业全球价值链升级的影响效应，并提出顺应劳动力结构新变化、促进制造业全球价值链迈向中高端的政策建议。

该书的创新之处在于其独特的研究视角和方法。首先，该书从劳动力经济学的角度切入，突破传统仅从技术进步和技术创新角度研究制造业升级的局限，系统地从劳动力结构变化的视角进行研究。其次，书中采用定性分析与定量研究相结合的方法，确保研究结论的可靠性。最后，书中构建的“认识—适应—引领”分析框架，不仅有助于理解问题的本质，也为政策制定提供清晰的思路。在研究内容上，该书全面考察劳动力结构变化对制造业价值链升级的影响机理、效应和作用机制。通过对劳动力素质、教育程度、新生代特征、年龄结构、成本变化和城乡一体化等多个维度的深入分析，该书提出具有战略前瞻性的政策框架，为推动制造业全球价值链升级提供系统性的政策参考。可以说，不论是对有关理论、现实和政策感兴趣的读者，还是对醉心于数据和方法的朋友，《劳动力结构变化与制造业全球价值链升级》都是一部颇有启发性的学术著作。

在构建新发展格局的战略背景下，提升制造业的全球竞争力显得尤为重要。衷心期望这部著作能够为推动中国制造业高质量发展贡献智慧，为应对劳动力结构转型提供启示。该书不仅是对现实问题的深刻剖析，更是对中国制造业未来发展道路的战略思考。

2024 年 10 月 30 日

前　言

丰富而廉价的劳动力资源曾支撑中国制造业持续、快速发展，推动中国成为世界第一制造大国和第二大经济实体。然而，在当前人口老龄化、高等教育大众化与全面三孩化等多重背景下，中国劳动力结构发生了深刻变化，对制造业全球价值链升级产生了深远影响，突出表现为制造业原有比较优势正在消减、制造业新的竞争优势尚未形成。因此，如何顺应劳动力结构新变化，促进制造业全球价值链迈向中高端，成为中国经济社会发展亟须解决的新问题。

首先，本书阐述选题的研究背景，分析本选题的理论价值与现实意义，梳理研究思路与方法、框架结构、篇章逻辑和主要内容；对本书所涉及的主要概念进行界定，并对现有相关文献的主流研究方法、基本思想和主要观点进行梳理，进一步对现有研究的贡献进行评价；在现有研究基础上，进一步基于实地调研与统计数据，依次对劳动力结构变化作用下我国制造业全球价值链升级面临的挑战与机遇展开深入分析，从而提出本书研究的核心问题，即如何顺应劳动力结构变化，并顺势推进我国制造业全球价值链升级。

其次，本书基于十个维度的全国与地区两个层面，分别构建计量模型，对劳动力结构变化与制造业全球价值链升级的影响效应进行实证检验，并得出一系列重要结论。一是综合利用中国工业企业数据和城市面板数据的匹配数据，探讨制造业价值链升级受劳动力素质结构变动所带来的影响效应。结果显示：劳动力素质结构优化能显著提升我国制造业企业出口产品的国内增加值率。二是利用中国工业企业数据库和中国海关进出口数据库中的相关数据，从企业出口产品质量的角度实证检验高校扩招对我国制造业价值链升级的影响。结果显示：劳动力受教育程度提高能显著推动制造业价值链升级。三是利用中国A股上市制造业企业、国泰安CSMAR（China Stock Market & Accounting Research，中国股票市场与会计研究）数据库以及中国研究数据服务平台（Chinese Research Data Services Platform，CNRDS）的相关数据，深入剖析企业CEO具有双海外背景对企业韧性的影响效应。结果显示：企业CEO具有双海外背景能够增强企业韧性。四是基于中国工业企业数据库、中国海关进出口数据库与新生代劳动力的相关数据，深入考察新生代劳动力供给变化对制造业企业出口国内增加值的影响。结果显示：新生代劳动力供给数量增加与供给质量提高均有助于提升出口国内增加值，而且新生代劳动力供给质量提高的作用更加明显；在沿海地区，新生代劳动力供给数量增加与供给质量提高对出口国内增加值有提升作用，而在内陆地区其作用并不显著。五是基于中国工业企业数据库、中国海关进出口数据库、各省人口老龄化和劳动力老龄化的相关数据，全面分析劳动力年龄结构变动对中国制造业结构优化升级与企业出口产品质量的影响。结果显示：人口老龄化加速会导致企业出口产品质量下降，而劳动力老龄化加速会导致企业出口产品质量提升。六是基于中国工业企业数据库、中国海关进出口数据库和各县区最低工资标准相关数据，全面分析最低工资标准对企业出口产品质量的影响。结果显示：最低工资标准上调不利于企业出口产品质量提升。七是选取世界银行发布的2012年中国企业营商环境调查数据作为数据分析基础，就中国劳动力市场管制是否会影响企业技术创新做出较为全面的回答。结果显示：提高劳动力市场管制水平能够促进企业技术创新。八是利用中国工业企业数据库和中国海关进出口数据库的匹配数据，基于2006年统筹城乡就业试点的准自然实验，设计双重差分模型进行实证研究，考察城乡劳动力市场一体化对企业出口产品质量的影响。结果显示：城乡劳动力市场一体化能够显著且稳健地促进企业出口产品质量提升。九是利用中国工业企业数据库、中国海关进出口数据库和地级市经济面板数据等匹配后的数据，采用双重差分模型实证检验个人所得税改革对中国企业出口产品质量的影响。结果显示：个人所得税改革有助于提升企业出口产品质量。十是利用中国工业企业数据库、中国海关进出口数据库和教育部职业教育实训基地项目立项情况统计数据等匹配及合并后的数据，运用双重差分模型系统考察实训基地对企业出口产品质量升级的影响效应。结果显示：实训基地建设能够显著提升企业的出口产品质量。

最后，根据前文的状况与问题分析、理论探讨及实证检验结果，就如何顺应劳动力结构新变化，顺势推进制造业迈向全球价值链中高端提出政策建议。例如，优化劳动力素质结构、提升劳动力受教育程度、重视企业高管海外背景、适应新生代劳动力供给变化、适应劳动力年龄结构变化、合理设定最低工资标准、加强劳动力市场管制、把握城乡劳动力市场结构变化、优化个人所得税制度、支持职业教育实训基地建设，从而促进制造业迈向全球价值链中高端。

本书研究的主要目的，一是梳理劳动力素质结构、劳动力受教育程度、企业 CEO 双海外背景、新生代劳动力供给、劳动力年龄结构、最低工资标准制度、劳动力市场管制、城乡劳动力市场结构、个人所得税改革和实训基地建设等与制造业全球价值链升级的状况及存在的主要问题；二是厘清劳动力结构变化和制造业全球价值链升级二者之间的内在联系与作用机理；三是探明劳动力结构变化各个维度对制造业全球价值链升级的影响效应；四是就如何顺应劳动力结构新变化，顺势促进制造业全球价值链迈向中高端，以及如何根据制造业升级发展新要求，培养所需的各层各类人才提出政策建议，以有效破解制造业低端产能严重过剩与高端产能供给不足的难题，以及大学生就业与制造业招工“两难”问题；五是为企业与政府等做相关决策、为相关学者开展相关领域的研究提供数据、理论与经验支持。

本书成果受如下项目资助。

（1）国家社会科学基金重点项目，项目批准号：23AJL012，项目名称：超大规模市场优势提升产业链供应链韧性的机理及政策研究，时间：2023/09～2026/12。

（2）国家社会科学基金重点项目，项目批准号：18AJL008，项目名称：劳动力结构变化促进制造业迈向全球价值链中高端的机理及政策研究，时间：2018/06～2022/12（优秀结题）。

（3）教育部哲学社会科学研究重大课题攻关项目，项目批准号：21JZD026，项目名称：疫情常态化下我国制造业全球供应链重构和数字化转型研究，时间：2021/11～2025/12。

（4）教育部哲学社会科学研究重大课题攻关项目，项目批准号：17JZD022，项目名称：发达国家“再工业化”对中国制造转型升级的影响及对策研究，时间：2017/11～2021/12。

（5）湖南省社会科学基金重大项目，项目批准号：23ZDAJ008，项目名称：产业链供应链安全评价及政策优化研究，时间：2023/12～2025/12。

（6）湖南省社会科学成果评审委员会重大课题，项目批准号：XSP20ZDA005，项目名称：促进湖南制造业迈向全球价值链中高端的机制与政策研究，时间：2020/01～2020/12。

目　录

序　言　/ 001

前　言　/ 005

第一篇　认识篇

第一章　绪论

第一节　研究背景与意义　/ 003

第二节　研究思路与方法　/ 009

第三节　框架结构与主要研究内容　/ 013

第四节　研究重点与难点　/ 021

第五节　主要创新点　/ 023

第二章　文献述评

第一节　劳动力结构变化相关研究　/ 026

第二节　全球价值链攀升相关研究　/ 049

第三节　劳动力结构变化与制造业全球价值链升级　/ 063
第四节　文献评价　/ 069

第三章　劳动力结构与制造业全球价值链升级的状况与问题
第一节　劳动力结构状况及变化趋势　/ 075
第二节　制造业价值链升级状况及特征　/ 103
第三节　劳动力结构变化背景下制造业价值链升级面临的问题　/ 136
第四节　本章小结　/ 144

第四章　劳动力素质结构变化与制造业全球价值链升级
第一节　问题提出　/ 147
第二节　理论机制与研究假说　/ 148
第三节　研究设计　/ 151
第四节　实证结果与分析　/ 158
第五节　机制检验　/ 168
第六节　进一步分析　/ 176
第七节　主要结论与政策启示　/ 187

第五章　劳动力受教育程度变化与制造业全球价值链升级
第一节　问题提出　/ 191
第二节　理论模型与研究假说　/ 193
第三节　研究设计　/ 198
第四节　实证检验　/ 205

第五节　主要结论与政策启示　/ 227

第六章　企业CEO双海外背景与制造业全球价值链升级

第一节　问题提出　/ 229

第二节　理论分析与研究假设　/ 231

第三节　计量模型与数据说明　/ 236

第四节　计量检验与结果分析　/ 240

第五节　主要结论与政策启示　/ 249

第七章　新生代劳动力供给变化与制造业全球价值链升级

第一节　问题提出　/ 252

第二节　理论机制与研究假说　/ 254

第三节　研究设计　/ 257

第四节　实证检验与结果分析　/ 260

第五节　主要结论与政策启示　/ 268

第八章　劳动力年龄结构变化与制造业全球价值链升级

第一节　问题提出　/ 271

第二节　机制分析与研究假说　/ 274

第三节　计量模型与数据来源　/ 276

第四节　实证检验　/ 283

第五节　机制检验　/ 292

第六节　主要结论与政策启示　/ 298

第二篇 应对篇

第九章 最低工资标准制度与制造业全球价值链升级

第一节 问题提出 / 303

第二节 机制分析与研究假说 / 305

第三节 研究设计 / 309

第四节 全样本回归分析 / 316

第五节 分样本回归分析 / 326

第六节 主要结论与政策启示 / 332

第十章 劳动力市场管制与制造业全球价值链升级

第一节 问题提出 / 335

第二节 理论分析 / 337

第三节 研究设计 / 340

第四节 实证检验 / 345

第五节 进一步讨论 / 353

第六节 主要结论与政策启示 / 359

第十一章 城乡劳动力市场结构与制造业全球价值链升级

第一节 问题提出 / 362

第二节 制度背景和影响机制 / 365

第三节 研究设计 / 367

第四节 计量检验与结果分析 / 371

第五节 进一步检验 / 389

第六节 主要结论与政策启示 / 402

第十二章　个人所得税改革与制造业全球价值链升级
第一节　问题提出　/ 405
第二节　理论分析　/ 407
第三节　政策背景　/ 408
第四节　研究设计　/ 410
第五节　实证检验　/ 415
第六节　进一步检验　/ 427
第七节　主要结论与政策启示　/ 435

第十三章　实训基地建设与制造业全球价值链升级
第一节　问题提出　/ 438
第二节　机制研究　/ 439
第三节　研究设计　/ 447
第四节　实证检验与结果分析　/ 453
第五节　主要结论与政策启示　/ 474

第三篇　引领篇

第十四章　劳动力结构变化视角下促进制造业全球价值链升级的政策研究
第一节　提升劳动力综合素质与专业技能　/ 480
第二节　优化劳动力供给体系　/ 484
第三节　创新高校人才培养机制与模式　/ 489
第四节　健全劳动力市场制度　/ 494

第五节 推进城乡劳动力市场一体化 / 498

第十五章 主要结论、研究局限与未来展望

第一节 主要结论 / 504

第二节 研究局限 / 514

第三节 未来展望 / 515

参考文献 / 517

后 记 / 575

CONTENTS

PREFACE / 001

FOREWORD / 005

PART I COGNITION

CHAPTER 1 INTRODUCTION

1.1 Research Background and Significance / 003
1.2 Research Approach and Methodology / 009
1.3 Structure and Key Content / 013
1.4 Research Focus and Challenges / 021
1.5 Major Innovations / 023

CHAPTER 2 LITERATURE REVIEW

2.1 Research on Changes in Workforce Structure / 026
2.2 Research on Upgrading of Global Value Chains / 049
2.3 Workforce Structure Changes and Upgrading of Global Value Chains in Manufacturing / 063
2.4 Literature Evaluation / 069

CHAPTER 3　WORKFORCE STRUCTURE AND VALUE CHAIN UPGRADING: CURRENT STATUS AND PROBLEMS

3.1 Current Status and Trends of Workforce Structure / 075

3.2 Current Status and Characteristics of Value Chain Upgrading in Manufacturing / 103

3.3 Challenges for Value Chain Upgrading in the Context of Workforce Structure Changes / 136

3.4 Summary / 144

CHAPTER 4　CHANGES IN LABOR QUALITY STRUCTURE AND VALUE CHAIN UPGRADING IN MANUFACTURING

4.1 Problem Statement / 147

4.2 Theoretical Mechanism and Research Hypotheses / 148

4.3 Research Design / 151

4.4 Empirical Results and Analysis / 158

4.5 Mechanism Testing / 168

4.6 Further Analysis / 176

4.7 Main Conclusions and Policy Implications / 187

CHAPTER 5　CHANGES IN EDUCATIONAL ATTAINMENT AND UPGRADING OF GLOBAL VALUE CHAINS IN MANUFACTURING

5.1 Problem Statement / 191

5.2 Theoretical Model and Research Hypotheses / 193

5.3 Research Design / 198

5.4 Empirical Testing / 205

5.5 Main Conclusions and Policy Implications / 227

CHAPTER 6　DUAL OVERSEAS BACKGROUND OF SENIOR EXECUTIVES AND UPGRADING OF GLOBAL VALUE CHAINS IN MANUFACTURING

6.1 Problem Statement / 229

6.2 Theoretical Analysis and Research Hypotheses / 231
6.3 Econometric Model and Data Description / 236
6.4 Econometric Testing and Results Analysis / 240
6.5 Main Conclusions and Policy Implications / 249

CHAPTER 7 CHANGES IN THE SUPPLY OF THE NEW GENERATION WORKFORCE AND UPGRADING OF GLOBAL VALUE CHAINS IN MANUFACTURING

7.1 Problem Statement / 252
7.2 Theoretical Mechanism and Research Hypotheses / 254
7.3 Research Design / 257
7.4 Empirical Testing and Results Analysis / 260
7.5 Main Conclusions and Policy Implications / 268

CHAPTER 8 WORKFORCE AGE STRUCTURE SHIFTS AND VALUE CHAIN UPGRADING IN MANUFACTURING

8.1 Problem Statement / 271
8.2 Theoretical Mechanism and Research Hypotheses / 274
8.3 Econometric Model and Data Sources / 276
8.4 Empirical Testing / 283
8.5 Mechanism Testing / 292
8.6 Main Conclusions and Policy Implications / 298

PART II RESPONSES

CHAPTER 9 MINIMUM WAGE STANDARDS AND UPGRADING OF GLOBAL VALUE CHAINS IN MANUFACTURING

9.1 Problem Statement / 303
9.2 Theoretical Mechanism and Research Hypotheses / 305
9.3 Research Design / 309

9.4 Overall Regression Analysis / 316
9.5 Subgroup Regression Analysis / 326
9.6 Main Conclusions and Policy Implications / 332

CHAPTER 10 WORKFORCE MARKET REGULATION AND UPGRADING OF GLOBAL VALUE CHAINS IN MANUFACTURING

10.1 Problem Statement / 335
10.2 Theoretical Analysis / 337
10.3 Research Design / 340
10.4 Empirical Testing / 345
10.5 Further Discussion / 353
10.6 Main Conclusions and Policy Implications / 359

CHAPTER 11 URBAN-RURAL WORKFORCE MARKET STRUCTURE AND VALUE CHAIN UPGRADING IN MANUFACTURING

11.1 Problem Statement / 362
11.2 Institutional Background and Impact Mechanism / 365
11.3 Model Construction, Data Sources, and Processing / 367
11.4 Econometric Testing and Results Analysis / 371
11.5 Further Testing / 389
11.6 Main Conclusions and Policy Implications / 402

CHAPTER 12 PERSONAL INCOME TAX REFORM AND UPGRADING OF GLOBAL VALUE CHAINS IN MANUFACTURING

12.1 Problem Statement / 405
12.2 Theoretical Analysis / 407
12.3 Policy Background / 408
12.4 Research Design / 410
12.5 Empirical Testing / 415
12.6 Further Testing / 427
12.7 Main Conclusions and Policy Implications / 435

CHAPTER 13 CONSTRUCTION OF VOCATIONAL TRAINING CENTERS AND UPGRADING OF GLOBAL VALUE CHAINS IN MANUFACTURING

13.1 Problem Statement / 438

13.2 Mechanism Research / 439

13.3 Research Design / 447

13.4 Empirical Testing and Results Analysis / 453

13.5 Main Conclusions and Policy Implications / 474

PART III LEADERSHIP

CHAPTER 14 POLICY RESEARCH ON PROMOTING THE UPGRADING OF GLOBAL VALUE CHAINS: A WORKFORCE STRUCTURE PERSPECTIVE

14.1 Enhancing Workforce Competence and Professional Skills / 480

14.2 Optimizing the Labor Supply System / 484

14.3 Innovating Talent Training Mechanisms and Models in Higher Education / 489

14.4 Improving the Labor Market System / 494

14.5 Promoting Urban-Rural Workforce Market Integration / 498

CHAPTER 15 MAIN CONCLUSIONS, RESEARCH LIMITATIONS, AND FUTURE DIRECTIONS

15.1 Main Conclusions / 504

15.2 Research Limitations / 514

15.3 Future Directions / 515

REFERENCES / 517

POSTSCRIPT / 575

第一篇　认　识　篇

第一章
绪　　论

第一节　研究背景与意义

一、研究背景

习近平强调："认识世界发展大势，跟上时代潮流，是一个极为重要并且常做常新的课题。"[1]当前，我国进入战略机遇和风险挑战并存、不确定因素增多的时期，以人口红利推动经济奇迹的时代正逐渐淡去，如何有效应对劳动力结构的深刻变革，重塑基于劳动力要素的比较优势，培育和发展新质生产力，成为中国式现代化的关键议题。

（一）人口发展是关系中华民族伟大复兴的大事，丰富和廉价的劳动力资源是改革开放以来支撑我国经济快速发展的重要竞争优势。随着人口结构的深度变化，需要推动人口红利向人才红利转变，更好建立人才资源竞争优势，为中国式现代化提供丰富优质的"第一资源"

习近平强调："要着眼强国建设、民族复兴的战略安排，完善新时代人口发展战略，认识、适应、引领人口发展新常态，着力提高人口整体素质，努力保持适度生育水平和人口规模，加快塑造素质优良、总量充裕、结构优化、分布合理的现代化人力资源，以人口高质量发展支撑中国式现代化。"[2]自改革开放以来，中国充分利用劳动年龄人口比例较高的有利条件，持续深化经济和社会体制改革，逐步消除阻碍劳动力流动的制度壁垒，充分发挥人口红利的优势，推动经济迅速发展，成为全球最大的制造业国家和第二大经济体。研究表明，中国的改革开放及其带来的高速增长阶段，与人口转型的一个特殊时期高度一致。从 1980 年到 2010 年，中国 15 岁至 59 岁的劳动年龄人口以年均 1.8%的速度增长，而该年龄之外的依赖型人口则基本处于零增长状态。两类人口增长形成的这种剪刀差态势，同时也表现为老年人口抚养比的持续下降，创造了一个人口机会窗口，其对经济增长产生的正面促进效应，即人口红利。

然而，需要重视的是人口结构始终处于动态变化之中。自 2010 年后，中国劳动年龄人口在总人口中的比例开始持续下降，与此同时，老龄化问题日益严重。截至 2021 年底，中国 60 岁及以上的老年人口达到 2.67 亿，占总人口的 18.9%；65 岁及以上的老年人口超过 2 亿，占总人口的 14.2%。根据相关预测，中国将在 2025 年左右步入中度老龄化社会，预计到 2035 年左右将进入重度老龄化阶段。劳动年龄人口减少和人口老龄化是现代人口转型的不可避免的结局，许多已完成人口转型的低生育率国家也在经历或将面临劳动年龄人口逐渐减少的过程，我们需要综合考虑人口规模和结构的变化特征，把战略重点从传统人口红利转向人才红利。通过实施多种策略，合理应对这些挑战，促进人口变化与经济社会的长期协调发展，确保经济的可持续发展和国际竞争力的提升。

（二）一国能否从参与全球化中获益，日益取决于能否成功融入全球价值链、能否在全球价值链中某一特定环节占据新的竞争优势。当前，我国发展的内外部环境发生了重大变化，亟须重塑基于劳动力要素的比较优势，进一步提升国际分工地位，向全球价值链中高端迈进

当前，我国制造业规模居全球首位，具备完整的产业体系、强大的动员

组织和产业转换能力，已经成为高新技术产品出口占比达 24.92%（2023年）的制造业大国。同时，我国产业链供应链也存在着风险隐患，产业基础投入严重不足，我国制造业总体上仍处于全球价值链的中低端，大而不强、宽而不深，部分产业链对外依存度过高、关键技术受制于人的问题仍没有完全解决，许多产业面临工程师数量不足、质量不高的问题。当今世界百年变局全方位、深层次加速演进，外部环境复杂性、严峻性、不确定性明显上升，带来的不利影响增多。

我国能在加入 WTO（World Trade Organization，世界贸易组织）之后快速融入全球价值链的根本逻辑在于：遵循了比较优势理论，在全球价值链分工过程中与发达经济体高度互补，形成了利益深度融合的贸易关系。中国通过提供低成本的生产和加工服务，大力发展加工贸易，在纺织、服装、玩具等劳动密集型产业中迅速占据了全球价值链的重要位置，成为“世界工厂”。但一国的比较优势并非一成不变，在不同经济发展阶段、不同区域都会发生变化。中国应着眼于挖掘我国人口规模潜力，准确把握自身优势，并与全球价值链特性相契合，通过对要素禀赋的动态调整重塑基于劳动力要素的比较优势，推动我国的制造业比较优势跃迁，实现全球价值链的攀升。

（三）劳动者是生产力中最活跃、最积极的因素，具有显著的主体性、能动性和创造性。发展新质生产力，要培养造就大批与之相匹配的新劳动者，建设一支规模宏大、分布广泛、结构合理、技术精湛的新劳动者队伍

新质生产力是以劳动者、劳动资料、劳动对象及其优化组合的跃升为基本内涵，以全要素生产率大幅提升为核心标志的先进生产力。新质生产力是在新一轮科技革命和产业变革的推动下，生产力要素及其组合方式发生根本性、革命性、颠覆性变革而形成的。在新质生产力的构成要素中，劳动者、

劳动工具和劳动对象的全面创新是一个有机的整体。劳动工具的智能化、数字化、信息化和绿色化，以及数据等虚拟资源的规模和重要性不断提升，客观上对能够熟练运用这些先进工具并作用于新型劳动对象的劳动者产生了强烈需求。与此同时，新型劳动者在劳动过程中不断改进和创造先进的生产工具，将更多新产品纳入劳动对象的范畴，从而推动生产力的发展不断取得新的突破。

当人力资本与技术及经济发展水平相协调时，创新的内生动力才能被有效激发，潜在的人力资本才能转化为实际生产力。在加速构建新质生产力的背景下，需要特别关注以下几个关键问题：首先，劳动力供给的减少与应用型人才的短缺。人口少子化和老龄化趋势导致劳动力供给减少，而制造业的转型升级迫切需要大量低成本、高效率、高素质的劳动力以维持竞争力和创新能力。劳动力市场的供需失衡导致劳动力成本上升和质量下降，严重制约了产业的发展。其次，素质教育体系尚未完善，创新型人才匮乏。现有的教育模式尚未建立起强调创新和实践能力的素质教育体系，导致教育与经济、产业发展所需的人才不匹配。亟须推动教育、科技、人才有效贯通、融合发展，打造与新质生产力发展相匹配的新型劳动者队伍，激发劳动者在新质生产力发展中的创造力和能动性。

二、研究意义

本书将系统地考察劳动力结构变化对制造业全球价值链升级的影响，其研究意义主要体现在理论意义和现实意义两个方面。

（一）理论意义

1. 构建劳动力结构多维度变化与全球价值链升级的动态理论框架

本书不仅考虑劳动力年龄结构、素质结构和新生代劳动力供给，还考虑劳动力受教育程度、劳动力成本和城乡劳动力市场结构等多个维度，能够揭示劳动力结构变化的复杂性，帮助读者全面理解劳动力市场的动态变化，并将这些变化与企业全要素生产率、创新能力、产品质量等变量紧密联系起来，形成一个完整的理论链条，为理解劳动力结构变化如何推动制造业从劳动密集型向技术密集型转型，从而在全球价值链中占据更有利地位提供系统的理论解释。

2. 拓展比较优势理论在动态环境下的应用范畴

本书通过分析中国劳动力结构的动态变化，拓展比较优势理论在发展中国家经济转型过程中的应用范畴。传统的比较优势理论主要基于静态的要素禀赋分析，而本书关注劳动力这一关键生产要素在数量和质量上的动态变化，以及这种变化如何影响一国在全球价值链中的定位。研究发现，随着中国劳动力成本上升和人口红利逐渐消退，单纯依靠低成本劳动力的比较优势已不可持续，需要向基于人力资本和创新能力的新型比较优势转变。这一发现不仅能够丰富比较优势理论的内涵，也能够为理解发展中国家如何在全球化背景下实现产业升级提供新的理论视角。特别是，本书强调教育体系改革、技能培训和创新能力培养在塑造新型比较优势中的重要作用，这为比较优势理论与人力资本理论的结合提供新的思路。同时，通过分析不同类型的劳动力，进一步细化比较优势理论在产业链分工中的应用，为理解全球价值链的动态演进提供更为精细的理论框架。

（二）现实意义

1. 为劳动力市场政策和全球价值链升级政策提供理论支撑

本书通过对劳动力结构变化与制造业全球价值链升级的深入分析，提出一系列具有现实政策价值的建议。首先，强调提高高等教育毛入学率的重要性，指出高等教育扩招能够显著提升中国出口企业的国际竞争力，这一发现支持继续推进高等教育扩招政策，以提升劳动力素质和企业竞争力。

其次，本书发现加强劳动力市场管制不仅不会抑制企业创新，反而能够促进企业创新发展，表明合理的管制可以实现企业和劳动者利益的双赢，进而为未来劳动力市场制度改革坚定推进管制措施提供有力支撑，增强人们对改革的信心。

最后，本书还提出深化个人所得税改革的建议，认为逐步提高个人所得税起征点在促进共同富裕的同时，还能提升企业竞争力。

2. 为制定差异化的区域经济发展策略提供重要依据

本书发现高校扩招更有利于内陆地区和民营企业的发展，这一发现意味着在制定区域经济发展战略时，应当充分考虑本地区的劳动力结构特征，因地制宜地推动产业升级。对于内陆地区，可以更加注重提升高等教育质量和扩大高等教育规模，以培养更多高素质人才。同时，还应该为民营企业提供更多的政策支持，帮助它们吸引和留住人才。本书发现劳动力素质结构变化对东部和中部地区制造业价值链升级产生明显的推动作用，而对西部地区的影响不显著。这意味着在制定区域经济发展战略时，东部和中部地区可以更加注重提升劳动力素质，推动产业向高端化发展，而西部地区需要改善基础设施和营商环境，以吸引更多高素质人才和高端产业。

此外，本书还发现新生代劳动力供给变化对于劳动密集型企业、沿海企业以及外资企业出口产品质量的抑制效应更大。这提示在制定区域经济发展战略时，劳动密集型产业集中的地区需要加快产业转型升级，推动向技术密集型和知识密集型产业转变；沿海地区和外资企业集中的地区则需要更加注重提升劳动力质量，以适应产业升级的需求。

3. 为企业优化人力资源管理提供重要指导

首先，本书强调人力资本、市场结构、政策环境、创新驱动和战略管理在企业发展中的协同作用，为企业在全球价值链中实现高质量发展提供系统的理论支撑和实践指导。

其次，强调高等教育和高管海外背景对企业发展的关键作用，启示企业应将人力资本投资视为核心战略，重点培养和引进具有国际视野的高素质人才，以提升企业在全球价值链中的竞争力。

再次，强调政策环境对企业发展的影响，发现个人所得税改革和最低工资标准调整能够提升企业竞争力和出口产品质量，意味着企业需要深入理解政策环境变化，在薪酬制度设计和人才激励机制中充分考虑政策影响，以吸引和留住高质量人才。

最后，本书基于战略管理与风险控制的新视角，发现高管团队的多样性和国际化经验对制定前瞻性战略和完善风险管理体系至关重要，这要求企业在高管选拔和团队构建中注重多元化，以增强决策的全面性和前瞻性。

第二节　研究思路与方法

一、研究基本思路

本书围绕着“认识—适应—引领”劳动力结构变化的框架展开，旨在深入探讨劳动力结构变化对制造业全球价值链升级的影响，并为政策制定提供科学依据。

首先，要全面认识我国劳动力结构变化。我国劳动力结构正在经历深刻变化，包括劳动力素质、年龄、成本和城乡市场结构等多个维度。这些变化不仅会影响劳动力市场的供需平衡，还会对产业结构和经济增长产生深远影响。全面认识、正确看待我国劳动力结构变化，不仅要从年龄结构、素质结构、成本变化、城乡结构等全面关注劳动力结构变化，还要将这一变化置于中国制造业全球价值链升级的大背景下来理解；不仅要正视少子化、老龄化、成本增加等趋势带来的挑战，同时也要抓住这种变化带来的机遇，既不回避矛盾，也不被矛盾困扰；人是消费者，也是生产者，既要看总量，也要看质量。

其次，要适应劳动力结构变化。面对劳动力结构的持续变化，我们必须深入研究如何在多个关键领域进行政策的调整与优化，以确保劳动力市场的健康与可持续发展。在劳动力市场管制方面，我们需要制定更加灵活且适应性强的政策，以应对不断变化的市场需求和经济环境。在城乡劳动力市场的一体化方面，通过消除城乡之间的壁垒，促进劳动力的自由流动和合理配置，从而提高整体市场效率。在职业技能培训方面，需要加强培训体系的建设，提供多样化的培训项目，以提升劳动者的技能水平，使其能够适应新兴产业和技术的快速变化。

最后，要科学引领劳动力结构变化。党的二十大报告指出："中国式现代化是人口规模巨大的现代化。我国十四亿多人口整体迈进现代化社会，规模超过现有发达国家人口的总和，艰巨性和复杂性前所未有，发展途径和推进方式也必然具有自己的特点。"[3]科学引领劳动力结构变化，必须从国情出发，坚持统筹兼顾，从宏观、中观、微观等多层次，强化政策的系统集成与高效协同，以素质优良、规模适度、结构优化、分布合理为目标，持续促进就业质的有效提升和量的合理增长，以就业高质量发展支撑制造业全球价值链升级和中国式现代化。

二、主要研究方法

本书利用计量软件，结合所整理的相关统计资料，综合运用多种方法，对劳动力结构变化促进制造业迈向全球价值链中高端的机理及政策展开研究。具体研究方法如下。

(一)文献分析法

借助 ScienceDirect、JSTOR、ProQuest、SSRN(Social Science Research Network,社会科学研究网)、ResearchGate、中国知网和万方数据库等中外文电子数据库,同时运用 Web of Science、Google Scholar(谷歌学术)、百度学术等搜索引擎作为文献调查工具,依托研究团队现有资料、资源库及高校数字图书馆资源,广泛搜集、整理相关的文献资料和案例数据,分别对劳动力素质结构、全球价值链攀升以及劳动力结构变化与制造业迈向全球价值链中高端相关关系的已有研究进行系统的梳理,在此基础上对已有研究进行评述和展望,并阐述本书的创新和贡献。

(二)理论分析法

①劳动力素质结构通过提升技术创新能力、产业结构服务化水平、制造业结构高度化水平和制造业集聚效应,促进制造业迈向全球价值链中高端;②劳动力受教育程度通过提高企业生产效率、员工平均技能水平以及中间投入质量,促进制造业迈向全球价值链中高端;③企业 CEO 具有双海外背景通过缓解融资约束、降低破产风险以及提升营运效率影响企业韧性,促进制造业迈向全球价值链中高端;④新生代劳动力供给通过影响企业全要素生产率,促进制造业迈向全球价值链中高端;⑤劳动力年龄结构通过劳动力市场供给数量和供给质量影响企业出口产品质量,促进制造业迈向全球价值链中高端;⑥最低工资标准制度通过“成本效应”“要素替代效应”“人力资本投资效应”“效率工资效应”影响企业出口产品质量,促进制造业迈向全球价值链中高端;⑦劳动力市场管制通过“要素替代效应”“人力资本投资效

应”“创新租金分享效应”“用工调整成本效应”影响技术创新，促进制造业迈向全球价值链中高端；⑧城乡劳动力市场结构通过改变劳动力技能水平和企业用工成本影响企业出口产品质量，促进制造业迈向全球价值链中高端；⑨个人所得税改革通过“员工效率工资效应”、“企业要素调整效应”和“政府税收转嫁效应”等影响企业出口产品质量，促进制造业迈向全球价值链中高端；⑩实训基地建设通过影响企业出口产品质量，促进制造业迈向全球价值链中高端。

（三）指标体系分析法

①从全国、分地区、分技能类型等各不同层级，系统测算和分析我国劳动力素质结构、劳动力受教育程度、新生代劳动力供给等多个方面的劳动力结构状况，并结合我国经济发展事实对其时间变化趋势进行解释。②基于中国工业企业数据库与中国海关进出口数据库的匹配数据，测算中国微观企业的出口国内增加值率，将其作为制造业价值链升级的表征，并从全国、分地区、沿海与内陆等层面进行趋势分析；使用制造业结构高度化、制造业结构合理化等指标评价制造业结构升级和优化状况。③进一步测算出口产品质量、企业全要素生产率、企业技术创新等指标，更为全面地刻画制造业全球价值链升级的状况和趋势。

（四）实证分析法

①FGLS（feasible generalized least squares，可行广义最小二乘法）。利用省际面板数据，构建 FGLS 模型，实证分析劳动力素质结构和年龄结构变化对制造业结构升级的影响效应。②面板固定效应法。通过将企业层面数据与城市层面面板数据进行匹配，控制年份、地区和企业固定效应，实证检验劳动力结构变化对国内出口增加值、企业出口产品质量、制造业升级等的影

响。③中介效应检验法。通过找到劳动力素质结构、劳动力受教育程度、企业 CEO 双海外背景、新生代劳动力供给、劳动力年龄结构、最低工资标准制度、劳动力市场管制、城乡劳动力市场结构、个人所得税改革和实训基地建设等影响制造业全球价值链攀升的中介变量，如产业结构升级、技术创新能力、企业生产率、全要素生产率等，检验劳动力结构变化影响制造业全球价值链的作用机理。

（五）比较分析法

①不同指标的测算比较。劳动力结构方面，从劳动力素质、劳动力受教育程度等不同层面进行测算和比较；制造业价值链升级方面，使用出口国内增加值率、制造业结构优化指标、出口产品质量、全要素生产率等指标进行综合刻画，使用不同指标从不同方面进行测算分析，有助于全面反映状况和趋势。②不同层面的比较分析。基于测算指标，从全国、地区、行业、年龄结构、素质结构、要素密集度、企业类型等不同层面对相应指标进行分解和比较，更为细致地捕捉主要研究对象的变化趋势和驱动因素。③异质性分析和比较。从企业类型、行业属性、城市区位等多个维度展开异质性分析，基于经济学理论和经济发展事实辨析异质性分析结果的异同，对影响机制进行深入挖掘。

第三节　框架结构与主要研究内容

一、框架结构

结合研究思路，全书共分为三篇，共十五章，总体的框架结构如下。

第一篇为“认识篇”，包括第一章至第八章。通过多角度、多维度分析，全面阐述劳动力结构变化与制造业全球价值链升级之间的复杂关系，为后续的对策研究提供坚实的理论和实证基础。首先，第一章阐述研究背景、意义、方法、主要内容等，指出劳动力结构的变化为制造业价值链升级带来了机遇与挑战。第二章通过文献综述梳理相关研究成果，为后续分析奠定理论基础。第三章详细分析劳动力结构的状况与变化趋势，包括劳动力年龄结构、素质结构和新生代劳动力供给的变化，并探讨制造业全球价值链升级的状况及面临的问题等。第四章至第八章通过理论分析和实证研究，分别分析劳动力素质结构变化、劳动力受教育程度变化、企业 CEO 双海外背景、新生代劳动力供给变化以及劳动力年龄结构变化如何影响企业出口产品质量、技术创新能力和全球价值链地位。

第二篇为“应对篇”，包括第九章至第十三章。聚焦于劳动力结构的深刻变革，从多个角度深入探讨劳动力市场制度变革对制造业全球价值链升级的影响。劳动力市场管制需要适应不断变化的劳动力结构以保持其有效性和相关性，聚焦劳动力成本和劳动关系的变化，第九章、第十章分别考察最低工资标准制度和劳动力市场管制的影响。劳动力结构的演变提升了城乡劳动力市场融合的可能性与积极性，聚焦劳动力流动和资源配置的变化，第十一章考察城乡劳动力市场一体化试点的影响。劳动力结构的演变直接影响人力资本投资的需求、方向和效率，聚焦劳动力素质结构的变化，第十二章、第十三章分别关注个人所得税改革、实训基地建设的影响，通过分析劳动力市场的制度环境、市场结构和人力资本积累，涵盖微观到宏观的不同层面，较为全面地反映劳动力市场制度变革对制造业全球价值链升级的影响。

第三篇为“引领篇”，包括第十四章和第十五章。从劳动力素质、劳动力供给、劳动力受教育程度、劳动力市场制度和城乡劳动力市场一体化五个方面构建一个多维度、全方位的政策体系，提出一个具有战略前瞻性的政策框架，旨在通过系统优化劳动力结构来推动制造业全球价值链升级。

二、主要研究内容

各章研究内容具体如下。

第一章主要阐述选题的研究背景与意义，并对研究思路与方法、框架结构与主要研究内容、研究重点与难点、主要创新点进行梳理。

第二章主要进行文献述评，从三个方面对相关研究进行梳理和评价。首先，对劳动力结构变化的相关研究进行回顾，包括劳动力年龄结构、素质结构、受教育程度等方面的变化趋势及其影响。其中，特别关注教育质量的测度方法，指出目前主要采用围绕教育目标和结果进行界定，以及确定反映教育投入与产出的详细指标两种策略。其次，对全球价值链攀升的相关研究进行综述，包括全球价值链的相关概念、测度方法、影响因素等。最后，重点梳理劳动力结构变化与制造业全球价值链升级关系的相关研究，包括劳动力参与率、劳动力素质、劳动力市场制度改革等因素对制造业全球价值链升级的影响机制和效应。通过文献综述，本章明确现有研究的主要成果和不足，为后续研究提供理论基础和研究方向。同时，也指出现有研究中存在的问题，如研究视角较为单一、缺乏系统性分析、实证研究不足等，为本书的创新点和研究价值提供依据。

第三章主要研究劳动力结构与制造业全球价值链升级的状况与问题。首先，本章分析劳动力结构的状况及变化趋势。研究发现，我国人力资本水平整体呈上升趋势，劳动力受教育程度不断提高，但人口老龄化趋势持续增强。其次，分析中国制造业价值链升级的状况及特征。结果表明，中国制造业在全球价值链中的地位有所提升，但仍主要集中在中低端环节。具体表现为：出口产品质量有所提高，但仍有较大提升空间；产业结构逐步优化，但高端制造业占比仍需提高；技术创新能力增强，但核心技术突破仍显不足。最后，本章指出中国制造业价值链升级面临的主要问题。

第四章主要研究劳动力素质结构变化与制造业全球价值链升级的关系。首先，本章构建理论模型，分析劳动力素质结构变化通过提升技术创新能力、产业结构服务化水平、制造业结构高度化水平和制造业集聚效应，促进制造业迈向全球价值链中高端的机制。其次，利用中国工业企业数据和城市面板数据的匹配数据进行实证分析，结果表明：劳动力素质结构优化能够显著提升我国制造业企业出口国内增加值率，促进制造业价值链由低增加值向高增加值攀升。进一步分析发现，这种影响存在显著的区域和企业异质性：劳动力素质结构优化对应的人力资本水平提升对东部和中部地区的制造业出口价值攀升有显著促进作用，对西部地区影响不明显；对大城市和中等城市的企业出口价值攀升有显著促进作用，尤其是对Ⅱ型大城市作用最大，对小城市影响不显著；显著促进了外资企业和民营企业的出口国内增加值率提升，但对国有企业影响不明显。机制检验表明，劳动力素质结构变化通过提高国内中间品效率和增加国内中间品种类数来促进制造业价值链升级，其中国内中间品效率的中介效应占总效应的15.69%。

第五章主要研究劳动力受教育程度变化与制造业全球价值链升级的关系。首先，本章构建理论模型，分析高校扩招通过提高企业生产效率、提升员工平均技能水平和提高中间投入质量来提升出口产品质量的机制。其次，利用中国工业企业数据库和中国海关进出口数据库等相关数据进行实证检验。结果表明，高校扩招对企业出口质量提高产生了显著的正向促进作用。进一步分析发现，沿海地区企业、国有企业及外资企业由于原本吸引了大量高素质劳动力，高校扩招对其人力资本水平提升的作用较小；而内陆地区和民营企业相对缺乏高技能人才，因此高校扩招对这些企业出口产品质量提升的作用更为明显。高校扩招主要通过三个机制提升出口产品质量：一是提高企业生产效率，高素质劳动力的增加能够提升企业的全要素生产率，降低生产成本；二是提高员工平均技能水平，使企业更容易获得高技能劳动力；三是提高中间投入质量，高技能员工对高质量中间品的需求增加，企业因此会提高中间品的质量投入。

第六章主要研究企业 CEO 双海外背景与制造业全球价值链升级的关系。首先，本章通过文献回顾和理论分析，提出企业 CEO 具有双海外背景可能通过提升管理水平、拓宽国际视野、增强创新能力等途径促进企业全球价值链升级的研究假设。其次，利用中国 A 股上市制造业企业数据进行实证检验，结果表明：具有双海外背景的 CEO 能够显著增强企业韧性。进一步分析发现，在经济较发达地区、低竞争行业、高科技行业以及管理者强短视主义企业中，具有双海外背景的 CEO 对于自身企业韧性的提升作用更加显著。

第七章主要研究新生代劳动力供给变化与制造业全球价值链升级的关系。首先，本章通过文献回顾和理论分析，提出新生代劳动力供给变化可能通过影响企业人力资本结构和创新能力等途径促进制造业全球价值链升级的研究假设。其次，利用中国工业企业数据库和中国海关进出口数据库数据进行实证检验，结果表明：新生代劳动力供给数量增加与供给质量提高均有助于提升出口国内增加值，而且新生代劳动力供给质量提高的作用更加明显。进一步分析发现，这种影响存在显著的异质性：第一，新生代劳动力供给变化对我国沿海地区企业出口国内增加值的促进作用更加显著，而对内陆地区作用并不显著；第二，新生代劳动力供给变化对制造业企业出口国内增加值的影响在要素密集度方面并无明显的异质性。

第八章主要研究劳动力年龄结构变化与制造业全球价值链升级的关系。首先，本章通过深入分析中国老龄化（包括人口老龄化和劳动力老龄化）对企业出口产品质量的影响，得出两个重要结论：一是中国企业出口产品质量总体变化趋势为先升后降；二是人口老龄化对企业出口产品质量的影响为负，而劳动力老龄化对其影响为正。这些结论在稳健性和内生性检验后仍然成立。进一步分析发现，老龄化对企业出口产品质量的影响在区域、行业和所有制之间存在差异，但仍支持基本回归结论。机制检验证明，劳动力供给数量和劳动力供给质量分别是人口老龄化和劳动力老龄化影响企业出口产品质量的主要路径。

第九章主要研究最低工资标准制度与制造业全球价值链升级的关系。首先，本章基于 2005～2010 年全国 2855 个县区的最低工资标准数据、中国工业企业数据库和中国海关进出口数据库的匹配数据，对最低工资标准对出口产品质量的影响进行实证研究。研究结果表明，最低工资标准的上调显著抑制了企业出口产品质量。这一结论在多项稳健性检验和克服内生性问题后仍然成立。进一步分析发现，最低工资标准对不同类型企业的影响存在显著差异：第一，劳动密集型行业受最低工资标准上调的负面影响最大，随着劳动要素密集度的增加，最低工资标准对出口产品质量的抑制作用显著增强；第二，国有企业受最低工资标准上调的负面影响大于非国有企业，最低工资标准每上调 10%，国有企业出口产品质量下降约 1.26%，远高于总体样本的平均水平；第三，最低工资标准上调对中部地区出口产品质量的抑制作用大于东部地区，对西部地区的影响则不显著。

第十章主要研究劳动力市场管制与制造业全球价值链升级的关系。首先，本章通过理论分析提出劳动力市场管制可能通过“要素替代效应”“人力资本投资效应”“创新租金分享效应”“用工调整成本效应”影响企业技术创新的假设。其次，利用相关数据进行实证检验，结果表明：劳动力市场管制的加强显著促进了企业的技术创新活动，特别是工艺创新。具体而言，面对劳动力成本上升，企业更倾向于改进生产工艺以降低成本、提高生产效率。进一步分析发现，劳动力市场管制对不同行业的技术创新影响存在显著差异：对劳动密集型行业的正向影响更为显著。这可能是因为劳动密集型行业更容易受到劳动力成本上升的影响，因此有更强烈的动机进行技术创新以应对成本压力。此外，研究发现劳动力市场管制对工艺创新有显著的正向影响，而对产品创新的影响并不显著。这表明加强劳动力市场管制主要推动了企业在生产流程和技术方面的改进，而非新产品的研发。

第十一章主要研究城乡劳动力市场结构与制造业全球价值链升级的关系。首先，本章通过文献综述和制度背景分析，提出城乡劳动力市场一体化对出口产品质量影响可能会通过两个渠道产生作用：一是通过改变劳动力技能水平，二是通过改变企业用工成本。其次，利用 2006 年大规模启动的统筹城乡就业试点作为准自然实验，采用双重差分法进行实证检验。结果表明：城乡劳动力市场一体化显著提升了制造业企业的出口产品质量，促进了制造业全球价值链升级。具体而言，城乡劳动力市场一体化试点政策使得企业出口产品质量提高了 12.1%。进一步分析发现，政策效应呈现先增强后减弱的倒“U”形动态变化趋势，表明政策影响在实施初期最为显著。此外，研究还发现政策效应存在显著的异质性：非国有企业、生产差异化产品的企业、内陆地区企业和劳动密集型企业受益程度更高。

第十二章主要研究个人所得税改革与制造业全球价值链升级的关系。首先，通过文献综述和理论分析，提出个人所得税改革可能通过“效率工资效应”“企业要素调整效应”“财政税收转嫁效应”影响制造业全球价值链升级的研究假设。其次，利用 2006 年个人所得税改革作为准自然实验，采用双重差分法进行实证检验。结果表明：2006 年的个人所得税改革使得企业出口产品质量提高了 0.30 个百分点。进一步分析发现，个人所得税改革一方面通过“效率工资效应”和“企业要素调整效应”提升了出口产品质量，另一方面又通过“政府税收转嫁效应”抑制了出口产品质量的提高。

第十三章主要研究实训基地建设与制造业全球价值链升级的关系。基于 2004～2013 年中央财政支持的职业实训基地项目建设作为准自然实验，采用双重差分法来检验实训基地建设对企业出口产品质量的影响。结果表明：实训基地建设显著提升了制造业企业的出口产品质量，促进了制造业全球价值链升级。该结论在一系列稳健性检验后仍然成立，包括改变出口产品质量的测度方法、控制贸易自由化带来的冲击、改变聚类方法以及控制企业地址和行业变迁的影响等。进一步分析发现，政策效应存在显著的异质性：实训基地建设对差异化产品、民营企业和大规模企业的出口产品质量升级效应相对更大。机制检验表明，实训基地通过提升资本密集度、人力资本水平和全要素生产率推动了出口产品质量升级。

第十四章主要研究劳动力结构变化视角下促进制造业全球价值链升级的政策。第一，针对劳动力综合素质与专业技能，提出构建多层次职业技能培训体系、加强产教融合实训基地建设、加强继续教育和终身学习体系建设等建议，以提高劳动力整体素质。第二，针对劳动力供给体系，提出加快建立健全老年人力资源开发利用长效机制和加快建立全方位、立体化、多层次、可操作的生育支持政策体系，以及拓宽多元化劳动力供给渠道等建议。第三，针对高校人才培养机制与模式，提出深化产教融合培养模式、优化专业结构与课程体系、完善创新创业教育体系等建议。第四，针对劳动力市场制度，提出完善最低工资制度、优化个人所得税制度、改革劳动力市场管制等建议。第五，针对推进城乡劳动力市场一体化，提出消除城乡劳动力市场壁垒、健全城乡一体化就业服务体系、保障农民工合法权益等建议。这些政策建议旨在通过多方面优化劳动力结构，促进制造业全球价值链升级，提高产业竞争力。

第十五章为全书的主要结论、研究局限与未来展望。

第四节　研究重点与难点

一、研究重点

（一）理论分析

科学的理论研究是实证研究的基础，本书从劳动力素质结构变化、劳动力受教育程度变化、企业 CEO 双海外背景、新生代劳动力供给变化、劳动力年龄结构变化、最低工资标准制度、劳动力市场管制、城乡劳动力市场结构、个人所得税改革和实训基地建设等十个维度，分别分析其对制造业迈向全球价值链中高端的影响路径。具体参见本章第二节。

（二）实证分析

实证分析是评估劳动力结构变化与制造业全球价值链升级之间因果关系的重要手段，主要有两个方面的重点研究内容。一是对关键变量的测算分析。劳动力结构变化以及制造业全球价值链升级都是具有丰富内涵的复合概念，需要从多个维度选取恰当的指标进行测算分析。在劳动力结构方面，如何选取合适的指标或者政策，刻画上述提及的十个维度的变化，是本书的研究重点。在制造业全球价值链升级方面，对企业出口国内增加值率、制造业结构优化、出口产品质量、全要素生产率等指标的测算分析也是本书的研究重点。二是评估劳动力结构变化对制造业价值链升级的影响效应。该部分在指标测算或准自然实验构建的基础上，构建面板固定效应模型、双重差分模型等进行实证检验，针对可能存在的遗漏变量、内生性等问题进行细致的稳健性检验，并进行影响机制检验以及异质性分析。

（三）政策分析

政策分析及政策建议是研究的落脚点，也是本书的研究重点。本书紧密结合上述提及的十个维度对制造业价值链升级的理论和实证进行分析，结合劳动力结构变化新趋势和新条件，提出与我国劳动力结构动态变化相适应的制造业全球价值链迈向中高端的政策建议。主要包括优化劳动力素质结构、提升劳动力受教育程度、重视企业高管海外背景、适应新生代劳动力供给变化、适应劳动力年龄结构变化、加强劳动力市场管制、把握城乡劳动力市场结构变化、支持职业教育实训基地建设等。如何提出符合我国经济社会发展特点和普遍经济规律并且具有可操作性的政策建议是本书的研究重点。

二、研究难点

本书的研究难点主要在于理论和实证分析两个方面。理论分析方面的难点主要在于从上述提及的十个维度分别梳理劳动力结构变化对制造业价值链升级的影响机制，这十个维度既密切相关，又体现了劳动力结构变化的不同特征。因此，需要紧密结合经济社会发展事实与经济学理论进行深刻剖析。实证分析方面的难点主要体现在数据搜集、指标构建和计量分析方面。数据搜集方面涉及对中国海关进出口数据库、中国工业企业数据库等大型数据库的整理匹配，工作量较大。指标构建方面，一是出口国内增加值指标的测度，需要将中国工业企业数据库与中国海关进出口数据库进行匹配，再用匹配的数据来测算微观企业的出口国内增加值；二是制造业结构升级指标的测度，需要通过匹配劳动要素，将制造业按要素密集度划分为劳动密集型、资本密集型和技术密集型，然后测度制造业结构升级指标。实证分析方面的难点主要包括两点：一是稳健性检验，考虑到检验基本回归结果可能存在的估计偏差、极端值和内生性等问题，需要分别对回归结果进行稳健性检验；二是异质性检验，需要统筹考虑地区、行业与企业等多维特征，开展具有针对性的分组分析，以厘清劳动力结构变化在制造业全球价值链攀升中作用的差异。

第五节　主要创新点

一、研究角度方面

本书通过对目前研究制造业全球价值链位置的相关文献进行梳理，发现已有文献主要是从技术进步和技术创新对制造业全球价值链影响的角度展开研究。而本书从劳动力经济学的角度切入，突破传统仅从技术进步和技术创新角度研究制造业升级的局限，系统地从劳动力结构变化的视角进行研究。本书基于劳动力素质结构变化、劳动力受教育程度变化、企业 CEO 双海外背景、新生代劳动力供给变化、劳动力年龄结构变化、最低工资标准制度、劳动力市场管制、城乡劳动力市场结构、个人所得税改革和实训基地建设等十个维度，探讨劳动力结构变化与制造业全球价值链攀升的内在机制、作用机理及影响效应。此外，已有文献多数从国家、地区等宏观层面展开研究，而本书从制造业细分行业及企业层面，探讨劳动力结构动态变化对制造业全球价值链升级的影响，并进一步基于劳动力的天然流动性特征，从空间关联视角探讨区域劳动力结构变化对制造业全球价值链攀升的影响。

二、研究方法方面

有关劳动力结构变化和制造业价值链攀升的政策效应研究大多基于传统制造业展开，并主要采取定性分析方式。而本书采用定性分析与定量研究相结合的方法，确保研究结论的可靠性。在我国劳动力比较优势动态转变的新条件下，本书基于劳动、资本、技术密集型制造业细分行业及制造业价值链的低、中、高端劳动力需求异质性的基本假设，以制造业全球价值链升级为研究对象，紧紧围绕劳动力结构变化对制造业全球价值链升级的影响机理及效应这条主线，以相关分组分类数据为依据，从十个维度对劳动力结构变化与制造业全球价值链升级二者之间的内在关系进行梳理，并进一步对劳动力结构变化与制造业全球价值链升级的作用机理展开深入探讨，就劳动力结构变化对制造业全球价值链升级的影响效应进行实证检验。此外，还通过翔实的稳健性检验，以及地区、行业、企业等多维特征下丰富的异质性分析和拓展分析，对劳动力结构变化对制造业价值链升级的影响进行有力论证。

三、研究内容方面

本书构建“认识—适应—引领”分析框架，全面考察劳动力结构变化对制造业价值链升级的影响机理、效应和作用机制。通过对上述提及的十个维度的深入分析，提出具有战略前瞻性的政策框架，为推动制造业全球价值链升级提供系统性的政策参考。不仅有助于读者理解问题的本质，也为政策制定者提供清晰的思路，具有重要的研究价值和时代意义。

第二章
文献述评

在中国改革开放的 40 多年里，人口红利以及丰富的劳动力资源优势对中国的经济增长起到了重要的推动作用。然而，在人口结构转变、高等教育大众化、劳动力成本上涨等多重背景下，我国劳动力结构正发生深刻变化。一是劳动力参与率已发生显著变化，具体表现为劳动力年龄结构变化和新生代劳动力就业倾向发生变化。二是劳动力素质得到显著提升，具体表现为劳动力素质结构、劳动力受教育程度的变化。三是为了应对劳动力结构变化，我国出台了一系列劳动力市场制度及改革措施，包括最低工资标准、城乡劳动力市场一体化等，对我国制造业造成了深远影响。在此背景下，我国制造业必须顺应和利用劳动力结构变化，加快产业结构调整，推动从劳动密集型产业向技术密集型、创新驱动型产业转变，推动制造业从全球价值链低端向中高端攀升。为此，探究劳动力结构变化对制造业价值链升级的影响，具有重要的研究价值和时代意义。

学者已分别对劳动力结构变化和制造业价值链升级展开了丰富研究。本章从劳动力结构变化、全球价值链攀升、劳动力结构变化与制造业全球价值链升级等三个方面，系统梳理已有学者的研究内容和观点，评述已有研究的不足及可能的拓展方向，为本书后续研究内容的深入提供文献基础和方向指引。

第一节 劳动力结构变化相关研究

一、劳动力参与率变化相关研究

（一）劳动力年龄结构

劳动力年龄结构是指劳动力在不同年龄段上的分布状况，反映了劳动市场中各年龄段人口的比例。人口学理论指出，总量是一个群体概念。劳动力总量是指，在一个国家或地区的范围内，所有符合劳动标准、具有劳动能力的人口总和，其中包括就业者和未就业者。根据国际标准和我国国家统计局标准，本节将 15～64 岁之间的人口定义为适龄劳动年龄人口。年龄特征按照劳动力人口出生的时间及代际差异，划分为以 50 后、60 后、70 后为代表的老一代劳动力，以及 80 后、90 后、00 后为代表的新生代劳动力。因此，本书所研究的劳动力年龄结构相当于劳动力代际结构，即劳动力年龄人口中新生代劳动力与老一代劳动力的比值。

根据最新的统计数据，我国劳动力年龄结构正经历着显著变化，最突出的特点是劳动年龄人口数量持续减少，而人口的平均年龄上升。从 2012 年开始，我国劳动年龄人口总量开始下降，至 2023 年，这一趋势仍在继续，产生了较大的人口老龄化压力。与此同时，45 岁至 64 岁的中老年劳动力比例逐渐增加，这部分群体在劳动力市场中的作用愈发重要。此外，随着教育水平的提高，年轻人进入劳动力市场的时间普遍推迟，且更加重视个人职业发展与生活质量，这导致了劳动力市场对高技能人才的需求增加。劳动力年龄结构变化对产业结构及经济发展具有重要影响，国内外学者对其经济后果进行了大量研究。

年龄结构是最基础的人口结构[4]，劳动力年龄结构与人口红利结构关系密切，学者对劳动力年龄结构、人口红利结构与产业结构之间的相关关系和互动机理做了大量研究。Zhang 等[5]强调了劳动力年龄结构在经济增长方面的重要影响。Mason[6]的研究表明，人口年龄结构是影响一国或一地区储蓄水平十分重要的因素之一，且影响系数约为 14.5%。Gómez 和 Hernández de Cos[7]以 35～54 岁劳动年龄人口在劳动总人口中的占比为解释变量，研究中年劳动力占比提高对全球经济形势变化的影响，研究结果表明，劳动人口中年化是解释 1960 年以来全球一半以上国家 GDP 变化的重要变量之一。蔡昉[8]证明了由充足的劳动力供给形成的第一次人口红利，即数量型人口红利，不仅形成了高投资、高储蓄的经济结构，还促使农村劳动力就业向非农产业倾斜，推动就业结构高度化进程，最终刺激了经济增长和产业发展。在数字经济发展与数量型人口红利逐渐消失的背景下，杨昕和赵守国[9]利用中国省际面板数据对劳动生产率进行实证研究，结果表明当人口红利水平越过门槛值后，数字经济发展可以消解人口红利衰减对劳动生产率收敛产生的潜在冲击。也有不少学者实证检验了劳动力结构与经济发展的关系，如程婉静等[10]基于面板结构向量自回归模型（panel structural vector autoregression，PSVAR）的研究发现，中国经济发展的波动与劳动力年龄结构的波动关系密切。楠玉[11]将劳动年龄人口占比、教育人力资本和健康人力资本纳入增长核算框架的分析结果表明，劳动力年龄人口比重和健康人力资本增长对经济高质量发展有显著的正向作用，而教育人力资本的影响效应呈现“U”形变动特征。亢梅玲等[12]通过考察 20～34 岁人口占劳动力人口比重的变动对地区创新绩效的影响，发现年轻劳动力人口比重的提高能够显著提升专利的数量和质量。

人口结构转型是发达国家和发展中国家人口年龄结构发生巨大变化的直接原因[13]。随着人口老龄化程度加深，劳动力供给数量增速放缓甚至减少、人力资本改善速度放缓、资本和机器替代劳动力速度过快导致资本回报率下降等问题显现，极大冲击了原有经济增长模式。生命周期假说理论的代表学者 Modigliani 和 Brumberg[14]在 1954 年提出，人们会对青年时的劳动收入进行存储，并在进入老龄后运用累积下来的存款进行消费。在此基础上，1958 年 Coale 和 Hoover[15]提出了“抚养负担假说”，二人认为抚养负担主要分为“少儿抚养负担”与“老年抚养负担”，而两者中任意一方或两者同时上升都将导致社会储蓄的下降，从而降低社会投资，影响经济发展。随着时间的推进，西方发达国家都逐渐完全步入老龄化，老龄人口劳动参与率低的同时妇女生养率降低，新生后备劳动力数量不足，使得适龄劳动力数量持续保持在较低水平。Ladd 和 Murray[16]认为，在经济发展与收入提高的大背景下，人们更加注重家庭个体成员的劳动生产率而不是家庭劳动力总数。因此，加大教育与科研投入是十分必要的，只有提高劳动者素质，才能在劳动人口减少的同时维持或提高劳动产出。但为适应人口老龄化而在公共设施与社会服务方面的支出增加会使得政府在财政方面面临巨大的压力[17]，甚至会挤压教育投资在财政支出方面的比重[18]。

关于人口老龄化对我国经济与社会的影响，曲海波[19]对我国人口老龄化特征做出了预测，老龄群体庞大与老龄化速度加快是我国必将面对的社会问题，同时我国还存在“未富先老”的现象。田雪原[20]也提出人口老龄化可能在劳动生产率、分配、储蓄和投资以及产业结构调整等方面影响我国经济发展。李晴[21]以人口生命周期假说为理论基础，从世界和中国两个层面出发进行了相关的实证分析，最后认为人口老龄化在一定程度上会影响贸易收支，但这种影响在高收入发达国家和中低收入发展中国家之间存在差异性。胡鞍钢等[22]通过柯布–道格拉斯函数与索洛增长理论并结合中国实情分析后得出，人口老龄化将使我国低劳动力成本优势明显削弱，储蓄率下降，与此同时投资和出口也将遭受负面影响。郭瑜[23]认为虽然人口老龄化不利于劳动力供给总量的增加，但未来可在提高劳动参与率和劳动者素质方面找到新增长点，故人口老龄化对经济的负向影响是长期的，但不会给经济带来突发性和灾难性的影响。郝云飞[24]认为，由于家庭观念强，受到财富代际转移和遗赠动机的影响，我国老年人不会全部消费完自己的财富，而是将部分财富遗留给后代，因此老年消费群体的消费倾向较低，老年人口抚养比对居民消费率的影响为负，与传统的生命周期理论的观点不完全相符。卓乘风和邓峰[25]利用我国 2003～2015 年省际面板数据，从创新型人才区际流动视角构建空间权重矩阵，考察了人口老龄化对产业结构升级的区域异质性影响，研究发现人口老龄化阻碍了全国整体及西部地区的产业结构升级，但对东部及中部地区的影响并不相同。Acemoglu 和 Restrepo[26]认为人口老龄化意味着中年人口短缺，而这一变化会加速工业自动化进程。此外，有研究表明延迟退休年龄有助于应对人口老龄化对经济增长带来的影响[27]。

但对于许多国家而言，不断变化的人口年龄结构给经济发展带来挑战的同时也伴随着机遇。根据 Cruz 和 Ahmed[28]的预测，在未来很长一段时间里，欠发达国家的劳动年龄人口与劳动总人口的比值将不断增长，并通过降低老年人口抚养比促进人均国内生产总值持续增加，进而推动世界贫困率降低。对于企业而言，如果重视团队合作，并且关注老年劳动力的身体健康状况，也能从挑战中寻找机遇。魏占祥和侯云先[29]通过分析中国城镇劳动力年龄结构与企业新技术应用情况之间的关系，得出虽然企业在拥有更多年轻劳动力时使用新技术的可能性更大，但只要利用好企业团队合作，拥有更高比例老年劳动力的企业反而更有可能采用新技术，并提高企业生产效率。Cylus 和 Al Tayara[30]认为 55～69 岁的老年人口比重过高是制约经济发展的重要因素，但如果老年劳动年龄人口的残疾程度较低，将会减少甚至完全消除这种不利影响。

国内外学者从微观与宏观两个层面关注了劳动人口年龄结构与劳动生产率之间的关系。

首先，大部分学者从微观层面出发，通过拟合“年龄–劳动生产率”曲线，研究个体年龄变化与个别劳动生产率之间的关系及其影响路径。其中，部分学者认为个体年龄结构与劳动生产率之间呈倒“U”形曲线关系，“年龄–劳动生产率”曲线呈单峰形态，且峰值因行业而异[31-33]。也有部分学者认为“年龄–劳动生产率”曲线呈双峰形态，即在主峰之后，个体劳动年龄在 40～45 岁[34]或接近退休年龄时[35]，劳动生产率出现第二峰值。此外，少数学者认为个体年龄结构与劳动生产率呈正相关关系[36]，即劳动年龄结构变化，尤其是 40～50 岁劳动人口增加，有力推动了工人劳动生产率提高[37]。还有一部分学者深入分析了不同行业中劳动者年龄与劳动生产率之间的关系，发现在制造行业、服务行业、商贸行业中，低技能和高技能劳动力随年龄的增加对生产率的影响不同。例如，Roger 和 Wasmer[38]发现在制造业中，低技能劳动力的劳动生产率随着劳动力年龄结构的老化而降低，而高技能劳动力的劳动力年龄结构变化对劳动生产率的影响不大。还有一部分学者考察了性别结构在劳动力年龄结构变化影响劳动生产率中的作用，研究发现，劳动力年龄结构老化对劳动生产率的影响在不同劳动者性别中具有不同表现，男性劳动力老化对劳动生产率基本没有影响，但女性劳动力老化会带来生产率的显著降低[39]。

其次，也有学者从宏观层面出发，构建柯布–道格拉斯生产函数来分析劳动年龄结构变化对企业边际产出或社会劳动生产率的影响。Lindh 和 Malmberg[40]以经济合作与发展组织（Organization for Economic Cooperation and Development，OECD）国家 1950～1990 年的数据为样本，对劳动力年龄结构与产业结构之间关系展开研究，结论显示年轻劳动力对人均产出变化没有显著影响；相反，老年劳动力对社会生产率提升具有显著促进作用[41]。也有学者持不同观点，Tang 和 MacLeod[42]通过分析比利时、加拿大的数据，得出老龄化会阻碍社会劳动生产率提高。Guest[43]通过对美国和澳大利亚的对比研究发现，虽然劳动力结构老龄化会造成社会劳动生产率下降，但老年劳动力人力资本积累较高以及资本劳动比逐步上升削弱了年龄结构对生产率变化的负面影响。此外，教育投入、健康投资以及经验技能等提升也可以冲减劳动力结构老龄化对劳动生产率的负向效应[44]。国内关于年龄与劳动生产率关系的探讨还相对较少，较早的定性研究认为劳动年龄人口的老化会使劳动生产率降低，但这种说法没有经过定量研究的验证，尚不够精确。国内学者也通过拟合中国的“年龄–劳动生产率”曲线来分析二者的关系，得出的结论也各不相同。比如，章铮[45]通过调查广东省东莞市 35 岁以上劳动密集型制造业企业的农民工劳动力年龄结构与劳动生产率之间的关系发现，“年龄–劳动生产率”曲线呈单峰形态，且劳动力年龄增长会加速劳动生产率下降。对此，也有学者得出不同结论。徐升艳和周密[46]利用 2000 年和 2005 年城市数据针对不同区域样本做了实证分析，其结果表明“年龄–劳动生产率”曲线在中部地区呈较明显的双峰形态，峰值分别是在 30～34 岁和 50～54 岁，且后者较前者略低，区域异质性明显，东部地区与中部地区 2000 年的曲线形态相似，但东部地区波动幅度较小。需要注意的是，徐升艳和周密[46]在实证过程中采用“分离式”的方法分别就每个年龄组的劳动力对产出进行回归，其结果存在一定事实偏误。汪伟等[47]实证分析表明中青年劳动力、青年劳动力和中老年劳动力的边际劳动生产率依次递减，且东部地区和中部地区的中青年劳动者的边际劳动生产率高，1999 年至 2019 年来处于上升的趋势，而中老年劳动者的边际生产率接近零，西部地区受中青年劳动力大量外迁影响，青年和中老年劳动力组具有更高的边际劳动生产率。

（二）新生代劳动力

在人口、教育与经济政策发生阶段性转变的背景下，80 后、90 后、00

后劳动力相对于 50 后、60 后、70 后劳动力而言，在数量、成本、人均受教育程度、就业观念和行为、需求偏好等诸多方面存在明显差异，可以将此类劳动力称为新生代劳动力。这一群体的概念不仅限于年龄的界定，更反映了社会经济发展和教育体系变革的结果。新生代劳动力通常接受较高水平的教育，拥有大学及以上学历，这使他们在专业知识和技能上具备了一定的优势。与此同时，在成长环境中受到社会变革的影响，新生代劳动力还熟悉数字技术，能够灵活使用各种信息工具和社交媒体，这使得他们在团队合作中具备了良好的沟通能力和信息整合能力，具备快速适应信息化的工作模式。根据国家统计局的最新数据，截至 2022 年，我国新生代劳动力的规模已达到 5.5 亿多人，约占全国劳动力总数的 57.22%。这群年轻人大多呈现“三高一低”的新特征，即受教育程度高、物质与精神享受要求高、职业期望高与工作耐受力低等，正以其多样化的价值观和工作观逐步改变传统职场的格局，他们对工作灵活性和职业发展的期待也高于前几代人，对我国产业发展、转型升级与经济增长产生深远影响，因而国内外学者对其进行了大量研究。

早期新生代劳动力的研究局限于第二代农民工，也称新生代农民工[48]，主要是指当前年龄在 30 岁至 40 岁左右、学历水平较高、对于自己的职业有较高的期望、更加注重个人物质和精神世界的质量和工作耐受力低的农民工人群。随后的研究中，学者将新生代劳动力的概念进一步扩展到 1980 年以后出生的所有适龄劳动年龄人口[49]，并对其变动情况和影响展开深入研究。Diaconu 和 Dutu[50]以 1995 年为界，将新生代劳动力划分为 Y 世代和 Z 世代人群（出生在 1980～1994 年的属于 Y 世代，出生在 1995 年后的属于 Z 世代），研究表明 Y 世代的人更喜欢传统的工作环境，同时珍视工作稳定性、企业形象；Z 世代的人更偏向于灵活性和工作自由相关的价值观，且更珍视专业发展机会，为企业提供更合适的就业岗位和思考未来发展起一定借鉴作用。

随着城市化进程的加快，由于中国城乡之间巨大的文化、经济和心理差异，大多数农民工可能面临“城市排斥”困境，有学者关注新生代农民工的适应问题。Zheng[51]以新生代农民工为研究对象，采用多元回归分析探索二元性学习（探索性学习和利用性学习）对新一代农民工城市融合感的影响，研究结果表明二元性学习对劳动者的城市融合感和职业发展都有显著的积极影响。李燕萍和侯烜方[52]通过构建新生代员工价值观体系模型，发现新生代员工有较快的反应能力，接受新鲜事物能力强且敢于创新、勇于创新，能为企业提供源源不断的创新动力，有利于制造业企业出口国内增加值率（domestic value added ratio，DVAR）的提升。马涛和刘仕国[53]通过分析OECD-WTO贸易增加值数据库（Trade in Value Added Database，TiVA），得出新生代劳动力就业难的问题十分严重，创新能力还存在进步空间。Li和 Jiang[54]以外卖人员为新生代劳动力代表的研究表明，新生代劳动力对工作自由度提出了较高要求，但实际上企业并未为他们提供更自由的工作环境。随着互联网技术进步与大众消费升级而出现的去雇主化的就业模式，以及借助信息技术升级的灵活就业模式出现，姜鹏飞等[55]认为，在新就业形态中实现劳动者高质量就业方面，仍存在许多劳动者技能达不到岗位要求而造成“技能需求-技能形成”冲突，并带来自身职业发展风险的问题。

在新生代劳动力与产业发展方面，大多数学者认为新生代劳动力具有较上一代更高的学历程度和相关专业性，且这些劳动力更倾向于在资本和技术密集型行业工作，这对促进我国产业结构转型发展和科技创新能力提升有重要意义[56]。新生代劳动力具有面向高技术型、偏好服务型产业的倾向，这种新的就业倾向将对制造业部门产生深远的影响[49]。另外，还有部分学者利用实证检验的方法，证明了新生代劳动力供给变化不利于低端制造业发展，而对中高端制造业具有显著促进作用，因此要通过各种途径提升我国制造业在全球价值链中的位置，提升制造业企业出口国内增加值[57]。同时，新生代劳动力大都愿意提高自己的创新能力、敢于在工作中进行创新实践，从而帮助企业进行技术创新，对制造业企业出口国内增加值的提升[58]和增强我国产业自主可控水平[59]起到了极大的推动作用。周勇和解美娟[60]实证分析认为从劳动力年龄结构看，新生代劳动力所占份额与享受型消费份额存在正相关关系，即新生代劳动力极大地促进了消费结构的升级。张纯音[61]认为在生产过程中，增加劳动力数量的投入能够提高生产工序的质量，在不增加工序的情况下，能够在同一工序中投入更多的活劳动量，有助于改进产品质量。

二、劳动力素质变化相关研究

（一）劳动力素质结构

劳动力素质是指劳动力的身体素质、文化科学与管理素质、技术素质、思想素质的总称，反映了劳动力在思想上、科学技术上、管理上、健康状况上与社会化大生产的适应程度。通常将劳动就业人口按照学历特征作为从事简单劳动或复杂劳动的依据，将高中及以下学历的人员占比作为体能型劳动力占比，将大专及以上学历的人员占比作为知识型劳动力占比。一般情况下，劳动力总量中知识型劳动力占比越高，劳动力素质结构越合理。随着经济的发展和科技的进步，劳动力素质结构也在不断变化，具体表现为劳动力教育水平提升、劳动生产率增长、就业形态灵活发展等。根据教育部发布的数据，截至 2022 年 5 月，中国接受高等教育的人口已经达到 2.4 亿人，这表明中国劳动力素质结构正朝着以更高层次教育水平为特征的方向转变；全国劳动生产率由 2018 年的 123 248 元/人增长至 2023 年的 161 615 元/人，复合增长率为 5.57%，反映出劳动力素质在不断提高、劳动力素质结构在不断优化。劳动力素质结构变化对产业发展和转型升级的影响亦是学界重要研究问题。

第一，对劳动力素质结构概念的理解。一些学者认为高素质人才能有效促进技术的引进与吸收、创新与进步，从而推动产业结构转型升级，有助于加快中国制造业向全球价值链中高端迈进的步伐。时正新[62]将劳动力的素质定义为潜藏在劳动力体内的体力和脑力劳动力的质量。除了劳动力的身体条件之外，劳动力素质还受劳动者的文化知识水平以及劳动力技能水平与劳动积极性、劳动知识经验与创造能力等因素的影响，劳动力素质结构是不同素质劳动者的组合方式与分布状态，是劳动力个体结构、群体与整体分布结构的综合形态。早在 20 世纪 90 年代，Heertje[63]就提出劳动者受教育水平提升会通过提高劳动者的平均素质和专业技能增强产业自主创新能力，进而促进产业结构优化。陈晓光[64]认为高素质人力资本具有“向下兼容”特征，即高素质劳动力不可替代性较强，低水平劳动力难以胜任高素质劳动力承担的劳动任务。Fleisher 等[65]认为劳动供给数量缩减和供给价格上涨，必然对传统经济增长模式造成冲击，技术进步和全要素生产率提高将为经济提供新的增长动力，而劳动力素质结构变化在这一过程中起着至关重要的作用。

第二，关于劳动力素质结构的测度。根据已有文献，大多数学者主要以平均受教育年限和高校毕业生数占从业人员数比重代表区域劳动力素质水平[66-67]。阎志强和钟英莲[68]将劳动力素质限定在人口教育素质范围内，用反映人口教育产出水平的人力资本存量和人力资本水平两个指标来测量劳动力素质。王志华和董存田[69]根据劳动力受教育程度不同，将其分为体能型劳动力、技能型劳动力和知识型劳动力三种类型。以劳动力的受教育程度来表示其素质，体能型劳动力用初中及以下教育水平的劳动力表征，技能型劳动力用高中、中专以及大专教育水平的劳动力表征，而知识型劳动力则用本科及以上教育水平的劳动力表征，并用这三类劳动力所占比重来表征劳动力的素质结构。此分类标准进一步指明了劳动力素质的组成部分。韩自然等[70]选取就业人员受教育程度作为衡量劳动力素质的指标，并按照教育程度的高低将劳动力素质分为高、中、低三个层次，分别用大专及以上学历、高中学历、初中学历的占比来测度，小学及以下学历劳动力占比未包含在内。李向阳等[71]则认为人力资本是衡量地区劳动力素质高低的常用变量，并且人力资本水平越高，其内生的劳动力素质通常也更高。

第三，劳动力素质结构变化的经济效应。在当前高等教育大众化时代，知识经济发挥的作用越来越明显，根据已有文献，学者多从劳动力素质结构变化的视角，探讨了其对人力资本积累、劳动生产率、信息化水平以及产业升级等方面的影响。一部分学者认为劳动力素质通过人力资本积累作用于产业转型和价值链升级。何小钢等[72]表示加强人力资本建设是企业更好地依托新兴信息技术实现转型升级的关键。早在 20 世纪 50 年代末，Schultz[73]就以人力资本理论为研究框架，分析了美国 19 世纪中期教育投资在经济增长中的贡献率；紧接着，Schultz[74]又首次将人力资本纳入经济增长理论体系，通过严谨的逻辑论证，阐释了人力资本对经济增长的重要作用。随后，Lucas[75]在新经济增长模型中加入人力资本要素，并认为人力资本是经济增长的基础动力之一。

进入 21 世纪后，随着经济增长学说和经济发展理论的不断更新与进步，人力资本已成为经济学领域最重要的研究课题之一。多数学者认为，人力资本已逐步替代了物质资本与劳动力，成为当今世界经济新格局下促进产业发展与转型升级的第一要素。Bloom 和 Canning[76]认为，伴随着经济增长方式的转变，人力资本积累在较大程度上促进了二次人口红利的形成，人力资本及其结构对经济增长的促进作用逐渐凸显。Banister 和 Cook[77]的实证结果表明，人力资本在现代产业发展体系，尤其是制造业发展与转型升级中起着关键作用，只有当人力资本、技术水平与产业结构相匹配时，产业结构才能顺利转型，经济才能持续增长。李玲和李明强[78]认为，人力资本积累能有效提高劳动生产率，进而有利于吸引他国资源、资本、技术等生产要素进入本国，充裕的人力资本是“中国经济奇迹”发生的重要原因，也是推动产业转型升级的根本动力。Che 和 Zhang[79]基于 2003 年开始中国受过大学教育的劳动力的外生激增来探讨人力资本对生产率的影响，结果发现在 2003 年之后，高人力资本密集型行业在全要素生产率方面的增长比前几年更快，并且反映在先进资本产品的进口、研发支出、资本密集度以及高技能人才的就业等方面。张国强等[80]则指出，在产业结构转型阶段，人力资本及其结构是影响产业转型升级的关键要素，不同地区人力资本水平差异是导致各地区间产业结构差异的重要原因之一。阳立高等[81]表明，我国制造业要实现转型升级，仍然要充分发挥人口基数大、劳动力素质较快提升的优势。肖土盛等[82]研究发现在劳动力市场结构性矛盾日益凸显的情况下，高素质劳动力凭借技能优势和劳动力市场竞争优势挤出低技能劳动者以获取更强的议价能力，提高了在收入分配方面的话语权；而企业也会降低生产任务环节对低技能劳动的需求，表现为企业高技能劳动力比重的上升，人力资本结构得到优化，从而推动产业结构转型升级。于茂荐[83]的实证结果表明，高技术技能人才能为企业创新提供智力支撑，企业的人力资本投入会通过知识外溢效应作用于制造业结构升级。Acemoglu[84]对欧洲劳动力市场进行分析，发现劳动力技能结构会对技术进步产生很大影响。19 世纪初，欧洲大批农村低技能劳动者进入城市，使机械化大生产取代手工制作的步伐加快；20 世纪下半叶以来，高技能劳动者供给量不断增加，又刺激了与高技能劳动力互补的技术进步。张阳和姜学民[85]基于空间面板数据模型的实证研究结果也表明，当前中国人力资本积累对产业结构合理化和产业结构高级化的影响效应均显著为正，同时两组结果的空间溢出效应也都显著为正，即人力资本积累能显著促进产业结构合理化与高级化。

此外，有学者认为劳动力素质结构会直接作用于产业升级。Autor 和

Dorn[86]认为劳动力素质是促进制造业结构升级的重要动力来源，与制造业结构高度匹配的劳动力素质结构将显著推动产业升级和制造业结构优化。Angelino[87]进一步研究表明，高素质劳动力缺乏会冲减国内企业与外国代理商有效生产性互动产生的溢出效应，从而阻碍本国企业吸收和引进外国先进知识和技术。还有一部分学者则对劳动力与数字化技术的交叉影响效应展开了研究。例如，何小钢等[72]实证研究表明，高技能员工和长期雇用员工均与信息通信技术（information and communication technology，ICT）形成互补效应，能够显著提升 ICT 的生产率效应，且在考虑了内生性并经一系列稳健性测试后，该结论依然成立。魏玮等[88]实证研究发现与工业智能化指数变化同步的劳动力结构变化有利于全要素生产率提高，且具有明显的区域差异性，在工业智能化早期，东部地区具有显著正向作用，而中西部地区却产生明显负向影响，不同地区不同智能化水平需要的高技能人才也存在差别。王志华和董存田[69]发现劳动力素质提高的速度与制造业转型升级的速度不相匹配，甚至前者远远高于后者，这将有可能导致劳动力供给结构与制造业发展不平衡。程林等[89]验证了劳动力素质结构的变化在信息化水平对产业升级的促进作用过程中存在部分中介作用。

高素质劳动力通常也具备更丰富的专业知识、更高的技能水平、更全面的综合能力和更强的工作柔性，能快速有效地将劳动技能和工作相匹配，促进劳动力资源合理有效配置，推动企业转型升级，进而带动相关产业结构的转型调整。江鹏等[90]通过构建 FGLS 模型检验了劳动力结构变化（即体能型劳动力占比下降、知识型劳动力占比上升）对制造业结构升级的影响效应，研究表明知识型劳动力占比上升对制造业结构升级具有一定推动作用，即对劳动密集型制造业影响效应为负，而对资本和技术密集型制造业影响效应为正；此外，他们还证明了劳动力素质结构变化通过影响科技进步、劳动力成本和消费结构为制造业结构升级创造条件。张万里等[91]实证分析证明高低技能劳动力比例的提高会促进产业智能化对产业结构高级化的正向作用，并缓解其对产业结构合理化的负向影响。

（二）劳动力受教育程度

劳动力受教育程度通常指劳动力人口（即达到法定劳动年龄、具有劳动能力的人口）所接受的正规教育年限或学历水平。根据教育程度的不同，可以将劳动力分为未上过学、小学、初中、高中（含中专、职高、技校）、大学专科、大学本科及以上等不同的层次。在中国劳动力的平均受教育程度方面，2022 年新增劳动力平均受教育年限达到 13.8 年，这表明随着教育质量的提升，中国的劳动力市场从人口红利逐渐转向人才红利。在教育普及方面，中国的义务教育已经达到世界高收入国家的平均水平，2022 年，全国普惠性幼儿园在园幼儿占比达到了 89.55%，学前三年毛入园率达到了 89.7%。此外，高中阶段的毛入学率在 2022 年达到了 91.6%，比 2021 年提高了 0.2 个百分点。在高等教育方面，《2023 年全国教育事业发展统计公报》显示，全国共有高等学校 3013 所，位居世界第一。我国接受高等教育的人口达到 2.4 亿，高等教育在学总规模达到了 4655 万，2022 年高等教育的毛入学率达到了 59.6%。

受教育程度的变化主要体现在教育质量的变化上，本节从教育质量的测度及教育质量的影响两个方面论述劳动力受教育程度的相关研究。

第一，关于教育质量的测度。由于教育质量是一个多维度、多层次的概念，测度方法难以达到精确，故学术界对教育质量的定义、测度以及研究结果尚未完全达成共识，但就目前的文献来看，对教育质量进行界定时可以采取两种不同的策略，第一种是围绕教育的目标和结果进行界定，第二种是确定能反映教育投入与产出的详细指标[92]，其中第二种界定策略在近年来被广泛使用，原因在于这种策略有具体的数据支撑。例如，政府教育投入[93]、平均师生率[94]、教育质量问卷所反映的分值[95]、大学排名靠前的数量[96]。

第二，关于教育质量的影响。许多经济增长理论都强调了教育对人力资本形成的作用[97]。已有研究也肯定了受教育程度是影响人力资本形成的关键因素[98]。屈小博和吕佳宁[99]通过实证研究得出：教育年限越高，人力资本的价值就越高，越有利于劳动生产率和工资的提升。Feng 等[100]则将高等教育直接作为企业人力资本的内生变量，分析其对全要素生产率的影响，得出企业人力资本增长是中国生产率增长的重要驱动力的结论。张海峰等[94]发现教育投入对国家经济发展的意义，不仅体现在教育投入提高能够提升人力资本水平，还体现在其通过促进各行业经济发展和生产效率提高间接促进了经济增长，教育质量越高地区受教育年限增加对劳动生产率和经济增长的促进效应越大。Rauch[101]最早利用明瑟收入方程对美国大城市调查统计数据展开研究，结果表明平均受教育程度每上升一年，地区全要素生产率将提高 2.80%左右。Kreishan 和 Hawarin[102]通过研究 1978～2007 年约旦教育与经济增长之间的因果关系，发现政府从 20 世纪 60 年代起就不断增加对高等教育（本科教育和研究生教育）的投资，从而实现了这 30 年间的经济持续稳步增长。

此外，学者在劳动力受教育程度对技术创新的影响方面也进行了大量研究，如 Li[103]认为高等教育利用其自身的知识溢出效应和技术溢出效应推动技术创新。陈浩天和肖延玉[104]基于 2011～2021 年省级面板数据，研究发现数字技术创新反过来也能促进义务教育高质量发展，并且发现教育均等化、人力资本是数字技术赋能义务教育高质量发展的重要传导渠道。但是，对此也有学者得出了不同的结论。赖德胜等[105]认为区域高等教育质量的差异过大会抑制企业创新。邵宜航和徐菁[106]的研究表明高等教育推广对创新效率的影响呈倒“U”形，即高等教育推广超过一定限度时继续提高高等教育质量反而会阻碍企业技术创新。

随着教育理念和劳动力供需市场变化，学者的研究视野也愈发广阔，针对人才培养、就业质量、产品质量、产业升级、绿色发展等方面展开了丰富研究。例如，邵云飞等[107]运用面板数据和固定效应模型，通过实证检验分析影响区域创新能力的因素，得出高等教育水平对高技术人员的培养有至关重要的作用，以及教育质量的提升带来的人力资本的不断积累，对全要素生产率、产业结构的转变与升级都有重要影响的结论。叶晓阳和丁延庆[95]指出教育质量的提高有利于毕业生面临就业选择时追求更高的工资起薪和更积极向上的创业创新态度。肖小勇等[108]进一步考察了教育对农民工就业质量的影响，并比较了教育对农民工就业质量影响的代际差异，发现受教育程度越高，农民工就业质量越高。Angelino[87]基于已有的出口机制和研发激励机制的分析认为，劳动力受教育程度较低、缺乏人力资本往往是限制现代企业，特别是间接出口企业、投资研发企业和城市企业发展的重要原因。崔远淼等[109]认为相比于其他发展中国家，教育红利对中国制造业国际竞争力具有显著的促进作用，而张杰等[110]则指出市场竞争力的提升又对产品质量有推动作用。许家云[111]表示资源优化配置在很大程度上促进了企业出口产品质量提升，其中海外留学生在产品质量升级中发挥了关键作用，这间接反映了学习环境和教学方式对出口产品质量的影响。李方静和张静[112]发现高收入城市的要素禀赋优势和本土市场规模优势对企业生产高质量产品具有显著促进作用，结合陈斌开等[93]提出的教育水平对收入水平有正效应可知，好的教育质量能通过影响收入水平对企业出口产品质量有一定的促进作用。何菊莲等[113]研究发现高等教育对产业结构优化具有明显的促进作用，阮建青等[114]认为产业结构优化能够促使企业生产高质量产品。张艳等[115]通过实证分析得出高等教育质量的提升有利于产业结构的升级，且高等教育质量对产业结构的影响存在区域异质性。Ahmed 等[116]基于环境保护和绿色发展新视角对高等教育质量和碳排放量之间的关系展开研究，发现更高的高等教育质量可以提高经济吸收能力，提高绿色技术效率，有助于减少温室气体的排放。赵昕东和吴宇[117]实证研究表明，提高教育水平对中高收入组和高收入组有显著影响。周慧珺等[118]构建了包含高、低受教育程度劳动者的量化空间一般均衡模型，研究发现提高低受教育群体教育水平的政策能够不断扩大中等收入群体，从而使得收入不平等最终得到改善。

还有学者关注了教育对收入分配的影响。Dias[119]探讨了教育与收入不平等之间的关系，发现教育能够有效缩小收入差距，高等教育相较初、中等教育而言更能有效缩小收入差距。陈斌开等[93]研究结果显示教育水平差异是中国城乡收入差距最重要的影响因素。而 Sylwester[120]使用各国横截面数据，发现高等教育入学率与收入不平等存在反向关系，入学率较高的国家收入不平等程度相对于其他国家有所下降。胡咏梅和薛远康[121]基于空间杜宾模型进一步研究发现，高等教育质量对城乡收入差距存在明显的正向空间溢出效应，高等教育规模对城乡收入差距的空间溢出效应则呈倒“U”形。

三、劳动力市场制度改革相关研究

结合现有研究和本书的特点，本节从最低工资标准制度、个人所得税改革、城乡劳动力市场结构及制度改革三个方面论述。

（一）最低工资标准制度

最低工资制度作为中国初次分配中常规性的分配性政策工具，在保障低技能劳动者基本薪酬的同时，与企业社保缴纳、病假工资、派遣劳动者的空窗期工资、失业金标准等一系列社会福利标准挂钩，政府通过限制工资的最低水平来调节低收入与高收入群体之间的收入差距，改善收入分配格局，有效发挥了“提低”“兜底”的收入分配调节作用。2004 年 3 月正式实施的

《最低工资规定》提出“最低工资标准每两年至少调整一次”，2002～2019年，全国区县平均最低工资由303元上涨至1043元，上涨近2.44倍。近年来中国最低工资标准的调整幅度、执行力度不断加大，并且随着人口结构的变化以及新生代劳动者大量进入劳动力市场，劳资双方的力量平衡在很大程度上发生改变，很可能会推动最低工资标准不断上调。

目前，国内外关于最低工资标准的研究主要集中于就业效应、工资效应、出口效应方面。张军等[122]指出最低工资标准对正规部门就业者工资收入提升弹性更高，且两者之间表现为“U”形。Hampton 和 Totty[123]通过分析调查数据发现，最低工资的劳动力供给效应与劳动力供给效应的生命周期保持一致，并且最低工资制度将会使得达到退休年龄的劳动者对劳动力市场机会的变化变得非常敏感，最低工资的上涨会引起拥有低工资且达到退休年龄的劳动者就业的增加。于新亮等[124]以最低工资标准的调整作为外生冲击，研究发现最低工资标准的上调虽然保障了低技能劳动者的工资水平，但是企业可能因为技能溢价，更大幅度地提升高技能劳动者的工资，导致工资差距拉大，从而增加了工作贫困发生率；此外，最低工资标准的调整在劳动强度、消费水平等方面产生了福利再分配效应，当最低工资标准超过平均工资水平的59.11%时，劳动者能够跨越工作贫困陷阱。然而彭刚等[125]研究发现中国各地区的最低工资标准有效缩小了收入差距，却抑制了收入水平的提升。具体而言，最低工资水平每提升10%，将会使得收入差距指数提高0.004个单位，而使收入水平指数降低0.004个单位。马双等[126]对制造业企业进行研究，结果表明最低工资每上涨10个百分点，制造业企业平均工资将整体上涨0.4到0.5个百分点。但是，马双等[127]指出最低工资上涨会对劳动力提出更高的要求，如最低工资标准每上涨10%，企业对求职者工作经验年限的需求会显著增加3.83%。Dustmann 等[128]对德国实施最低工资标准对工资、就业和重新分配的影响进行分析，研究表明该政策影响了15%

的劳动力，并且最低工资提高了劳动力薪酬，但没有降低就业。这也导致了低薪工人从低工资向高工资、低生产率向高生产率的重新分配，并且这种劳动力的升级效应在最低工资所引致的工资增长中占比高达 17%。许和连和王海成[129]通过实证研究表明最低工资标准显著抑制了企业出口产品质量提升，且对不同行业、不同所有制和不同地区间的抑制作用存在差异。孙楚仁等[130]从理论和实证两个方面考察了最低工资标准和企业出口之间的关系，研究结果显示最低工资标准提高会降低企业的出口概率，同时，劳动力成本上升带来的价格效应会使得企业降低出口额。

近年来，有学者将视角转向全要素生产率。研究发现，最低工资标准的上调可能通过两条主要途径影响全要素生产率，一是程晨和王萌萌[131]指出的劳动力成本的上升会倒逼企业进行技术创新，进而推动全要素生产率的提升。刘青和肖柏高[132]的研究也表明最低工资和企业平均工资之间的差值越小，则最低工资带来的冲击可能越大，最低工资上涨对企业进行劳动节约型技术创新的概率、强度、占比和质量都有显著的正向影响。魏下海等[133]则以最低工资调整作为劳动力成本上涨的外生冲击，从理论和经验上考察其对制造业企业技术选择方向的影响，指出最低工资上升将驱使企业选择资本偏向型的技术进步。二是杜鹏程和徐舒[134]研究显示，最低工资标准的上涨通过促进低生产率企业退出市场和抑制低生产潜能企业进入市场来提高全要素生产率。

（二）个人所得税改革

个人所得税作为中国直接税体系中的重要税种，其设立初衷更多的是致力于改善居民收入分配差距的问题，主要是对工资薪酬、劳务报酬、稿酬和特许权使用费等四项所得设定基本减除费用标准来调节社会收入分配差距，其基本特点是收入分项征收、实行分级超额累进税率。自 1986 年政府开始征收个人收入调节税以来，从 1994 年规定的个税免征额为每月 800 元改革调整至 2018 年的 5000 元，增加了关于教育、医疗和购房等方面共六项专项附加扣除项目，并进一步优化了个人所得税税率结构，推进部门共治共管和联合惩戒。回顾个人所得税改革历程可以发现，基本减除费用标准的调整次数和幅度不断增加，历次税制的调整均具有显著的减税激励效应，也在一定程度上体现了调节收入分配的趋势。

关于个人所得税改革的研究如下。围绕劳动者群体，王鑫和吴斌珍[135]基于 2004～2007 年 36 个大中城市的季度面板数据进行研究，发现在调整了基于平均收入计算减税水平可能带来的偏差之后，税收减免带来的收入增量的边际消费倾向为 1.40～1.66。王秀燕等[136]利用准实验方法（双重差分法和倾向评分匹配-双重差分法）进行分析的结果表明，个人所得税减免对居民消费行为具有显著的刺激效应。叶菁菁等[137]认为个人所得税改革提高了个体劳动参与率，而且对劳动工作时长也没有显著的影响，即没有产生显著的替代效应。鲁元平等[138]基于 2011 年的个人所得税改革的研究结果表明，个人所得税改革促使个体税负降低了约 36.31%，其中月收入 2000～16 100 元的个体受其影响最大，并且个人所得税改革使得低收入群体基本消费结构中的改善性消费增加，同时也促进了高收入群体的服务性消费支出。虽然税改降低了个人所得税的税负，但是对社会收入分配的调节作用呈现出一定程度的弱化效果。邱德馨等[139]根据 2010～2018 年的中国家庭追踪调查数据，考察了减税激励对少儿人力资本积累的影响。研究发现，2011 年的个人所得税改革可以通过刺激家庭教育投资和养育质量提高来影响少儿的认知能力与非认知能力，促进少儿的人力资本积累。Agarwal 等[140]基于具有代表性的消费者金融交易数据样本，研究高收入纳税人在 2015 年边际所得税永久性上调后的消费和储蓄效应。结果表明受税制改革影响的消费者支出没有发生变化。此外，以税收增长为资金来源的财政再分配会导致低收入群体的消费长期增长。Akcigit 等[141]基于 20 世纪美国企业和个人所得税来分析税收对创新的影响。结果显示，所得税上调对创新的数量和位置产生负面影响，对平均创新质量却没有影响，并且个人所得税改革与创新的总量以及发明者的流动性存在很大关联关系。

将企业作为对象来研究个人所得税改革经济效应的文献尚在少数，在现有文献中，程小可等[142]基于 2006～2017 年沪深 A 股上市公司数据考察了地方个人所得税优惠政策对企业创新活动的影响，发现地方个人所得税优惠政策的实施主要通过“促进人才引进”和“提高员工忠诚”两条渠道显著提升当地上市公司的创新产出。门闯和孙晓骅[143]则从个人所得税造成劳动要素价格扭曲的视角，通过估算行业层面的公共资金边际成本来反映个人所得税对劳动价格的扭曲程度，发现过度投资与个人所得税对劳动的扭曲程度呈正相关，且 2011 年的个人所得税改革对劳动要素的扭曲有显著的缓解效应，同时还发现个人所得税改革在缓解过度投资方面存在有效调节作用。程小可等[142]的研究结果表明，地方个人所得税优惠政策能够显著提升当地上市公司的创新产出，且提升作用主要体现在发明专利与实用新型专利的数量增加方面。

（三）城乡劳动力市场结构及制度改革

结合现有研究和本书的特点，本节将分别从城乡劳动力市场分割和劳动力市场管制两个方面来展开论述。

1. 城乡劳动力市场分割

城乡劳动力是指在城市和农村地区从事各种生产和服务工作的人口。通常情况下，城乡劳动力被划分为两类：城市劳动力和农村劳动力。城乡劳动力市场一体化对应的是城乡劳动力市场分割和差异，是指劳动力市场由于政治、经济等因素的制约，被划分为城市和农村两个具有不同特征和运行规则的部分。其制度性因素包括户籍制度和社会保障制度等，经济性因素主要体现在城乡之间的劳动力市场信息的不对称以及产业特性等。因而城乡劳动力市场分割呈现出制度性障碍、就业机会不平等、信息不对称、城乡空间上的隔离、教育水平差异等特点，从而不仅影响劳动力的合理流动和优化配置，还加剧了社会不平等和城乡差距。此外，伴随着大规模的农村劳动力由农业部门向工业部门转移，劳动力无限供给特征保持并强化了劳动密集型产业的比较优势和国际竞争力，而这种城乡劳动力市场分割的结构使得我国陷在价值链低端位置，不利于制造业转型升级。

关于城乡劳动力市场分割带来的影响研究如下。城乡劳动力市场一体化的政策逻辑起点是城乡劳动力市场分割，代表性文献考察了城乡劳动力市场分割对工资差异和经济发展的影响。沈坤荣和余吉祥[144]提出城镇居民可以通过与农村移民的分工而获得农村劳动力流动带来的额外收益，但是，仍然存在的城市劳动力市场分割会阻碍这种作用的发挥。吴贾等[145]认为城镇户籍有利于劳动者工资出现正向溢价以及失业率降低，且效果在逐年增强。钱雪亚和肖青青[146]判断出我国城镇劳动力市场存在以负面工作条件补偿不足为形式的隐性分割，城乡劳动者看似基本一致的工资水平并不代表农民工获得了平等的生产率回报。与前面研究不同，孙婧芳[147]发现农村迁移劳动力的工资决定机制与城市本地劳动力正在趋同，而 Qu 和 Zhao[148]发现农村迁移劳动力和城市本地劳动力的工资差距虽有缩小，但高分位工资水平的差距在不断加大。黄文彬等[149]通过构建一个异质性劳动力流动的空间一般均衡模型，得出户籍改革的地区差异和筛选作用阻碍了经济增长，消除地区差异则能增加 33.51%的经济总产出的结论。而陈红霞和席强敏[150]基于京津冀区域内 13 个地级市数据进行的研究认为，影响城市劳动力市场一体化的因素主要体现在城市间相关因素相对水平的差异上，具体在京津冀区域的表现为，城市间经济发展水平的差距与劳动力市场一体化负相关；城市吸纳人口能力的差距与区域劳动力市场一体化正相关。陆远权等[151]通过考察成渝地区双城经济圈 16 个城市的劳动力市场一体化水平，发现劳动力市场一体化水平在波浪式变化中呈现整合态势，但未能形成有效协同，经济发展水平、政府支持力度、基础设施建设和产业结构合理化是影响成渝地区双城经济圈劳动力市场一体化的主要因素。黄永颖等[152]从养老保险全国统筹角度分析了 21 世纪初影响区域劳动力市场的一体化的因素，研究表明省级统筹显著促进了地级市之间的劳动力市场一体化，统筹改革通过减少地级市之间养老保险政策差异和改善劳动力跨地市流动状况，大幅提升了地级市之间的劳动力市场一体化水平。

2. 劳动力市场管制

狭义上讲，劳动力市场管制是通过法律形式对雇主的用工行为进行制约，主要包括企业雇用管制和解雇管制。广义上讲，劳动力市场管制通常包括保护劳动者利益、保障就业稳定性、协调劳资双方利益三个方面[153]，主要涵盖了就业管理、劳动合同管理、工资管理、劳动安全卫生管理以及社会保险和福利管理。目前劳动力市场管制展现出统一领导和分散管理相结合、经济效益与社会效益兼顾等特点，以确保劳动力市场的公平性和可持续性。

目前，学术界重点关注劳动力市场管制对劳动者个人的影响效应。Blanchard 和 Giavazzi[154]通过构建垄断竞争的商品市场的宏观经济模型，来研究产品和劳动力市场管制对租金的影响。结果表明劳动力市场的管制影响劳动者的议价能力，而放松管制则会减少并重新分配租金，促使经济参与者做出相应调整。Botero 等[155]考察了 85 个国家与就业、集体谈判和社会保障相关的法律对劳动力市场的调控，发现左翼的政治权利与更严格的劳动法规有关，并且社会主义和法国法律传统的国家的劳动法规水平明显高于普通法系国家；此外，较重的劳动管制与较低的劳动力参与率和较高的失业率有关，这些结果与法律理论基本一致。Gangl[156]使用收入和项目参与调查（Survey of Income and Program Participation）与欧洲共同体家庭追踪调查数据，比较分析美国和欧洲国家劳动者失业后的收入轨迹，结果显示严格的劳动力市场管制能够有效缓解失业对劳动者后续收入的负面影响。Hornstein等[157]开发了带有老旧资本和搜寻匹配摩擦的经济模型，研究证明技术进步降低了劳动力需求，提高了均衡失业率和失业持续时间，而劳动力市场管制（失业福利、工薪税和解雇成本）加剧了上述影响。Alimov[158]将国家层面就业保护条例的变化作为劳动法规的外生来源，证明了在 1991～2009 年，就业管制严格的国家吸引了更多的来自劳动管制相对灵活的国家的外国收购者，并且劳动力市场改革允许外国收购者挑选更高效的本地公司，因此交易协同效应和并购后经营业绩的改善息息相关。Levine 等[159]进一步分析了劳动法规的跨国差异对收购公司后的利润和跨国交易收入的影响，结果证明，收购方在劳动保护力度较强的国家或地区所获得的异常收益和后期业绩提升较小；收购方更有可能在劳动保护力度较弱的国家或地区购买劳动力，当劳动力位于劳动监管较强的国家或地区时，收购方更有可能利用跨境收购进入新市场；当收购目标位于劳动法规更严格的国家时，报价成功率会下降。

第二节　全球价值链攀升相关研究

一、全球价值链攀升相关概念的理论界定

全球价值链理论在发展过程中逐渐融合了企业价值链、片段化价值链、商品链和全球化的观点。“价值链”的概念最早是由 Porter[160]在《竞争优

势：创造并保持最佳绩效》一书中关于企业生产的研究中提出的。随后Kogut[161]对企业价值链进行了拓展，延伸至区域甚至全球，创造性地提出了垂直价值链分工理论，他从国际分工的层面定义价值链，认为在企业生产链条的不同环节，企业的竞争优势有所区别，企业可以依据自己的竞争优势布局全球生产战略，这对其国际生产分工具有指导意义。自 2000 年以来，全球价值链的含义不断丰富。例如，2000 年萨塞克斯（Sussex）大学发展研究所将其定义为产品在全世界范围内价值增值活动的布局，产品的设计、生产、销售、售后服务等各个环节不仅可以分散在全球范围内的不同企业，也可以集中在一家企业。孙黎和许唯聪[162]也认同价值链是反映企业的价值增值活动的观点。2002～2003 年，联合国工业发展组织（United Nations Industrial Development Organization，UNIDO）指出全球价值链是全世界范围内各个生产环节紧密联系、为实现生产或者服务价值共同奋斗而形成的全球性生产网络组织。2013 年，联合国贸易和发展会议（United Nations Conference on Trade and Development，UNCTAD）进一步从公司和国家两个层面阐释了全球价值链：在公司层面，主要理解为由跨国公司组织的、在全球范围内布局的供应链；在国家层面，全球价值链被理解为解释全球范围内贸易增加值的重复计算。一个国家的出口由本国创造和他国创造两部分组成。2013 年，UNCTAD 在 Kogut[161]提出的垂直价值链分工理论基础上引入新的世界贸易与投资规则，将全球化布局模式和企业生产链条放置在复杂的生产和经济网络中，给全球价值链赋予了更丰富的内涵。

此外，还有学者认为全球价值链理论的基础是基于跨国公司产品在全世界范围内的国际分工和全球生产网络的构建，或是地区的生产环节、加工环节、销售环节形成的一个跨国性生产体系[163]。通过梳理全球价值链内涵的发展，可以发现全球价值链的概念从以产品为核心的价值链网络演变为以跨国公司为核心的复杂全球生产网络[164]。“全球价值链升级”的概念最早在国际贸易理论中被解释为“向生产更高增加值产品转变”。随着经济全球化不断发展，各国之间联系日益紧密，全球价值链也在不断升级。学者开始将“升级”的概念加入价值链，并将“价值链升级”的含义概括为功能、产品、流程和部门升级（链条升级）[165-166]。全球价值链攀升是价值链中不同环节之间的攀升，即从非战略性环节向战略性环节升级的过程[167]，为了完成这个过程，企业要将生产标准提升至全球价值链上主导企业的标准，实现技术和生产能力的提升。卢福财和罗瑞荣[167]认为在全球价值链分工条件下，制造业价值链升级是指制造业部门内部企业在全球价值链分工中由低增加值环节向高增加值环节提升的过程。近年来，随着全球价值链理论的快速发展和微观数据可获得性的提高，学者进一步将全球价值链升级刻画为企业贸易增加值、企业上游度及企业分工地位的提高[168-170]。

二、制造业全球价值链的测度研究

现有研究主要从全球价值链位置、全球价值链参与度、全球价值链生产长度等方面来测度制造业全球价值链。本节对现有全球价值链地位的测度方法和指标展开综述。

一是基于行业或企业上游度对全球价值链位置的测算。上游度指标反映了行业或企业向全球价值链上游攀升的位置变动能力，是度量全球价值链升级的良好指标。国内多数学者基于 Antràs 等[171]提出的“上游度测算”思路，将测算出的行业价值链定位匹配到企业层面各产品的价值链定位，进而得到各企业价值链定位指标[172-178]。近年来，国内外部分学者也陆续采用这种测算方法进行相关研究，并得出了稳健可靠的结论[179-181]。张为付和戴翔[182]也通过计算上游度得出中国虽然处于全球价值链中低端，但由于制造业分工地位逐步改善，中国整体的分工地位在逐渐向中高端攀升的结论。

二是基于出口国内增加值率对全球价值链参与度的测算。伴随着制造业企业全球价值链不断向“微笑曲线”两端延伸，企业的增加值也在不断提高，因而制造业价值链升级可表示为制造业产品由低增加值持续转向高增加值、制造业在全球价值链中的位置持续攀升的过程[183-184]。在全球价值链分工背景下，制造业企业出口中的国内增加值份额已成为判断企业参与国际贸易真实利得以及制造业企业发展方式转型升级水平的重要标准[185-188]。由此，国内部分学者在 Koopman 等[189]提出的方法的基础上进行了改进，并测度了中国出口国内增加值，以衡量中国制造业在全球价值链中的位置[190-192]。尹彦罡和李晓华[193]基于全球价值链参与程度和参与地位指数的研究方法，考察了国内增加值率对全球价值链地位指数的影响，并提出要着重关注中国与发达经济体以及新兴市场国家之间的国际比较，这将有助于我国更快地找准向制造业全球价值链高端攀升的途径。王元彬和王林[194]分析了 R&D（研究与开发，research and development）对制造业全球价值链地位的影响，发现专利申请量所代表的科技创新是国内 R&D 影响制造业全球价值链分工地位的有效机制。

三是基于出口复杂度和垂直专业化程度对全球价值链生产长度的测算。Michaely[195]提出了出口技术复杂度的衡量方式，即存在比较优势时，产品的劳动生产率是衡量产品技术含量的最好指标。Lall[196]和 Hausmann 等[197]则认为出口产品复杂度能更全面地反映一国出口产品在全球价值链中的地位，并在此基础上提出了全球价值链地位的测算方法。部分国内学者进一步结合中国实际经济状况测算了中国出口技术复杂度来分析中国制造业在全球价值链中的地位，并得出中国全球价值链已处于较高地位的结论[198-199]。例如，邱斌等[200]研究发现，中国各行业的出口技术复杂度整体呈现上升趋势，制造业在外商投资、设备引进、中间产品质量提升等因素作用下也不断向全球价值链中高端攀升。孙少勤和邱璐[201]以中国装备制造业为基础的研究也表明中国制造业在全球价值链中虽然仍处于较低位置，但攀升趋势明显。随着贸易额的快速增长，国际贸易下的“碎片化”生产方式逐渐被学者重点关注，垂直专业化也更多地被用来反映国际分工地位[202]。也有国内学者注意到这点，并将该指标迁移到中国制造业在全球价值链分工中所处地位的研究中。例如，文东伟和冼国明[203]就在 Hummels 等[202]研究框架的基础上，以 OECD 在 2009 年所提供的投入产出数据为样本，对中国制造业的垂直专业化水平展开测度与分析，得出中国制造业的垂直专业化还处于较低水平，但增长速度很快，超过了绝大多数的国家和地区的结论。高敬峰和王庭东[204]运用垂直专业化分工研究方法，从进口供给的角度，将最终消费产品作为研究对象，对中国参与全球价值链分工的区域特征进行了探讨。

近年来，国内越来越多的学者对全球价值链地位的测度指标和方法展开了更广泛和深入的研究，并且都取得了一定的研究成果。例如，利用环境友好型全价值链地位指数[205-206]、增加值贸易法[207]以及生产分解模型和出口分解框架[208]对全球价值链地位指数进行测算。陈福中等[209]借鉴 Stöllinger[210]的思路，基于价值链功能和外商投资的视角，使用绿地投资微观项目活动数据来揭示中国制造业各部门专业化于价值链不同功能模块中的分工情况，并据此侧面展示我国全球价值链升级的状况。除此之外，还有学者以跨国公司为纽带，从生产和消费两个接口对中国内资和外资企业在全球价值链中的嵌入位置和演进路径展开了深入分析[211]。

三、中国制造业全球价值链升级的影响因素研究

关于中国制造业全球价值链升级的影响因素，现有研究主要围绕技术进步、产业结构、制造业服务化、制度因素、对外直接投资（Outward foreign direct investment，OFDI）及其他因素展开了讨论。

（一）技术进步与价值链升级

现有研究主要考察了技术外溢和技术模仿的作用。Humphrey[212]、刘维林等[213]认为国内外制造业企业通过参与全球价值链分工，获得技术溢出和外商投资，进一步获得学习效应，促进技术进步成本降低，从而推动出口技术复杂度提高和价值链攀升。但只有企业的技术获取能力、市场反应能力和对外部环境变化的适应能力等都达到一定水平时，这一策略才是有效的[212,214]。当本地企业与外地企业存在技术互补关系时，本地企业将受益于正外部性，拥有更多互补技术或投入品，在生产相关产品上更具有比较优势。Akcigit 和 Ates[215]基于美国数据对企业全要素生产率进行研究，发现在 1980 年至 2010 年美国地区间技术扩散的强度不断下降，造成企业间差距不断扩大，不利于价值链升级。文武等[216]则发现引导制造业偏向中游环节嵌入数字技术有利于促进其价值链升级。此外，社会资本能通过强化隐性知识溢出效益，调节隐性知识溢出与技术创新的关系，促进技术进步，推动制造业价值链升级[217]。

当然，嵌入全球价值链也不是提升增加值的唯一途径，对发展中国家而言，增加 OFDI[218-219]、吸引外商直接投资[220]、利用外包服务[221-222]等都是利用研发合作强化知识和技术外溢效应进行技术模仿或创新，从而提升国内增加值的有效路径。但技术外溢效应在不同地区和不同行业作用程度不同[223-224]。如果技术溢出效应过度依赖外资或者嵌入价值链形式较为单一，将会导致对高端价值链的被动追逐和形式模仿困局[225]，而且会通过挤出效应抑制本国经济部门的持续增长，并驱使东道国产生技术依赖，从而阻碍价值链升级，因此要充分发挥制造业价值链升级中的技术外溢效应，不可忽视创新效应在此过程中的作用。韩亚峰和冯雅倩[226]通过构建 OFDI 逆向技术溢出对制造业价值链升级的理论模型和动态面板估计模型，得出了与陈颂和卢晨[227]一致的结论，即自主研发和逆向技术溢出效应都在创新效应的驱动下，有效推动了制造业价值链升级。余姗和樊秀峰[228]在 Feenstra[229]的商品连续统模型的基础上引入自主研发、外资引进，展开价值链升级的理论分析，研究表明企业自主研发对制造业全球价值链升级具有显著的研发创新和外资吸引双向驱动效应。文武等[216]认为在制造业中游环节嵌入数字技术可通过放大创新边界与能力拓展等效应，推动全球价值链分工地位提升。但部分学者认为，创新驱动效应在我国制造业价值链升级中的作用尚未充分发挥。王正新和朱洪涛[230]以高技术产业为研究对象的研究表明，创新效率是提升企业出口技术复杂度的主要因素。但郭晶和杨艳[231]则持相反观点，认为技术创新并非出口技术复杂度提升的主要来源。

（二）产业结构与价值链升级

已有研究主要从产业类型、要素密集度和技术水平等视角对产业结构与价值链升级的关系进行探讨。受历史、地理等因素影响，欧美国家和日本企业以生产性服务业抢占全球价值链中高端，获取了产品价值的主要部分，而包括中国在内的新兴市场国家只能从低端制造业中获取剩余的少部分产品价值收入[232-233]。现有研究通常认为资本密集型和技术密集型行业具有比劳动密集型行业更高的出口国内增加值率，而对进口中间投入品的过度依赖是制约我国价值链攀升的主要原因。张小蒂和孙景蔚[234]、黄先海和韦畅[235]利用垂直专业化测度模型和投入产出表数据分析得出，资本技术密集型产业垂直专业化指数最高，资本密集型和资源密集型产业垂直专业化指数相对较低，而劳动密集型产业则处于垂直专业化分工的最低端。

吕越等[236]以作为技术和知识密集型产业代表的人工智能为研究对象，研究其对全球价值链网络的影响，结果表明人工智能通过劳动力替代和缓解资源错配来加强全球价值链网络的深化，且在发展中国家这种效应比在发达国家更强。Acemoglu 和 Restrepo[237]利用 2010～2015 年法国企业层面的机器人数据分析了机器人应用对企业的影响，发现应用机器人的企业的增加值和生产率明显得到了提高。祝树金和张鹏辉[238]研究表明，1992～2010 年劳动密集型产业的国内技术含量贡献指数先降后升，2005 年之后一直维持在 0.94 之上；资本密集型和技术密集型产业的国内技术含量贡献指数呈下降趋势，说明中国在融入国际分工体系的过程中，所出口的较高技术水平的产品在很大程度上是因为这些产品在生产过程中进口了大量复杂的中间产品，而其国内生产环节仅处于国际生产链条的低端环节。Kee 和 Tang[239]的研究表明在出口产品中不断增加本国中间投入，会提高企业出口增加值率。基于技术水平进行产业划分的研究表明，高技术行业国内增加值较低是制约我国制造业升级的重要原因。赵景瑞等[240]认为制造业价值链内嵌入技术进步能通过技术溢出效应和质量提升效应，促进出口企业成本加成率和全要素生产率提高，从而推动出口国内增加值率提升。文东伟和冼国明[203]基于 OECD 投入产出数据库（2006 年版），测度了中国在 1995 年至 2005 年的制造业国内增加值，并与 31 个其他经济体进行了比较，结果表明：中国制造业国内增加值虽然处于较低水平，但增长迅速，1995～2005 年仅 10 年增长了约 72%，其中高技术制造业的增速更是达到了 131.5%，远超大多数国家或地区。但邱涛[241]利用 1995～2015 年的数据对中国制造业全球价值链分工地位进行研究后得出了不同的结论，其认为中国产品出口国内增加值率呈“V”形变动，1995 年中国出口国内增加值率达 55.64%，2000 年小幅下降后，2005 年又回升至 61.14%，食品、服装初级产业出口国内增加值较高，电子和光学等高技术制造业出口国内增加值虽然较低，但呈现显著上升趋势。王岚和李宏艳[242]基于 1995 年至 2011 年的研究表明嵌入位置在一定条件下决定了一国制造业在国际分工中的位置，中国制造业嵌入还处于低增值环节，对国内增加值的带动能力还较弱，提升嵌入位置仍是提升制造业增加值的关键所在。蒋含明[243]的研究进一步表明，互补性企业价值链嵌入位置较高有利于其在全球竞争中获取更多利益分配，而替代性企业嵌入位置较低反而更有利于在全球利益分配中取胜。

（三）制造业服务化与价值链升级

现有研究认为提高生产率和企业绩效、促进技术创新是制造业服务化促进制造业价值链升级的主要路径。Reddy 等[244]认为生产性服务业有利于推动企业参与全球价值链分工，而制造业服务化则能提高参与质量，促进企业价值链升级。制造业服务化所提供的优质服务，是企业提高其生产效率和组织管理效率，进而降低企业生产、管理成本的重要驱动要素[245]。服务要素投入，尤其是研发设计、工业设计等生产性服务要素能够通过知识扩散和技术外溢效应提高企业的研发创新能力，向研发、设计、营销、售后服务等高增加值环节攀升[246]。制造企业通过服务外包进行要素结构重组和促进技术进步能够显著提升制造企业生产率[247-248]。知识密集型的高级商业服务越靠近本地制造业企业，对制造业生产率提升的促进作用越强[249]。随着制造业服务化水平的提高，区域服务的发展将会使得制造业生产率增加19.98%[250]。制造企业的服务化转型首先是业务领域的扩展，而以知识、技术为基础的服务要素是创新过程中的重要节点和媒介[251]；其次对企业的技术知识资源、运营管理体系以及外部制度环境也会产生创新激励作用[252]。制造业服务化能通过促进产品升级、加强市场定位准确性和优化生产服务方案等路径显著促进企业绩效提升，进而延伸企业价值链[253]。而江积海和沈艳[254]认为只有在发展较为成熟的制造业行业中，服务化战略对企业的绩效才有一定促进作用，因而服务化与绩效之间呈“U”形曲线关系。

此外，一些研究直接考察了制造业服务化对我国价值链升级的影响，但这方面的研究文献相对较少，主要从制造业服务化影响企业全球价值链参与程度和分工地位的视角进行研究。刘斌等[255]认为制造业投入服务化（运输服务化、电信服务化、金融服务化和分销服务化）能够降低企业成本，提高企业生产效率，深化企业的价值链参与程度，促进价值链升级；制造业投入服务化能通过“水平层面”的质量改进和“垂直层面”的出口技术复杂度提升促进产品升级。吕越等[256]认为企业在全球价值链嵌入程度较高时，服务业的直接投入或完全投入都能显著改善企业全要素生产率，其中，电信业投入对企业全要素生产率影响最大，金融业次之，交通运输业和批发零售业影响最小。刘玉荣和刘芳[257]应用联立方程考察了制造业服务化与全球价值链提升的交互效应，发现中国制造业部门参与全球价值链体系促进了制造业服务化水平的提高，但现阶段制造业服务化水平还未能对产业价值链提升形成强有力的支撑。吴云霞和马野驰[258]通过实证分析，认为制造业服务化对中国在全球价值链参与度存在“天花板”效应，即随着制造业服务化趋势的加强，其对中国在全球价值链参与度的促进作用是边际递减的，而对制造业分工地位则会产生显著的正向促进作用。

（四）制度因素与价值链升级

任琳和孟思宇[259]认为国际制度规则是霸权国将崛起国锁定在全球价值链低端的主要工具。因此制度是影响价值链升级的重要原因之一，现有研究从制度环境、制度质量、知识产权制度、经济自由度等方面来考察制度因素对我国制造业价值链升级的影响。刘琳和盛斌[260]通过分析产品的国内技术含量发现，参与全球价值链分工并未直接促进中国制造业出口技术复杂度提升，只有在良好的商业环境和制度环境中才能发挥国内技术复杂度的偏向效应，增强企业对价值链外溢技术的吸收能力，促进制造业价值链攀升。杜运苏等[261]的研究表明出口企业内外销协调发展有助于企业价值链升级，而完善的制度环境能使国内需求转变为外贸优势，从而借助国内大市场优势促进企业出口升级。戴翔和金碚[262]也认为提高制度质量是产品内分工促进企业价值链位置提升的先决条件。刘英基[263]研究指出，于出口技术复杂度提升而言，制度质量和知识资本同样重要，知识资本是动力源泉，制度质量是前提和保障。

上述学者通过理论分析认为制度质量能直接推动价值链升级，也有学者在此基础上的实证检验结果却不尽相同。例如，戴翔和郑岚[264]认为制度质量对提升价值链分工地位具有显著促进作用。刘艳[265]则指出制度质量整体上能促进价值链升级，但不同制度在不同经济体中作用程度不同，整体而言政治制度和经济制度质量提升更有利于发展中国家价值链攀升，而法律制度对发达国家和发展中国家都很重要。胡昭玲和张玉[266]从经济自由度指数出发的实证研究认为，制度环境改善对落后国的价值链提升效应更为显著。胡昭玲和夏秋[267]进一步研究表明相较于政治制度，经济制度的作用效果更好。而齐俊妍等[268]基于跨国及跨行业数据的实证研究结果则表明，只有治理制度和法律制度对出口技术复杂度提升产生了显著促进作用。Rodrik[269]和 Hausmann 等[197]的实证检验结果并未发现制度质量对出口技术复杂度有显著影响。Sui 等[270]以财政体制改革进行准自然实验，探讨改革对出口产品质量的影响，结果显示改革通过影响银行信贷、政府补贴和企业之间的横向融资，缓解了企业融资约束，提升了企业出口产品质量。Lin 等[271]通过构建包括金融服务、门户开放、政府干预、腐败、财产维权和司法公正六大制度要素的指标体系，实证探讨制度质量对产品出口质量的影响，发现制度质量对出口产品质量产生了积极影响，且腐败和司法公正的影响最大。Huynh[272]基于越南各省企业数据，表明制度质量会对企业绩效产生正向影响。魏龙和王磊[273]则将关注点放在行业差异上，研究发现产业升级政策对产业方向的引导能大幅提升产业升级幅度，对下游主导产业作用最显著。

还有一部分学者着重关注了知识产权保护制度的影响效应。任保全等[274]认为知识产权保护制度缺失与运输费用高昂、地方声誉问题一起形成了我国价值链升级的制度障碍。知识产权保护制度具有双面性，在保护创新、促进技术进步的同时，也会限制技术外溢。代中强[275]的实证研究表明我国省际层面的知识产权保护水平与出口技术复杂度之间呈现倒“U”形关系，因此权衡好产权保护与反垄断，因地制宜实施知识产权保护制度才能有效推进出口技术复杂度提升。民营企业和加工型外资企业是推动价值链升级的主要动力，外国直接投资是其主要动力来源，但实际上外国直接投资更倾向于嵌入全球价值链低端，而社会信用体系缺失对融资约束的加剧是导致这一现象的主要原因[276]。现有的政府补贴制度并不具备调节制造业技术复杂度的作用[277]。

（五）OFDI 与价值链升级

关于 OFDI 和全球价值链地位之间的关系，学界内主流观点认为 OFDI 会显著影响全球价值链地位。例如，白光裕和庄芮[278]分析认为，对外投资是一国或一地区主动布局全球价值链的关键举措，一国或一地区的 OFDI 能通过增加本国产业在全球产业链中的不可替代性，实现对全球价值链的主导权和控制权。Giuliani 等[279]研究发现发展中国家的 OFDI 对提升本国产业在全球价值链中的地位具有显著正向效应。Andreff M 和 Andreff W[280]与刘斌等[219]的研究进一步表明 OFDI 有利于一国在全球价值链中的地位提升。Su 和 Fu[281]以世界投入产出表为基础，较为细致地研究了一个国家的 OFDI 对其全球价值链参与程度和地位的影响；实证分析显示一国的 OFDI 促进了其在全球价值链中的参与，并且还推动了其在全球价值链中的产业升级。Cantwell 和 Tolentino[282]创造性地提出“技术地方化理论”以及 Lall[196]提出“技术创新产业升级理论”来研究发展中国家 OFDI 和价值链中的地位之间的关系，研究结果表明，发展中国家的 OFDI 具有明显的逆向溢出效应，这种效应将显著促进该国产业链迈向全球中高端地位。Palit[283]进一步指出外商直接投资是发展中国家获得技术扩散和技术溢出的渠道之一。王杰等[284]的实证分析表明发展中国家的 OFDI 不仅能通过“边际产业转移效应”和“技术溢出效应”促进价值链升级，还能延长企业嵌入全球价值链的持续时间。

也有学者对此持不同观点，郑丹青[285]通过利用倍差法评估中国企业 OFDI 的价值链效应，认为 OFDI 能显著促进全球价值链攀升，并且发达国家有较发展中国家更显著的价值链升级效应。余海燕和沈桂龙[164]对 OFDI 与全球价值链地位关系的实证检验佐证了上述观点，并进一步指出发展中国家 OFDI 在影响价值链升级过程中具有双向作用。丁秀飞等[286]的研究表明我国 OFDI 与价值链升级也存在双向促进效应，但 OFDI 的促进作用具有选择性，只有在高技术行业中才会显著促进企业价值链升级。Li 等[287]基于贸易增值核算法，使用 OECD-WTO 贸易增加值数据库计算了 64 个国家在 2005～2015 年的全球价值链地位指数和全球价值链参与度，以此来研究 OFDI 对母国全球价值链升级的影响，结论表明 OFDI 可以通过提高贸易网络地位对母国全球价值链升级产生积极影响，OFDI 对新兴市场国家的影响比对发达国家更显著；其进一步分析表明高技术行业的 OFDI 比中低技术行业的 OFDI 对中国全球价值链升级的影响更大。然而，宋玉洁和乔翠霞[288]通过研究中国制造业 OFDI 对国内价值链质量的影响，提出中国制造业 OFDI 对国内价值链质量以及分指标国内价值链效率、国内价值链稳定性都存在明显的提升效应，但中低技术行业 OFDI 的提升效应更为明显。Herzer[289]则认为 OFDI 与价值链地位之间没有显著的因果关系或相关关系。尹东东和张建清[290]的研究结果也发现，OFDI 并未显现出显著的逆向技术溢出效应。何建华等[291]在其基础上进一步指出 OFDI 的逆向技术溢出效应甚至会削弱中国的创新能力，进而抑制产业价值链升级。

（六）其他因素与价值链升级

除上述影响因素外，现有研究表明国内外环境、企业行为、行业特征也会影响产业价值链升级。外部环境主要包括价值链和价值链参与的治理模式[292]、全球经济环境、地理环境等。内部环境则是指国内市场需求状况、资本结构、资源禀赋、金融结构、基础设施建设情况、人力资本结构等制度、地理、人文等因素的综合概括[230,264,293-295]。现有研究一致认为高技术人才、国际直接投资等高级生产要素在推进制造业升级中具有低技术劳动力要素和资本要素无法比拟的优势，尤其是人力资源对上游主导产业升级更具有关键作用。当然，不同产业部门及产业内企业都有不同的产业升级策略[296]。在传统行业，购买商是推动企业，特别是新进入企业进行创新以提高增加值的直接因素[279,292]。此外，Kee 和 Tang[239]发现在 2000～2007 年，个体加工出口企业对进口产品的国内替代导致中国出口产品的国内增加值从65%上升到 70%。这种替代是该国的贸易和投资自由化加深了其对全球价值链的参与程度，并导致更多种类的国内材料能够以更低的价格获得。李小平和崔致远[297]基于 Caliendo 和 Parro[298]提出的模型，研究发现在“投入下游度”和“产出上游度”这两个指标上，降低本国进口关税可以提升企业的中间品投入份额和人力资本水平，从而推动企业在全球价值链中的位置向高端攀升；目的国进口关税的降低则通过出口产品范围调整和人力资本升级来推动企业在全球价值链中的位置攀升。

不少学者也从贸易成本的角度，实证分析了其对中国制造业在全球价值链中的地位攀升的影响，发现中间品贸易成本和最终产品的贸易成本对中国制造业在全球价值链中位置影响具有异质性，即前者下降会使中国制造业向全球价值链上游移动，后者下降则会使其向全球价值链下游移动[299]。佘群芝和户华玉[300]验证了贸易成本与中国制造业全球价值链地位关系为负相关，且不同贸易伙伴存在差异性；降低贸易成本产生的出口结构效应抑制了中国制造业在全球价值链中的地位提升，而技术创新效应促进了中国制造业在全球价值链中的地位提升。有学者认为，非对称贸易成本将拉大区域间国家价值链地位差距，且空间结构是潜在的作用机制，主要表现为区域间网络异质性差距拉大与区域内低效率多中心集聚的出现；而且非对称贸易成本的负面效应在非劳动密集型行业与欠发达市场环境中更为明显[301]。此外，Zhou 等[302]和戴翔等[303]发现在全球经济下行、贸易保护主义等冲击与数字经济膨胀叠加的新环境中，内向型采购能力（即在全球价值链中实施从国外采购到本地采购的动态过渡的能力）和作为新型中间品的数字技术的运用，在很大程度上决定了价值链不同环节增加值的创造能力，同时数字技术的运用所带来的安全与稳定会成为全球价值链攀升的内生性需求。Lee 等[304]使用 2011～2019 年韩国跨国企业数据进行分析，结果表明跨国企业的工业 4.0 导向导致其分销网络的扩张速度快于供应商网络的扩张速度。此外，总部价值创造对其分销网络全球化的正向影响强于其供应商网络全球化，而子公司价值创造对其供应商网络全球化的正向影响强于其分销网络全球化。然而，当跨国企业的分销网络和供应商网络都进行价值捕获时，价值捕获对前者全球化的影响比对后者全球化的影响更大。

第三节　劳动力结构变化与制造业全球价值链升级

一、劳动力参与率变化与制造业全球价值链升级

从现有研究看，劳动力参与率变化对制造业全球价值链升级的影响研究主要形成了两类观点。一部分学者认为以人口老龄化为代表的劳动力参与率变化对制造业价值链升级存在不利影响。Catalanol 和 Pezzolla[305]研究人口

老龄化对法国、德国和意大利三个国家社会经济活动的影响，发现人口老龄化使得德国的人力资本增长率不断下降，法国和意大利的人口老龄化则导致物质资本积累速度和创新进程明显放缓，从而阻碍了产业升级。张少军和刘志彪[306]从产业转移视角分析全球价值链分工，指出要素特征、竞争优势、技术进步、市场环境等是全球价值链模式的产业转移驱动力量，并进一步指出，在可以充分利用劳动力成本低廉的比较优势，并能够获取订单、保证有利可图的条件下，企业没有足够的动力去从事诸如研发等有助于价值链攀升的经营活动，最终有可能会跌入比较优势陷阱，从而陷入价值链低端锁定。

另一部分学者则关注了劳动力年龄结构变化对制造业价值链升级的倒逼效应。占丽[307]认为从生产要素角度看，劳动力年龄结构优势丧失使得企业劳动力用工成本不断上升，从而弱化企业依托低成本投入参与国际竞争的能力。为了弥补高成本带来的不利影响，企业将加大研发资金的投入，提升企业创新能力和促进技术进步，提高全要素生产率，在产业层面体现为价值链攀升。同样，古柳[308]基于 2000～2014 年制造业的相关数据对中国价值链攀升的动力源进行了实证研究，结果证明，劳动力数量结构变化导致的低成本优势丧失会对价值链攀升产生倒逼效应，从而助推中国制造业向价值链中高端迈进。周懿等[309]则重点分析了人口老龄化影响我国价值链的理论方式，从理论和实证层面研究了老龄化社会对中国工业价值链升级的影响及其作用机理，同时建立了中介效应模型，研究结果表明老龄化社会对中国制造业价值链升级具有明显的促进作用，而这些推动效果都是通过推动中国生产性服务业发展的机制而得以实现的。龚世豪和祝树金[310]发现随着劳动力老龄化加剧，劳动力供给质量反而提升，员工会从低效或产出增幅慢的企业转向高效或产出增幅快的企业，从而提升企业出口产品质量。

此外，新生代劳动力具有适应能力强、思维活跃等特征，新生代劳动力将逐渐成为劳动者主要群体，这对我国向价值链高端攀升有着重要影响。现有文献直接研究新生代与制造业价值链升级的较少，以下列举几项。阳立高等[49]在解决劳动力的工作经验和企业技能培训的内生性问题的基础上，对新生代劳动力供给质量与制造业升级的关系做出了进一步探讨，发现新生代劳动力供给数量和质量变化对低端制造业的发展具有负向影响，而对中高端制造业的升级优化有一定的促进作用。王正中[311]认为新生代的受教育程度高、职业期望值高、对物质和精神享受要求高，但工作耐受力低的新特征，不利于中国制造业发展。童玉芬[312]使用联合国人口基金的预测结果，并结合其他数据，研究发现老龄化虽然将会引起劳动年龄人口规模的下降，但在 2030 年之前下降比较缓慢，而新生代劳动力数量则下降迅速，这不利于产业升级。

二、劳动力素质变化与制造业全球价值链升级

早期研究较多从劳动力受教育程度、供给质量及劳动力技能结构等视角，考察劳动力素质变化对制造业全球价值链升级的影响。张艳等[115]在揭示高等教育质量影响产业结构升级传导机理的基础上，运用 1999～2018 年省级相关数据实证检验高等教育质量对产业结构升级的作用，结果表明高等教育质量提升能显著促进产业结构升级。王海成和邵小快[313]关注了高等教育改革对企业出口竞争力的影响，研究发现 1999 年开始的高校扩招显著提高了具有较高劳动技能密集度企业的出口质量。古柳[308]实证检验发现，劳动力质量和劳动力数量结构的变化最终都有利于产业的转型升级，且劳动力数量结构变化将使低成本比较优势逐渐消退，从而倒逼价值链升级。戴翔等[314]研究了劳动力技能水平和技能配置效率对工业产业转型的影响，发现劳动力技能水平与技能配置效率的提高对产业转型升级都有积极作用。在我国教育质量飞速提升与人才强国战略大力实施的背景下，戴翔

和刘梦[315]重点关注了要素质量的匹配对推进价值链升级的影响，理论分析与计量检验结果都表明将人才与制度、技术高效匹配起来，是推动价值链升级的有效举措。李宜航[316]研究了劳动力技能分散程度和地区出口比较优势的联系。黄晶和王琦[317]研究了有技能劳动力和无技能劳动力的工资扭曲与利率扭曲，并进一步分析了两种扭曲造成的劳动和资本配置效率变化对全要素生产率的变化产生的影响。

部分学者还发现，尽管劳动力素质提升对制造业全球价值链升级存在显著促进作用，但我国劳动力素质提升与制造业转型升级速度存在不匹配现象，从而限制了劳动力素质提升效应的发挥。阳立高等[318]基于地区-行业层面的制造业细分数据，考察了人力资本与技术进步对制造业升级的影响效应，研究发现人力资本积累和技术进步对制造业升级均具有明显的促进作用，并且该效应存在明显的地区异质性及时滞性。制造业与劳动力结构升级速度的不匹配是阻碍我国制造业迈向全球价值链中高端的重要因素。王志华和董存田[69]通过对相关数据的对比分析，认为劳动力素质提高的速度与制造业转型升级的速度不相匹配，前者远远高于后者，这可能是劳动力供给结构与制造业发展不平衡的原因。

近年来，随着数字经济和数字技术的快速发展，学者逐渐关注到人工智能对劳动力生产率、劳动力资源配置及制造业转型升级的影响。一方面，人工智能作为劳动密集型行业中劳动力的替代，其发展将不可避免地改变行业和企业的劳动雇用结构，导致失业和劳动收入份额下降等问题，从而对国民经济和制造业发展造成冲击[26,319]。另一方面，人工智能也在创造新的“劳动力”，对劳动生产率提升具有促进作用，并能改善企业的劳动力技能结构[320]，对一国经济增长及产业转型升级具有重要影响[321]。人工智能通过促进技术创新和劳动生产率提高[321]、优化劳动力资源配置[322]、畅通劳动力流通机制[323]等途径，促进一国及其企业参与全球价值链分工，并推动其向全球价值链中高端位置攀升[324]。

三、劳动力市场制度改革与制造业全球价值链升级

根据本章第一节第三部分，本节将劳动力市场制度改革细分为最低工资标准制度、个人所得税改革、城乡劳动力市场结构及制度改革三个方面。因此，本节将从这三方面对制造业全球价值链升级的影响展开论述。

（一）最低工资标准制度对制造业全球价值链升级的影响研究

Gan 等[325]基于中国大中型制造业企业数据的研究发现，最低工资每提高 10%，商品出口概率会下降 0.9 个百分点，出口销售额会下降 0.9%；并且在平均工资较低和资本-劳动比率较低的企业中，下降幅度更大。许和连和王海成[129]基于中国县级区域最低工资标准数据，就最低工资标准对企业出口质量的影响展开了详细研究，结果显示中国企业出口质量在 2000～2011 年总体呈上升趋势，然而最低工资标准却抑制了中国企业出口质量的提升，不利于制造业价值链升级。铁瑛等[326]从加工贸易退出的角度刻画了企业出口国内增加值率的动态演进过程，并进一步考察了最低工资对企业出口国内增加值率的影响，研究发现劳动力成本上升有利于我国企业出口国内增加值率攀升。袁劲和马双[327]将最低工资上涨带来的企业成本压力和生产效率提升的倒逼机制纳入企业多产品分析框架，研究发现，最低工资上涨 1%，产品的出口额约增长 0.09%。企业可以实现核心产品的“目的国扩展边际”的增长，并且寻求非核心产品的“集约式增长”，从而有效提升全球价值链地位。崔晓敏等[328]、葛新庭和谢建国[329]分别基于中国企业和地级市层面的最低工资标准对出口的国内增加值进行了研究，结果表明最低工资标准上涨会增加企业成本负担，导致企业成本加成率下降，从而降低其出口国内增加值，限制其价值链升级。

（二）个人所得税改革对制造业全球价值链升级的影响研究

盛丹和杨慧梅[330]实证验证了减税降费政策能够通过提高企业创新绩效以及进口中间品质量，提升企业出口产品品质，从而有助于出口产品的品质升级。刘玉海等[331]研究发现税收激励政策对企业出口国内增加值率具有明显的提升效应，能够较为有效地反映出企业参与全球价值链的真实贸易收益和国际分工地位，这种提升效益在时间趋势上呈现出先上升后下降的动态变化特征。刘啟仁等[332]研究表明税收激励政策能够促使出口产品质量提升，推动出口额、出口产品种类和国内增加值率显著增长，凸显了企业的出口规模效应。龚世豪等[333]以 2006 年个人所得税改革为切入点，研究发现个人所得税改革不仅能够提升企业出口产品质量，还能有效提升企业全球价值链中的位置、出口技术复杂度和一般贸易占比，培育企业出口竞争新优势。

（三）城乡劳动力市场结构及制度改革对制造业全球价值链升级的影响研究

陈媛媛[334]基于中国转型时期特有的制度因素，考察了市场分割制度安排对出口竞争力的影响。结果发现，劳动力市场分割会通过一些行业特征抑制出口竞争力的提升，劳动力要素的非自由流动导致企业不能获得最优的生产要素，进而影响其规模化生产和生产效率提升，导致竞争力和出口竞争力下降。韩峰和王涵[335]结合企业工资和相对价格方差法，测算出劳动力市场分割指数，实证表明劳动力市场整合能够有效提升企业全球价值链分工地位，因而有助于推动制造业在全球价值链中的位置不断向高端环节攀升。吕越等[336]在构建市场分割影响中国企业增加值贸易的理论框架基础上，实证分析了市场分割通过促进中间品进口和提高加工贸易比，给企业出口的国内增加值率带来的负面效应。虽然市场分割政策对于地方政府而言是占优策略，但限制了企业的规模经济效益，严重损害了中国企业创造贸易增加值的能力。王明涛和谢建国[337]基于 Melitz 和 Ottaviano[338]的理论框架，从市场分割视角探讨了中国出口企业出现“低加成率悖论”的原因，结果显示市场分割降低了中国出口企业的成本加成率，不利于推动中国制造业全球价值链升级。

第四节 文献评价

劳动力结构变化与制造业全球价值链攀升一直是国内外各界重点关注的研究议题，学者围绕这一领域展开了丰富的研究，从不同维度、不同视角剖析了劳动力结构变化对制造业全球价值链升级的影响效应和作用机制，形成了大量富有真知灼见的新思想、新发现、新成果，具有重要的理论创新价值和决策参考价值。但总体而言，仍有可进一步探讨、发展或突破的空间，具体如下。

第一，尽管目前学术界对劳动力结构变化的影响效应，以及推动制造业全球价值链升级的影响因素这两方面的内容已经展开了诸多讨论，然而鲜有研究能够全面且系统地考察劳动力结构变化对制造业全球价值链攀升的影响效应、作用机理及相应的优化对策。现有的研究普遍认为，在当前人口老龄化趋势加剧、高等教育大众化等劳动力供给转型的大背景下，我国劳动力供给正面临着数量减少、成本上升等一系列挑战。这些变化无疑对制造业的发展模式提出了新要求，使得以往依赖劳动力数量和成本优势的发展路径难以为继。尽管目前有关制造业全球价值链升级的相关文献指出，传统的制造业发展模式亟须转型，但多数文献主要侧重于从技术进步和技术创新的角度探究制造业全球价值链升级的影响因素，而从劳动经济学的视角进行深入剖析的研究尚显不足。尤其是针对我国阶段性人口、教育与经济政策导致的劳动力年龄、素质结构正经历的深刻变化及其对制造业全球价值链升级的影响方面，还缺乏系统性的梳理和研究。实际上，劳动力结构变化是一个多层次的复杂系统问题。它不仅涵盖了劳动力参与率的变化，即劳动力年龄结构和新生代劳动力的变化，还涉及劳动力素质的全面提升，包括受教育程度的普遍提高、教育制度的持续改革及劳动力技能结构的优化升级等。此外，劳动力市场机制的各项改革措施，如最低工资标准的调整、个税机制的改革、城乡劳动力市场一体化的推进等，也是劳动力结构变化不可或缺的重要组成部分，它们对制造业造成了深远影响。劳动力结构变化的不同方面及其不同表现对制造业全球价值链升级的影响存在显著差异。因此，为了深入揭示劳动力结构变化和制造业全球价值链升级之间的关系，必须在深刻理解我国劳动力结构变化的底层逻辑和关键特征的基础上，建立统一且全面的分析框架展开系统研究，从而厘清劳动力结构变化对制造业全球价值链升级的复杂机制，进而为我国科学利用劳动力结构变化的契机，有效助推制造业全球价值链升级提出具有针对性、建设性的政策方案和实践路径，为我国制造业的转型升级和全球价值链攀升提供坚实的理论基础和实践指导。

第二，全球价值链理论经过多年的探索和实践，已经逐步构建起一套较为完善的评估框架，该框架通过引入行业上游度、技术复杂度、增加值率等一系列核心指标，为量化制造业在全球价值链中所处的位置及其发展态势提供了理论参考。这不仅丰富了学术界对于全球价值链运作机制的理解，也为后续研究提供了新的研究视角和研究路径。然而，值得注意的是，尽管已有研究提出的相关测度指标各自具有一定的敏感性和解释力，但大多聚焦于单一维度，往往只能捕捉到制造业全球价值链升级的某一侧面或局部特征，难以全面而深刻地揭示制造业全球价值链升级的全貌及其复杂动态。尤其对于旨在深入理解并引导制造业价值链升级的系统性研究而言，关键在于超越单一核心指标的局限，深入厘清并剖析制造业价值链升级的主要表征及其核心驱动因素，进而从更加多元化、综合性的视角进行研究和评判。一方面，马克思的经济发展理论为我们提供了重要的理论支撑，它强调经济现象的动态性和发展性，指出经济系统是不断变化和发展的。在此视角下，制造业全球价值链的升级不再仅仅是静态的位置变动或数值提升，而是一个涵盖了技术创新、产品质量升级、产业链整体竞争力增强等多个维度在内的动态性和系统性发展过程。因此，在评估制造业价值链升级时，不仅要关注行业上游度、增加值率等表征制造业价值链升级的“结果”指标，还应加强对技术创新投入、产品质量升级速度、工艺流程优化等反映制造业价值链升级的核心驱动因素的考察，以实现对价值链升级“过程”的全面追踪和深入分析。另一方面，当前国际政治经济格局发生着深刻变化，特别是国际地缘政治冲突的频发、贸易摩擦的加剧以及全球价值链重构的不断演进，进一步凸显出经济安全的重要性，这也为制造业全球价值链升级赋予了新的时代内涵。在这一时代背景下，推动制造业价值链升级不仅要追求技术创新、产品质量提升和增加值率的增长，以增强在全球市场的竞争力，也要注重制造业产业链和供应链的韧性和安全建设，以及重点产业/产业链的优化布局和可持续发展问题，以确保在复杂多变的国际环境中保持稳定的运行能力。后续相关研究应当在充分借鉴已有研究的基础上，充分吸收党的二十大、党的二十届三中全会的先进指导思想，深刻理解以国内大循环为主体、国内国际双循环相互促进的新发展格局和总体国家安全观等先进理论，基于国内外制造业产业发展实践拓宽视野，深化对制造业全球价值链升级的理解。通过构建包含技术创新活力、产品质量进步、增加值效率、产业链供应链韧性和安全水平、可持续发展能力等多维度的综合评价体系，实现对制造业价值链升级的全面、准确测度与评价，为制定科学合理的政策建议和战略规划提供有力的数据支撑和理论依据。

第三，研究方法和视角有待进一步改进和拓展。首先，囿于数据可得性，前期有关劳动力结构变化与制造业价值链升级的研究大多聚焦于国家、地区等宏观层面，虽然有助于把握整体趋势和战略方向，但在深入探讨具体机制、提供精细化政策建议方面略显不足。特别是在制造业细分行业及企业层面，鲜有文献基于这一微观视角来探讨劳动力结构动态变化如何具体作用于制造业全球价值链的攀升过程。随着链主企业、龙头企业等明星企业在一国制造业产业发展中的重要性不断凸显，以及微观数据可得性不断提高，后续应更多基于企业、产品等微观层面数据展开研究，并进行丰富的异质性分析和影响机制挖掘，以进一步厘清劳动力结构变化对制造业价值链升级的影响效应及机理。其次，劳动力作为生产要素，其因为具有天然的流动性特征在经济发展与产业升级中扮演着至关重要的角色，然而，这一特征在现有学术研究中并未得到充分的关注与深入探讨。现有研究大多将其看作与资本、技术等相似的生产要素进行研究，而忽视了劳动力流动的独特性质和作用，基于空间关联视角探讨区域劳动力结构变化影响制造业全球价值链攀升的文献更为鲜见。实际上，劳动力的空间流动不仅改变了区域内部的劳动力供需格局，还通过技能传播、知识溢出等效应，深刻影响着制造业的技术创新能力和国际竞争力，进而对制造业全球价值链升级产生重要影响。后续研究应加强对劳动力流动性及其空间效应的研究，关注城乡劳动力市场一体化、区域间劳动力流动政策规制等政策效应评估，这也是本书旨在突破和拓展的方面。最后，已有关于劳动力结构变化影响制造业价值链升级的政策效应研究多采用理论分析与案例研究，虽然在揭示现象本质和理解机制运行等方面具有其独特优势，但在面对复杂多变的全球经济环境和日益精细化的产业政策时，在量化分析和预测等方面的局限性也逐渐显现。尤其随着可计算一般均衡模型、结构模型等量化分析模型，以及经济学和计算机科学交叉领域的不断深化，如现代计量经济学、大数据机器学习等实证方法的快速发展，我们不仅能够构建出更为复杂且贴近现实的模型，用以捕捉政策影响效应的多维度特征及其间的内在联系，而且能够开发出充分考虑政策影响效应的复杂性和关联性的量化分析工具，结合劳动力结构变化和制造业全球价值链升级的不同特征，更加全面地、定量地评估和探索其影响效应和优化路径。

总而言之，在中国改革开放的40多年历程中，人口红利以及丰富的劳动力资源优势无疑成了驱动中国经济持续快速增长的重要引擎。这一时期，中国凭借庞大的劳动力市场和相对低廉的劳动力成本，迅速推动了中国工业化发展和经济增长。然而，时至今日，中国的人口结构正在发生显著变化，面临一系列挑战和机遇。具体而言，随着人口老龄化的不断加剧，传统意义上的劳动力供给开始呈现缩减趋势。与此同时，高等教育大众化的进程迅速推进，劳动力市场的整体素质得到提升，但这也意味着劳动力成本的上涨。此外，全面三孩化的实施虽然旨在缓解老龄化压力、优化人口结构，但其效果还需要长远验证。更为关键的是，当前制造业正面临着数字化、智能化转型的迫切需求，这对劳动力的技能结构和创新能力提出了新的更高的要求。在上述多重因素的交织影响下，我国劳动力结构正发生深刻变化，这一变化不仅关乎劳动力的数量变化，更涉及劳动力质量、结构布局以及就业形态的全面重塑。为应对这些变化，我国制造业必须加快产业结构调整的步伐，寻求转型升级的新路径。推动产业从劳动密集型向技术密集型、创新驱动型的转变，推动制造业从全球价值链低端向中高端攀升，同时加强产业链上下游的协同合作，并构筑自主可控、安全高效的现代化产业体系。

因此，探究劳动力结构变化对制造业价值链升级的影响，不仅对于指导当前和未来产业发展规划具有重要的实践价值，而且在理解和把握劳动力结构变化对制造业全球价值链升级的影响效应以及优化路径等方面提供了新的研究思路和研究视角，具有重要的理论意义。这一研究议题在今后很长一段时间都具有重要的研究价值和时代意义。

第三章
劳动力结构与制造业全球价值链升级的状况与问题

劳动力是推动制造业转型发展的核心力量。系统性地对劳动力结构和制造业价值链升级的状况及特征进行初步分析，是找准核心问题，进一步理解劳动力结构变化与制造业价值链升级复杂逻辑关联的前提。近年来，中国劳动力市场中高技能人才比例逐年上升，但技能结构失衡现象依旧存在，部分传统岗位被自动化取代，而新兴技术领域对高技能人才仍供不应求。与此同时，中国制造业正加速向智能化、绿色化转型，先进制造产业市场规模持续扩大。然而，中国制造业在价值链升级过程中仍面临诸多挑战，如创新能力不足、品牌影响力有限等，这些问题与劳动力结构变化关系密切。结合制造业价值链升级的最新趋势，深入分析劳动力结构的状况及特征，有助于识别制造业价值链升级的制约因素，为制定具有针对性的劳动力优化策略提供实证依据，从而推动中国制造业全球价值链的升级和跃迁。

本章基于宏微观数据，从劳动力年龄结构、劳动力素质结构、新生代劳动力供给、劳动力成本和城乡劳动力市场结构等五个方面系统分析我国劳动力结构状况及变化的具体特征和时间趋势；基于制造业出口国内增加值率、制造业出口产品质量、制造业结构升级、企业技术创新等方面对中国制造业价值链升级的状况及特征进行分析，并从全国、地区、行业等层面进行比较分析，力图揭示我国劳动力结构与制造业全球价值链升级的状况及变化趋势。在此基础上，提炼和总结中国制造业价值链升级在当前时期所面临的新问题。

第一节　劳动力结构状况及变化趋势

本节对我国劳动力结构进行状况和趋势分析，并对其在国家、地区等层面的差异和特征进行比较分析，旨在提供有关我国劳动力结构状况和变化趋势的初步认识，为进一步分析提供参考依据。

一、劳动力年龄结构状况及变化趋势

在人口结构转型背景下，我国劳动力年龄结构呈现显著老龄化趋势，年轻劳动力比重减少、年长劳动力比重增加成为长期趋势。我国青年劳动力的绝对数量在 2002～2022 年整体上呈现不断减少趋势，而中老年劳动力则在此期间整体上呈现出不断增长的趋势。此外，16～44 岁年龄段的劳动力在总体劳动力中的比重呈现不断缩小的态势，45～54 岁和 55～64 岁年龄段的劳动力占比则呈现持续增加的态势，显示出年轻劳动力的减少以及劳动力年龄结构逐渐开始老化，中老年劳动力数量逐渐上升，青年劳动力供给则逐步减少。具体统计数据见表 3.1 和表 3.2。

表 3.1　2002～2022 年我国各年龄段劳动力数量（单位：万人）

年份	16～24 岁	25～34 岁	35～44 岁	45～54 岁	55～64 岁	65 岁及以上
2002	9 721.4	25 245.6	22 381.9	13 790.9	3 391.2	904.3
2003	9 052.9	24 420.1	23 659.3	14 758.6	3 423.3	760.8
2004	8 757.8	23 661.5	24 890.7	15 057.3	3 764.3	691.4
2005	10 482.2	22 070.3	24 889.5	14 492.9	4 766.1	1 175.9
2006	9 882.2	20 672.1	26 008.3	14 874.2	5 398.8	1 408.4

续表

年份	16～24 岁	25～34 岁	35～44 岁	45～54 岁	55～64 岁	65 岁及以上
2007	9 358.8	19 975.8	26 346.1	15 257.1	6 213.0	1 494.3
2008	9 029.8	18 930.2	24 662.4	16 225.9	6 510.4	1 679.6
2009	9 301.2	18 292.4	24 570.7	16 323.6	6 820.9	1 705.2
2010	10 347.2	18 515.2	26 189.4	16 312.5	5 565.5	1 458.0
2011	11 158.2	21 452.1	24 438.1	15 008.6	5 422.0	1 100.1
2012	9 782.9	22 090.3	23 747.1	16 015.5	5 917.1	1 262.3
2013	9 040.2	22 600.5	23 552.1	16 573.7	6 264.7	1 268.8
2014	8 367.5	23 030.4	23 110.1	17 611.5	6 215.8	1 354.7
2015	7 856.9	23 955.2	23 482.7	18 180.7	5 494.2	1 129.3
2016	7 238.3	24 595.5	23 441.6	18 817.8	5 333.9	1 266.9
2017	6 696.9	24 770.6	23 076.2	19 284.0	5 486.6	1 371.7
2018	6 380.9	24 782.4	22 526.5	19 730.9	5 647.7	1 498.5
2019	6 002.9	23 616.5	20 536.1	19 667.3	7 266.6	1 974.6
2020	5 173.9	22 890.5	20 381.9	19 990.0	7 760.8	2 195.0
2021	5 617.7	22 939.1	20 520.3	19 350.0	7 490.3	2 184.7
2022	4 534.9	19 830.7	21 291.1	19 446.3	8 762.4	2 920.8

资料来源：根据《中国统计年鉴》整理得出

表 **3.2　2002～2022** 年我国各年龄段劳动力占比（单位：%）

年份	16～24 岁	25～34 岁	35～44 岁	45～54 岁	55～64 岁	65 岁及以上
2002	12.9	33.5	29.7	18.3	4.5	1.2
2003	11.9	32.1	31.1	19.4	4.5	1.0
2004	11.4	30.8	32.4	19.6	4.9	0.9
2005	13.5	28.3	32.0	18.6	6.1	1.5
2006	12.6	26.4	33.2	19.0	6.9	1.8
2007	11.9	25.4	33.5	19.4	7.9	1.9
2008	11.7	24.6	32.0	21.1	8.5	2.2
2009	12.0	23.6	31.7	21.1	8.8	2.2
2010	13.2	23.6	33.4	20.8	7.1	1.9
2011	14.2	27.3	31.1	19.1	6.9	1.4
2012	12.4	28.0	30.1	20.3	7.5	1.6
2013	11.4	28.5	29.7	20.9	7.9	1.6

续表

年份	16～24岁	25～34岁	35～44岁	45～54岁	55～64岁	65岁及以上
2014	10.5	28.9	29.0	22.1	7.8	1.7
2015	9.8	29.9	29.3	22.7	6.9	1.4
2016	9.0	30.5	29.1	23.3	6.6	1.6
2017	8.3	30.7	28.6	23.9	6.8	1.7
2018	7.9	30.8	28.0	24.5	7.0	1.9
2019	7.6	29.9	26.0	24.9	9.2	2.5
2020	6.6	29.2	26.0	25.5	9.9	2.8
2021	7.2	29.4	26.3	24.8	9.6	2.8
2022	5.9	25.8	27.7	25.3	11.4	3.8

资料来源：根据《中国统计年鉴》整理得出

注：因数据修约所致，各年数据加总不完全为100%

如表3.1所示，16～24岁年龄段的劳动力从2002年的9721.4万人下降至2022年的4534.9万人，呈现明显减少趋势；25～34岁年龄段的劳动力在2002年达到25 245.6万人，之后逐渐下降至2022年的19 830.7万人；35～44岁年龄段则相对平稳，从2002年的22 381.9万人减少至2022年的21 291.1万人。与此同时，45～54岁年龄段的劳动力数量则稳步上升，从2002年的13 790.9万人增长至2022年的19 446.3万人；55～64岁年龄段人数更是显著增加，从2002年的3391.2万人增长至2022年的8762.4万人。此外，65岁及以上劳动力也逐年增加，从2002年的904.3万人增至2022年的2920.8万人，反映出整体劳动力结构老龄化的趋势。

表3.2报告了2002～2022年我国各年龄段劳动力的占比情况，可以看出，16～24岁年龄段的劳动力占比从2002年的12.9%逐步下降至2022年的5.9%，而25～34岁年龄段的占比也从2002年的33.5%降至2022年的25.8%。这种显著的下降反映了年轻一代劳动力相对于其他年龄段在总体劳动力中的比重不断缩小，显示出年轻劳动力的减少以及劳动力结构的逐步老龄化。35～44岁年龄段的劳动力占比相对稳定，但也处于下降趋势，从

2002 年的 29.7%变化至 2022 年的 27.7%。这一年龄段在总体劳动力中一直保持着较高的比例，对劳动力结构稳定性具有较大贡献，依然是劳动市场中的主力群体。

45～54 岁和 55～64 岁年龄段的劳动力占比总体呈现增加的趋势。45～54 岁从 2002 年的 18.3%上升到 2022 年的 25.3%，而 55～64 岁则从 2002 年的 4.5%上升到 2022 年的 11.4%，中老年劳动力的比例增加意味着更多年龄较大的劳动者在劳动市场中持续贡献。65 岁及以上劳动力的占比从 2002 年的 1.2%增至 2022 年的 3.8%，显示出随着老龄化的加剧，高龄劳动力参与度也有所提升。虽然 65 岁及以上劳动力的占比依然较小，但其增长表明高龄人口在劳动力结构中比重增加的趋势，对社会保障和就业政策带来了一定的挑战。

二、劳动力素质结构状况及变化趋势

劳动力素质结构变化是我国劳动力结构变化的重要特征之一。我国已从高等教育大众化正式进入普及化阶段，高等教育毛入学率从 2012 年的 30%增长至 2023 年的 60.2%，且我国已建成世界规模最大的高等教育体系，2023 年在学总人数高达 4763.19 万。[①]具体而言，近年来我国劳动力素质结构变化表现在两个方面：一是劳动力人口受教育结构不断优化，高等教育普及化，但存在区域发展不平衡的问题，并且高中及以上教育的劳动就业人口占比相比美国仍存在显著差距。二是体能型劳动力占比明显下降，技能型劳动力保持平稳增长，知识型劳动力占比呈快速上升趋势。

（一）劳动力人口受教育结构

随着高等教育进入普及化阶段，我国人口受教育水平明显提高，劳动就

① 资料来源：《中国统计年鉴》。

业人口的受教育程度构成已发生深刻变化，主要体现在以下三个方面：一是高中及以下（不识字、小学、初中、高中）人员占比总体上不断下降，大专及以上人员占比总体上持续上升；二是东部地区受高等教育人口占比远高于中西部（除 2018 年，2018 年占比较为接近）；三是美国的劳动力受教育程度普遍高于中国，特别是高中和大专及以上人员占比。

2002～2022 年我国劳动就业人口受教育构成如表 3.3 所示。

表 **3.3** **2002～2022** 年我国劳动就业人口受教育构成（单位：%）

年份	不识字	小学	初中	高中	大专及以上
2002	7.8	30.0	43.2	13.1	6.0
2003	7.1	28.7	43.7	13.6	6.8
2004	6.2	27.4	45.8	13.4	7.2
2005	7.8	29.2	44.1	12.1	6.8
2006	6.7	29.9	44.9	11.9	6.6
2007	6.0	28.3	46.9	12.2	6.6
2008	5.3	27.4	47.7	12.7	6.9
2009	4.8	26.3	48.7	12.8	7.4
2010	3.4	23.9	48.8	13.9	10.1
2011	2.0	19.6	48.7	16.7	12.9
2012	2.0	19.0	48.3	17.1	13.7
2013	1.9	18.5	48.0	17.1	14.6
2014	1.8	18.2	46.7	17.2	16.1
2015	2.8	17.8	43.3	18.7	17.5
2016	2.6	17.5	43.3	18.5	18.1
2017	2.3	16.9	43.4	19.2	18.2
2018	2.3	16.4	43.1	19.1	19.1
2019	2.2	15.7	40.6	18.7	22.8
2020	2.4	16.3	41.7	17.5	22.2
2021	2.3	15.8	41.0	17.8	23.1
2022	2.4	18.4	39.2	15.9	24.1

资料来源：《中国劳动统计年鉴》

注：因数据修约所致，各年数据加总不完全为 100%

从表 3.3 中可以看出，2002 年至 2022 年，不同教育水平的劳动就业人口占比呈现显著变化。首先，不识字率从 2002 年的 7.8%持续下降至 2022 年的 2.4%，降低了 5.4 个百分点。小学教育的比例在此期间也明显下降，从最初的 30.0%逐渐减少至 18.4%，显示出越来越多的人接受了更高层次的教育。初中教育的比例相对稳定，2002 年约为 43.2%，2022 年为 39.2%，虽略有下降，但整体波动较小，基本保持在 40%～50%的范围内。高中教育的比例则呈上升趋势，从 2002 年的 13.1%增长至 2022 年的 15.9%，尤其在 2010 年至 2015 年增速较快，这一增长表明高中教育的普及程度提升。最为显著的变化在于大专及以上教育，从 2002 年的 6.0%跃升至 2022 年的 24.1%，增长了约三倍，特别是在 2010 年之后加速增长，反映出社会对高等教育和高技能人才需求的显著增加。

总体而言，基础教育不断普及，中等教育相对稳定，而高等教育快速扩展，为国家经济发展和技术进步奠定了人力资源基础。

表 3.4 是 2002～2022 年我国东中西部受高等教育人员占比的变化趋势。图 3.1 是对应的折线图分析。可以看出，东、中、西部地区的受高等教育人员占比整体上都呈现出增长趋势，但东部受高等教育人员占比最高。东部地区的受高等教育人口占比在 2010 年后增速加快，尽显领先地位，反映出其教育资源集中、经济发展水平较高，对高技能人才的需求更大。相比之下，中部和西部地区的受高等教育人员占比起点较低，但均呈上升趋势。中部地区从 2008 年起增速有所加快，到 2022 年达到 21.8%，显示出经济转型和产业升级带动了对高等教育人才的需求。同样，西部地区也在缓慢增长，尤其在 2010 年后增速有所提升，到 2022 年其受高等教育人员占比为 21.7%。究其根本，与东部地区相比，中、西部地区的高校数量较少，师资力量短缺，高等教育的发展明显滞后，从而对我国劳动力素质结构产生了较大影响。

表 **3.4** **2002～2022** 年我国东中西部受高等教育人员占比变化趋势（单位：%）

年份	东部	中部	西部
2002	11.1	6.2	5.8
2003	11.2	6.4	6.0
2004	12.0	6.5	6.9
2005	11.2	6.5	6.7
2006	12.5	6.1	5.7
2007	12.2	6.5	5.8
2008	12.6	6.2	5.9
2009	13.8	6.7	6.3
2010	15.7	8.8	9.6
2011	19.7	11.1	13.0
2012	20.9	11.8	12.4
2013	22.1	12.4	13.0
2014	24.4	13.7	12.7
2015	25.3	15.5	15.2
2016	26.1	15.7	16.1
2017	26.7	15.5	16.5
2018	27.6	16.5	17.0
2019	31.2	20.3	20.8
2020	33.1	19.5	19.9
2021	32.2	20.6	20.9
2022	33.6	21.8	21.7

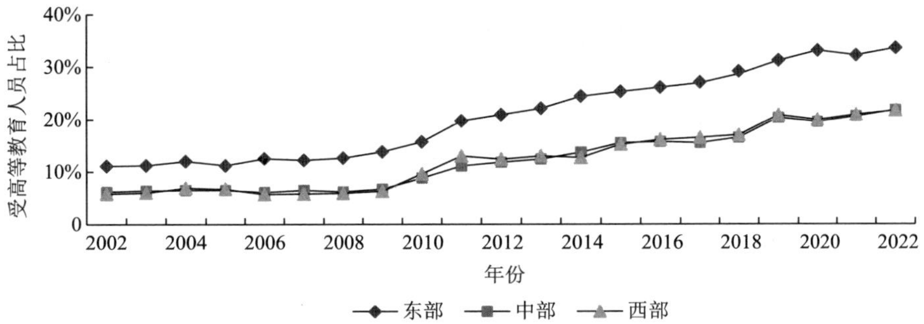

图 3.1 2002～2022 年我国东、中、西部受高等教育人员占比变化趋势

表 3.5 是 2016～2022 年美国劳动就业人口的受教育构成情况。从表 3.3 和表 3.5 中美两国劳动力受教育程度的对比中可以看出，美国的劳动力受教育程度普遍高于中国。首先，2016～2022 年美国的劳动力不识字率非常低，稳定在 0.4%，显著低于中国的 2.2%～2.6%，反映出美国基础教育的普及程度远高于中国。在小学教育方面，中国的小学教育比例较高，从 2016 年的 17.5%逐年下降到 2021 年的 15.8%，但 2022 年略有反弹，为 18.4%，而美国则稳定在 2.0%～2.4%。在初中教育方面，中国显著高于美国，2016 年为 43.3%，2022 年为 39.2%；而美国的这一比例仅为 1.5%～1.9%。高中教育方面，美国的高中教育比例远高于中国，2016 年美国为 42.5%，到 2022 年为 45.1%，而中国则从 2016 年的 18.5%下降到 2022 年的 15.9%，反映出美国社会普遍重视高中教育并且普及率较高。这可能是由于美国实行十二年制义务教育，因而高中教育普及率较高，而中国实行九年制义务教育，因而高中教育的普及程度相对较低。在大专及以上教育方面，美国的比例显著高于中国，稳定在 50.2%～54.4%，显示出美国社会对高等教育的高度重视，几乎一半以上的劳动力具备大专及以上学历。相较之下，中国的大专及以上教育比例虽然有显著增长，从 2016 年的 18.1%上升至 2022 年的 24.1%，但仍远低于美国。总的来说，美国的劳动力受教育程度普遍高于中国，特别是在高中和高等教育方面。中国在大专及以上教育方面表现出显著进步，但在高中和高等教育方面仍有较大进步空间。

表 3.5　2016～2022 年美国劳动就业人口受教育构成（单位：%）

年份	不识字	小学	初中	高中	大专及以上
2016	0.4	2.0	1.5	42.5	53.6
2017	0.4	2.0	1.5	41.8	54.3
2018	0.4	2.1	1.5	41.6	54.4
2019	0.4	2.3	1.7	43.1	52.6

续表

年份	不识字	小学	初中	高中	大专及以上
2020	0.4	2.3	1.8	44.1	51.5
2021	0.4	2.4	1.9	45.1	50.2
2022	0.4	2.3	1.9	45.1	50.3

资料来源：美国劳工统计局

注：因数据修约所致，各年数据加总不完全为 100%

（二）体能型、技能型、知识型劳动力结构

随着高等教育进入普及化阶段，我国劳动力素质结构发生显著变化。主要体现在以下两个方面：一是体能型劳动力数量逐渐下降，而技能型和知识型劳动力数量逐渐增加；二是东部地区的知识型劳动力数量远高于中西部，且增长速度较快。

表 3.6 是 2002～2022 年全国劳动力数量及分布情况。图 3.2 是对应的折线图。可以看出，体能型劳动力数量明显高于技能型劳动力和知识型劳动力，且知识型劳动力数量最少。从增长幅度来看，总体劳动力数量呈现缓慢下降态势；体能型劳动力数量呈先增后降趋势，于 2009 年开始逐步下降；技能型劳动力数量呈逐步增长的趋势，知识型劳动力数量呈先缓慢增长后快速增长的趋势，于 2009 年起呈快速增长趋势。

表 3.6　2002～2022 年全国劳动力数量及分布情况（单位：万人）

年份	总体劳动力	体能型劳动力	技能型劳动力	知识型劳动力
2002	75 360	61 042	13 113	1 281
2003	76 075	60 480	13 998	1 522
2004	76 823	60 998	14 135	1 713
2005	77 877	63 158	12 928	1 776
2006	78 244	63 769	12 676	1 823
2007	78 645	63 860	12 976	1 809
2008	79 243	63 711	13 551	1 989

续表

年份	总体劳动力	体能型劳动力	技能型劳动力	知识型劳动力
2009	79 812	63 690	13 967	2 179
2010	78 388	59 653	15 599	3 206
2011	78 579	55 241	19 095	4 196
2012	78 894	54 674	19 802	4 481
2013	79 300	54 162	20 301	4 766
2014	79 690	53 153	20 402	5 379
2015	80 091	51 178	22 345	6 568
2016	80 694	51 160	22 675	6 859
2017	80 686	50 509	23 076	7 100
2018	80 525	49 764	23 191	7 569
2019	81 104	47 446	24 088	8 759
2020	79 392	47 953	22 865	8 574
2021	78 024	46 112	22 861	9 051
2022	76 863	46 118	21 214	9 531

资料来源：根据《中国统计年鉴》整理得出

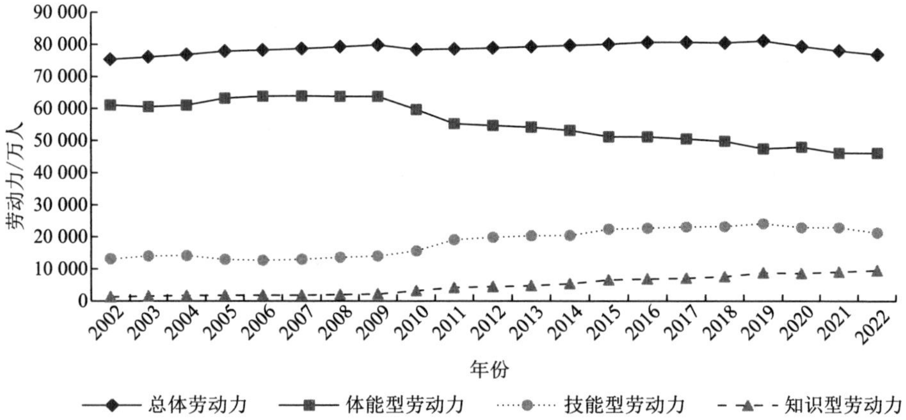

图 3.2　2002～2022 年全国劳动力数量变化趋势分析

由图 3.2 可知，技能型劳动力和知识型劳动力总量不足，高层次人才短缺的现象较为严重，我国劳动力素质结构较难适应现阶段产业结构调整和转型升级的发展需求，劳动力素质结构亟须进行调整。

表 3.7 是 2002～2022 年我国东、中、西部地区知识型劳动力的数量分布情况，图 3.3 是对应的折线图。可以看出，我国东、中、西部地区知识型劳动力数量总体呈上升趋势。东部地区知识型劳动力数量显著领先于中部和西部，且增长速度最快，2022 年相比 2002 年增长了 6.4 倍，2022 年东部地区的知识型劳动力数量已超过 5000 万人。这表明东部地区经济较为发达，知识型工作岗位多，对高技能劳动力的需求大。中部地区知识型劳动力数量也呈增长趋势，从 2002 年的 328.7 万人增长到 2022 年的 2109.9 万人。但相对于东部，增速较慢，绝对数量水平较低。西部地区知识型劳动力数量虽有所增加，但始终低于中部地区和东部地区。2022 年西部地区的知识型劳动力数量为 1575.5 万人，增幅较为平稳，表明西部地区经济发展对知识型劳动力的需求有限，与东部和中部地区相比仍有较大提升空间。

表 3.7　2002～2022 年我国东、中、西部地区知识型劳动力数量分布（单位：万人）

年份	东部知识型劳动力	中部知识型劳动力	西部知识型劳动力
2002	751.1	328.7	215.6
2003	842.6	345.3	228.6
2004	933.8	373.1	241.2
2005	1063.4	395.5	261.1
2006	1206.8	419.1	278.5
2007	1358.8	445.7	308.2
2008	1494.8	475.0	334.0
2009	1676.1	523.6	357.0
2010	1808.5	587.2	385.1
2011	2094.2	691.6	453.9
2012	2301.6	775.3	509.0
2013	2772.4	887.9	597.2
2014	3071.7	1004.0	673.2
2015	3346.2	1091.9	738.4

续表

年份	东部知识型劳动力	中部知识型劳动力	西部知识型劳动力
2016	3597.3	1177.2	794.4
2017	3858.7	1267.9	853.3
2018	4114.4	1361.2	917.4
2019	4369.9	1460.8	992.8
2020	4651.9	1567.3	1078.5
2021	5134.7	1852.8	1398.4
2022	5574.3	2109.9	1575.5

资料来源：根据《中国统计年鉴》整理得出

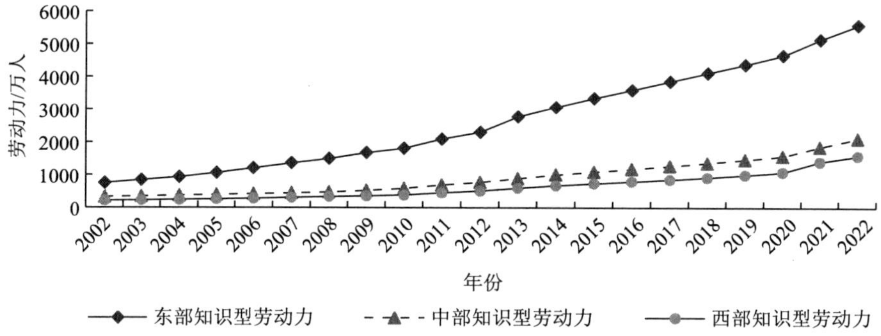

图 3.3 2002～2022 年我国东、中、西部地区知识型劳动力分析

三、新生代劳动力供给状况及变化趋势

我国新生代劳动力供给变化主要体现在以下两个方面。一是供给数量减少。在计划生育政策的严格实行下，我国人口出生数从 20 世纪 50 年代至 60 年代的总计 44 298.36 万人减至 20 世纪 80 年代至 90 年代的总计 43 301.66 万人，其中新生代人口出生率与劳动力供给总量较 50 后、60 后显著下降，故新生代劳动力的减少将对企业尤其是劳动密集型制造业企业产生深远影响。二是供给质量提高。随着我国高等教育进入普及化阶段，80 后、90 后人均受教育年限不断提高。新生代劳动力供给变化的总体趋势表现为供给数量下降，而供给质量不断提高。

表 3.8 是 1996～2022 年我国东、中、西部地区新生代劳动力占比，图 3.4 是对应的折线图。可以看出，东、中、西部地区新生代劳动力占比整体上均呈现上升趋势，其中东部地区的占比最低，且增速较慢，总增幅相对较小，这是因为自我国实施计划生育政策后，东部地区的政策效果相比中、西部地区显著，80 后、90 后、00 后新生代劳动力数量相对较少。中部地区的新生代劳动力占比增速起初较慢，然后略有加快，直至 2022 年中部地区的新生代劳动力占比和西部地区相差不大。西部地区的新生代劳动力占比在大多数年份处于东部和中部地区之间，其增速变化趋势与中部地区相类似。

表 **3.8　1996～2022** 年我国东、中、西部地区新生代劳动力占比（单位：%）

年份	东部	中部	西部
1996	3.0	3.3	3.1
1997	3.9	4.7	4.0
1998	5.0	5.6	5.2
1999	6.5	7.5	6.9
2000	6.5	8.2	7.6
2001	7.8	9.5	10.1
2002	8.6	10.9	10.8
2003	10.2	12.6	11.4
2004	14.1	17.8	15.9
2005	14.9	20.4	18.5
2006	15.7	21.6	19.5
2007	17.5	24.1	21.8
2008	17.3	24.2	22.0
2009	19.1	26.5	24.4
2010	23.0	33.7	30.8
2011	26.1	39.3	37.0
2012	27.3	41.4	39.0
2013	28.0	42.4	40.4
2014	29.5	44.4	44.3
2015	32.7	47.3	47.2

续表

年份	东部	中部	西部
2016	34.4	51.1	48.7
2017	36.2	53.9	51.4
2018	37.8	56.6	54.0
2019	38.7	58.0	55.4
2020	39.4	59.2	56.6
2021	40.2	60.6	57.9
2022	41.1	62.1	59.4

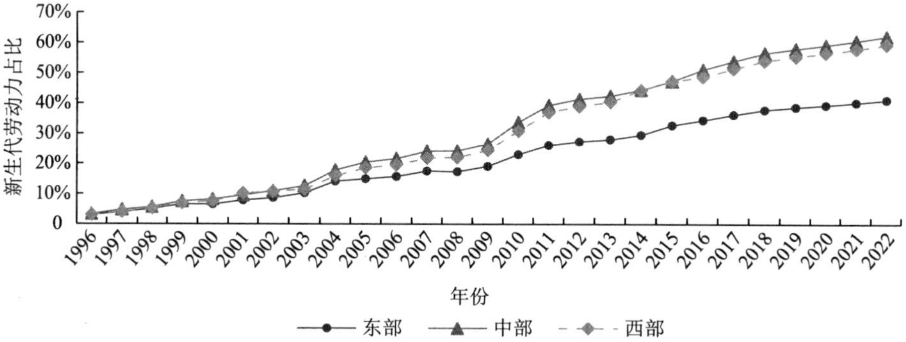

图 3.4 1996～2022 年我国东、中、西部地区新生代劳动力占比变化趋势

自改革开放以来，我国经济社会持续快速发展，居民收入大幅提高，生活质量全面提升，国家大力实施科教兴国战略，高等教育面临着新的形势。随着我国高等教育大众化，新生代劳动力人均受教育年限进一步提高，详见表 3.9。

表 **3.9** 全国及东、中、西部地区新生代劳动力人均受教育年限（单位：年）

年份	全国	东部	中部	西部
1995	9.51	10.32	9.15	8.34
1996	9.69	10.45	9.30	8.51
1997	9.91	10. 68	9.63	8.70
1998	10.36	11.23	10.15	8.84

续表

年份	全国	东部	中部	西部
1999	10.58	11.42	10.34	9.06
2000	10.77	11.59	10.49	9.24
2001	10.97	11.71	10.60	9.39
2002	11.16	11.85	10.77	9.59
2003	11.36	12.07	10.90	9.87
2004	11.78	12.17	11.05	10.07
2005	11.94	12.27	11.14	10.27
2006	12.01	12.43	11.33	10.41
2007	12.07	12.64	11.51	10.58
2008	12.14	12.87	11.63	10.69
2009	12.20	13.03	11.76	10.77
2010	12.27	13.13	11.91	10.97
2011	12.33	13.23	12.00	11.10
2012	12.40	13.39	12.06	11.23
2013	12.47	13.54	12.09	11.32
2014	12.53	13.86	12.31	11.49
2015	12.93	13.97	12.36	12.00
2016	13.23	14.03	13.13	12.23
2017	13.61	14.22	13.54	12.33
2018	13.72	14.56	13.76	12.46
2019	13.86	14.79	13.92	12.87

资料来源：1996～2020 年《中国教育统计年鉴》

首先，从表 3.9 可以得知，1995 年至 2019 年全国新生代劳动力人均受教育年限整体上呈现出不断增长的趋势。2019 年全国、东部、中部、西部新生代劳动力人均受教育年限依次为 13.86 年、14.79 年、13.92 年、12.87 年，分别较 1995 年的 9.51 年、10.32 年、9.15 年、8.34 年提高了 4.35 年、4.47 年、4.77 年、4.53 年。东部地区新生代人均受教育年限领先，主要是因为东部本身具有丰富的教育资源，再加上东部地区智能制造等高技术产业的发展增加了对高技能劳动力的需求，进一步推动了教育水平的提高。中部地区的新生代劳动力人均受教育年限在大多数年份均低于全国平均水平，反映出由于长期存在教育资源分配不均、人才外流等问题，中部地区新生代劳动力整体教育水平仍然较低。相比之下，西部经济较为滞后，制造业以传统产业为主，导致对高技能劳动力需求较低，教育资源和投入也相对不足。

其次，新生代劳动力人均受教育年限也远高于国民人均受教育年限（表 3.10）。例如，2019 年全国、东部、中部、西部地区新生代劳动力人均受教育年限依次为 13.86 年、14.79 年、13.92 年、12.87 年，分别较 2019 年全国、东部、中部、西部国民人均受教育年限 9.3 年、10.0 年、9.3 年、8.6 年依次高出 4.56 年、4.79 年、4.62 年、4.27 年。

表 3.10　全国及东、中、西部地区国民人均受教育年限（单位：年）

年份	全国	东部	中部	西部
1995	6.7	7.3	6.1	6.0
1996	6.8	7.4	7.1	6.0
1997	7.0	7.6	7.3	6.2
1998	7.1	7.7	7.4	6.2
1999	7.2	7.9	7.4	6.4
2000	7.6	8.2	7.8	6.7
2001	7.7	8.2	8.0	6.9
2002	7.7	8.4	7.9	7.0
2003	7.9	8.6	8.2	7.1
2004	8.0	8.7	8.2	7.3
2005	7.8	8.6	8.0	7.0
2006	8.0	8.8	8.2	7.2
2007	8.2	8.9	8.4	7.4
2008	8.3	9.0	8.4	7.5
2009	8.4	9.1	8.5	7.5
2010	8.8	9.5	8.9	7.8
2011	8.9	9.5	8.9	7.8
2012	8.9	9.6	9.0	7.8
2013	9.1	9.8	9.2	7.9

续表

年份	全国	东部	中部	西部
2014	9.0	10.0	9.4	8.0
2015	9.1	9.7	9.1	8.3
2016	9.1	9.8	9.1	8.3
2017	9.2	10.0	9.2	8.5
2018	9.2	10.0	9.3	8.5
2019	9.3	10.0	9.3	8.6
2020	9.5	10.2	9.5	8.9
2021	9.7	10.4	9.7	9.1
2022	9.7	10.4	9.7	9.1

资料来源：1996～2023年《中国教育统计年鉴》

再次，80后、90后、00后新生代劳动力人均受教育年限比50后、60后更高，如2019年新生代劳动力人均受教育年限为13.86年，相比同年50后、60后人均受教育年限提高了7.2年。

最后，新生代劳动力中受高等教育的人口占比较高，如2019年新生代劳动力中受高等教育的人口占比高达21.78%，是50后、60后劳动力中受高等教育的人口占比2.51%的8.68倍。

随着新生代劳动力人均受教育年限的提高和新生代劳动力中受高等教育的人口占比提升，我国劳动力素质水平总体呈上升趋势，人力资本积累取得长足进展，带动了技术密集型制造业的快速发展，有助于推动我国制造业价值链升级。

四、劳动力成本状况及变化趋势

近年来，我国劳动力成本总体呈不断上升趋势。2001～2022年，城镇职工的平均工资稳定增长，从2001年的12 793.3元增长至2022年的110 354.8元。我国最低工资标准也有了很大的增长，劳动力成本显著上升。与美国相比，我国城镇职工的平均工资低于美国，但平均工资的年均增长率远高于美国。我国中部、东部和西部地区的收入均呈现持续增长的趋势，其中西部平均工资相对较低。

表 3.11 是 2001～2022 年我国城镇职工平均工资及增长率。由表 3.11 可知，从 2001 年到 2022 年，我国城镇职工的平均工资稳定增长，从 2001 年的 12 793.3 元增长至 2022 年的 110 354.8 元。其中，2001～2013 年平均增速超过 10%，2014～2022 年平均增速降到了 10%以下。但由于基数比以前更大，城镇职工平均工资的增幅也更大，2020 年至 2022 年每年增长 7000 元左右。

表 **3.11 2001～2022** 年我国城镇职工平均工资及增长率

年份	城镇职工平均工资/元	城镇职工平均工资增长率/%
2001	12 793.3	13.8
2002	14 343.7	12.1
2003	15 894.2	10.8
2004	17 444.6	9.8
2005	18 995.1	8.9
2006	20 545.5	8.2
2007	24 642.3	19.9
2008	28 592.9	16.0
2009	31 792.2	11.2
2010	36 103.3	13.6
2011	41 047.1	13.7
2012	45 816.4	11.6
2013	50 658.0	10.6
2014	55 217.7	9.0
2015	61 764.8	11.9
2016	67 014.8	8.5
2017	73 352.0	9.5
2018	80 879.9	10.3
2019	87 653.2	8.4

续表

年份	城镇职工平均工资/元	城镇职工平均工资增长率/%
2020	94 591.2	7.9
2021	103 232.4	9.1
2022	110 354.8	6.9

资料来源：根据《中国统计年鉴》整理得出

表 3.12 是 2001～2022 年我国东、中、西部地区城镇职工的平均工资。由表 3.12 可以看出，从 2001 年到 2022 年，我国东、中、西部地区的城镇职工的平均工资均呈现持续增长的趋势，其中东部地区的劳动力成本最高；中、西部地区的劳动力成本也大幅增长，尤其是西部地区的劳动力成本的年均增长率甚至高于东部。这可能是由于东部地区高技术产业的发展增加了对高技能劳动力的需求，也为此支付更高的薪酬。而中西部地区劳动力成本基数较低，与此同时近年来国家加大了中西部地区的基础设施建设和对中西部地区的产业转移，使得中西部地区对于劳动力的需求增大，劳动力成本快速抬升。

表 3.12　2001～2022 年我国东、中、西部地区城镇职工平均工资（单位：元）

年份	东部地区	西部地区	中部地区
2001	15 394.9	10 435.0	12 252.1
2002	17 274.9	11 716.5	13 699.0
2003	19 155.0	12 998.1	15 146.0
2004	21 035.1	14 279.6	16 592.9
2005	22 915.1	15 561.1	18 039.9
2006	24 795.2	16 842.7	19 486.8
2007	28 968.6	20 400.8	24 095.6
2008	33 742.6	23 792.8	27 665.1
2009	37 194.7	26 823.5	30 691.8
2010	42 357.3	31 010.2	34 459.0
2011	48 032.1	36 028.2	38 887.6

续表

年份	东部地区	西部地区	中部地区
2012	52 952.1	40 584.0	43 657.4
2013	58 751.5	43 602.0	48 676.7
2014	64 149.9	47 535.8	53 115.9
2015	70 459.7	51 666.8	61 909.5
2016	76 447.1	56 086.7	67 254.2
2017	83 786.0	61 956.2	73 251.2
2018	91 721.7	69 340.0	80 854.4
2019	100 962.4	73 866.7	86 419.2
2020	109 487.0	78 864.7	93 417.3
2021	120 408.7	86 224.0	101 637.2
2022	129 146.4	91 257.3	108 433.2

资料来源：根据《中国统计年鉴》整理得出

表 3.13 是 2003～2022 年中国与美国城镇职工平均工资的对比。从表 3.13 中可以看出，2003～2022 年美国城镇职工的平均工资远高于中国城镇职工平均工资。但是中国城镇职工平均工资的年均增长率远高于美国，中国的人口红利逐渐消失。中国城镇职工的平均工资从 2003 年的 15 894.2 元增长至 2022 年的 110 354.8 元，增长了将近 6 倍，劳动力成本飞速攀升。相比之下，美国城镇职工的平均工资从 299 710.2 元增长至 416 345.6 元，仅增长了 38.9%。

表 3.13　2003～2022 年中国与美国城镇职工平均工资对比（单位：元）

年份	中国城镇职工平均工资	美国城镇职工平均工资
2003	15 894.2	299 710.2
2004	17 444.6	306 377.5
2005	18 995.1	310 219.7
2006	20 545.5	312 414.8
2007	246 42.3	309 406.8
2008	285 92.9	293 569.4

续表

年份	中国城镇职工平均工资	美国城镇职工平均工资
2009	317 92.2	296 875.3
2010	361 03.3	300 633.5
2011	410 47.1	292 131.5
2012	458 16.4	289 049.4
2013	506 58.0	287 612.2
2014	552 17.7	290 124.4
2015	617 64.8	300 956.3
2016	670 14.8	329 657.4
2017	733 52.0	341 776.1
2018	808 79.9	343 840.1
2019	876 53.2	369 000.8
2020	945 91.2	388 403.9
2021	103 232.4	375 864.4
2022	110 354.8	416 345.6

资料来源：《中国统计年鉴》和美国人口普查局

我国自施行最低工资标准以来，一直与时俱进，最低工资标准依据地区经济发展状况维持着较快的调整速度。表 3.14 显示了 2004～2023 年全国最低工资标准（这里指的是全国的平均值）及其增长率，图 3.5 是对应的折线图。

表 **3.14　2004～2023** 年全国最低工资标准及其增长率

年份	最低工资标准/元	最低工资标准增长率/%
2004	340	13
2005	385	13
2006	442	15
2007	482	9
2008	554	15
2009	573	3
2010	669	17

续表

年份	最低工资标准/元	最低工资标准增长率/%
2011	788	18
2012	903	15
2013	1044	16
2014	1144	10
2015	1251	9
2016	1351	8
2017	1387	3
2018	1497	8
2019	1555	4
2020	1595	3
2021	1711	7
2022	1772	4
2023	1825	3

资料来源：根据《中国统计年鉴》整理得出

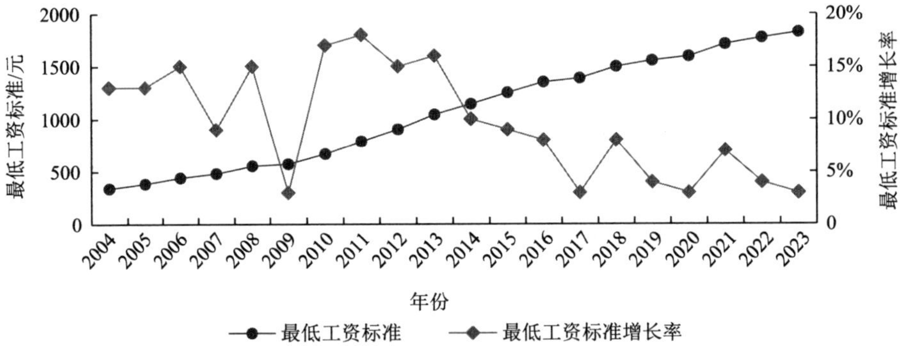

图 3.5　2004～2023 年我国最低工资标准及其增长率的变动情况

由表 3.14 我们可以看出，随着改革开放后经济的快速发展，我国最低工资标准的绝对数有很大的增长。2004 年的全国最低工资标准为 340 元，但 2023 年已经达到 1825 元，2023 年全国最低工资标准约为 2004 年的 5.4 倍，增长速度较快，2013 年的增长值最大，达到了 141 元。综上，我国整体最低工资标准，即劳动力成本维持着稳定上涨的趋势。

根据图 3.5 可知，最低工资标准整体维持着波动上升的趋势。除 2007 年和 2009 年外，2014 年前（不含 2014 年）最低工资标准增长率均大于 10%。2014 年以后，最低工资标准调整的幅度开始下降。2017～2023 年，最低工资标准的增长率在较低水平波动，反映出近年来最低工资增长速度放缓，且调整频率也有所下降。尽管最低工资标准逐年上升，但其增速放缓的趋势仍在持续。

我国最低工资体系的区域差异比较大。表 3.15 是 2004～2023 年我国东、中、西部地区最低工资标准。图 3.6 直观地显示了具体的变化趋势。由图 3.6 可知，我国东部地区的最低工资标准最高，且始终高于中、西部地区，中部地区的最低工资标准在大部分年份低于西部地区。具体而言，东部地区与中部地区最低工资标准的差距呈现波动上升趋势，其中 2004 年至 2011 年整体呈上升趋势，2011 年至 2018 年呈上下波动趋势，2018 年至 2023 年差距呈现倒“U”型，可见中部与东部的最低工资标准仍存在着差距。此外，东部与西部地区的最低工资标准差距呈现上下波动趋势，而中部与西部地区的最低工资标准差距则呈现不断扩大的趋势，在 2017 年前相差较小，从图 3.6 中可以看到 2017 年前，中部和西部这两条折线有许多接近之处，但 2017～2023 年西部最低工资标准增速明显加快，与中部地区差距逐渐扩大。

表 3.15　2004～2023 年我国东、中、西部地区最低工资标准（单位：元）

年份	中部地区	东部地区	西部地区
2004	332.6	435.6	344.0
2005	352.7	509.3	365.6
2006	426.2	553.3	441.3
2007	490.5	590.3	470.1
2008	526.6	654.7	550.3
2009	524.4	654.3	550.3

续表

年份	中部地区	东部地区	西部地区
2010	664.1	799.6	708.0
2011	788.6	965.1	780.8
2012	891.9	1070.6	915.1
2013	1041.6	1190.3	1059.4
2014	1104.1	1286.2	1177.6
2015	1290.3	1382.7	1337.4
2016	1290.3	1489.2	1349.6
2017	1404.6	1562.9	1412.0
2018	1453.3	1647.9	1538.7
2019	1469.1	1709.4	1571.7
2020	1469.1	1722.2	1594.5
2021	1599.4	1851.2	1689.3
2022	1655.2	1877.1	1784.2
2023	1720.5	1927.3	1827.5

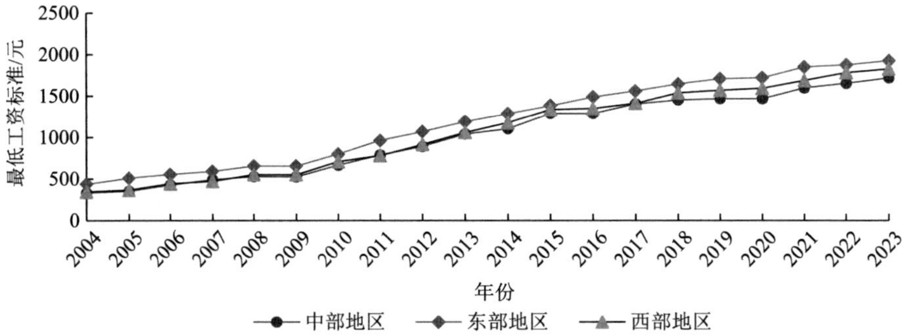

图 3.6　2004～2023 年我国东、中、西部地区最低工资标准的变化趋势

我国现存的劳动力成本上升问题制约着经济社会的高质量发展，而个税改革可直接影响劳动者的边际工资，从而改变其在工作与休闲间的选择，这成为影响劳动力供给内在动力的一项关键制度安排。

1993 年 10 月 31 日，第八届全国人民代表大会常务委员会第四次会议审议通过了《中华人民共和国个人所得税法修正案（草案）》的议案，规定个税免征额为每月 800 元，并设立 5%至 45%的九级超额累进税率，该决定于 1994 年 1 月 1 日起施行。随着经济社会的飞速发展，原有的个税制度已无法满足对居民个人收入的调节要求。为此，我国在 2006 年将个税免征额从 800 元提高到 1600 元，2008 年进一步提高至 2000 元。2011 年将工资和薪金所得扣除标准从每月 2000 元提高至每月 3500 元，并将九级超额累进税制调整为七级，并对各所得税级的适用税率进行了调整。2018 年则在此基础上将个税免征额进一步提高至每月 5000 元。我国个税起征点变化历程具体如表 3.16 和图 3.7 所示。表 3.17 是 2018 年个税改革前后的不同收入级别的个税缴纳税率对比。

表 **3.16**　我国个税起征点变化历程（单位：元/月）

年份	个税起征点
1994	800
2006	1600
2008	2000
2011	3500
2018	5000

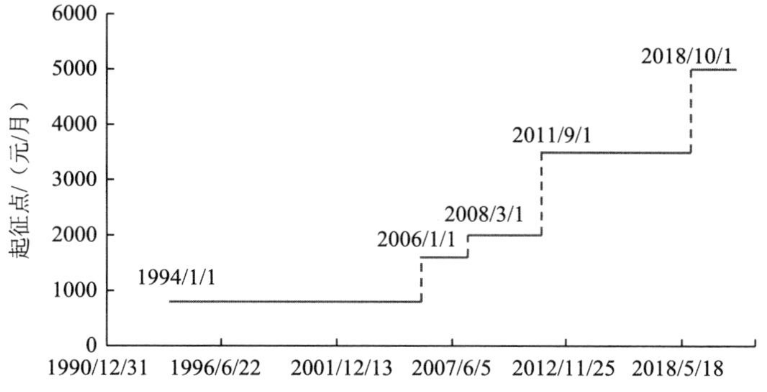

图 3.7　我国个税起征点变化历程图示

表 3.17　2018 年个税改革前后的不同收入级别的个税缴纳税率对比

级别	调整前		调整后	
	全月应纳税所得额/元	税率/%	全月应纳税所得额/元	税率/%
1	不超过 1500 元的	3	不超过 3000 元	3
2	超过 1500 元至 4500 元的部分	10	超过 3000 元至 12 000 元的部分	10
3	超过 4500 元至 9000 元的部分	20	超过 12 000 元至 25 000 元的部分	20
4	超过 9000 元至 35 000 元的部分	25	超过 25 000 元至 35 000 元的部分	25
5	超过 35 000 元至 55 000 元的部分	30	超过 35 000 元至 55 000 元的部分	30
6	超过 55 000 元至 80 000 元的部分	35	超过 55 000 元至 80 000 元的部分	35
7	超过 80 000 元的部分	45	超过 80 000 元的部分	45

为了平衡劳动力市场中的供需关系，保护劳动者的基本权益，劳动力市场管制由此产生。劳动力市场管制作为一种制约雇主用工行为的法律形式，也助推了劳动力成本的上升。劳动力市场管制主要包括企业雇用管制和解雇管制。雇用管制包括劳动合同制定、薪酬福利、员工培训等；解雇管制又包括解雇人数、遣散费用、提前通知等内容。一方面，在没有实现充分就业的情况下，雇用管制的增强往往会促使员工工资水平等各方面福利待遇提高，在一定程度上会提高员工在工资谈判中的能力。另一方面，解雇管制的增强又会增加企业的解雇成本和雇用成本。总的来看，中国的劳动力市场管制制度对劳动者的保护力度越来越大，并使企业的用工更加规范，但同时也增加了企业的用工成本。

五、城乡劳动力市场结构状况及变化趋势

近年来，我国城乡劳动力市场结构也发生了巨大的转变。自 20 世纪 80 年代以来，中国发生了大约 3.4 亿人次的迁移，是人类历史上最大规模的人口迁移。然而，目前我国劳动力市场一体化水平仍然存在较大空间，劳动力

市场一体化程度滞后于商品市场一体化和资本市场一体化程度，可能对经济的长期可持续发展产生负面影响。

新中国成立初期，在特殊的国际环境和历史条件下，我国受苏联模式的影响，确定了迅速实现工业化和优先发展重工业的国民经济发展战略。20 世纪 90 年代，我国继续实行“离土不离乡”的方针，导致城乡劳动力市场被完全分割[339]。自 1992 年开始，国家对农村劳动力转移的政策发生了积极的变化，从控制盲目流动到鼓励、引导和实行宏观调控下的有序流动。随着粮票等票证制度被取消，农村劳动力进入各级城镇居住、就业不再有技术上的障碍，劳动力的自由流动和人口迁移的制度障碍已经显著弱化。伴随着大规模的农村劳动力由农业部门向工业部门转移，劳动力无限供给特征保持并强化了劳动密集型产业的比较优势和国际竞争力。从 21 世纪开始，产生了城市与农村两大分割的利益群体，在“晋升锦标赛”的压力下，相比于劳动者，地方政府更倾向于关注能为本地带来投资、税收的企业利益，城乡劳动力市场分割现象仍然较为严重，大量农民工在城乡间进行候鸟式迁徙[340]。

表 3.18 是 1990～2022 年我国农民工数量，图 3.8 是具体的变化趋势。可以看出 1990～2022 年我国农民工数量总体是呈不断上升态势的。1992 年以前，农民工数量低于 1 亿，数量相对较少。1992 年以后，国家对农村劳动力转移的政策发生了积极的变化，农民工数量快速增长，2008 年首次突破 2 亿。截止到 2022 年，农民工数量将近 3 亿。大规模农村劳动力由农业部门向工业部门转移，强化了我国劳动密集型产业的比较优势和国际竞争力。然而自 2009 年以来，农民工数量增速放缓，尤其是 2014～2022 年，年均增长率低于 1%。农村劳动力无法无限量供给，他们很难在城市购房定居，只能像候鸟一样在城乡间迁徙。

表 3.18 1990～2022 年我国农民工数量（单位：万人）

年份	农民工数量
1990	8 866
1991	9 137
1992	9 964
1993	11 350
1994	12 297
1995	13 386
1996	14 266
1997	14 198
1998	13 844
1999	13 214
2000	12 891
2001	12 572
2002	12 090
2003	12 247
2004	13 455
2005	14 524
2006	15 529
2007	16 106
2008	22 524
2009	22 978
2010	24 223
2011	25 276
2012	26 261
2013	26 894
2014	27 395
2015	27 747
2016	28 171
2017	28 652
2018	28 836
2019	29 077
2020	28 560
2021	29 251
2022	29 562

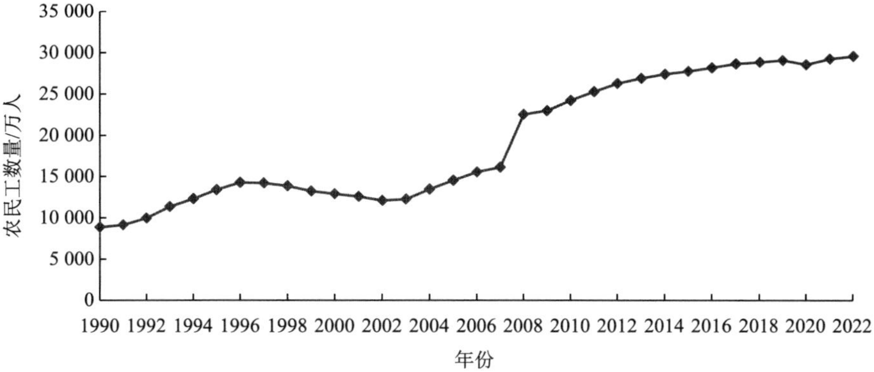

图 3.8　1990～2022 年我国农民工数量变化趋势

综上所述，我国劳动力结构的变化对制造业发展的影响值得关注。一方面，由于 50 后到 70 后中老年劳动力总量与体能型劳动力数量持续减少，低端劳动力随之缩减，进而引起传统制造业的低成本优势逐步消减；另一方面，随着新生代劳动力总量与知识型劳动力数量不断增加，我国高素质劳动力数量呈显著增长趋势，为制造业价值链升级奠定了人力资本和技术要素的基础，但随之也带来了劳动力成本的不断上涨，可谓机遇与挑战并存。

第二节　制造业价值链升级状况及特征

改革开放以来，我国凭借丰裕且廉价的劳动力资源参与国际分工，制造业取得了持续快速的发展，逐渐成了我国经济增长的中坚力量。这让中国短期内就成长为世界第一制造大国，GDP 取得了长期快速的增长，经济总量一路赶超，成为世界第二大经济实体。随着我国不断深化改革开放，剩余劳动力不断从农村、农业中释放出来，向东南沿海开放地区或者其他城镇涌去。丰裕且廉价的劳动力资源在给中国的劳动密集型制造业以及其他类型的制造业带来了巨大的利润，赋予了其强大的市场竞争力，推动中国成为全球制造中心。

由要素禀赋理论可知，只有当一个国家或地区沿着产业结构和要素禀赋结构相匹配的方向进行产业升级时，才可能将各种生产要素在经济增长中的效用最大化并不断激发经济增长的潜力。以我国的发展历程为例，自 1978 年实施改革开放以来，我国制造业结构的升级在较长一段时间内都遵循要素禀赋理论，与要素禀赋结构动态变化大体相匹配，但好景不长，随着我国的要素禀赋结构发生变化甚至出现逆转，制造业结构未及时做出相应调整以及相关产业未能随即转型，因此带来了不少繁杂的经济社会问题。

在改革开放的萌芽时期，我国制造业处于既没有资本积累也没有技术专利的艰难阶段，可以说是处于"一穷二白"的"双无"状况，但从农村、农业中释放出来的剩余劳动力和丰富而廉价的自然资源，尤其是矿产资源为中国制造业的发展找到了出路。在改革开放后的近 20 年时间里，我国凭借供给丰裕且廉价的劳动力资源参与国际分工，以劳动密集型和资源密集型制造业的发展为重点，使纺织业、服装业、食品制造业、家具制造业等劳动密集型产业获得了前所未有的发展。以纺织服装制品为例，其出口额于 1994 年就已高达 355.50 亿美元，在全球总出口额中所占比例为 13.20%，中国由此成了全球最大的纺织服装制品出口国，其位置保持至今。

在劳动密集型和资源密集型制造业保持逐步发展的情况下，我国的要素禀赋结构开始有所变化，部分要素禀赋结构甚至发生了逆转。突出表现为以下几点。

一是劳动要素的禀赋结构在中国经历了深刻的转变，从过去无限供给且成本低廉的状态，逐步演变为供不应求且成本不断上升的局面。从劳动力供给的角度分析，自 20 世纪 70 年代起，劳动力供给量曾保持较快的增长势头，但这一趋势在 2020 年达到顶峰后开始出现负增长，尤其是低端劳动力供给量的减少更为显著。出现这一变化的原因主要是严格的人口计划生育政策的实施。与此同时，从劳动力需求的角度来看，制造业，尤其是劳动密集型产业在过去几十年中持续稳定增长，规模不断扩大，对低端劳动力几乎达到了无限需求的状态。供需两端的这种动态变化相互作用，导致了“招工难”“民工荒”等现象的频繁出现，这些已成为当前经济发展中的新常态。

二是资本要素的禀赋结构在中国经历了显著的逆转，从最初的昂贵稀缺资源逐渐转变为丰裕而廉价的生产要素。这一转变与中国制造业特别是劳动密集型制造业的快速发展紧密相关。随着中国制造业的蓬勃发展，其压倒性的劳动力成本优势不仅为制造业企业带来了巨额利润，而且促进了资本的快速积累，使得资本变得越来越丰裕且廉价，实现了根本性的逆转。这种逆转不仅反映了中国制造业在全球竞争中的地位提升，也预示着中国经济结构的深刻变化。

三是技术要素的禀赋结构也有所变化，在技术要素有所积累以后，技术创新能力和原始创新能力不断提高。为了推动科技进步，中国政府和企业始终将研究开发与技术进步作为首要任务，在加大研发投入的同时，也注重加强原始创新，从而使制造业实现了快速稳定的发展。这种转变不仅促进了产业升级，也为中国在全球经济中的竞争力提供了强有力的支撑。根据国家统计局数据，2023 年，全国研究与试验发展（R&D）经费投入达到了 33 278.2 亿元，投入强度达到 2.64%，研发人员总量超过 600 万人，国内发明专利有效量为 401.5 万件，中国成为世界上首个国内有效发明专利数量突破 400 万件的国家。

参考相关文献资料，本节选取制造业出口国内增加值率、制造业出口产品质量、制造业结构升级和企业技术创新等方面的指标来衡量制造业价值链升级水平。例如，企业出口国内增加值率高，表明制造业价值链升级处于上升阶段，反之制造业价值链升级处于衰退阶段；制造业结构高度化和合理化等指标高，表明制造业价值链升级处于上升阶段，反之制造业价值链升级处于衰退阶段。

一、制造业出口国内增加值率的测度、状况及特征

（一）制造业出口国内增加值率的测度

本节用企业出口国内增加值率来衡量制造业价值链升级水平。企业出口国内增加值率定义为企业出口中的国内增加值与企业总出口额之比。借鉴张杰等[341]的做法，将中国工业企业数据库与中国海关进出口数据库进行匹配[342]，然后测算微观企业的出口国内增加值率，其测算公式为

$$\mathrm{dvar}_{idt}^{Z}=\begin{cases}1-\dfrac{M_{idt}^{O}\big|_{\mathrm{BEC}}+M_{idt}^{F}}{Y_{idt}}, & Z=O\\[2ex] 1-\dfrac{M_{idt}^{G}+M_{idt}^{F}}{Y_{idt}}, & Z=G\\[2ex] \Omega_{O}\left(1-\dfrac{M_{idt}^{O}\big|_{\mathrm{BEC}}+M_{idt}^{F}}{Y_{idt}}\right)+\Omega_{G}\left(1-\dfrac{M_{idt}^{G}+M_{idt}^{F}}{Y_{idt}}\right), & Z=H\end{cases}\tag{3-1}$$

其中，dvar_{idt}^{Z} 表示出口国内增加值率；BEC 表示联合国广义经济类别（Broad Economic Categories）；Z 表示 BEC 中的子类别；O、G、H 分别表示一般贸易、纯加工贸易及混合贸易企业；Ω_O 表示混合贸易企业以一般贸易方式进行出口的比重；Ω_G 表示混合贸易企业以加工贸易方式进行出口的比重；Y_{idt} 表示企业总产出（其中 i 表示行业代码，d 表示部门或地区代码，

t 表示时间变量）；M_{idt}^{F} 表示企业所用的国内原材料中包含的国外增加值成分；M_{idt}^{O} 和 M_{idt}^{G} 分别表示一般贸易企业和纯加工贸易企业的实际中间品进口额[343]。

（二）制造业出口国内增加值率的状况及特征

1. 全国层面出口国内增加值率的状况及特征

表 3.19 是 2000～2013 年我国出口国内增加值率（均值），图 3.9 是其变化趋势。从图 3.9 的变化趋势来看，出口国内增加值率在样本期内总体呈增加的趋势，到 2010 年后才略有下降。作为我国国家战略计划的重点行业，制造业的发展得到了国家政策和资金的大力支持。

表 3.19　2000～2013 年我国出口国内增加值率（均值）

年份	出口国内增加值率
2000	0.65
2001	0.68
2002	0.69
2003	0.72
2004	0.74
2005	0.75
2006	0.77
2007	0.81
2008	0.82
2009	0.83
2010	0.87
2011	0.84
2012	0.83
2013	0.83

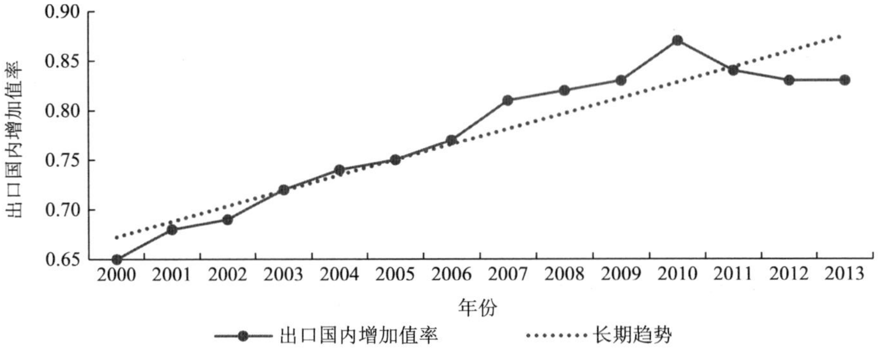

图 3.9 2000～2013 年我国出口国内增加值率及长期趋势

2. 内地与沿海出口国内增加值率对比

表 3.20 是 2000～2013 年我国内地、沿海出口国内增加值率（均值），图 3.10 是具体的变化趋势。可以看出，内地出口国内增加值率在观察期内变化不大，沿海出口国内增加值率大体呈增加趋势，后期有小幅度下降。具体而言，内地出口国内增加值率在 2001 年略有下降，后又缓慢上升，在 2010 年又有所下降。沿海的出口国内增加值率在 2011 年达到最大值，而后又有小幅度的下降。造成此现象的原因可能是内地的发展空间比较小，国家扶持政策稳定，内地制造业发展一直处于相对稳定的状态；而沿海的地理位置优越，有更多的发展机会，所以沿海制造业一直处于上升发展状态。2011 年，国家转变需求动力结构，由内需拉动转为市场拉动，沿海地区靠近国外，国际市场广阔，出口国内增加值率发展到最高值。

表 **3.20** **2000～2013** 年我国内地、沿海出口国内增加值率（均值）

年份	沿海出口国内增加值率	内地出口国内增加值率
2000	0.82	0.89
2001	0.80	0.86
2002	0.83	0.86
2003	0.85	0.88
2004	0.86	0.87

续表

年份	沿海出口国内增加值率	内地出口国内增加值率
2005	0.85	0.88
2006	0.87	0.87
2007	0.88	0.89
2008	0.88	0.89
2009	0.89	0.93
2010	0.86	0.90
2011	0.90	0.91
2012	0.89	0.91
2013	0.87	0.89

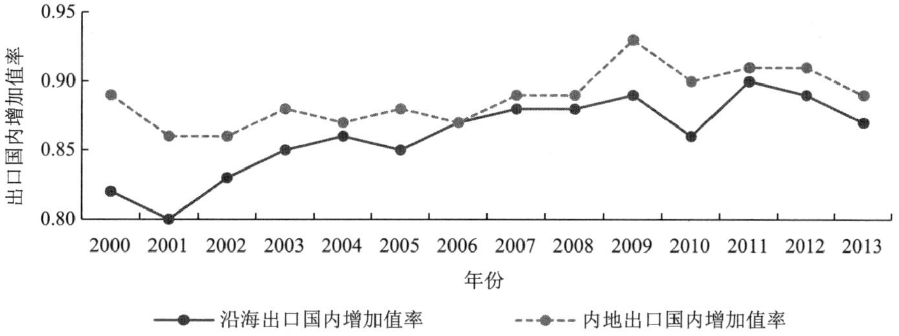

图 3.10 2000～2013 年我国内地、沿海出口国内增加值率（均值）的变化趋势

本节用企业出口国内增加值率来衡量制造业价值链升级水平，通过测度及分析，可以得出中国制造业价值链升级的特征主要体现在以下几个方面：①我国出口国内增加值率总体呈上升趋势，2010 年后有小幅度下降；②内地的出口国内增加值率总体变化不大，沿海的出口国内增加值率总体呈现增长趋势，在 2011 年出口国内增加值率达到最高值，后期略有下降。

二、制造业出口产品质量的测度、状况及特征

（一）制造业出口产品质量的测度

产品质量决定模型指出，在给定产品垂直差异条件下，消费者的效用水

平是由所消费的产品质量和数量决定的，即产品价格与质量之比决定了消费者的效用[344]。

消费者效用函数设定为

$$U=\left[\sum_{j}\left(\lambda_{j}q_{j}\right)^{\frac{\sigma-1}{\sigma}}\right]^{\frac{\sigma}{\sigma-1}} \tag{3-2}$$

其中，λ_j、q_j分别表示产品的质量和产品种类的数量；$\sigma>1$表示不同产品间的替代弹性。

价格指数为

$$P=\sum_{j}p_{j}^{1-\sigma}\lambda_{j}^{\sigma-1} \tag{3-3}$$

种类 j 影响的消费数量为

$$q_{j}=p_{j}^{-\sigma}\lambda_{j}^{\sigma-1}\frac{E}{P} \tag{3-4}$$

其中，E 表示消费者支出。式（3-4）中，产品需求量取决于产品价格和质量，这意味着如果企业生产效率越高或者产品质量越高，则可以占据越大的市场份额。但高质量的产品引致的需求可能会被高价格所抵消，低价格引致的需求可能会被低质量所抵消，因此产品质量和价格会共同影响企业可获得的市场份额。

企业固定成本和可变成本分别为

$$\begin{aligned}F(\lambda,\xi)&=F_{0}+\frac{f}{\zeta}\lambda^{\alpha}\\ \mathrm{MC}(\lambda,\varphi)&=\frac{c}{\varphi}\lambda^{\beta}\end{aligned} \tag{3-5}$$

其中，c表示一个常数参数；α用于衡量固定成本随质量变化的程度；β用于衡量边际成本随质量的变化率；F_0表示初始固定成本；f表示单位产品可变成本系数。从式（3-5）可以看出，企业固定成本F由产品质量λ和质量生产能力ζ 决定，可变成本 MC 由质量λ和生产效率φ决定。$\alpha>0$和$\beta>0$表明产品质量与企业固定成本和可变成本正相关。基于式（3-5），企业可以通过“固定成本→企业利润→企业行为”这一渠道对产品价格产生影响。最优解如式（3-5）～式（3-8）所示：

$$\lambda(\varphi,\zeta)=\left[\frac{1-\beta}{\alpha}\left(\frac{\sigma-1}{\sigma}\right)\left(\frac{\varphi}{c}\right)^{\varphi}\frac{\varphi}{f}\frac{E}{P}\right]^{\frac{1}{\alpha'}} \tag{3-6}$$

$$p_d(\varphi,\xi)=\left(\frac{\sigma}{\sigma-1}\right)^{\frac{\alpha-\beta(\sigma-1)}{\alpha'}}\left(\frac{c}{\varphi}\right)^{\frac{\alpha-(\sigma-1)}{\alpha'}}\left[\frac{1-\beta}{\alpha}\frac{\xi}{f}\frac{E}{P}\right]^{\frac{\beta}{\alpha'}} \tag{3-7}$$

$$\pi(\varphi,\zeta)=J\left(\frac{\varphi}{\zeta}\right)^{\frac{\alpha(\sigma-1)}{\alpha'}}\left(\frac{\varphi}{f}\right)^{\frac{\alpha-\alpha'}{\alpha'}}\left(\frac{\xi}{P}\right)^{\frac{\alpha}{\alpha'}}-F_0 \tag{3-8}$$

其中，π表示企业利润；P_d表示仅在国内市场销售的企业所设定的产品价格；J起到调整和综合参数影响的作用，使得不同生产率和口径的企业利润能够在统一框架下进行分析；$\alpha'=\alpha-(1-\beta)(\sigma-1)>0$，$0<\beta<1$，$\alpha>\alpha'$。式（3-7）说明，产品质量越高，产品价格就越高，进而利润率也越高，产品进入市场的可能性就越大；式（3-8）表明，生产效率φ和质量生产能力ζ共同决定企业利润的高低。

借鉴 Khandelwal[345]等文献的做法，将消费者的质量偏好纳入需求方程，将质量表示为需求量和价格方面的信息，进而估计需求函数和质量。其背后的经济学含义是：给定产品价格，高质量产品的市场份额更大，即

$$\ln q_{ipct} + \sigma \ln p_{ipct} = \varphi_{ct} + \varphi_p + \xi_{ipct} \tag{3-9}$$

其中，下标 i 表示企业；下标 p 表示产品；下标 c 表示出口目的国；下标 t 表示年份；φ_{ct} 表示国家-年份固定效应，控制目的国的价格指数和收入水平；φ_p 表示产品固定效应；$\ln q_{ipct}$、$\ln p_{ipct}$ 分别表示产品的数量和价格。参照 Fan 等[346]的研究，根据 Broda 和 Weinstein[347]估计的需求价格弹性系数，将其加总到 HS（Harmonized System，协调制度）两位码层面，作为式（3-9）中 σ 的替代值，然后运用普通最小二乘法对式（3-9）进行回归，估计得出产品质量：

$$\text{lnquality}_{ipct} = \xi_{ipct} / (\sigma - 1) \tag{3-10}$$

为了获得企业整体层面的质量，对式（3-10）进行标准化处理，得到企业-年度-HS 层面的标准化质量，即

$$\text{squa}_{ipct} = (\text{lnquality}_{ipct} - \text{minlnquality}_{ipct}) / (\text{maxlnquality}_{ipct} - \text{minlnquality}_{ipct}) \tag{3-11}$$

其中，$\text{maxlnquality}_{ipct}$ 和 $\text{minlnquality}_{ipct}$ 分别表示针对某一产品在年度-企业-进口国层面上求出的产品质量最大值和最小值。squa_{ipct} 位于 0 至 1 之间，而且没有单位，可以在不同层面加总。整体指标如式（3-12）所示：

$$\text{quality} = \frac{v_{ipct}}{\sum\limits_{ipct \in \Omega} v_{ipct}} \times \text{squa}_{ipct} \tag{3-12}$$

其中，quality 表示企业出口产品整体质量；Ω 表示企业层面的样本集合；v_{ipct} 表示某一类产品 p 在 t 年对 c 国的出口价值量。

（二）制造业出口产品质量的状况及特征

表 3.21 是 2000～2015 年我国出口产品的总体及分类型质量指数，图

3.11 是 2000～2015 年我国出口产品的总体质量指数的趋势图。由表 3.21 可知，2011 年我国出口产品总体质量为 0.6048，2014 年出口产品总体质量为 0.4557，下降幅度高达 24.65%；同时，2014 年出口产品总体质量比 2000 年的初始观测值 0.5648 还要低出许多。2011～2014 年出口产品总体质量出现下降，可能的原因如下：一是 2008 年金融危机导致对高质量产品的需求下降，出口收益下滑，冲击了企业生产，影响企业质量升级。二是全球金融危机爆发后，以美国为代表的发达国家频频引发贸易摩擦，并逐步对我国高技术和高质量中间品的出口实施限制措施，这在一定程度上导致我国进口中间品质量下降，进而使得我国企业出口产品总体质量下降。三是 2011 年之后产能过剩问题日益凸显，出口市场竞争激烈，再加上我国出口企业产品技术含量相对较低，具有很强的同质性和可替代性，为了收回成本，出口企业“价格战”此起彼伏，从而出现“劣币驱逐良币”现象。

表 3.21 2000～2015 年我国出口产品的总体及分类型质量指数

年份	总体	贸易类型		进口中间品	所有制类型		
		加工贸易	一般贸易		公有制	外资	民营
2000	0.5648	0.5782	0.5651	0.4883	0.5694	0.5677	0.5686
2001	0.5710	0.5792	0.5718	0.4914	0.5801	0.5734	0.6241
2002	0.5640	0.5877	0.5666	0.4772	0.5689	0.5691	0.6101
2003	0.5765	0.5965	0.5717	0.4687	0.5807	0.5787	0.6107
2004	0.5617	0.6019	0.5660	0.4711	0.5687	0.5773	0.5996
2005	0.5632	0.6081	0.5588	0.4419	0.5683	0.5709	0.5886
2006	0.5619	0.5900	0.5509	0.4521	0.5708	0.5751	0.5745
2007	0.5956	0.6486	0.5471	0.5253	0.6004	0.6263	0.5758
2008	0.6013	0.6582	0.5590	0.5506	0.6055	0.6250	0.5785
2009	0.5926	0.6515	0.5416	0.5331	0.5979	0.6214	0.5591
2010	0.5999	0.6564	0.5515	0.5658	0.6076	0.6262	0.5805
2011	0.6048	0.6666	0.5558	0.6001	0.6060	0.6292	0.5833
2012	0.4743	0.4869	0.4847	0.4125	0.4814	0.4650	0.4827

续表

年份	总体	贸易类型		进口中间品	所有制类型		
		加工贸易	一般贸易		公有制	外资	民营
2013	0.4635	0.4769	0.4749	0.4002	0.4634	0.4448	0.4647
2014	0.4557	0.4797	0.4706	0.4094	0.4840	0.4757	0.4833
2015	0.4963	0.5058	0.5073	0.3689	0.5008	0.4801	0.4980

资料来源：中国海关进出口数据库

注：进口中间品不属于出口产品的贸易类型，列示其数据是为了说明其与加工贸易出口产品质量指数变化趋势的相似性，具体见下方分析

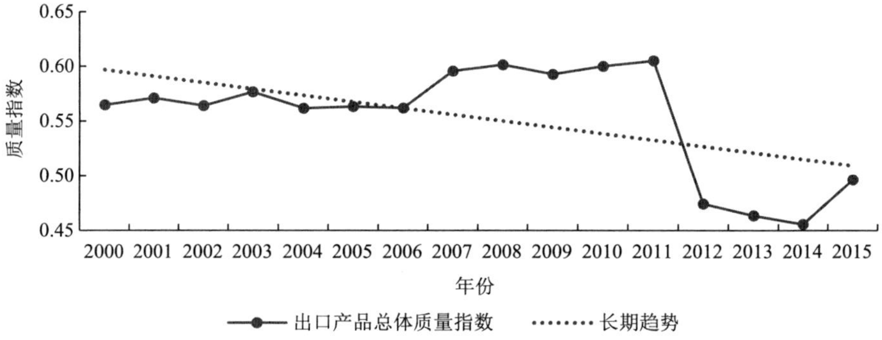

图 3.11 2000～2015 年我国出口产品的总体质量指数的趋势图

从图 3.11 中可以看出，我国出口产品总体质量在 2000～2015 年整体上呈下降的趋势。具体来看，2000～2006 年出口产品总体质量表现较为稳定，主要是因为我国加入 WTO 后出现了许多新出口企业，而这些新进入出口市场的产品质量要低于市场平均水平，从而造成加入 WTO 后中国出口产品质量出现一定的下滑现象。2006～2008 年略有上升，之后到 2011 年一直维持在高位；而 2011 年之后出口产品总体质量出现了较大幅度的下降。

1. 分贸易类型

图 3.12 描绘了 2000～2015 年我国不同贸易类型的出口产品及进口中间品的质量指数变化趋势。可以看到，我国加工贸易企业出口产品质量总体上要高于一般贸易企业出口产品质量水平。

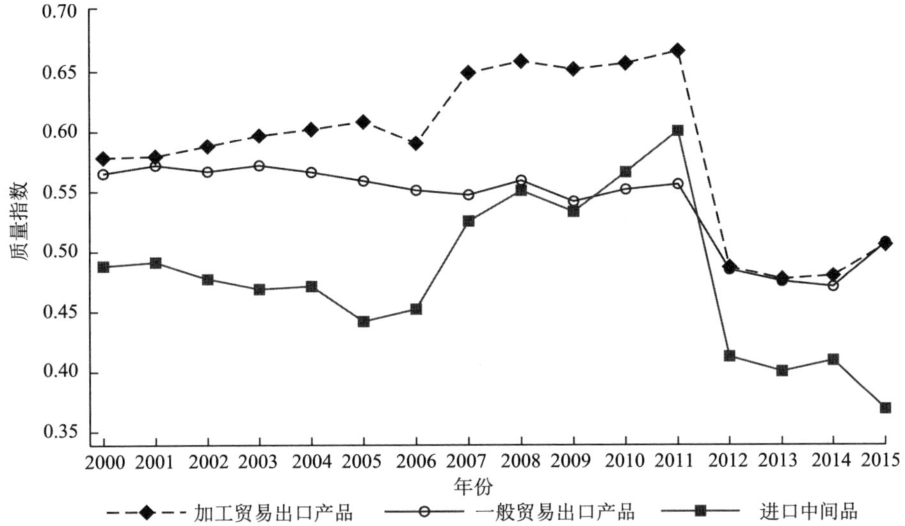

图 3.12　2000～2015 年我国不同贸易类型的出口产品及进口中间品的质量指数变化趋势

从图 3.12 的演变趋势来看，在 2000～2015 年，不管是一般贸易企业还是加工贸易企业，其出口产品质量都在 2011 年后经历了一个较大幅度的下降。一般贸易企业出口产品质量与加工贸易企业出口产品质量的差距在样本期间出现了一个“先逐渐扩大后快速缩小”的演变过程，2000～2011 年加工贸易企业出口产品质量高于一般贸易企业，且这种差距逐渐拉大；2011～2012 年加工贸易企业出口产品质量大幅下降，而一般贸易企业出口产品质量下降幅度要远小于加工贸易企业，从而导致一般贸易出口产品质量与加工贸易出口产品质量的差距快速缩小，甚至趋同，这种差距趋同的状态持续至样本期末（2012～2015 年）。

观察图 3.11 和图 3.12，可以看出，在 2006～2015 年，加工贸易企业出口产品质量指数与我国出口产品总体质量指数的演变趋势大致相同，说明加工贸易企业出口产品质量对我国出口产品总体质量有决定性的影响。因此，我国出口产品竞争优势仍是由加工贸易企业驱动的，因此出口贸易强国建设仍任重而道远，出口贸易结构转型升级势在必行。

由于一般贸易企业与加工贸易企业在使用进口中间品数量和方式上均存在巨大差异，为了考察进口中间品质量变化对一般贸易企业与加工贸易企业出口产品质量的影响，图 3.12 中也加入了进口中间品的质量指数的变化趋势。图 3.12 显示，进口中间品质量指数的演变趋势和加工贸易的出口产品质量指数的演变趋势基本一致，而和一般贸易的出口产品质量指数的变化趋势存在较大差别。这说明进口中间品质量在很大程度上决定了加工贸易的出口产品质量，而一般贸易基本上不受或者很少受到进口中间品质量波动的影响。因此，尽管加工贸易出口产品质量相对较高，但对于出口国内增加值率的贡献程度较低。提升我国出口国内增加值率需要进一步优化出口贸易方式，特别是需要推动一般贸易出口产品质量的升级。

2. 分所有制类型

图 3.13 展示了 2000～2015 年我国按企业所有制类型划分的企业出口产品质量指数的变化趋势。从整体趋势来看，民营企业的出口产品质量在 2000～2015 年呈现下降趋势。民营企业相较于公有制企业和外资企业，面

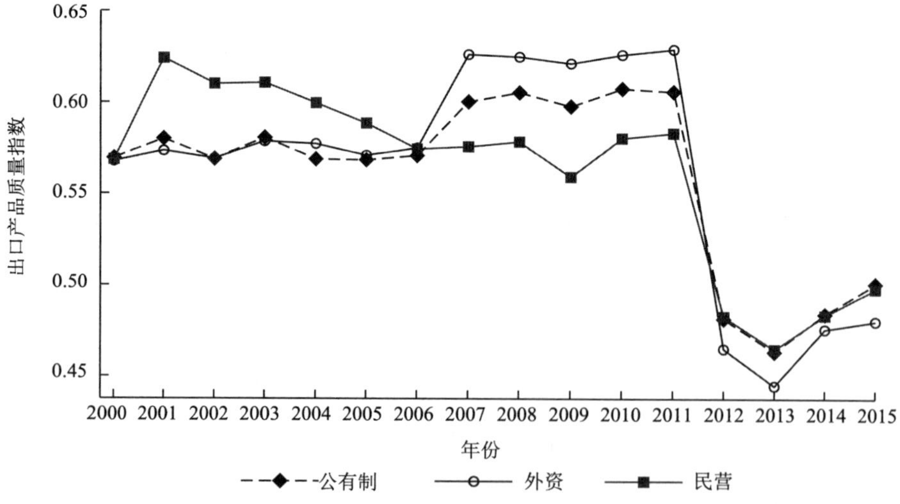

图 3.13　2000～2015 年我国不同所有制类型出口产品质量指数的变化趋势

临着技术和资源获取方面的显著劣势，这直接影响了其出口产品的质量和在国际市场上的竞争力。尽管民营企业在国内市场上蓬勃发展，但在出口领域，由于无法与资源充足且技术先进的公有制企业和外资企业相抗衡，其产品质量逐渐下降，难以与国际标准接轨。

分阶段来看，在 2006 年之前，民营企业的出口产品质量水平相对较高，甚至超过了公有制企业和外资企业。这一阶段的表现可以理解为民营企业在市场竞争压力下，通过自身的灵活经营和创新性在出口市场上获得了一定的竞争优势。然而，随着全球市场对产品质量要求的提高以及国内政策的变化，民营企业在 2007～2011 年逐渐显现出劣势，出口产品质量水平降至公有制企业和外资企业之下。这一变化反映了外部市场环境和政策支持的重要性。在此期间，外资企业凭借其先进的技术和管理优势，在出口市场中占据了主导地位。而公有制企业则因为政府的大力支持，包括补贴、融资便利以及资源优先分配等政策措施，逐步提高了自身的出口产品质量。

2013 年之后，民营企业的出口产品质量出现了回升，逐渐与公有制企业和外资企业的出口产品质量持平。这一现象反映了中国政府在政策层面对民营企业的支持力度逐渐加大。随着国家在推动经济多元化、促进民营企业发展方面出台一系列措施，民营企业在融资、技术和管理方面的劣势逐渐得到弥补。比如，政府在金融政策上给予民营企业更多的融资支持，放宽银行贷款的条件，鼓励民营企业进行技术升级和质量管理。与此同时，政府通过推动产业升级和技术创新，促使民营企业在市场中获得更强的竞争力。这些政策措施的实施使得民营企业能够在国际市场上逐渐迎头赶上，不仅提高了出口产品质量，还进一步提升了品牌形象和市场认可度。

3. 分要素密集型

表 3.22 是 2000～2015 年我国出口产品分类型质量指数（2014 年和

2015 年部分数据缺失）。接下来将逐一对不同要素密集型、不同技术水平、不同产品用途的出口产品质量指数进行分析。

表 3.22 2000～2015 年我国出口产品分类型质量指数

年份	要素密集型		技术水平		产品用途		
	资本和技术密集型	劳动密集型	低技术	高技术	资本品	最终品	中间品
2000	0.5935	0.6332	0.5935	0.5728	0.5476	0.5933	0.5379
2001	0.5877	0.6444	0.5877	0.5619	0.4932	0.6241	0.5634
2002	0.5713	0.6333	0.5713	0.5451	0.5300	0.6062	0.5671
2003	0.5831	0.6309	0.5831	0.5661	0.5653	0.6033	0.5756
2004	0.5741	0.6124	0.5741	0.5647	0.5370	0.5966	0.5600
2005	0.5751	0.6021	0.5751	0.5703	0.5516	0.5931	0.5633
2006	0.5785	0.5914	0.5785	0.5803	0.5696	0.5798	0.5449
2007	0.6379	0.6304	0.6379	0.6518	0.6608	0.5959	0.5388
2008	0.6446	0.6349	0.6446	0.6575	0.6624	0.5916	0.5661
2009	0.6285	0.6231	0.6285	0.6341	0.6681	0.5791	0.5404
2010	0.6220	0.6164	0.6220	0.6364	0.6574	0.5945	0.5484
2011	0.6243	0.6172	0.6243	0.6364	0.6676	0.6007	0.5465
2012	0.4476	0.4144	0.4476	0.4594	0.5304	0.4395	0.4367
2013	0.4460	0.4042	0.4460	0.4594	0.5019	0.4372	0.4364
2014					0.5529	0.4741	0.3630
2015					0.5617	0.4728	0.4497

图 3.14 描绘了 2000～2013 年我国按要素密集度划分的出口产品质量指数的变化趋势。可以看到，我国资本和技术密集型出口产品质量与劳动密集型出口产品质量的相对位置经历了一个转变，2000～2006 年劳动密集型出口产品质量要高于资本和技术密集型出口产品质量，2007 年及之后资本和技术密集型出口产品质量高于劳动密集型出口产品质量。2000～2008 年我国资本和技术密集型企业的出口产品质量呈波动式上升，于 2008 年达到峰

值。2009～2013 年这两种类型的出口产品质量均呈振荡式下降，尤其是2012 年的出口产品质量出现“蹦极式”下降，于 2013 年达到最低值。

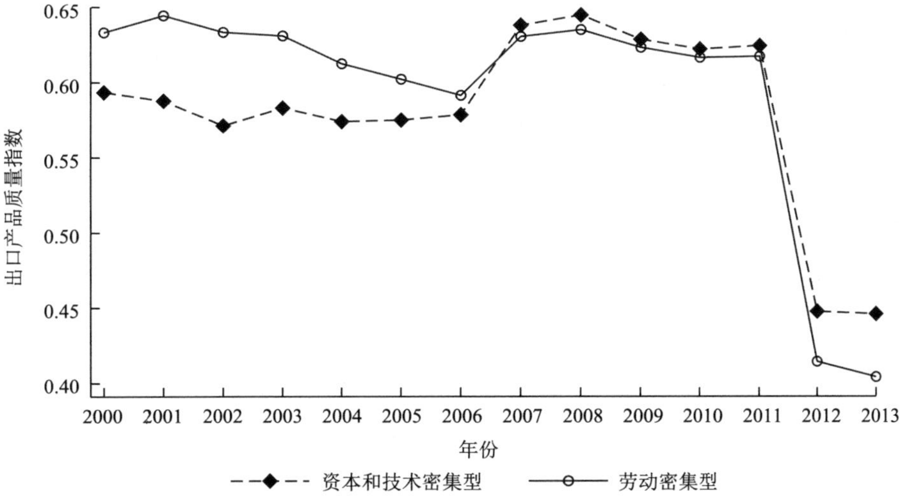

图 3.14　2000～2013 年我国按要素密集度划分的出口产品质量指数的变化趋势

我国出口贸易竞争优势的转变，充分体现了国家发展战略的调整和产业结构的优化。过去，我国依靠丰富的劳动力资源，大力发展劳动密集型产业，如纺织、服装、玩具等，在国际市场上占据了一席之地。然而，随着全球经济一体化的深入发展和国内经济实力的增强，我国开始逐步调整产业结构，加大资本和技术密集型产业的发展力度。一方面，资本和技术密集型产业在出口贸易中的比重逐年上升。例如，高铁、核电、电子信息、航空航天等产业，已经成为我国对外出口的新亮点。这些产业具有技术含量高、增加值低、环境污染小等特点，使我国在国际市场的竞争力得到显著提升。另一方面，我国产业结构升级策略的成效逐步显现。通过政策引导、科技创新、人才培养等多方面手段，我国成功推动了一批传统产业向高增加值、高技术含量方向转型。这使得我国在国际分工中的地位逐步上升，从“世界工厂”向“世界研发中心”和“世界市场领导者”转变。

4. 分技术水平

参考傅元海等[348]的方法按照技术水平的高低把所有出口企业划分为低技术和高技术两大类。图 3.15 给出了 2000～2013 年我国按技术水平划分的出口产品质量指数的变化趋势。由图 3.15 可以看出，我国高技术企业出口产品质量与低技术企业出口产品质量的相对位置也经历了一个转变，2000～2005 年低技术企业出口产品质量要高于高技术企业出口产品质量，2006 年及之后高技术企业出口产品质量高于低技术企业出口产品质量。在 2000～2008 年，这两种类型的出口产品质量均经历了波动性增长，至 2008 年达到历史最高点。然而，在 2009～2013 年，我国出口产品质量出现了"蹦极式"下滑，特别是 2012 年下滑非常明显。由于高技术企业往往属于资本和技术密集型产业，低技术企业往往属于劳动密集型产业，因此图 3.15 与图 3.14 表现出高度的一致性，这进一步表明我国产业结构持续优化升级。随着产业转型和技术投入的加大，高技术产品在国际市场中相较于低技术产品的质量优势日益凸显，推动了出口贸易的可持续发展。

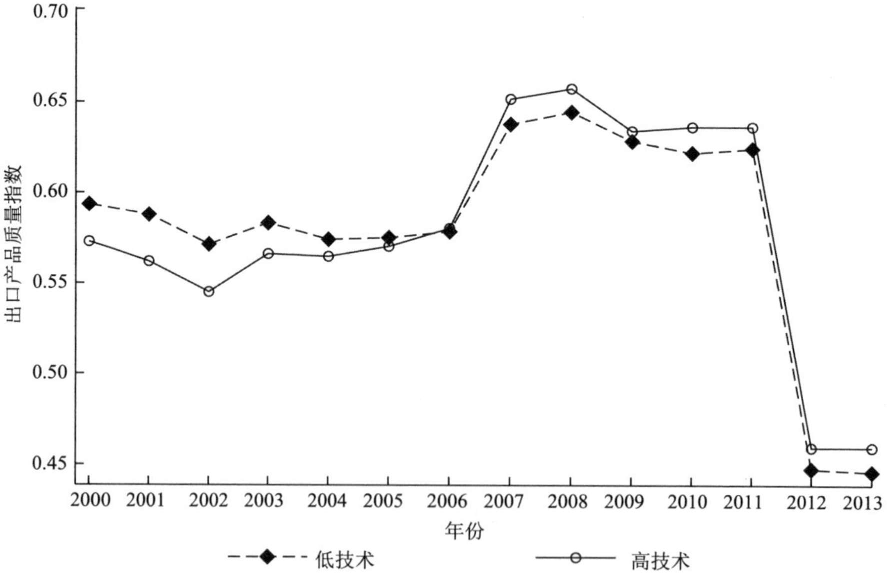

图 3.15　2000～2013 年我国按技术水平划分的出口产品质量指数的变化趋势

5. 分产品用途

根据 BEC 分类法，可以将产品划分为中间品、资本品和最终品。图 3.16 描绘了 2000～2015 年我国按产品用途划分的出口产品质量指数的变化趋势。从图 3.16 中可以看到，最终品和中间品出口质量与资本品出口质量的相对位置发生了转变。首先，2000～2011 年资本品的出口质量获得了长足的进步，2005 年及之前资本品的出口质量低于中间品出口质量（除 2000 年）与最终品出口质量，2006 年之后资本品的质量则高于中间品与最终品的出口质量；其次，在 2006～2015 年我国中间品出口质量要低于最终品出口质量，这说明关键零部件质量、核心技术方面依然是我国的短板，它们仍是我国获取高出口国内增加值率、迈向全球价值链中高端的主要制约因素。

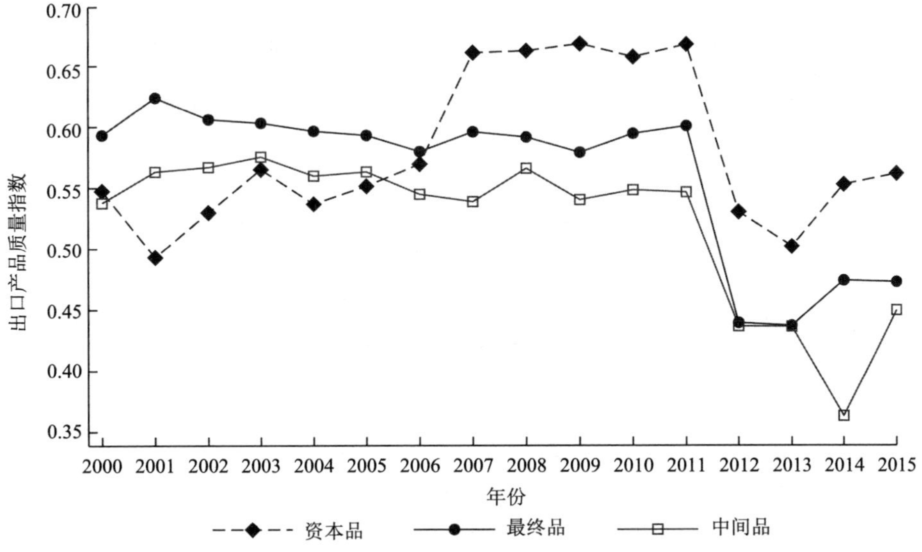

图 3.16　2000～2015 年我国按产品用途划分的出口产品质量指数的变化趋势

以上分析从侧面反映了样本期间资本品的质量提升，是我国在国际市场中质量竞争优势的主要来源，同时也反映了我国亟须加大研发投入，在中间品、关键零部件、核心技术方面寻求突破，以向创新驱动型发展模式转型。

三、制造业结构升级的测度、状况及特征

（一）制造业结构升级的测度

制造业结构升级指标为

$$M_{it}=\left(M_{it}^{D\frac{\sigma-1}{\sigma}}+M_{it}^{I\frac{\sigma-1}{\sigma}}\right)^{\frac{\sigma}{\sigma-1}},\quad i=1,2,3$$

其中，D 表示不同的部门；σ 表示替代弹性，衡量不同要素密集型产业的替代关系；M_{it} 表示不同要素密集型［劳动（i=1）、资本（i=2）、技术（i=3）］制造业产值占制造业总产值的份额。

本节从要素密集度这一视角来展开其对制造业结构升级影响的探讨，为达到以要素密集度这一视角分析的目的，参照阳立高等[81]对制造业划分的方法，以要素密集度作为划分标准将制造业分为三类，详见表 3.23。

表 3.23　制造业分类

产业类型	包含的行业
劳动密集型	农副食品加工业，食品制造业，纺织业，纺织服装、服饰业，皮革、毛皮、羽毛及其制品和制鞋业，木材加工和木、竹、藤、棕、草制品业，家具制造业，印刷和记录媒介复制业，文教、工美、体育和娱乐用品制造业，橡胶和塑料制品业，非金属矿物制品业，金属制品业
资本密集型	酒、饮料和精制茶制造业，烟草制造工业，造纸和纸制品业，石油、煤炭及其他燃料加工业，化学原料和化学制品制造业，化学纤维制造业，黑色金属冶炼和压延加工业，有色金属冶炼和压延加工业，通用设备制造业
技术密集型	医药制造业，专用设备制造业，汽车制造业，铁路、船舶、航空航天和其他运输设备制造业，电气机械和器材制造业，计算机、通信和其他电子设备制造业，仪器仪表制造业

在三类制造业当中，劳动密集型制造业，如农副食品加工业，家具制造业，橡胶和塑料制品业等，其生产总值在制造业总产值中所占份额呈现逐年下滑的趋势；资本密集型制造业，如酒、饮料和精制茶制造业，烟草制造工

业，石油、煤炭及其他燃料加工业，化学原料和化学制品制造业等，其生产总值在制造业总产值中所占的比重呈现先上升后下降的倒“U”形趋势；技术密集型制造业，如医药制造业，计算机、通信和其他电子设备制造业等，其生产总值在制造业总产值中所占份额呈现逐年攀升的趋势。

制造业结构升级包括两个方面，分别是制造业结构高度化和制造业结构合理化。

首先是对制造业结构高度化的测度。借鉴傅元海等[349]对制造业划分的方法，这里以技术水平作为划分标准将制造业分为三类，即高、中、低端技术行业[350]。第一类是以高技术与知识密集度为主要特征的高端技术行业，如电气机械和器材制造业，铁路、船舶、航空航天和其他运输设备制造业等；第二类是相较于高端技术行业而言，其知识与技术密集度次之，如石油、煤炭及其他燃料加工业，金属制品业，橡胶和塑料制品业等；第三类是较于其他两类行业来说，其技术与知识密集度最低，如农副食品加工业，食品制造业，酒、饮料和精制茶制造业，烟草制造工业等。由于高端技术行业知识与技术密集性最高，所以其在很大程度上能代表制造业结构高度化水平发展的程度。因此，在这三大类行业中，采取高端技术行业所占份额大小来对制造业结构高度化程度进行度量具有一定的可信度，并且其数值越大，制造业结构高度化水平就越高，反之则越低。基于以上所述，本节采用高端技术制造业生产总值与中端技术制造业生产总值两者的比值作为制造业结构高度化水平的度量指标（Hightech），数据来源于1993～2014年《中国工业统计年鉴》。

其次是对制造业结构合理化的测度。制造业结构合理化要求囊括很多方面，例如各细分行业的协调程度、结构聚合质量等。本节以制造业结构偏离度作为对制造业结构合理化程度进行度量的指标。制造业结构偏离度可表示为

$$\text{Indusl}=1\Big/\sum_{i}\left|\frac{q_i/l_i}{q/l}-1\right| \tag{3-13}$$

其中，Indusl 表示制造业结构偏离度；q_i表示行业 i 的生产值；l_i表示行业 i 的就业人数；q 和 l 分别表示制造业所有行业整体的总产值和总就业人数。在完全竞争市场中，我们知道同种生产要素之间并不存在实质性的差别，因此生产要素具备自由流动性的特征，这使得制造业各行业的劳动生产率最终会趋于相同。劳动生产率的趋同必然会导致行业生产总值与就业人员数量份额保持相等。此时，该市场的结构偏离度为零，其所代表的结构合理化程度达到了最大值。引起劳动力流动的因素除产值以外，劳动报酬对劳动力的流动也发挥着重要的作用。因此，基于上述考虑，本节将式（3-13）中的产值变量替换为劳动报酬变量，借此来保证变量度量的稳健性。

（二）制造业结构升级的状况和特征

在逆全球化背景下，我国按要素密集度划分的制造业发展状况发生转变：一是劳动、资本、技术密集型制造业产值比重发生动态变化；二是劳动、资本、技术密集型制造业基于贸易增加值的 RCA（revealed comparative advantage，显示性比较优势）指数发生变化。表 3.24 是 1996～2022 年我国不同类型制造业的产值比重，图 3.17 是产值比重的变化趋势。

表 **3.24　1996～2022** 年我国不同类型制造业的产值比重（单位：%）

年份	劳动密集型	资本密集型	技术密集型
1996	40.9	34.8	24.3
1997	40.1	34.5	25.4
1998	38.3	33.9	27.8
1999	36.9	33.8	29.3
2000	34.9	35.0	30.1
2001	34.1	33.9	32.0
2002	33.9	33.0	33.1
2003	32.1	34.0	33.9
2004	33.7	35.1	31.2

续表

年份	劳动密集型	资本密集型	技术密集型
2005	30.9	37.1	32.0
2006	30.2	37.7	32.1
2007	30.3	37.9	31.8
2008	31.4	38.4	30.2
2009	32.6	36.1	31.3
2010	31.8	36.6	31.6
2011	31.6	37.4	31.0
2012	33.4	36.9	29.7
2013	33.7	36.1	30.2
2014	33.9	35.0	31.1
2015	34.8	32.9	32.3
2016	33.1	33.5	33.4
2017	32.3	34.1	33.6
2018	31.6	34.3	34.1
2019	31.6	34.1	34.3
2020	31.3	33.4	35.3
2021	31.2	32.9	35.9
2022	31.1	32.8	36.1

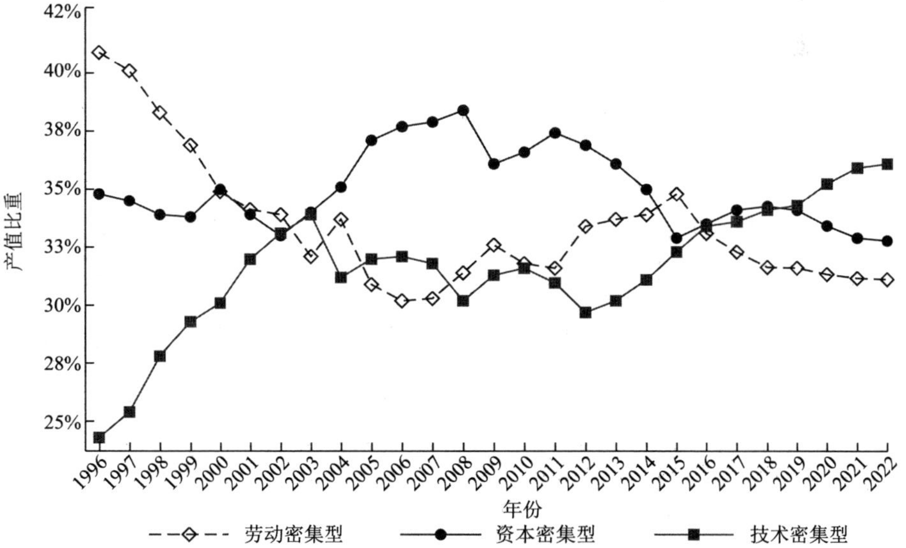

图 3.17 1996～2022 年我国不同类型制造业产值比重的变化趋势

为了绘图美观性，调整了纵轴刻度，因此每个刻度代表的值不完全一致

如图 3.17 所示，可以将 1996～2022 年我国制造业结构的变化趋势大体分为三个阶段进行对比分析。

第一个阶段是 1996～2003 年，在这个阶段，我国技术密集型和劳动密集型制造业的产值比重呈反向变化趋势，突出表现为：在绝大部分年份，我国技术密集型制造业产值比重在三大类产业中是最低的，而劳动密集型制造业的产值比重在三大类产业中是最高的，前者缓慢上升的同时后者也在不断下降，到 2002 年三大类产业的产值比重才基本持平。值得注意的是，在这一阶段资本密集型制造业产值比重并未出现明显波动，始终保持相对稳定状态。

第二个阶段是 2004～2015 年，我国技术密集型制造业的产值比重在此期间波动不大，先是出现略微下降，后又出现小幅上升，产值比重整体上相比其他类型制造业较低。就资本密集型制造业而言，其产值比重在三大类产业中是最高的（除 2015 年），保持一段时间最高后又逐步下降，最终（2015 年）与技术密集型制造业产值比重基本相同，此时劳动密集型制造业的产值比重反倒是最高的。就劳动密集型制造业而言，不难看出其产值比重在 2006 年处于最低点的位置，此后逐渐上升，最终处于三大类产业中比值最高的位置。

第三个阶段是 2016～2022 年，在此期间技术密集型制造业的产值比重稳步上升，最终在 2022 年达到三类产业中的最高水平，超过了劳动密集型和资本密集型制造业；于资本密集型制造业而言，其产值比重在这一阶段较为稳定，整体来看位于三大类产业中的第二位；而劳动密集型制造业在 2016～2022 年的产值比重呈现出缓慢下降趋势，位于三大类产业中最低的位置。

综上，我国在 1996～2003 年取得了制造业结构升级的阶段性胜利；然而，2004～2015 年情况不容乐观，制造业结构升级的进展缓慢；2016～

2022 年，技术密集型制造业比重显著上升，而资本密集型制造业的比重趋于稳定，劳动密集型制造业的比重不断下降，显示出制造业结构升级和优化的积极效果。

表 3.25 是 1995～2014 年中国三大类型制造业部门的出口 RCA 指数。可以看出，中国各类制造业部门的出口 RCA 指数在观察期内都有所变化，具体来说，这些变化主要表现为：劳动密集型制造业的 RCA 指数从 1995 年的 2.737 逐渐下降到 2014 年的 1.311，劳动密集型制造业的 RCA 指数呈现明显的下降趋势，表明中国在该产业的相对竞争力逐年减弱。这一趋势可能与中国劳动力成本的上升和经济结构的转型升级有关。随着经济的发展，劳动力成本增加，劳动密集型产业的比较优势逐渐转移到成本更低的国家。同时，资本密集型制造业的 RCA 指数在 1995 年仅为 0.303，到 2014 年上升至 0.830，增长了近两倍。这种上升趋势反映了中国在资本密集型产业中的相对竞争力不断增强。2001 年中国加入 WTO 后，资本密集型产业得到了大量的投资，且资源配置不断优化，从而推动了该产业的快速发展。这也反映出中国在经济转型过程中逐步从低端劳动密集型产业向更高价值的资本密集型产业过渡。

表 **3.25　1995～2014** 年中国三大类型制造业部门的出口 **RCA** 指数

时间	劳动密集型制造业	资本密集型制造业	技术密集型制造业
1995	2.737	0.303	0.588
1996	2.659	0.321	0.597
1997	2.773	0.432	0.606
1998	2.345	0.453	0.604
1999	2.474	0.482	0.603
2000	2.398	0.513	0.602
2001	2.394	0.678	0.601
2002	2.121	0.698	0.604
2003	2.134	0.710	0.607

续表

时间	劳动密集型制造业	资本密集型制造业	技术密集型制造业
2004	2.082	0.752	0.605
2005	2.059	0.712	0.602
2006	1.933	0.792	0.610
2007	1.898	0.807	0.618
2008	1.764	0.813	0.620
2009	1.554	0.795	0.622
2010	1.435	0.804	0.614
2011	1.514	0.821	0.633
2012	1.443	0.824	0.637
2013	1.375	0.827	0.642
2014	1.311	0.830	0.647

资料来源：根据 WIOD（World Input-Output Database，世界投入–产出数据库）发布的世界投入产出表以及戴翔和郑岚[264]提出的方法计算所得

此外，技术密集型制造业的 RCA 指数从 1995 年的 0.588 上升到 2014 年的 0.647，整体上升幅度相对较小，但仍然显示出中国在该领域的竞争力有所增强。技术密集型制造业的 RCA 指数增长较为平稳，但是其 RCA 值始终在 1 以下，说明中国在技术密集型产业上还未形成明显的比较优势。

整体来看，中国的比较优势正从劳动密集型逐渐转移到资本密集型和技术密集型产业，符合中国经济结构调整的目标，即逐步减少对低增加值劳动密集型产业的依赖，转向更高价值的产业。资本密集型产业增长最快，反映出样本期间中国正处于由工业化中期向后期过渡的阶段，对资本投入要求增加。然而，技术密集型产业虽然有所提升，但增速缓慢，显示出中国在全球高技术产业链中的地位仍需进一步提升。

本节通过对制造业结构升级的指标进行测度，结合制造业结构升级的状况分析得出中国制造业价值链升级的特征，主要体现在以下两个方面：一是中国在 1996～2003 年取得了制造业结构升级的阶段性胜利，但是 2004～2015 年情况不容乐观；而 2016～2022 年则显示出制造业结构升级和优化的

积极效果；二是劳动密集型制造业的 RCA 指数随年份的递增而逐步下降，资本密集型制造业的 RCA 指数以较快的速度增长，技术密集型制造业基于贸易增加值的 RCA 指数仅有小幅上升，总体上保持稳定。

四、企业技术创新的测度、状况及特征

（一）企业技术创新的测度

已有文献普遍采用企业的 R&D 经费投入和专利申请数量作为衡量企业技术创新水平的核心指标。R&D 经费投入反映了企业在技术研发和创新方面的资金支持力度，代表了企业对创新资源的重视程度和投入规模。而专利申请数量则直接体现了企业在研发活动中获得的创新成果数量，展示了企业在知识产权和新技术领域的产出能力。结合这两个指标，研究者能够更全面地评估企业的创新投入和技术产出，为企业创新能力和竞争力的分析提供可靠依据。

（二）企业技术创新的状况及特征

1. 全国层面企业技术创新的状况及特征

首先，以企业 R&D 经费投入来衡量企业技术创新。表 3.26 是 2006～2022 年全国规模以上工业企业的 R&D 经费，图 3.18 是其变动趋势。可以看出，2006～2010 年全国规模以上工业企业的 R&D 经费增长相对缓慢。在这一阶段中国工业企业在研发方面的投入基础还比较薄弱，增长速度相对平稳。2011～2015 年 R&D 经费出现了较为明显的增长。这可能由于 2011 年是中国“十二五”规划的开局之年，且 2012 年国家明确提出要实施创新驱动发展战略，把科技创新作为经济发展的重要驱动力。从 2016 年开始，R&D 经费进入快速增长期，尤其是 2019 年后，呈现出陡峭上升的趋势。2018 年的中美贸易摩擦，让中国企业深刻认识到减少对外依赖的紧迫性，进而坚定了这一决心。在此背景下，国家高度重视核心技术的自主创新，积

极推动企业在关键领域加大研发投入，增强科技竞争力。

表 3.26 2006～2022 年全国规模以上工业企业 R&D 经费（单位：万元）

年份	全国规模以上工业企业 R&D 经费
2006	20 888 113
2007	25 809 708
2008	26 813 110
2009	32 115 692
2010	40 153 965
2011	59 938 055
2012	72 006 450
2013	83 184 005
2014	92 542 587
2015	100 139 330
2016	109 446 586
2017	120 129 589
2018	129 548 264
2019	139 710 989
2020	152 712 905
2021	175 142 461
2022	193 617 617

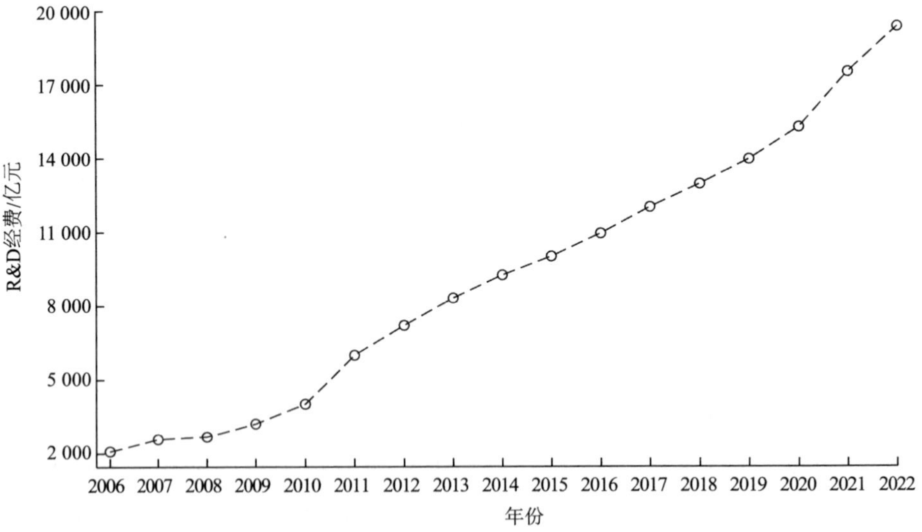

图 3.18 2006～2022 年全国规模以上工业企业 R&D 经费的变动趋势

其次，以企业专利申请数来衡量企业技术创新。表 3.27 是 2007～2022 年全国规模以上工业企业的专利申请数，图 3.19 是其变动趋势。可以看出，2007 年至 2022 年，中国规模以上工业企业的专利申请数量呈现持续增长的趋势，特别是在 2011 年后增速显著提高，到 2022 年达到约 150 万件的峰值。2007 年至 2010 年，专利申请数量增长较为缓慢，表明此时企业的专利意识和创新能力还在逐步培养中。从 2011 年开始，专利申请数量增长显著，可能与“十二五”期间创新驱动发展战略的大力实施有关，企业在政策激励下加大创新投入，专利申请量明显增加。2016 年以后，专利申请量继续保持稳定上升，尤其在 2019 年后增长更为显著，这与国家对高新技术和核心技术的自主创新要求提高密切相关，反映出企业创新意识的显著增强。

表 3.27　2007～2022 年全国规模以上工业企业专利申请数（单位：件）

年份	全国规模以上工业企业专利申请数
2007	95 905
2008	122 076
2009	168 408
2010	198 890
2011	386 075
2012	489 945
2013	560 918
2014	630 561
2015	638 513
2016	715 397
2017	817 037
2018	957 388
2019	1 059 808
2020	1 243 927
2021	1 403 611
2022	1 507 296

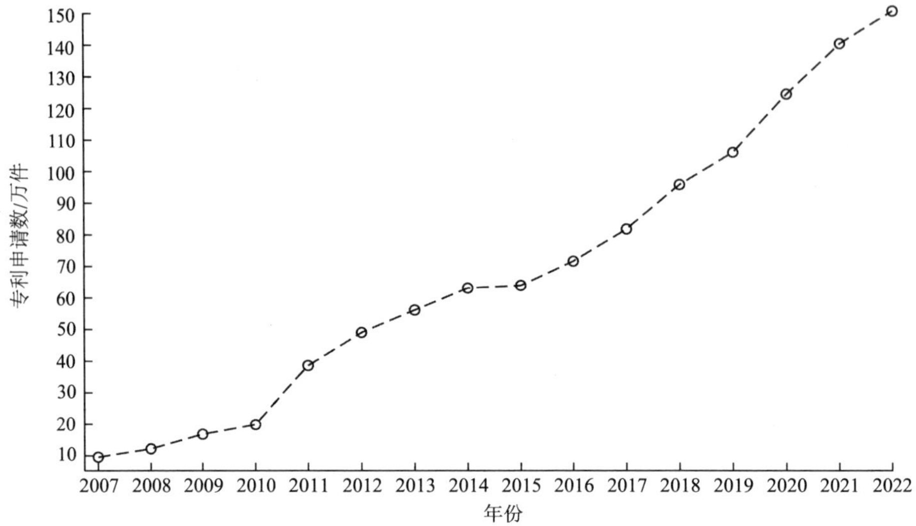

图 3.19　2007～2022 年全国规模以上工业企业专利申请数变动趋势

2. 各地区企业技术创新的状况与特征

首先，以各地区企业 R&D 经费投入来衡量各地区企业的技术创新情况，表 3.28 是 2006～2022 年我国东、中、西部地区规模以上工业企业的 R&D 经费，图 3.20 是其变动趋势。

表 **3.28**　**2006～2022** 年我国东、中、西部地区规模以上工业企业的 **R&D** 经费（单位：万元）

年份	东部	中部	西部
2006	15 636 149	3 340 150	1 911 814
2007	19 237 087	4 224 385	2 348 236
2008	19 679 572	4 571 733	2 564 265
2009	23 073 382	5 868 490	3 173 818
2010	28 777 881	7 441 734	3 934 351
2011	43 752 621	10 683 356	5 502 080
2012	52 106 189	13 009 512	6 890 751
2013	59 771 677	15 245 242	8 073 520
2014	63 124 316	17 226 485	9 191 788
2015	68 851 582	18 733 701	10 113 172

续表

年份	东部	中部	西部
2016	77 264 537	20 762 826	11 419 224
2017	67 751 509	22 305 810	10 804 944
2018	89 982 809	25 855 628	13 709 826
2019	94 536 176	29 631 064	15 543 751
2020	103 037 466	32 577 946	17 097 494
2021	117 624 041	30 615 459	20 002 964
2022	129 828 183	41 508 238	22 281 199

注：因数据修约所致，各列数据加总与表 3.26 中数据不完全一致

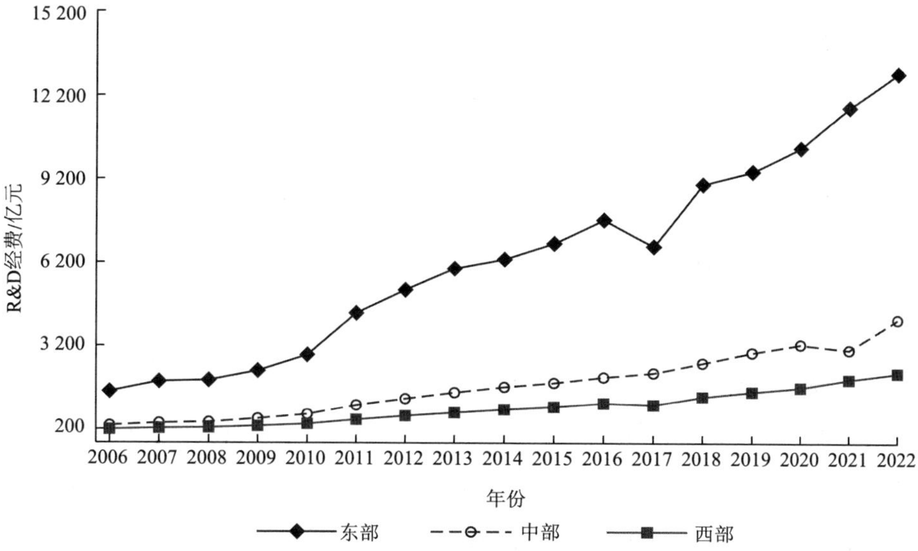

图 3.20　2006～2022 年我国东、中、西部地区规模以上工业企业 R&D 经费的变化趋势

从图 3.20 中可以看出，2006 年至 2022 年，中国东部、中部和西部地区规模以上工业企业的研发支出（R&D 经费）呈现出显著的区域差异。东部地区的研发支出始终遥遥领先，增长速度显著快于中部和西部。2006 年，东部地区的研发支出约为 1564 亿元，随后逐年上升，到 2011 年时已达到 4375 亿元。自此之后，东部的研发投入加速增长，到 2022 年达到约

12 983 亿元，这主要得益于其雄厚的经济基础、丰富的创新资源、显著的人才优势以及高新技术产业的集聚。中部地区在 2006 年的研发支出约为 334 亿元，增长较为平稳，到 2011 年增长至约 1068 亿元，2017 年后增速进一步提升，2022 年达到约 4151 亿元，表明在“中部崛起”政策的引导下，中部地区逐步加大创新投入，促进经济转型。西部地区 2006 年的研发支出不足 200 亿元，经济基础相对薄弱，研发投入的起点较低，增长相对缓慢，但在“西部大开发”战略和“一带一路”倡议的推动下，西部的基础设施和科技创新能力逐步提升，从 2018 年起逐步加快，2022 年研发投入达到约 2228 亿元，反映出西部地区在科技创新上的资源投入逐步增加。对比东、中、西部的 R&D 经费变化可以看出，东部的企业 R&D 经费投入始终高于中、西部，但在 2010 年之前差距较小，在 2010 年之后差距扩大。而中、西部之间在 2010 年之前差距也不明显，2010 年以后差距也呈扩大趋势。

其次，以各地区企业专利申请数来衡量各地区的企业技术创新情况。表 3.29 是 2006～2022 年我国东、中、西部地区规模以上工业企业的专利申请数，图 3.21 是其变化趋势。可以看出，我国东部企业专利申请数在 2015 年之前呈波动上升趋势，2015 年之后则开始稳步上升，而中、西部地区的变化则不大，总体上始终呈上升趋势。对比东、中、西部地区的企业专利申请数可知，东部企业专利申请数在 2010 年之前虽然始终高于中、西部，但其差距相对较小，而在 2010 年以后东部与中、西部之间的差距加大，且在 2015 年以后差距的增速进一步加快。中、西部之间的企业专利申请数差距在 2010 年之前并不明显，但在 2010 年之后其差距也开始逐年扩大。

表 **3.29**　**2006～2022** 年我国东、中、西部地区规模以上工业企业专利申请数（单位：件）

年份	东部	中部	西部
2006	93 330	14 242	11 498
2007	74 883	11 529	9 493

续表

年份	东部	中部	西部
2008	95 419	14 544	12 113
2009	128 658	24 787	14 963
2010	149 423	31 692	17 775
2011	295 137	62 156	28 782
2012	366 113	80 629	43 203
2013	413 954	97 832	54 132
2014	460 071	109 692	60 798
2015	452 179	115 610	70 724
2016	514 459	128 233	72 705
2017	585 734	149 307	81 996
2018	694 239	176 364	86 785
2019	766 982	196 685	96 141
2020	894 096	236 848	112 983
2021	998 459	272 974	132 178
2022	1 066 977	294 018	146 301

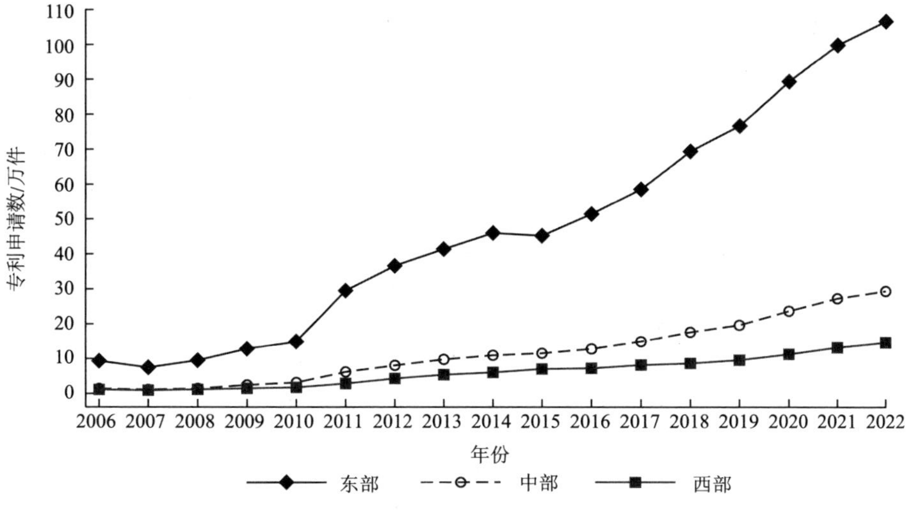

图 3.21　2006～2022 年我国东、中、西部地区规模以上工业企业专利申请数的变化趋势

第三节 劳动力结构变化背景下制造业价值链升级面临的问题

从前两节的分析可知，我国的劳动力结构正经历着多个维度的显著变迁。劳动力年龄结构正逐步趋于老龄化，年轻劳动力的比例有所下降；劳动力素质结构则在教育水平提升的背景下不断优化，但高级技能人才的供给仍显不足。新生代劳动力的供给结构呈现出多元化与个性化的趋势，他们对职业选择的偏好更加自由开放。此外，劳动力成本的持续上升，以及城乡劳动力市场结构的深刻调整，共同构成了我国劳动力市场的新常态。

在此背景下，我国制造业价值链尽管整体呈现不断攀升与升级的良好态势，但仍面临诸多新挑战。随着人口红利的逐渐消失，我国制造业面临着劳动力成本上升的压力。这一现象不仅增加了企业的生产成本，也对企业以往的竞争模式和产品竞争力构成了挑战。同时，劳动力素质结构的不均衡发展，使得高技能人才的短缺成为制约制造业发展的重要因素。此外，新生代劳动力的职业选择偏好与产业升级的需求之间存在不匹配现象，这导致了人才结构性短缺，尤其是在高端技术和创新领域。尤为突出的是，尽管我国劳动力素质结构不断优化，但劳动力自主创新能力总体不足，导致我国许多关键领域仍存在核心技术缺失等问题。具体而言，劳动力结构变化背景下，我国制造业价值链升级面临的新问题主要表现为以下几个方面。

一、人口红利逐渐消失，劳动力成本优势减弱

在劳动力结构变化背景下，我国制造业价值链升级面临的第一个问题，是人口红利逐渐消失，劳动力成本优势减弱。根据国家统计局数据，2023年末，我国全国人口为140 967万人，比上年末减少了208万人，出生人口902万人，比上年减少了54万人，出生率为6.39‰。这一连续两年的人口

负增长，是我国人口红利逐渐消失的缩影。同时，劳动年龄人口规模从2010年的10亿人降至2022年的9.6亿人，占比从74.5%降至68.1%。根据研究机构育娲人口研究智库发布的《中国人口形势报告 2024》，预计到2050年，劳动年龄人口规模占比将降至58%左右。2023年16～59岁人口为86 481万人，较2022年减少了1075万人，占全国人口的比重为61.3%，较2022年下降了0.7个百分点。这些数据表明，我国劳动力供给总量正处于下降趋势。

与此同时，我国制造业用工成本呈不断上升趋势。自2000年以来，劳动力成本的增长尤为显著。根据国家统计局数据，在2004年至2023年这二十年，我国城镇单位就业人员年平均工资从15 920元增长到120 698元（按现价计算），年均增长率达到了11.25%。而早在2015年，美国波士顿咨询集团（Boston Consulting Group，BCG）发布的报告《全球制造业的经济大挪移》显示，中国的制造成本已经十分接近美国。以美国为基准（100），中国的制造成本指数是96，即同样一件产品，在美国制造成本是1美元，在中国则需要0.96美元。

制造业企业劳动力成本的快速上升，尽管在一定程度上对制造业价值链升级存在倒逼效应，但其对我国制造业价值链升级造成的负面冲击仍不容忽视。一方面，劳动力成本上升将直接拉高产品的平均生产成本，导致我国制造业产品在国际市场上的竞争力下降，这对劳动密集型的传统产业冲击尤为明显。而劳动密集型产业在我国制造业体系中依然占据着举足轻重的地位，不仅构成了我国工业发展的基石，更是推动未来科技创新与价值链升级不可或缺的重要支撑。另一方面，劳动力成本的上升无疑对传统产业企业的利润空间构成了挤压，迫使这些企业进行人力资本结构的优化调整，甚至考虑将生产基地迁移至劳动力成本较为低廉的东南亚地区。鉴于传统产业往往是就业机会的主要来源，在维系社会稳定和促进区域经济增长方面扮演着至关重要的角色。因此，劳动力成本的增加对这些产业及其企业所带来的冲击，可能引发一连串的经济与社会问题，进而限制我国制造业在全球价值链中的升级进程。

在此背景下，我国一方面应加快科技创新的步伐，提升产业的技术含量与增加值，以应对日益增长的劳动力成本和激烈的市场竞争。另一方面，如何在保障劳动者权益、提高劳动力素质的同时，有效控制劳动力成本，推动劳动密集型产业的转型升级，也成为我国制造业价值链升级所面临的重大课题。

二、劳动力素质结构与产业升级需求存在错配

人力资源是制造业发展的核心资产，更是推动制造业价值链升级的决定性因素。随着中国经济结构的深刻转型，制造业正从传统的劳动密集型产业向资本密集型和技术密集型产业迈进，这一转变对高技能劳动力的需求呈现出迅猛增长的趋势。然而，尽管我国劳动力的教育水平在近年来有了显著提升，但教育体系与劳动力素质结构尚未完全适应产业升级的新要求，存在一定程度的错配现象。具体而言，当前教育体系培养的毕业生在专业知识和行业技能方面，往往难以满足高端制造业对于人才的高标准要求。这种教育与产业需求之间的不匹配，限制了企业在采用前沿技术、开发创新产品方面的能力，进而影响了企业竞争力的提升。劳动力素质结构与产业升级需求之间的错配问题，已成为制约我国制造业全球价值链升级的重要因素。

由于我国传统教育体制和就业观念的长期影响，社会普遍存在“重学历、轻技能”的观念。这让大量人才趋向普通高校，而技校则通常被视为无法就读普通高校后的第二选择。2023 年，我国高校毕业生总数为 1158 万，高职毕业人数为 553 万。虽然供给总量并不算少，但是由于我国职业教育培养机制不完善和课程设置滞后，以及受传统教育观念和生源素质的影响，职

业教育人才培养的质量和效率不高，高技术技能人才供给远远不能满足制造业结构升级的迫切需求。根据人力资源和社会保障部披露的数据，截至 2024 年，全国技能人才总量超过 2 亿人，可其中高技能人才只有 6000 多万人，约占技能人才总量的 30%，与日本的 40%和德国的 50%相比依然存在显著差距。人力资源和社会保障部数据显示，截至 2023 年底，高技能人才缺口达 2000 多万人。到 2025 年中国制造业十大重点领域人才总量将接近 6200 万人，人才需求缺口将接近 3000 万人，缺口率高达 48%。高技能人才供给不足已经成为制约中国制造业价值链攀升的关键“短板”之一。而要推动制造业产业向智能化、数字化、绿色化方向转型，关键在于人才支撑，不仅需要顶尖的科技人才，更需要一大批高技能人才和能工巧匠，将创新科技成果转化为生产力。高技能人才作为技术创新的一线主力，是推动技术创新和实现科技成果转化不可缺少的重要力量，也是推动我国经济结构调整和制造业产业转型升级的重要支撑。

从供给端分析，我国当前的工程师及技能人才教育体系和人才培养模式尚未完全适应产业高质量发展的需求。特别是在高等教育领域，教育政策和实践往往过分强调学历层次的提升和人才数量的扩张，而相对忽视了对应用型和技能型人才的培养。这使得教育体系与市场需求之间存在一定的脱节，人才培养与产业转型升级的步伐未能实现同步。这种供需错配现象严重制约了制造业的技术进步和创新能力，成为中国制造业在全球价值链中升级的结构性瓶颈。必须充分重视这一错配问题，多维度采取有效措施，逐步缩小教育体系与市场需求之间的差距，促进人才培养与产业转型同步发展，从而为中国制造业全球价值链升级提供坚实的人才支撑。

三、高技能人才及科技领军人才仍十分短缺

尽管我国人均受教育年限大幅提升，但劳动力整体创新水平相比发达国

家仍存在较大差距。尤其是行业拔尖人才和领军型人才缺乏，这可能是我国制造业“大而不强”的重要原因。

我国科技创新水平总体滞后于人力资本的积累速度。从表征我国技术进步的专利申请数量来看，1990 年至 2023 年，专利申请量大约增长了 130 倍，提升规模可谓十分显著。但是以我国高端劳动力的增长速度来深入剖析技术发展的质量，就可以看出我国技术进步的发展速度还是相对滞后的。1990 年发明专利数为 5832 件，占专利申请量比重为 15.94%，而到了 2023 年发明专利数为 167.8 万件，占专利申请量的比重为 31.16%。技术进步的质量层面，即发明专利数占专利申请量的比重只增长了 95.48%，远远慢于受高等教育人数 12 倍的增长速度。由此可见，就专利申请量而言，我国科学技术的发展速度严重滞后于人力资本的积累速度。2024 年 1 月，《人力资源社会保障部等七部门关于实施高技能领军人才培育计划的通知》提到我国高技能领军人才仍十分短缺，并提出力争用 3 年左右时间，全国新培育领军人才 1.5 万人次以上，带动新增高技能人才 500 万人次左右。

以上数据表明，尽管我国劳动力受教育程度提升显著，但高技能人才及科技领军人才仍十分短缺。究其原因，这是应试教育体制和“千篇一律、千人一面”的人才培养模式的结果。应试教育体制依然过于侧重知识传授，喜欢标准答案，而忽视了创新能力、实践能力及高端技术应用能力的培养。我国各高校所培养的学生中高层次技能型人才较为缺乏，尤其是高层次创新人才和科技领军型人才，导致社会整体技术水平和科技创新能力相对较低，关键技术攻关能力不足，成为我国制造业技术竞争新优势形成的瓶颈。

此外，现行教育体系和科研管理体制也未能为科技领军型人才的培养提供丰沃的土壤。当前科研管理体制过于侧重科研数量的提升，忽视科研质量和成果转化的效益。科研评价机制重学术论文和项目立项，但对技术转化和企业技术创新的评价不足，导致科研成果的转化率较低。尤其在高校和科研院所，科技成果的商业化模式尚不成熟，转化率甚至低于 10%。这种“重数量、轻质量”的科研管理体制未能有效推动核心技术的突破和科技创新的产业化，限制了教育质量提升和科技进步对制造业价值链升级的促进作用。

四、新生代劳动力的职业选择偏好与制造业价值链升级需求存在矛盾

新生代劳动力，已经成为中国劳动市场的主力军。与前几代劳动力相比，这一代年轻人具有“三高一低”的特征，即受教育程度高、物质与精神享受要求高、职业期望高以及工作耐受力低，因此他们更倾向于注重工作与生活的平衡，对薪资待遇有较高期望，同时对工作本身的单调性、重复性和高强度工作环境感到排斥。在选择职业时，年轻一代劳动者更倾向于选择工作环境好、福利待遇高的服务业或高科技行业，而对传统制造业的兴趣不高。根据《2020 年北京市外来新生代农民工监测报告》，信息传输、软件和信息技术服务业是新生代农民工就业增长最快的行业；招聘软件——智联招聘的官方调研数据显示，2024 届求职毕业生的期望行业中，信息技术/通信/电子/互联网、政府/非营利机构、文化/传媒/娱乐/体育行业位列前三，占比分别为 26.4%、9.4%、8.9%。这表明，这一代年轻人在选择职业时，倾向于寻找那些能提供更多发展机会且工作强度较低的行业。

但全球制造业正经历价值链升级过程，中国要想打破低端价值链锁定，向全球高端价值链攀升，必然经历从低端的劳动密集型生产向资本密集型、高端技术密集型生产的转型，而这与新生代劳动力的就业倾向存在矛盾。我国传统制造业向高端制造业转型仍面临加强技术研发、提升自动化水平等问题，制造业价值链的升级意味着对具有创新能力和一定技术背景的劳动力的需求增加，以推动产业的高端化与智能化。但这类技术密集型的岗位通常要求员工具备一定的专业知识和操作技能，并且往往工作强度较大、环境较为固定，而受过高等教育的新生代劳动力不愿从事单调、艰苦的制造业行业，

这种职业选择的变化会导致制造业劳动力短缺，特别是对于那些工作条件较为艰苦的基础学科及相应企业来说将更为明显。

据全国人力资源市场信息监测中心的大数据分析，在 2024 年“春风行动”促就业期间，制造业招聘需求占全国三成半，技术技能岗位需求扩张明显，与普通工人的需求结构由“三七开”变为“五五开”，制造业对劳动力的需求依旧很大，而受制造业工作条件的影响，其很难吸引到足够的新生代劳动力。根据教育部、人力资源和社会保障部、工业和信息化部共同编制的《制造业人才发展规划指南》，2025 年，中国制造业十大重点领域人才需求缺口将接近 3000 万人，缺口率达 48%。这是劳动力市场供需不平衡的表现，若无法有效缓解这一新生代就业倾向与制造业价值链升级需求之间的矛盾，将不利于中国制造业的技术升级与产业转型，进而阻碍我国制造业全球价值链升级步伐。

五、劳动力市场与制造业区域发展不平衡，结构性矛盾显著

中国的劳动力市场和制造业发展呈现出明显的地域性差异，尤其是东部沿海地区与中西部地区之间的不平衡现象和结构性矛盾对我国制造业在全球价值链中的升级构成了挑战。东部沿海地区作为中国经济的龙头，已经发展出成熟的产业结构和完善的基础设施，成为高端制造业和技术密集型产业的聚集地。相比之下，中西部地区的制造业发展水平相对较低，仍然依赖于低端的劳动密集型产业，长期面临技术含量低和增加值有限的问题。这种地域发展不平衡不仅限制了中西部地区发挥制造业的发展潜力，而且影响了我国超大规模市场优势和大国空间红利的充分发挥，阻碍了空间动力因素对制造业价值链升级的推动作用。

东部沿海地区作为中国经济最为发达的区域，吸引了大量高端技术型人才，这些地区不仅拥有较为完善的产业体系，还具备良好的基础设施、教育

资源和技术创新能力。特别是在高端制造业和技术密集型行业中，东部沿海地区的优势尤为突出。根据《中国城市人才吸引力排名：2024》，2023 年北京、上海、深圳、广州等城市在人才吸引力方面位居前列。具体来看，东部地区的城市在全国人才吸引力排名中占据了约 42.5%的比例，而中部和西部地区的这一比重分别为 8.8%和 4.2%（这里的比重是入选 TOP50 的城市数量占所在区域城市总数的比例，因此各占比不具有相加性）。这反映出东部地区相比中西部地区在人才聚集，尤其是高技术人才和创新型人才的吸引方面具有显著优势。

然而，尽管如此，东部地区人才短缺问题依旧严重，尤其是在高端制造业和新兴技术产业中，对高技术型人才的需求远超实际供给。例如，人工智能、集成电路、新能源等领域的高端技术岗位需求不断增加，但由于这些岗位通常要求具有较高的专业背景和技能水平，现有的劳动力素质无法有效满足需求。这种劳动力供需不平衡的情况，直接制约了东部沿海地区高端制造业和技术密集型产业的进一步发展，也在一定程度上影响了制造业在全球价值链中的升级。

对比来看，中西部地区的制造业发展相对滞后。尽管在国家政策的引导下，中西部地区的制造业已经取得了一定的进展，但整体产业结构仍偏向于传统的、技术要求较低的行业，如纺织、服装、家具制造等。这些行业不仅技术含量低，增加值少，而且产品竞争力较弱，容易受到外部环境和市场变化的影响。特别是在劳动力成本逐步上升的情况下，许多企业面临着生产成本的压力，产业升级的动力不足，这些地区长期依赖低成本劳动力和粗放型生产方式，难以实现技术革新和产业结构的升级。同时，随着劳动力成本的不断攀升，许多东部地区的低端制造业企业选择将生产环节转移至中西部地区，但这些地区的制造业缺乏足够的技术型、创新型人才，导致即便接受了外部产业的转移，依然难以推动高端产业的发展，这阻碍了中西部地区向全球价值链的中高端环节迈进，加大了中国制造业整体技术水平提升和产业升级的困难。

第四节 本章小结

本章首先分析了我国劳动力结构的状况以及变化趋势。这些变化主要集中在年龄结构、素质结构、新生代劳动力供给、劳动力成本和城乡劳动力市场结构五个方面。研究得出以下结论。

一是劳动力年龄结构呈现显著老龄化趋势，年轻劳动力比重减少、年长劳动力比重增加成为长期趋势，对社会保障和就业政策造成了一定挑战。二是劳动力素质结构显著优化，我国劳动力平均文化程度提高，知识型劳动力不断增加。与美国相比，我国在大专及以上教育方面表现出显著进步，但在高中和高等教育方面仍有较大进步空间。自身内部相比较，西部的教育水平和知识水平与东部和中部相比仍有较大提升空间。三是新生代劳动力供给结构发生深刻变化，80 后、90 后新生代劳动力受教育水平显著提高，人均受教育年限比 50 后、60 后高出 6 年以上，劳动力受教育质量显著提升，人力资本积累取得长足进展，有助于带动技术密集型制造业的快速发展，并推动我国制造业价值链升级。四是劳动力成本显著上涨，城镇职工平均工资稳定增长，最低工资标准也大幅提升，使得传统制造业的低成本优势逐步减弱。与美国相比，我国城镇职工的平均工资低于美国，但平均工资的年均增长率远高于美国。自身内部相比较，我国中部、东部和西部地区的收入均呈现持续增长的趋势，其中西部平均工资相对较低。五是城乡劳动力市场发生巨大转变，大规模的农村劳动力由农业部门向工业部门转移，强化了劳动密集型产业的比较优势和国际竞争力，但劳动力市场一体化水平仍然滞后于商品市场和资本市场，对经济的可持续发展形成一定制约。

其次，分析了我国近年来制造业价值链升级的状况及特征。主要围绕制造业出口国内增加值率、制造业出口产品质量、制造业结构升级和企业技术创新的测度、状况及特征展开。研究得出以下结论。

一是我国出口国内增加值率总体呈上升趋势，2010 年后略有下降，后期又逐渐趋于平稳。其中，内地的出口国内增加值率总体呈现较平稳趋势，沿海的出口国内增加值率总体呈现增加趋势，在 2011 年沿海出口国内增加值率达到最高值，后期略有下降。二是我国制造业出口产品质量参差不齐，其中，加工贸易品质量相对较高，一般贸易品质量相对较低；民营企业的出口产品质量在 2000～2015 年整体呈现下降趋势；资本和技术密集型出口产品质量在 2007 年及之后已经赶超劳动密集型出口产品的质量；高技术水平出口产品质量在 2006 年及之后超过低技术水平的出口产品质量；2006 年之后资本品的质量则高于中间品与最终品的出口质量。三是在制造业结构升级方面，我国在 1996 年至 2003 年取得了阶段性胜利，但是 2004～2015 年情况不容乐观，而 2016～2022 年则显示出制造业结构升级和优化的积极效果；劳动密集型制造业的 RCA 指数随年份的递增而逐步下降，资本密集型制造业的 RCA 指数以较快的速度增长，技术密集型制造业的 RCA 指数仅有小幅上升，总体上保持稳定。四是在企业技术创新方面，从专利申请量来看，2016 年以后，专利申请量继续保持稳定上升，尤其在 2019 年后增长更为显著，这与国家对高新技术和核心技术的自主创新要求提高密切相关。从地区创新发展来看，东部地区的研发支出始终遥遥领先，增长速度显著快于中部和西部。中、西部之间在 2010 年之前研发支出的差距并不明显，但 2010 年以后中、西部之间的差距也呈扩大趋势。

最后，分析了在劳动力结构变化背景下，我国制造业价值链升级存在的新问题。主要围绕劳动力供需失衡且成本上升、劳动力素质结构与产业升级需求不匹配、高技能人才短缺、新生代劳动力的职业选择偏好与制造业价值链升级需求存在矛盾，以及劳动力市场和制造业区域发展之间的不平衡等方面展开。研究得出以下结论。

一是人口红利的逐渐消失给制造业带来了显著影响，在计划生育政策的长期影响下，人口结构发生变化，适龄劳动力逐渐减少，老龄人口比例增加，劳动力供给面临压力，劳动力成本也随之上升。二是劳动力素质结构与产业升级需求的脱节。尽管整体教育水平有显著提升，应试教育体制和“重数量、轻质量”的科研管理体制使得劳动力市场依然面临技能型人才短缺的问题。三是科技领军人才的短缺制约了制造业的技术进步。虽然我国在专利申请数量和科研投入方面取得了进展，但缺乏能够引领技术创新的高端人才，导致技术突破和核心技术的自主研发进程缓慢，这一问题在高端制造业和新兴产业中表现得尤为突出。四是新生代劳动力的职业选择偏好与制造业价值链升级需求存在矛盾，新一代劳动力更倾向于选择技术含量高、工作环境更好的行业，而传统制造业往往需要更多的技术工人和操作工人，这加剧了劳动力市场的结构性矛盾。五是劳动力市场和制造业区域发展之间的不平衡不利于我国制造业全球竞争力的提升。东部地区凭借发达的产业基础和技术优势，吸引了大量劳动力，而中西部地区的制造业发展则依赖于劳动密集型产业，劳动力市场的供需矛盾加剧了这一局面，这使得我国制造业的区域均衡发展受限，不利于大国空间红利和超大规模市场优势的发挥。

第四章
劳动力素质结构变化与制造业全球价值链升级

第一节　问题提出

中国依靠自身在劳动力、土地、资源等要素禀赋方面的比较优势快速融入国际生产体系，并成功参与全球价值链分工，成为世界级“制造大国”和“贸易大国”，但这种依靠低成本、高投入来驱动的贸易发展模式却导致了中国制造业在全球价值链中的低端嵌入，缺乏继续向价值链高增加值环节攀升的持续动力和潜力[351]。中国制造业迫切需要转变发展方式，由要素驱动转向创新驱动和人力资本驱动。与此同时，在高等教育大众化、人口老龄化的背景下，我国劳动力素质结构正发生深刻变化。从总量上看，尽管我国16～59岁的劳动力数量略微下降，但是劳动年龄人口的规模依然很庞大。从质量上看，劳动年龄人口素质逐年攀升，主要体现在平均受教育年限的提高方面。劳动力素质结构在一定程度上体现了劳动力市场上的人力资本水平，随着劳动力受教育程度不断提升，人力资本水平也在不断提升，从而劳动力素质结构不断优化。

人力资本水平反映了劳动者素质水平，是劳动者知识、技术、健康和能力的综合体现。人力资本具有明显的外部性特征，通过劳动者间的相互交流和频繁互动促进知识外溢，提高劳动者整体生产效率和企业研发效率[352]。

学者从不同视角探讨了人力资本对经济增长[353]、产业结构[318]以及对全要素生产率和技术创新[79]的影响，但直接探讨人力资本对制造业出口国内增加值率影响的文献并不多见。即使有文献探讨了人力资本的出口价值攀升效应，也主要针对制造业中的加工贸易企业进行分析[184]，并未深入制造业微观企业内部，也未全面、具体地分析人力资本对不同类型制造业出口价值攀升的影响及其作用机制差异。那么，在我国经济向高质量发展阶段迈进的过程中，人力资本积累究竟对制造业价值链升级有多大的影响？其作用机制如何？这些问题的解答，对于我国凭借人力资本打造国际贸易竞争新优势，促进制造业全球价值链升级，进而实现经济高质量发展有着极其重要的借鉴意义。

因此，本章将以人力资本水平的变化来表示劳动力素质结构的变化，在系统梳理和分析劳动力素质结构影响制造业价值链升级作用机制的基础上，利用 2003～2013 年中国工业企业数据和城市面板数据的匹配数据，探讨劳动力素质结构对制造业价值链升级的影响，并对其作用机制进行系统检验和分析。

第二节 理论机制与研究假说

为了深入分析制造业企业如何在全球价值链中提升其位置，本章采用出口国内增加值率作为衡量企业获取增加值能力的关键指标，以此反映制造业企业由低增加值向高增加值环节攀升的趋势，即制造业全球价值链的升级过程。根据 Halpern 等[354]、Kee 和 Tang[239]的研究，企业出口国内增加值率与国内中间品种类和中间品效率密切相关。本节将从技术进步、产业结构升级和集聚效应三个方面论述人力资本通过影响国内中间品效率和种类，进而作用于企业出口国内增加值率的机制，并提出相应的研究假设。

（一）劳动力素质结构通过影响技术进步作用于国内中间品效率和种类，进而对制造业出口价值攀升产生影响，中间品效率和种类与技术水平密切相关

劳动力素质即人力资本可通过作用于技术进步，进而对制造业价值链升级产生影响。作为技术生产者，拥有高水平人力资本的劳动者更倾向于从事研发活动，通过先进技术和新产品的研发提升企业技术能力，改变企业竞争优势，促使企业在更高层次参与国际分工，提升中间品效率和种类，促进全球价值链升级[315]。作为技术学习者，拥有较高人力资本水平的企业更易于在全球价值链分工中学习先进生产技术和管理经验，进而提升自身技术水平和创新水平。随着全球化的不断深化，充分吸收外来先进技术和经验成为企业提升自身技术能力、提高生产率的重要途径，而技术吸收和学习的效果则取决于东道国的人力资本水平。作为“技术运用者”，较高的人力资本水平还决定了先进技术在中间品生产中的运用效率。拥有高人力资本和技能水平的劳动者不仅能够学习和掌握先进技术方法和生产方式，而且能够提高其与先进技术的匹配效率，从而降低先进技术在实际运用中的犯错概率和风险，通过先进技术的有效运用提高中间品生产和使用效率，促进制造业出口增加值不断向高端环节攀升。

由此，本章提出假设 4.1：高素质劳动力占比增加通过提升企业技术水平提高国内中间品效率和中间品种类数，进而促进制造业出口价值攀升。

（二）劳动力素质结构通过影响产业结构升级作用于国内制造业中间品种类，继而对制造业出口价值攀升产生影响，中间品种类多寡与产业结构水平密切相关

在增长竞争和财政最大化激励下，地方政府间的策略性互动以及地方政府模仿中央产业政策的行为往往使得不同地区产业结构单一，同质化问题严

重。而同质化的产业结构将导致中间品种类单一和重复生产，不利于制造业价值链升级。劳动力素质将通过影响制造业结构高度化和产业结构服务化两个方面，进而对制造业价值链升级产生影响。

制造业结构高度化反映了制造业由低端技术行业向高端技术行业、由劳动密集型行业向技术密集型行业转变的过程，而这一转变过程的必然结果便是制造业内部具有较高生产率和技术含量的企业数量不断增加。高生产率企业和高技术企业数量增加必然有助于产生新的制造业中间品，促进国内中间品种类增加，进而使得制造业在全球价值链分工中的地位不断由低增加值环节向高增加值环节攀升。因而，劳动力素质推进制造业结构高度化的过程也必然导致制造业价值链升级。产业结构升级或高度化依赖于要素禀赋结构变迁和不同层次要素在产业中的分布状况。制造业要实现高度化目标，就需要提升高端要素禀赋水平，优化劳动力素质结构，增加人力资本积累。人力资本积累是人力资本数量和质量不断提升的过程。这一过程为各类技术的创新、应用、改进和传播提供了人力资本支撑，进而推动制造业从使用原始技术为主向使用尖端技术为主的行业演进，促进制造业由劳动密集型向技术密集型升级、由低端技术行业向高端技术行业升级[355]。制造业结构高度化水平提高则有助于企业在国际竞争中获得更高质量和更多种类的中间品，从而占领全球价值链高端环节，提升利润空间和国际竞争优势。

另外，以生产性服务业为主要内容的现代服务业具有明显的技术密集型和知识密集型特征[356-357]，而生产性服务业本身作为一种支撑制造业发展的中间投入，其质量和种类势必会对制造业企业获取增加值的能力产生影响，进而影响制造业向高增加值环节攀升的进程。在人力资本集聚程度较高的地区，高技能和高学历人才具有“蓄水池”效应，便于相互沟通交流和知识共享，以产生新思想，从而满足该地区产业结构服务化和中间品生产对高技能专业人才的需求。可见，现代服务业发展及其引致的产业结构服务化势必成为劳动力素质结构优化推进制造业出口价值攀升的重要渠道。

由此，本章提出假设 4.2：劳动力素质结构优化可通过制造业结构高度化和产业结构服务化增加国内制造业中间品种类，进而推进制造业出口国内增加值率提升。

（三）劳动力素质即人力资本在生产中除具有纯粹的要素属性外，还具有明显的外部性特征，劳动力素质外部性通过影响集聚效应作用于国内中间品效率和中间品种类，进而对制造业出口价值攀升产生影响

人力资本外部性是城市集聚效应的重要来源[358]。产业集聚的规模经济效应和技术外溢效应使得企业的生产方式进一步完善，分工进一步深化，制造业中间品效率和种类进一步提升，产业链条进一步延伸，制造业链条不同环节中企业的分工地位和增加值提高，从而促进制造业价值链不断向高端攀升。邵朝对和苏丹妮[359]指出，制造业集聚在劳动力“蓄水池”效应、中间投入共享及技术外溢效应等集聚外部性影响下，对制造业价值链升级具有明显促进作用。可见，劳动力素质结构优化，即人力资本积累产生的外部效应通过提升城市制造业集聚水平、增强集聚经济外部性，提高了国内制造业中间品效率和中间品种类，进而促进制造业出口价值不断攀升。

由此，本章提出研究假设 4.3：劳动力素质结构优化通过提升制造业集聚效应提高国内中间品效率、增加国内中间品种类，进而推进制造业出口价值攀升。

第三节 研究设计

一、计量模型构建

产业升级的形式主要分为产业间与产业内升级两种，其中制造业价值链

升级可以看作在全球价值链分工条件下的产业内升级。具体而言，在分工的基础上，制造业价值链升级是指制造业部门内部企业在全球价值链分工中由低增加值环节迈向高增加值环节的提升过程[167]。在全球价值链分工的背景下，制造业企业出口中的国内增加值份额，是衡量企业参与国际贸易的真实利得以及制造业企业发展方式转型升级的重要标准[184-185]。本节同样借鉴许家云和毛其淋[186]以及邵朝对和苏丹妮[359]的方法，以企业出口国内增加值率作为衡量制造业价值链迈向中高端的指标。这一指标能够体现企业在全球价值链分工中的经济地位和价值创造能力，其高低决定了企业在全球价值链分工中的利益分配水平和重要程度。本节使用企业和城市匹配的数据对劳动力素质结构变化影响制造业价值链升级的机制进行实证检验。

本章第二节的分析表明，劳动力素质结构的变化可通过提升技术创新水平、促进产业结构转型以及发挥集聚效应等方式，推动制造业价值链向中高端迈进。劳动力素质结构变化和制造业价值链升级的计量模型可设定为

$$\ln\mathrm{DVAR}_{it} = \alpha_0 + \alpha_1 \ln\mathrm{edu}_{jt} + \sum_m \beta_k x_{it}^m + \sum_v \gamma_v X_{jt}^v + \xi_{it} \tag{4-1}$$

其中，DVAR_{it}表示企业 i 在 t 年的出口国内增加值率，反映制造业价值链升级水平；edu_{jt}表示城市 j 在 t 年的劳动力素质结构中大学生数占城市人口总数的比重；x 表示企业层面的控制变量；β 表示相应企业变量的参数估计；X 表示城市层面的控制变量；γ 表示相应城市变量的参数估计；m 和 v 分别表示企业控制变量和城市控制变量的个数。企业层面的控制变量主要包括：企业规模（size）、资本密集度（cap）、融资约束水平（rzys）、全要素生产率（tfp）等。城市层面的控制变量主要包括：制造业劳动力水平（L）、资本存量（K）、外商直接投资存量（FDI）、城市人口规模（pop）、财政支出力度（Egov）等。包含各控制变量的计量模型可进一步设定为

$$\begin{aligned}\ln\mathrm{DVAR}_{it} &= \alpha_0 + \alpha_1 \ln\mathrm{edu}_{jt} + \beta_1 \ln\mathrm{size}_{it} + \beta_2 \ln\mathrm{cap}_{it} + \beta_3 \ln\mathrm{rzys}_{it} + \beta_4 \ln\mathrm{tfp}_{it} \\ &\quad + \gamma_1 \ln L_{jt} + \gamma_2 \ln K_{jt} + \gamma_3 \ln\mathrm{FDI}_{jt} + \gamma_4 \ln\mathrm{pop}_{jt} + \gamma_5 \ln\mathrm{Egov}_{jt} + \xi_{it}\end{aligned} \tag{4-2}$$

接下来，将详细论述各控制变量的引入机理及测度方法。

二、变量测度

（一）制造业价值链升级

本章用企业出口国内增加值率来衡量制造业价值链升级水平。企业出口国内增加值率定义为企业出口中的国内增加值与企业总出口额之比。根据 Kee 和 Tang[239]的方法，企业出口国内增加值率可表示为

$$\mathrm{DVAR}_{it} = \begin{cases} 1 - \dfrac{\mathrm{PM}_i^l}{\mathrm{PY}_i^P} - \dfrac{\delta_i^F}{\mathrm{EXP}_i^P}, & \text{出口品来源} = P \\ 1 - \dfrac{\mathrm{IMP}_i^o - \delta_i^K - \delta_i^F}{\mathrm{PY}_i^o}, & \text{出口品来源} = O \end{cases} \tag{4-3}$$

其中，下标 i 和 t 分别表示企业和年份；上标 l 表示进口；上标 F 表示国外价值；上标 K 表示资本价值；上标 P 和 O 分别表示加工贸易和一般贸易；PY_i 表示企业 i 的总收入（由利润、工资、资本成本、国内材料成本和进口材料成本组成）；PM_i^l 表示进口原材料成本；EXP_i 表示企业总出口额；IMP_i 表示企业总进口额；δ_i^F 表示进口原材料中的国外成分；δ_i^K 表示引进资本的价值。

该指标从出口的获益角度阐释了企业在全球价值链分工中的经济地位，即从出口获益角度来看，全球价值链上各环节增加值具有明显差异性，随着生产环节由下游向中上游攀升，增加值也在不断增加。

（二）劳动力素质结构变化

劳动力素质结构在一定程度上反映了城市人力资本水平，目前衡量城市

层面人力资本水平的方法有多种，较为常见的是使用城市层面平均受教育年限[360]、中学和大学在校人数占城市总人口的比重[361]，或者大学生占城市总人口的比重[362-363]等指标来衡量。其中，平均受教育年限、中学和大学在校人数占城市总人口的比重将中学生与大学生对人力资本的贡献等同看待，忽视了二者在人力资本形成中的异质性作用。Moretti[364]的研究显示，大学生的人力资本外部性明显高于高中生。Glaeser[365]也在理论上论证了高技能劳动者集聚是城市人力资本外部性的主要来源。而 Han 和 Ke[362]的研究也发现，人力资本可以用大学生占城市总人口的比重来度量，其对城市制造业产出具有明显的外部性；夏怡然和陆铭[363]进一步指出，大学生人数在很大程度上会影响城市对高素质人才集聚的吸引力。

基于此，本章根据 Moretti[364]、Han 和 Ke[362]以及夏怡然和陆铭[363]的研究，用城市层面万人大学生数（人/万人）的变化来衡量劳动力素质结构的变化。同时，本章使用城市层面中学和大学在校人数占城市总人口的比重、2010 年城市层面平均受教育年限两个指标进行稳健性检验，使用 2010 年人口普查数据来测算该年城市层面的平均受教育年限，在测算中，受教育程度与受教育年限一一对应：未上过学为 0 年，小学为 6 年，初中为 9 年，高中为 12 年，大学专科为 14 年，大学本科为 16 年，研究生为 19 年。

（三）相关控制变量

1. 企业层面的控制变量

（1）企业规模（size），以企业总资产衡量。该指标反映了企业的抗风险能力与偿还债务的能力。

（2）资本密集度（cap），以企业固定资产净值除以企业年平均员工数来表示。

（3）融资约束水平（rzys），以企业负债总额与固定资产净值的比值来表示。融资约束水平越高，企业对于外部融资的依赖性就越大，越不利于创新能力和价值链位置的提升。

（4）企业全要素生产率（tfp），本章借鉴 Head 和 Ries[366]的方法，利用 $\ln tfp = \ln(y/n) - s \times \ln(k/n)$ 来计算企业全要素生产率。其中，y 用企业工业总产值作为近似替代；k 表示企业固定资产总额；n 表示企业职工人数；s 表示资本在生产函数中的贡献程度，本章借鉴 Hall 和 Jones[367]的做法，取 s 为 1/3。

2. 城市层面的控制变量

首先，要素投入对制造业价值链迈向中高端发挥着重要作用。本章将在计量模型中控制劳动力、资本和外商直接投资三类要素。由于目前公开出版的年鉴资料中缺乏对城市制造业就业比较系统完整的统计，在本章中，制造业劳动力水平（L）以市辖区第二产业城镇单位从业人员数（万人）表示。用市辖区每年固定资产投资和公式 $K_{it}=(1-\rho)K_{it-1}+I_t/I_{it}$ 计算资本存量（K，万元），其中 K_{it} 表示国内资本存量；ρ 表示年折旧率，设为 5%；I_t 表示固定资产投资；I_{it} 表示各城市的累计资本价格指数。参考韩峰和柯善咨[361]的做法，外商直接投资存量（FDI）依然采用永续盘存法来计算，其中折旧率为 5%。

其次，伴随着中国城市化进程的深入推进，城市规模扩张以及由此带来的市场规模扩大都对制造业发展产生了深远影响。本章在计量模型中进一步引入城市人口规模变量（pop），以控制市场需求扩大带来的规模经济效应对制造业价值链升级的影响。城市人口规模以市辖区年末总人口（万人）表示。

最后，地方政府干预也影响着制造业的发展和转型升级。为控制地方政府对制造业价值链迈向中高端的影响，本章在计量模型中引入城市财政支出力度变量（Egov），财政支出力度以市辖区财政支出占市辖区生产总值的比重表示。表 4.1 给出了 2003～2013 年相关变量的描述性统计结果。

表 **4.1** 相关变量的描述性统计结果

变量	均值	标准差	最小值	最大值
DVAR	0.864 5	0.197 2	0.000 1	1.000 0
size	344 878	2 092 563	123	205 000 000
cap	246.393 8	4 479.181 0	–215.810 0	1 371 550.000 0
rzys	7.327 6	151.355 9	–1 580.286 0	37 944.500 0
tfp	149.937 0	338.608 1	0.701 8	36 821.230 0
L	172.823 8	170.134 7	3.104 5	899.228 2
K	57 385 643.232 7	44 191 768.850 0	589 817.446 6	217 897 610.807 2
FDI	10 738 361.406 0	9 084 164.293 8	0.000 0	33 230 196.297 7
pop	231.278 4	140.422 5	17.610 0	827.110 0
edu	390.239 0	350.044 1	0.000 0	2 512.480 3
Egov	12.915 3	4.562 1	1.745 3	177.759 2

三、数据来源及处理

本章数据主要从 2003～2013 年中国工业企业数据库、中国海关进出口数据库以及 2004～2014 年《中国城市统计年鉴》中获得。通过将企业层面数据和城市层面面板数据进行匹配，得到 2003～2013 年 40 多万个企业的非均衡面板数据。

城市样本剔除了拉萨、中卫、陇南、巢湖、三沙、海东等城市，最终保留下符合需求的 2003～2013 年的 283 个地级城市的数据。由于没有途径取得拉萨、中卫、陇南三个城市的连续多年数据，故从样本中舍弃。巢湖市于 2011 年被合肥市合并，为保持一致，本章以 2003～2010 年巢湖市与合肥市合并后的数据统一作为合肥市数据。三沙、海东两个城市由于设立的时间短且数据匮乏，因此也从样本中删除以保证前后数据的一致性。

本章从中国工业企业数据库和中国海关进出口数据库整理得到企业出口国内增加值率的原始数据。具体而言，企业层面所需要的工业总产值、就业人数、固定资产净值等指标从中国工业企业数据库获得，因为该数据库存在数据缺失和数据异常等信息，本章参照 Cai 和 Liu[368]的做法，采用会计准则处理原始数据。具体做法为：逐一删除缺失重要经济指标的观测值，删除从业人数少于 8 人的企业，删除满足流动资产高于总资产、固定资产合计大于总资产、固定资产净值大于总资产、当前累计折旧大于累计折旧中任何一个条件的企业，删除无识别编号的企业，删除成立时间无效或早于 1949 年或大于 2003 年的企业。此外，借鉴 Brandt 等[369]和杨汝岱[370]的方法对工业企业数据进行跨年份匹配，构建企业面板数据。中国海关进出口数据库提供了企业层面的贸易数据，计算各贸易类型企业的实际进出口总额所需的各项原始数据来自该数据库。由于中国工业企业数据库与中国海关进出口数据库的企业代码隶属于两套完全不同的体系，无法直接使用企业代码作为中间变量匹配数据库，本章参考田巍和余淼杰[371]的做法，使用企业中文名称、邮政编码和企业电话号码后七位组合、企业联系人和企业电话号码后七位组合作为匹配媒介对接两个数据库，并利用 Kee 和 Tang[239]的方法处理企业过度进口和过度出口的问题。

在测算企业出口国内增加值率的过程中，本章从以下三个方面考虑问题。其一是一般贸易企业 BEC 的分类问题，由于加工贸易是以加工为特征的再出口业务，其进口产品是生产出口产品的中间品投入[372]，因此可以用进口原材料成本 PM_i^l 来度量加工贸易企业的中间品进口额；但一般贸易出口商的产品并未全都用于出口，进口产品可能直接作为最终产品在国内市场进行销售，或者被用于出口品的中间品投入。本章通过查询联合国商品贸易数据库（UN Comtrade），将统计期内每年的 HS 产品编码转化为 HS2002，其中 2007～2011 年采用 HS2007-2002 转换表，2012～2013 年采用 HS2012-

2002 转换表，最后匹配 BEC 与 HS 六位码，即利用 BEC-HS2002 转换表对各年份中一般贸易企业进口的产品类别（最终品、资本品或中间品）进行识别，则一般贸易企业的中间品进口额就为 $IMP_i^o - \delta_i^K$。

其二是贸易代理商问题。2004 年以前，中国对企业的进出口贸易采取管制措施，部分企业为减少税收和交通成本，纷纷利用有进出口经营权的中间贸易代理商间接进口，Liu[373]提出，在中国的总进口中有 9%是其自身的再进口数据。本章使用 Ahn 等[374]的方法，剔除海关数据中的中间贸易商数据。

其三是国内中间投入的间接进口问题，即国内产品中隐含的国外价值部分。本章借鉴 Kee 和 Tang[239]的方法，估计 15 个行业 2000～2007 年国内产品中国外价值占总出口的比率。基于此，本章考虑国内产品的国外价值部分（δ_i^F）得到的 DVAR 稳健性指标的样本区间为 2006～2007 年，未考虑间接进口的 DVAR 指标的样本区间为 2003～2013 年。

第四节 实证结果与分析

一、基准回归

表 4.2 报告了劳动力素质结构中大学生占比，即城市万人大学生数（人/万人）对制造业价值链升级（企业出口国内增加值率）影响的基准回归结果。其中，列（1）报告了不加入任何控制变量，仅控制企业、城市与年份效应的情况下，劳动力素质结构变动的回归结果。从估计结果中可以看出，劳动力素质结构中大学生占比对制造业价值链升级的影响在 1%的水平上显著为正。具体来看，劳动力素质结构每变化 1%，企业出口国内增加值率将提高 0.1595%。这表明劳动力素质结构中大学生占比提高有利于中国

企业出口中的国内增加值率的提高。该结果在一定程度上论证了理论预期：劳动力素质结构变化，如大学生占比增加有利于推动制造业迈向全球价值链中高端。

表 **4.2**　基准回归结果

变量	(1)	(2)	(3)	(4)
lnedu	0.159 5***	0.138 6***	0.223 6***	0.201 8***
	(18.39)	(16.16)	(20.18)	(18.35)
lnsize		0.053 8***		0.035 6***
		(26.98)		(16.74)
lncap		−0.053 5***		−0.049 0***
		(−38.12)		(−34.65)
lnrzys		−0.044 3***		−0.035 8***
		(−33.77)		(−26.56)
lntfp		0.103 4***		0.094 0***
		(61.52)		(54.57)
ln$L$			0.013 1***	0.016 6***
			(3.64)	(4.65)
ln$K$			0.082 1***	0.047 7***
			(15.00)	(8.65)
lnFDI			−0.027 0***	−0.031 5***
			(−5.18)	(−6.11)
lnpop			0.071 9***	0.081 6***
			(7.17)	(8.22)
lnEgov			0.010 1	0.015 8**
			(1.37)	(2.15)
常数项	−0.593 9***	−1.363 1***	−2.236 5***	−2.191 6***
	(−27.41)	(−44.58)	(−27.67)	(−27.16)
企业效应	控制	控制	控制	控制
城市效应	控制	控制	控制	控制

续表

变量	（1）	（2）	（3）	（4）
年份效应	控制	控制	控制	控制
样本数	415 710	415 710	415 710	415 710
R^2	0.003	0.040	0.017	0.046

注：圆括号中为 *t* 统计值

***表示在 1%的水平上显著，**表示在 5%的水平上显著

列（2）报告了加入企业层面变量，并控制企业、城市与年份效应的情况下，劳动力素质结构变动的回归结果。结果显示，劳动力素质结构中大学生占比的估计系数符号方向为正，且在 1%的水平上显著。具体来看，劳动力素质结构每变化 1%，企业出口国内增加值率将提高 0.1386%；列（3）报告了加入城市层面变量，并控制企业、城市与年份效应的情况下，劳动力素质结构变动的回归结果。从估计结果来看，劳动力素质结构中大学生占比对制造业价值链升级的影响在 1%的水平上显著为正。具体来看，劳动力素质结构每变化 1%，企业出口国内增加值率将提高 0.2236%。

列（4）报告了同时控制城市与企业层面变量，且控制企业、城市与年份效应之后的回归结果。结果显示，劳动力素质结构中大学生占比指标系数的符号方向为正，且在 1%的水平上显著为正。具体来看，劳动力素质结构每变化 1%，企业出口国内增加值率将提高 0.2018%。

从上述实证结果可知：在控制年份、企业和城市层面固定效应以及企业和城市控制变量后，劳动力素质结构中大学生占比提升均显著促进了制造业价值链向中高端攀升。

企业和城市层面控制变量的回归结果基本符合已有关于制造业价值链升级检验的结论。从企业层面来看，企业规模（lnsize）越大，增加值率相对越高，越有助于制造业企业实现价值链升级[375]。企业资本密集度（lncap）

与企业融资约束水平（lnrzys）对制造业价值链升级的影响均在 1%的水平上显著为负，说明具有资本要素禀赋优势的企业通常会处于全球价值链的低端环节，其出口国内增加值率也较低；而融资约束则会引致企业向价值链低端偏移，进而不利于制造业价值链的升级[376]。企业全要素生产率（lntfp）对制造业价值链升级的影响均在 1%的水平上显著为正，说明企业的要素配置效率提高，有利于其向制造业价值链的中高端位置攀升[377]。

从城市层面探讨，城市制造业劳动力水平（ln$L$）和城市资本存量（ln$K$）对于制造业价值链升级的影响均在 1%的水平上显著为正，说明制造业产业规模的扩大能够通过人才与资本、设备等生产要素的吸纳与积累，优化生产经营结构，进而提升企业在制造业价值链中的相对位置。城市外商直接投资存量（lnFDI）对于制造业价值链攀升的影响显著为负，表明外资企业的进入和发展加速了中国制造业“两头在外”的生产模式发展，也进一步造成了制造业产业关联的“外泄”，弱化了本土企业的发展，进而不利于制造业企业迈向价值链中高端[378]。此外，回归结果还显示了城市人口规模（lnpop）与政府财政支出力度（lnEgov）对于制造业价值链攀升的影响。城市人口规模越大，本地市场需求越强，则扩大的市场需求会促使制造业进一步集聚，并通过中间投入品厂商的规模经济推动制造业价值链升级[361]；政府财政支出力度（lnEgov）对制造业价值链升级的影响系数为正，但在列（3）中并未通过显著性检验，列（4）中在 5%的水平上通过了显著性检验，说明地方政府财政支出水平提升在某种程度上有助于推进制造业价值链升级。

二、稳健性检验

考虑到劳动力素质结构变化可能与制造业价值链升级相互影响，且变量核算可能存在误差，从而造成估计系数有偏。为了进一步确保上述实证结论的稳健性，本章通过一系列稳健性检验重新研究劳动力素质结构中大学生占比对制造业价值链升级的影响。

（一）更换劳动力素质结构和企业出口国内增加值率指标

一方面，为了避免解释变量核算方法可能带来的实证结果误差，确保实证检验结果的稳健性，本节用中学和大学在校人数占城市总人口的比重（lnedu1）、城市层面平均受教育年限（lnedu2）对劳动力素质结构进行重新测度，实证结果见表 4.3 中列（1）、列（2）。列（1）结果显示，用中学和大学在校人数占城市总人口的比重作为替代变量时，劳动力素质结构的系数依然在 1%水平上显著为正，这说明即使综合考虑中等教育程度的劳动者的素质，劳动力素质水平提升依然促进了制造业价值链升级。列（2）结果显示，用城市平均受教育年限作为替代变量时，劳动力素质结构的系数仍然在 1%水平上通过了显著性检验。这说明劳动者受教育年限增加显著促进了制造业价值链升级。这些结果进一步印证了劳动力素质水平提升能够促进制造业价值链升级的结论。

表 4.3 更换指标后的回归结果

变量	（1）	（2）	（3）
lnedu			0.148 2*** （15.59）
lnedu1	0.165 7*** （14.92）		
lnedu2		0.158 3*** （15.22）	
lnsize	0.059 3*** （17.43）	0.026 8*** （15.49）	0.052 3*** （16.73）
lncap	−0.053 9*** （−29.06）	−0.049 6*** （−26.81）	−0.056 8*** （−30.06）

续表

变量	（1）	（2）	（3）
lnrzys	−0.048 5***	−0.040 6***	−0.051 6***
	（−25.30）	（−27.42）	（−26.51）
lntfp	0.083 9***	0.104 9***	0.085 1***
	（57.29）	（56.14）	（55.30）
ln*L*	0.024 9***	0.030 5***	0.031 7***
	（3.65）	（4.29）	（5.17）
ln*K*	0.052 7***	0.064 7***	−0.049 0***
	（7.91）	（7.22）	（−6.92）
lnFDI	−0.040 6***	−0.051 8***	−0.025 1**
	（−5.71）	（−4.61）	（−2.28）
lnpop	0.065 2***	0.074 3***	0.067 5***
	（7.66）	（6.44）	（5.93）
lnEgov	0.026 5**	0.020 1**	0.030 3**
	（1.98）	（2.16）	（2.08）
常数项	−2.308 2***	−2.351 9***	−2.115 4***
	（−26.19）	（−22.01）	（−24.81）
样本数	302 335	302 335	86 190
R^2	0.044	0.042	0.037

注：圆括号中为 *t* 统计值

***表示在 1%的水平上显著，**表示在 5%的水平上显著

另一方面，企业出口国内增加值率的测算方法可能会对估计结果产生影响，本节借鉴 Kee 和 Tang[239]的方法推算制造业行业出口增加值率的估计值，算出 2006～2007 年的 DVAR 指标后重新进行回归，结果如表 4.3 中的列（3）所示。结果显示，劳动力素质水平提升对出口企业国内增加值率仍产生了显著为正的影响。

以上更换制造业价值链升级指标和两种劳动力素质结构变化指标所得到的结论与基准回归结果高度一致，从而证明基准估计结果具有较强的稳健性。

（二）双边缩尾与双边截尾处理

考虑到极端值可能会对回归结果产生影响，本节在对被解释变量——企业 lnDVAR 进行前后 2.5%双边缩尾与双边截尾处理，并重新进行回归。结果如表 4.4 中的列（1）和列（2）所示。从列（1）、列（2）的估计结果可以看出，劳动力素质结构的估计系数依然在 1%的水平上显著为正。这也再次印证，即使消除被解释变量的极端值后，本节的基准估计结果依然具有较强的稳健性，即劳动力素质水平提升对制造业价值链攀升存在正向影响。

表 **4.4** 稳健性检验结果

变量	（1）	（2）	（3）	（4）	（5）	（6）
	lnDVAR 双边缩尾 2.5%	lnDVAR 双边截尾 2.5%	劳动力素质结构的滞后一阶变量	滞后一阶变量作为工具变量	企业主要管理者受教育程度作为工具变量	滞后一阶变量和企业主要管理者受教育程度同时作为工具变量
L.lnedu			$0.078\,0^{***}$			
			（6.53）			
lnedu	$0.084\,5^{***}$	$0.100\,1^{***}$		$0.225\,0^{***}$	$0.113\,2^{***}$	$0.107\,2^{***}$
	（21.09）	（16.96）		（6.54）	（5.63）	（6.42）
lnsize	$0.015\,0^{***}$	$0.013\,1^{***}$	$0.059\,6^{***}$	$0.059\,9^{***}$	$0.063\,8^{***}$	$0.074\,9^{***}$
	（19.30）	（11.43）	（21.88）	（22.00）	（15.80）	（13.25）
lncap	$-0.023\,9^{***}$	$-0.028\,3^{***}$	$-0.061\,9^{***}$	$-0.060\,9^{***}$	$-0.048\,6^{***}$	$-0.053\,0^{***}$
	（−46.35）	（−37.35）	（−35.10）	（−34.38）	（−28.91）	（−30.07）
lnrzys	$-0.017\,8^{***}$	$-0.021\,2^{***}$	$-0.042\,9^{***}$	$-0.042\,4^{***}$	$-0.057\,4^{***}$	$-0.061\,9^{***}$
	（−36.14）	（−29.43）	（−25.49）	（−25.23）	（−30.17）	（−27.11）
lntfp	$0.048\,2^{***}$	$0.057\,8^{***}$	$0.102\,6^{***}$	$0.102\,1^{***}$	$0.094\,6^{***}$	$0.083\,2^{***}$
	（76.78）	（62.53）	（47.39）	（47.17）	（42.58）	（44.63）
ln*L*	$0.007\,1^{***}$	$0.009\,1^{***}$	$0.031\,1^{***}$	$0.023\,6^{***}$	$0.014\,9^{**}$	$0.011\,0^{***}$
	（5.50）	（4.82）	（7.23）	（5.27）	（2.51）	（3.57）

续表

变量	(1) lnDVAR 双边缩尾 2.5%	(2) lnDVAR 双边截尾 2.5%	(3) 劳动力素质结构的滞后一阶变量	(4) 滞后一阶变量作为工具变量	(5) 企业主要管理者受教育程度作为工具变量	(6) 滞后一阶变量和企业主要管理者受教育程度同时作为工具变量
lnK	0.036 1***	0.051 4***	0.023 5***	0.017 9**	0.036 6***	0.048 8***
	(17.99)	(17.44)	(3.34)	(2.50)	(5.11)	(6.45)
lnFDI	−0.018 5***	−0.026 4***	−0.005 5	−0.007 2	−0.014 9*	−0.006 3**
	(−9.86)	(−9.43)	(−0.78)	(−1.02)	(−1.82)	(−2.24)
lnpop	0.035 4***	0.043 2***	−0.015 9	0.093 3***	0.043 7***	0.051 2***
	(9.78)	(8.13)	(−1.53)	(4.24)	(4.59)	(5.17)
lnEgov	0.005 5**	0.008 3**	0.003 5	−0.004 7**	0.007 5*	0.010 6*
	(2.04)	(2.12)	(0.36)	(−0.48)	(1.91)	(1.79)
常数项	−0.197 7***	−1.459 9***	−1.650 0***	−1.069 3***	−0.997 3***	
	(−6.72)	(−33.52)	(−16.16)	(−8.62)	(−7.79)	
企业效应	控制	控制	控制	控制	控制	控制
城市效应	控制	控制	控制	控制	控制	控制
年份效应	控制	控制	控制	控制	控制	控制
Hausman 检验				410.76	379.53	
				[0.000 0]	[0.000 0]	
Sargan 检验						639.33
						[0.007 2]
样本数	302 335	287 228	274 850	274 850	302 335	274 850
R^2	0.091	0.069	0.054	0.057	0.068	0.072

注：L.lnedu 表示劳动力素质结构的滞后一阶变量；方括号中为相应检验的 p 值；圆括号中为 t 统计值
***表示在 1%的水平上显著，**表示在 5%的水平上显著，*表示在 10%的水平上显著

（三）内生性问题

内生性问题可能会影响本节估计结果的可靠性。内生性问题产生的原因

可能是劳动力素质结构变化与制造业价值链升级之间存在双向因果关系。本节的基准回归模型中控制了非观测的城市固定效应、企业固定效应和年份固定效应，并且控制了劳动力水平（*L*）、资本存量（*K*）、外商直接投资存量（FDI）等城市层面变量以及企业规模（size）、资本密集度（cap）、融资约束水平（rzys）等企业层面的变量，这可以在一定程度上缓解因遗漏变量产生的内生性问题；此外，式（4-1）中核心解释变量为城市层面的劳动力素质结构指标，而被解释变量为企业层面的出口产品国内增加值率，这也降低了二者产生联立内生性的可能性。解决此双向因果关系所引致的内生性问题最常用的办法是寻找与劳动力素质结构相关，但不与企业出口国内增加值率相关的工具变量，然后通过滞后变量法、工具变量法、两阶段最小二乘法得到更为稳健的回归结果。为此，本节分别采用滞后变量法、工具变量法与两阶段最小二乘法重新进行回归，以期更为准确地评估劳动力素质结构变化对制造业价值链升级的影响。

1. 解释变量滞后一期

假定模型误差项没有太强的时间序列相关性，而是由本期扰动决定，这样就可以用滞后一期的劳动力素质结构代替当期值[379]。本节借鉴许和连和王海成[129]的做法，用滞后一期的核心解释变量代替当期值，得出的回归方程为

$$\begin{aligned}\ln \mathrm{DVAR}_{it} &= \alpha_0 + \alpha_1 \mathrm{lnedu}_{jt-1} + \beta_1 \mathrm{lnsize}_{it} + \beta_2 \mathrm{lncap}_{it} + \beta_3 \mathrm{lnrzys}_{it} + \beta_4 \mathrm{lntfp}_{it} \\ &\quad + \gamma_1 \ln L_{jt} + \gamma_2 \ln K_{jt} + \gamma_3 \mathrm{lnFDI}_{jt} + \gamma_4 \mathrm{lnpop}_{jt} + \gamma_5 \mathrm{lnEgov}_{jt} + \xi_{it}\end{aligned} \quad (4\text{-}4)$$

如果 $\mathrm{lnedu}_{jt} = \mathrm{lnedu}_{jt-1} + \varepsilon_{jt}$， $E\left(\mathrm{lnedu}_{jt}\varepsilon_{jt}\right) = 0$ ，则排除了本期出口状况对劳动力素质结构的影响。回归结果如表 4.4 中的列（3）所示，劳动力素质结构滞后一阶变量的系数依然显著为正。对误差项是否存在较强的时间序列相关性进行验证的结果发现，$\ln \mathrm{edu}_{jt}$ 与 $\ln \mathrm{edu}_{jt-1}$ 的相关系数为 0.9611，说

明用滞后一期的劳动力素质结构代替当期值是合理的；回归结果残差与 $\ln \text{edu}_{jt-1}$ 的相关系数接近于 0，从而表明不存在时间上持续的因素同时影响 $\ln \text{DVAR}_{it}$ 与 $\ln \text{edu}_{jt-1}$。

2. 工具变量法与两阶段最小二乘法

为进一步消除内生性问题对实证结果带来的影响，本节采用工具变量法、两阶段最小二乘法对模型进行估计。工具变量选择方面，本节分别选取劳动力素质结构变量的一阶至三阶滞后项作为工具变量进行计量估计，结果发现滞后一阶的劳动力素质结构指标更适于作为当期指标的工具变量。

表 4.4 列（4）报告了以滞后一阶变量作为工具变量的工具变量法估计结果，结果显示劳动力素质结构的参数估计依然显著为正，劳动力素质结构中大学生占比的增加显著促进了制造业结构升级。除采用滞后一阶变量作为工具变量外，本节还根据杨义武等[380]的研究，采用地级及以上城市时任党委书记受教育程度作为劳动力素质结构的工具变量。一般而言，时任党委书记受教育程度越高，越会关注和致力于当地经济的长期增长，从而倾向于推进教科文卫等公共事业的发展，因而时任党委书记的受教育程度与地区劳动力素质结构之间会有较高的相关性。而时任党委书记受教育程度高低却无法直接影响企业层面的出口产品增加值，因而可作为城市劳动力素质结构的工具变量。表 4.4 列（5）报告了以时任党委书记受教育程度作为工具变量时的工具变量法估计结果，列（6）报告了以滞后一阶变量和时任党委书记受教育程度同时作为工具变量时的两阶段最小二乘法估计结果。结果显示，劳动力素质结构依然在 1%的显著性水平上提升了企业出口产品增加值率，从而促进了制造业价值链升级。可见，在控制内生性问题后，估计结果依然与表 4.2 中的基准回归结果高度一致。

第五节 机制检验

一、中介效应检验

为更深入地解释劳动力素质结构变化影响制造业价值链攀升的作用机制，本节进一步在原计量模型的基础上引入国内中间品种类和中间品效率作为中介变量，并参考温忠麟和叶宝娟[381]的中介效应检验方法进行机制检验。然而，目前并没有相关数据库资料直接报告每家企业使用中间品的种类数量，故本节以制造业三位码行业内部一般贸易企业出口产品种类数，以及混合贸易企业一般贸易部分的出口产品种类数之和来近似替代该行业内部企业可获得的中间品种类数（I^D）。国内中间品效率（φ）以企业增加值与企业所用国内中间品投入的比值来表示，其中国内中间品投入以中国工业企业数据库中的企业中间品投入减去中国海关进出口数据库中企业进口中间品的差额来表示。中介效应模型可表示为

$$\ln \mathrm{DVAR}_{it} = \varDelta + \theta_0 \ln \mathrm{edu}_{jt} + \phi_v \sum_{v=1}^{\varpi} Z_{v,it} + \xi_{it} \tag{4-5}$$

$$T_{it} = \varTheta + \overline{\theta}_0 \ln \mathrm{edu}_{it} + \phi_v \sum_{v=1}^{\varpi} Z_{v,it} + \zeta_{it} \tag{4-6}$$

$$\ln \mathrm{DVAR}_{it} = \overline{\varDelta} + \overline{\overline{\theta}}_0 \ln \mathrm{edu}_{jt} + \varphi T_{it} + \phi_v \sum_{v=1}^{\varpi} Z_{v,it} + \xi_{it} \tag{4-7}$$

其中，$\varDelta$、$\varTheta$和$\overline{\varDelta}$表示常数项；T 表示各中介变量；Z 表示控制变量；ϖ 表示控制变量个数；ξ 和 ζ 表示随机误差。

第一步：对式（4-5）进行计量估计，检验劳动力素质结构变化对制造业价值链升级的影响是否显著为正，若显著，则按中介效应处理；若不显

著，则按遮掩效应处理。

第二步：对式（4-6）和式（4-7）进行回归，依次检验式（4-6）中劳动力素质结构变化对中介变量 T 的影响系数 $\overline{\theta}_0$ 和式（4-7）中的中介变量 T 对制造业价值链升级的影响系数 φ 是否显著，若二者都显著，则间接效应显著；若二者至少有一个不显著，则需要用自举法（bootstrap）来检验原假设 $\overline{\theta}_0\varphi=0$，若拒绝原假设，则间接效应显著，若接受原假设，则间接效应不显著。

第三步：检验式（4-6）中在分别加入各中介变量之后劳动力素质结构变化的系数（$\overline{\overline{\theta}}_0$），若 $\overline{\overline{\theta}}_0$ 不显著，则意味着劳动力素质结构变化对制造业价值链升级不存在直接效应，只有中介效应；若 $\overline{\overline{\theta}}_0$ 显著，则直接效应显著，需要进一步对其进行检验。

第四步：比较 $\overline{\theta}_0\varphi$ 与 $\overline{\overline{\theta}}_0$ 的符号，若同号则属于部分中介效应，中介效应占总效应的比例为 $\overline{\theta}_0\varphi/\overline{\theta}_0$；若异号则属于遮掩效应，间接效应与直接效应的比例为 $\left|\overline{\theta}_0\varphi/\overline{\overline{\theta}}_0\right|$。劳动力素质结构对制造业价值链升级的中间机制检验结果如表 4.5 所示。

表 **4.5**　劳动力素质结构对制造业价值链升级的中间机制检验

中介变量	国内中间品效率			国内中间品种类	
	（1）	（2）	（3）	（4）	（5）
lnedu	0.201 8***	0.150 6***	0.189 9***	0.148 2***	0.198 9***
	（18.35）	（28.25）	（17.22）	（15.08）	（18.07）
lnφ			0.197 8***		
			（13.59）		
lnI^D					0.162 5***
					（4.32）
lnsize	0.035 6***	0.002 8***	0.036 2***	0.023 6***	0.036 4***
	（16.74）	（6.79）	（17.01）	（21.27）	（17.10）

续表

中介变量	国内中间品效率			国内中间品种类	
	（1）	（2）	（3）	（4）	（5）
lncap	−0.049 0***	−0.000 9***	−0.048 8***	0.001 0***	−0.049 0***
	(−34.65)	(−3.28)	(−34.54)	(1.34)	(−34.68)
lnrzys	−0.035 8***	0.000 7***	−0.036 0***	0.003 3***	−0.036 0***
	(−26.56)	(2.79)	(−26.69)	(4.76)	(−26.65)
lntfp	0.094 0***	−0.004 3***	0.094 9***	0.009 0***	0.093 7***
	(54.57)	(−12.83)	(55.07)	(9.97)	(54.38)
ln$L$	0.016 6***	0.030 3***	0.010 6***	0.245 1***	0.008 2**
	(4.65)	(43.57)	(2.95)	(132.11)	(2.15)
ln$K$	0.047 7***	0.064 7***	0.034 9***	−0.187 4***	0.054 1***
	(8.65)	(60.31)	(6.24)	(−65.26)	(9.66)
lnFDI	−0.031 5***	−0.014 0***	−0.028 7***	−0.009 3***	−0.031 1***
	(−6.11)	(−13.95)	(−5.57)	(−3.48)	(−6.05)
lnpop	0.081 6***	0.014 2***	0.078 8***	−0.044 5***	0.083 1***
	(8.22)	(7.37)	(7.94)	(−8.06)	(8.38)
lnEgov	0.015 8**	0.065 9***	0.002 8	0.090 6***	0.012 7*
	(2.15)	(40.02)	(0.38)	(23.65)	(1.73)
常数项	−2.191 6***	2.419 9***	−2.670 2***	2.586 7***	−2.280 1***
	(−27.16)	(153.88)	(−30.35)	(61.48)	(−27.84)
企业效应	控制	控制	控制	控制	控制
城市效应	控制	控制	控制	控制	控制
年份效应	控制	控制	控制	控制	控制
样本数	302 335	302 335	302 335	302 335	302 335
R^2	0.046	0.866	0.047	0.154	0.049

注：圆括号中为 t 统计值

***表示在 1%的水平上显著，**表示在 5%的水平上显著，*表示在 10%的水平上显著

在表 4.5 中，列（1）的估计结果显示，劳动力素质结构系数在 1%的水平上显著为正，说明劳动力素质结构中大学生占比提高有利于制造业价值链

升级。列（2）的机制检验结果表明，在以国内中间品效率（φ）为被解释变量且控制相关变量的情况下，劳动力素质结构的估计系数符号方向为正，且在 1%的水平上显著，表明大学生占比提高有利于国内中间品效率的提升。列（3）的机制检验结果表明，中介变量——国内中间品效率的估计系数在 1%的水平上显著为正，表明企业国内中间品效率在劳动力素质结构与制造业价值链升级之间存在明显的间接效应。劳动力素质结构的估计系数在 1%的水平上显著为正，且 $\bar{\theta}_0\varphi$ 与 $\bar{\bar{\theta}}_0$ 同号，说明存在部分中介效应，即劳动力素质结构中大学生占比通过国内中间品效率这条路径对企业国内增加值产生影响，进而影响制造业价值链升级，且中介效应占总效应的比重约为 15.69%。

此外，列（4）的机制检验结果表明，在以企业可获得的国内中间品种类数（I^D）为被解释变量且控制相关变量的情况下，劳动力素质结构的估计系数符号方向为正，且在 1%的水平上显著，表明劳动力素质结构的优化有利于国内中间品种类的增加。列（5）的机制检验结果表明，中介变量——国内中间品种类数的估计系数在 1%的水平上显著为正，表明企业国内中间品种类在劳动力素质结构与制造业价值链升级之间存在明显的间接效应。劳动力素质结构的估计系数在 1%的水平上显著为正，且 $\bar{\theta}_0\varphi$ 与 $\bar{\bar{\theta}}_0$ 同号，说明存在部分中介效应，即劳动力素质结构中大学生占比通过国内中间品种类这条路径对企业国内增加值产生影响，进而影响制造业价值链升级，其中介效应占总效应的比重约为 12.11%。

通过上述实证分析可知，国内中间品效率与国内中间品种类在劳动力素质结构和制造业价值链升级之间存在中介效应。

二、对影响机制的进一步检验

本章第二节的机制分析显示，劳动力素质结构变化通过影响技术创新能力、制造业结构高度化和产业结构服务化、制造业集聚效应，进而对制造业价值链升级产生影响。本节将国内中间品效率和国内中间品种类作为被解释变量，在式（4-6）的基础上，引入劳动力素质结构与企业技术创新能力交互项（lnedu×lnTech）、劳动力素质结构与制造业结构高度化交互项（lnedu×lnMug）、劳动力素质结构与产业结构服务化交互项（lnedu×lnSCBZ）以及劳动力素质结构与制造业集聚程度交互项（lnedu×lnAggM），研究劳动力素质结构变化通过影响技术创新能力、制造业结构高度化、产业结构服务化以及制造业集聚程度作用于国内中间品效率和国内中间品种类，进而影响制造业价值链升级的机制。企业技术创新能力（Tech）采用2003～2013年工业企业专利授权数来表示，通过将工业企业数据和工业企业专利数据进行匹配，可得到符合本章样本企业要求的技术创新能力指标；制造业结构高度化（Mug）借鉴周茂等[382]的测度方法，使用制造业技术复杂度来衡量①；产业结构服务化以城市第三产业产值比重（SCBZ）表示；制造业集聚程度（AggM）以各制造业行业的区位熵来衡量。详细的检验结果如表4.6所示。

表 **4.6** 劳动力素质结构变化影响制造业价值链升级机制的进一步检验

变量	国内中间品效率		国内中间品种类			
	（1）	（2）	（3）	（4）	（5）	（6）
lnedu	0.129 6***	0.187 3***	0.197 6***	0.180 9***	0.131 4***	0.142 7***
	（16.47）	（16.90）	（18.95）	（17.92）	（14.37）	（15.22）

① 周茂等[382]所采取的测度方法更加全面地诠释了一个地区产业升级的程度，本节在周茂等[382]方法的基础上，构建的制造业结构高度化指标为

$$\mathrm{Mug}=\ln\left(\frac{\sum_{m}\mathrm{output}_{m,i,t}\times\mathrm{prody}_{m,t}}{\sum_{m}\mathrm{output}_{m,i,t}}\right)$$

其中，$\mathrm{prody}_{m,t}$表示制造业 m 行业在 t 年的技术复杂度，等于 m 行业在 t 年的 HS 六位的产品技术复杂度的简单平均数；产品技术复杂度采用 Hausmann[197]的方法来测算；$\mathrm{output}_{m,i,t}$表示 t 年 i 城市制造业中 m 行业的产出，由该行业内企业的产出之和表示。

续表

变量	国内中间品效率		国内中间品种类			
	（1）	（2）	（3）	（4）	（5）	（6）
lnTech	0.042 8*** （5.36）		0.065 3*** （3.14）			
lnMug				0.017 9 （0.70）		
lnSCBZ					0.041 8* （1.82）	
lnAggM		0.023 6*** （9.99）				0.052 2** （2.16）
lnedu × lnTech	0.034 6*** （5.42）		0.034 1** （2.15）			
lnedu×lnMug				0.070 4*** （4.85）		
lnedu×lnSCBZ					0.067 7* （1.86）	
lnedu×lnAggM		0.054 3** （2.51）				0.049 2** （2.51）
lnsize	0.007 7*** （3.01）	0.035 8*** （16.84）	0.037 1*** （23.16）	0.041 7*** （13.46）	0.019 7*** （3.14）	0.047 5*** （5.09）
lncap	−0.029 0*** （−17.08）	−0.049 7*** （−35.10）	−0.003 4* （−1.73）	−0.068 3*** （−30.19）	−0.071 5*** （−7.88）	−0.046 2** （−2.14）
lnrzys	−0.024 8*** （−15.31）	−0.035 3*** （−26.11）	−0.033 4*** （−6.37）	−0.025 6*** （−25.70）	−0.038 1*** （−13.92）	−0.043 7*** （−5.91）
lntfp	0.008 7*** （4.21）	0.093 8*** （54.47）	0.017 9*** （7.95）	0.083 4*** （53.79）	0.032 2*** （13.40）	0.058 8* （1.79）
ln*L*	0.435 2*** （101.98）	0.006 3* （1.70）	0.321 1*** （24.50）	0.006 8** （2.33）	0.072 0*** （2.60）	0.033 7*** （3.41）
ln*K*	1.843 4*** （79.08）	0.004 1 （0.59）	0.152 6*** （8.77）	0.066 9*** （5.41）	0.070 4** （2.35）	0.120 5*** （4.05）

续表

变量	国内中间品效率		国内中间品种类			
	（1）	（2）	（3）	（4）	（5）	（6）
lnFDI	−0.312 5***	−0.024 1***	−0.034 8***	−0.031 1***	−0.118 3***	−0.035 3***
	（−50.62）	（−4.63）	（−3.76）	（−6.05）	（−6.45）	（−5.62）
lnpop	0.489 5***	0.070 0***	0.040 6***	0.046 8***	0.055 3***	0.026 9***
	（41.14）	（7.01）	（5.47）	（7.27）	（9.00）	（7.35）
lnEgov	0.845 3***	0.004 2	0.120 6***	0.037 3**	0.142 1***	0.063 2**
	（95.97）	（0.55）	（16.35）	（2.47）	（7.81）	（2.49）
常数项	−3.806 6***	−1.393 1***	1.614 8***	−2.784 1***	−1.312 4***	−1.129 3***
	（−34.37）	（−12.27）	（28.16）	（−24.16）	（−20.24）	（−11.09）
企业效应	控制	控制	控制	控制	控制	控制
城市效应	控制	控制	控制	控制	控制	控制
年份效应	控制	控制	控制	控制	控制	控制
样本数	302 335	302 335	302 335	302 335	302 335	302 335
R^2	0.039	0.048	0.042	0.047	0.051	0.049

注：圆括号中为 *t* 统计值

***表示在 1%的水平上显著，**表示在 5%的水平上显著，*表示在 10%的水平上显著

表 4.6 显示，在加入劳动力素质结构与各机制变量的交互项后，劳动力素质结构的估计系数符号方向为正，且在 1%的水平上显著，说明劳动力素质结构中大学生占比提高对国内中间品效率提升与国内中间品种类增加存在促进作用。在列（1）中加入劳动力素质结构与企业技术创新能力的交互项后，企业技术创新能力的变化在一定程度上对国内中间品效率产生了影响，交互项估计系数在 1%的水平上显著为正，说明劳动力素质结构中大学生占比增加能明显地提高企业技术创新能力对国内中间品效率的提升效应。列（2）中加入劳动力素质结构与制造业集聚程度的交互项后，劳动力素质结构与制造业集聚程度交互项的估计系数为正，且在 5%的水平上显著，说明不仅制造业集聚程度提高对国内中间品效率的提升存在促进作用，而且劳

动力素质结构中大学生占比提高进一步强化了制造业集聚程度提高对中间品效率提升的促进作用。

列（3）中加入劳动力素质结构与企业技术创新能力的交互项后，劳动力素质结构与企业技术创新能力交互项的估计系数为正，且在 5%的水平上显著，说明技术创新能力的提高对国内中间品种类的增加存在促进作用，并且劳动力素质结构中大学生占比的提高也进一步强化了技术创新能力提高对国内中间品种类增加的促进作用。分析列（4）的结果可知，制造业结构高度化对企业国内中间品种类的影响呈正向效应但不显著，制造业结构高度化与劳动力素质结构的交互项具有明显的正向效应，表明劳动力素质结构变化通过提升制造业结构高度化水平对企业国内中间品种类的增加有显著促进作用。列（5）和列（6）分别在模型中加入劳动力素质结构与产业结构服务化和劳动力素质结构与制造业集聚程度的交互项，结果表明产业结构服务化与劳动力素质结构交互项的估计系数、制造业集聚程度与劳动力素质结构交互项的估计系数均为正且显著，说明劳动力素质结构中大学生占比增加通过影响产业结构服务化和制造业集聚程度推动制造业迈向全球价值链中高端。

综上所述，国内中间品效率、国内中间品种类等中介变量在劳动力素质结构变化影响制造业价值链升级的过程中均发挥了部分中介效应，而劳动力素质结构中大学生占比提升不仅通过提升企业技术创新能力、制造业集聚程度提高了企业国内中间品效率，而且通过提升技术创新能力、促进制造业结构高度化和产业结构服务化、提升制造业集聚程度等增加了企业国内中间品种类。这充分验证了劳动力素质结构变化通过提高企业技术创新能力、促进制造业结构高度化、加快产业结构服务化进程以及强化制造业集聚效应等机制提升企业国内中间品效率并增加中间品种类，进而促进制造业价值链升级的假设。

第六节 进一步分析

一、劳动力素质结构对制造业价值链升级的异质性影响

为了深入考察劳动力素质结构变化对制造业价值链升级的异质性影响，本节将全样本分别依据企业贸易类型、企业所在区域、企业所在城市规模、企业所有制类型详细划分之后进行分组回归，以检验劳动力素质结构对制造业价值链升级的异质性影响。

（一）基于企业贸易类型异质性的检验

从表 4.7 列（1）和列（2）所示的不同贸易类型企业的回归结果中可以发现，在 1%的水平上，一般贸易企业的劳动力素质结构和加工贸易企业的劳动力素质结构均具有明显的正向效应，这说明劳动力素质结构中大学生占比的上升提高了一般贸易企业的出口国内增加值率，还提高了加工贸易企业的出口国内增加值率，有利于这两类企业向制造业价值链高端攀升，这为本节基准回归结果的稳健性提供了进一步验证。但从劳动力素质结构对不同贸易类型企业出口国内增加值率的影响来看，劳动力素质结构对一般贸易企业出口国内增加值率的正向效应显著小于加工贸易企业。可能存在两方面的原因：一是中国加工贸易企业处于全球价值链低端的重要原因是使用廉价劳动力。一直以来，加工贸易企业多凭借廉价劳动力优势融入由发达国家跨国公司主导的全球分工生产网络，参与零部件或初级产品加工、装配等劳动密集型生产环节，故而凭借提升城市创新能力、推动产业结构优化、加强集聚效应等机制，使得劳动力素质结构优化更加能促进制造业价值链升级。二是劳动力素质结构中大学生占比增加使得加工贸易企业加大在研发方面的投入和

在职培训的力度，还使得加工贸易企业更加愿意进口和使用更多样和更高质的中间投入品，并使得加工贸易企业提高固定资产投资，这些因素均有利于加工贸易企业转型升级，向制造业价值链高端攀升[184]。

表 **4.7** 细分企业贸易类型与区域异质性的检验结果

变量	(1)	(2)	(3)	(4)	(5)
	一般贸易	加工贸易	东部	中部	西部
lnedu	0.103 0***	0.468 5***	0.246 9***	0.111 0***	−0.037 0
	(9.69)	(10.09)	(19.71)	(3.91)	(−1.01)
lnsize	0.034 3***	0.051 8***	0.035 3***	0.053 2***	0.036 9***
	(16.46)	(6.57)	(15.61)	(8.30)	(2.63)
lncap	−0.043 0***	−0.086 3***	−0.049 8***	−0.040 8***	−0.029 6***
	(−30.65)	(−18.19)	(−33.23)	(−9.33)	(−3.26)
lnrzys	−0.031 1***	−0.050 9***	−0.036 0***	−0.033 1***	−0.040 4***
	(−22.79)	(−12.13)	(−25.34)	(−7.24)	(−4.36)
lntfp	0.079 8***	0.173 1***	0.095 5***	0.080 1***	0.052 0***
	(47.50)	(27.77)	(52.36)	(14.71)	(4.62)
ln*L*	0.006 1*	0.020 5*	0.015 5***	−0.026 7	−0.050 9*
	(1.76)	(1.73)	(4.22)	(−1.45)	(−1.75)
ln*K*	0.027 4***	0.219 3***	0.062 4***	−0.022 0	0.054 8**
	(5.29)	(8.18)	(9.59)	(−1.39)	(2.35)
lnFDI	−0.011 8**	−0.014 2	−0.053 1***	0.001 8	0.003 1
	(−2.55)	(−0.30)	(−6.39)	(0.14)	(0.41)
lnpop	0.033 3***	0.194 2***	0.098 2***	0.151 7***	−0.069 3
	(3.51)	(4.47)	(9.08)	(4.34)	(−0.87)
lnEgov	0.009 8	−0.178 1***	0.011 0	0.012 9	−0.034 8
	(1.40)	(−5.26)	(1.31)	(0.79)	(−1.34)
常数项	−1.486 7***	−6.930 7***	−2.299 0***	−1.530 1***	−0.846 3***
	(−19.91)	(−12.29)	(−22.23)	(−7.05)	(−2.09)
企业效应	控制	控制	控制	控制	控制

续表

变量	(1)	(2)	(3)	(4)	(5)
	一般贸易	加工贸易	东部	中部	西部
城市效应	控制	控制	控制	控制	控制
年份效应	控制	控制	控制	控制	控制
样本数	254 462	47 873	278 526	17 011	6 789
R^2	0.037	0.090	0.048	0.057	0.025

注：圆括号中为 *t* 统计值

***表示在 1%的水平上显著，**表示在 5%的水平上显著，*表示在 10%的水平上显著

（二）基于企业所在区域异质性的检验

劳动力素质结构中大学生占比在东、中、西部的空间分布可能存在显著差异，刘智勇等[355]认为大学生占比呈现出的空间分布状况，是致使东、中、西部地区经济增长出现差距的关键因素。据此，本节将企业所在地域划分为东部、中部和西部，进行分组检验。

表 4.7 的列（3）、列（4）、列（5）报告了按照所在地域不同进行分组之后的回归结果。结果显示，劳动力素质结构中大学生占比提高对东部和中部地区制造业价值链升级的促进作用特别明显，但是并未显著影响西部地区的制造业价值链升级，这表明在经济越发达的地区，劳动力素质结构优化对于制造业价值链升级的促进作用越强。这可能是因为：经济更发达的东部和中部地区，在薪资水平、就业机会、福利待遇、交通及基础设施方面对人才流入具有更高的吸引力，因此大学生更倾向于自发集中于东中部地区，尤其是东部沿海地区。大量人才的涌进促进了东中部地区劳动力素质结构的优化，并且有利于当地厂商根据市场需求挑选技能型劳动力，进而减少了中间品厂商的投入成本，扩大了其规模，从而通过提高企业的生产效率和竞争力促进制造业价值链迈向中高端[361]。反观西部地区，虽然近年来在政策扶持

和后发优势作用下，其劳动力素质结构中大学生占比有了较大幅度的提升，但由于地理、历史等方面的原因，在劳动力素质结构中大学生的存量、增量以及利用效率等方面存在明显不足，从而使得西部地区劳动力素质结构优化对于制造业价值链升级的促进作用不明显。

（三）基于企业所在城市规模异质性的检验

考虑到中国不同规模等级的城市劳动力素质结构存在较大差异，劳动力素质结构对于不同规模城市企业出口国内增加值率的影响可能存在异质性。为此，本节参照 2014 年 10 月 29 日印发的《国务院关于调整城市规模划分标准的通知》，按市辖区常住人口对样本期间全国 277 个样本城市做出以下划分：人口 300 万以上的划分为I型大城市、人口 100 万至 300 万的划分为II型大城市、人口 50 万至 100 万（不含）的划分为中等城市、人口 50 万以下的划分为小城市。基于企业所在城市规模异质性的检验结果见表 4.8。

表 **4.8**　基于企业所在城市规模异质性的检验结果

变量	（1）	（2）	（3）	（4）
	I型大城市	II型大城市	中等城市	小城市
lnedu	0.086 5**	0.374 9***	0.127 3***	0.026 0
	（2.02）	（21.91）	（6.26）	（0.84）
lnsize	0.044 0***	0.036 0***	0.026 8***	0.041 7***
	（8.32）	（13.47）	（5.47）	（2.64）
lncap	−0.047 0***	−0.052 5***	−0.033 0***	−0.060 5***
	（−14.04）	（−29.49）	（−9.78）	（−5.73）
lnrzys	−0.035 7***	−0.036 6***	−0.026 2***	−0.069 8***
	（−10.67）	（−21.81）	（−8.17）	（−6.82）
lntfp	0.092 0***	0.096 1***	0.083 0***	0.103 3***
	（22.45）	（44.25）	（20.93）	（7.35）

续表

变量	(1)	(2)	(3)	(4)
	I型大城市	II型大城市	中等城市	小城市
lnL	0.023 8**	0.012 7***	–0.007 3	0.014 9
	(2.51)	(2.97)	(–0.63)	(0.48)
lnK	0.141 2***	0.027 7***	0.060 0***	0.009 8
	(8.51)	(3.41)	(5.15)	(0.34)
lnFDI	–0.108 4***	–0.016 4	–0.020 5*	–0.002 5
	(–6.39)	(–1.52)	(–1.76)	(–0.29)
lnpop	0.060 8	0.197 4***	0.045 7**	0.013 6
	(1.20)	(13.17)	(2.51)	(0.31)
lnEgov	–0.132 5***	0.026 5**	0.000 5	0.017 3
	(–4.31)	(2.42)	(0.04)	(0.54)
常数项	–2.116 3***	–3.145 0***	–1.853 9***	–1.135 1***
	(–5.51)	(–21.57)	(–12.86)	(–3.18)
企业效应	控制	控制	控制	控制
城市效应	控制	控制	控制	控制
年份效应	控制	控制	控制	控制
样本数	44 381	205 851	46 771	5 332
R^2	0.047	0.050	0.047	0.050

注：圆括号中为 t 统计值

***表示在 1%的水平上显著，**表示在 5%的水平上显著，*表示在 10%的水平上显著

表 4.8 中的结果显示，劳动力素质结构中大学生占比增加明显促进了大城市及中等城市企业制造业价值链迈向中高端，并且对II型大城市的正向促进作用最大，然后依次是中等城市、I型大城市，对小城市的影响则不明显。这可能是因为：I型大城市作为经济最发达的城市，拥有着更密集的人口和经济活动分布，但大量人口及企业的涌进反而造成了过度集聚与过度竞争等问题。

柯善咨和韩峰[383]通过构建城市供求潜力指标发现，中国许多特大和大

城市可能已经出现了集聚不经济现象。而II型大城市可能尚未表现出拥挤效应，并且II型大城市与 I 型大城市相比其通勤成本和日常生活成本相对更低，另外，II型大城市的当地政府也出台了相应的户籍政策、创业与就业补贴政策等具体措施，这些都是吸引大学生入驻II型大城市的重要因素，因此在经济更发达的I型大城市，劳动力素质结构中大学生占比上升对于制造业价值链迈向中高端的促进效应反而没有II型大城市强烈。而小城市更多采取的是凭借当地劳动力或资源优势承接更高等级城市的产业转移，并未实现以人才为主要要素的创新发展，在区位、教育、医疗、交通等方面也没有竞争优势，所以在小城市劳动力素质结构中大学生占比增加对于制造业价值链迈向中高端的促进效应不显著。

（四）基于企业所有制类型异质性的检验

表 4.9 报告了基于不同所有制类型企业样本的回归结果。对于国有企业而言，劳动力素质结构系数虽然为正，但并不显著，说明劳动力素质结构中大学生占比提升对国有企业制造业结构的优化升级无明显推动作用。可能的原因在于国有企业劳动力素质结构中大学生占比相对较高，提高大学生占比对制造业价值链升级的边际效应变低了。相较于国有企业，劳动力素质结构对外资企业与民营企业制造业优化升级的作用方向为正且显著，并且外资企业的估计系数明显大于民营企业。具体来看，大学生占比每提高 1%，外资企业与民营企业的出口国内增加值率分别提高 0.1965%、0.1071%。其中的原因可能是外资企业大多由发达国家的跨国公司所开办。一方面，能力强的劳动力更加吸引外资企业，且外资企业有较强的能力去雇用，导致外资企业的人力资源配置优化程度高；另一方面，当前经济发展速度减慢的大环境下，与民营企业相比，具有大生产经营规模、强抗风险能力的外资企业更受高素质劳动力的青睐。外资企业中集聚了大量高素质人才，对企业本身的员

工结构有改善作用，有利于丰富工人的经验和提高工人的技术技能，对企业生产率和出口产品国内增加值的提升具有正向促进作用，使制造业结构优化升级的程度不断提高，企业价值链攀升的速度不断提高。

表 **4.9** 基于不同所有制类型企业样本的回归结果

变量	(1)	(2)	(3)
	外资企业	国有企业	民营企业
lnedu	0.196 5***	0.030 4	0.107 1**
	(9.15)	(1.40)	(2.36)
lnsize	0.035 5***	0.017 3***	0.043 9***
	(9.12)	(4.31)	(4.13)
lncap	−0.056 0***	−0.020 4***	−0.037 5***
	(−22.53)	(−6.72)	(−5.38)
lnrzys	−0.036 8***	−0.021 9***	−0.033 9***
	(−15.76)	(−7.39)	(−3.77)
lntfp	0.108 4***	0.054 3***	0.057 9***
	(36.05)	(15.62)	(7.37)
ln*L*	0.003 7	−0.006 1	0.026 6
	(0.58)	(−0.89)	(1.06)
ln*K*	0.053 0***	0.018 1	−0.111 3***
	(5.71)	(1.55)	(−4.28)
lnFDI	−0.007 0	−0.022 7*	0.011 2
	(−0.94)	(−1.93)	(0.52)
lnpop	0.050 0***	0.024 6	0.084 8
	(2.59)	(1.38)	(1.62)
lnEgov	0.020 2	0.002 9	0.128 2***
	(1.52)	(0.22)	(5.28)
常数项	−2.529 5***	−0.580 3***	−0.107 0
	(−17.03)	(−4.02)	(−0.27)
企业效应	控制	控制	控制

续表

变量	（1）	（2）	（3）
	外资企业	国有企业	民营企业
城市效应	控制	控制	控制
年份效应	控制	控制	控制
样本数	132 277	110 382	59 676
R^2	0.053	0.016	0.136

注：圆括号中为 t 统计值

***表示在 1%的水平上显著，**表示在 5%的水平上显著，*表示在 10%的水平上显著

二、对劳动力素质结构外部性的进一步考察

不同等级的城市在教育水平、经济发展水平等方面存在较大差异，而这些差异的存在可能使得劳动力素质结构对制造业价值链攀升存在城市规模异质性。因此，本节将全国各城市划分为I型大城市（H）、II型大城市（B）、中等城市（M）、小城市（S），并借助潜力模型测算不同规模城市劳动力素质结构的可达性指标，将之代入式（4-2）进行重新回归，进一步从城市规模的视角对制造业价值链攀升受劳动力素质结构变化影响的效应进行更加详细的考察。

不同规模城市劳动力素质结构外部性指标可表示为

$$\begin{aligned} \mathrm{Hedu}_j &= \sum_H \frac{\mathrm{edu}_H}{d_{jH}}, \quad \mathrm{Bedu}_j = \sum_B \frac{\mathrm{edu}_B}{d_{jB}} \\ \mathrm{Medu}_j &= \sum_M \frac{\mathrm{edu}_M}{d_{jM}}, \quad \mathrm{Sedu}_j = \sum_S \frac{\mathrm{edu}_S}{d_{jS}} \end{aligned} \tag{4-8}$$

其中，Hedu_j、Bedu_j、Medu_j、Sedu_j 分别表示任意城市 j 受到I型大城市、II型大城市、中等城市及小城市劳动力素质结构变化的空间影响。表 4.10 报告了城市间劳动力素质结构外部性对制造业价值链升级的空间外溢效应估计结果。

表 **4.10** 城市间劳动力素质结构外部性对制造业价值链升级的作用差异

变量	(1)	(2)	(3)	(4)
	Ⅰ型大城市	Ⅱ型大城市	中等城市	小城市
lnedu	0.078 2**	0.132 9***	0.075 4***	0.031 8
	(1.99)	(18.46)	(5.74)	(1.32)
lnHedu	0.021 7*	0.259 3***	0.066 5	−0.015 4**
	(1.83)	(20.62)	(1.49)	(−2.17)
lnBedu	0.129 7***	0.193 9**	0.107 5***	0.043 9
	(7.77)	(2.25)	(8.64)	(1.06)
lnMedu	0.103 3***	0.096 5***	0.067 7**	0.024 7*
	(5.31)	(4.51)	(2.24)	(1.88)
lnSedu	0.054 4**	0.087 2**	0.029 6	0.008 5
	(2.28)	(2.06)	(1.51)	(0.91)
lnsize	0.036 9***	0.046 1***	0.017 8***	0.042 5***
	(4.90)	(6.99)	(4.38)	(3.04)
lncap	−0.046 4***	−0.057 8***	−0.034 3***	−0.060 2***
	(−11.03)	(−10.87)	(−7.78)	(−7.91)
lnrzys	−0.027 9***	−0.038 1***	−0.017 9***	−0.057 4***
	(−9.20)	(−8.96)	(−10.30)	(−8.72)
lntfp	0.097 6***	0.094 1***	0.084 7***	0.108 5***
	(19.08)	(15.55)	(19.32)	(12.43)
ln*L*	0.018 7*	0.024 1**	0.006 2	0.021 6
	(1.92)	(2.37)	(1.03)	(0.56)
ln*K*	0.136 3***	0.037 5***	0.058 3***	0.027 6**
	(7.44)	(2.78)	(4.66)	(1.97)
lnFDI	−0.098 9***	−0.076 1	−0.031 7**	−0.025 9
	(−5.90)	(−1.61)	(−2.22)	(−0.75)
lnpop	0.047 4	0.147 2***	0.065 8***	0.025 8*
	(1.55)	(4.77)	(3.65)	(1.69)
lnEgov	−0.094 5**	0.034 9**	0.004 5	0.031 4
	(−2.14)	(2.42)	(0.88)	(0.75)

续表

变量	(1)	(2)	(3)	(4)
	Ⅰ型大城市	Ⅱ型大城市	中等城市	小城市
常数项	$-2.446\ 1^{***}$	$-2.198\ 3^{***}$	$-1.837\ 0^{***}$	$-1.207\ 4^{***}$
	(−6.02)	(−5.99)	(−9.11)	(−4.12)
企业效应	控制	控制	控制	控制
城市效应	控制	控制	控制	控制
年份效应	控制	控制	控制	控制
样本数	44 381	205 851	46 771	5 332
R^2	0.046	0.051	0.049	0.049

注：圆括号中为 t 统计值

***表示在 1%的水平上显著，**表示在 5%的水平上显著，*表示在 10%的水平上显著

从表 4.10 的实证结果来看，劳动力素质结构对城市自身制造业价值链升级影响效应的符号方向和显著性水平与表 4.8 一致，在此本部分主要探讨不同城市间劳动力素质结构变化对制造业价值链升级的空间外溢效应。

（一）I型大城市劳动力素质结构的空间外溢效应

I型大城市劳动力素质结构变化对同级城市和II型大城市的空间外溢效应符号方向均为正且显著，对中等城市的空间外溢效应符号方向为正但不显著，对小城市的空间外溢效应符号方向为负且显著。这表明，I型大城市劳动力素质结构的优化推动了周边同级城市和II型大城市的制造业价值链的攀升，而对周边中等城市未产生明显影响，不利于周边小城市制造业价值链攀升。这可能是由于II型及以上大城市有更高的经济发展水平、更高的收入、更多的机会，更容易受到高素质劳动力的青睐，产生人才集聚；此外，人才的流动和联系更加频繁的II型及以上大城市，更容易发挥人力资本的外部性；而中小城市优质劳动力青睐于大型城市，使得大型城市的人才占比进一

步提高，同时会导致中小城市的人才流失严重，中小城市的制造业价值链攀升受到不利影响。

比较I型大城市与II型大城市的劳动力素质结构估计系数，发现前者明显小于后者。表明 I 型大城市已出现拥挤效应，人才集聚产生的溢出效应已大打折扣；II型大城市具备生产率相对较高、拥挤效应相对较低的特点，易受高素质劳动力青睐，人才集聚的溢出效应明显，从而使得I型大城市估计系数明显小于II型大城市。

（二）II型大城市劳动力素质结构的空间外溢效应

II型大城市劳动力素质结构变化对周边各级城市的空间外溢效应符号方向均为正且显著（除小城市外），对小城市的空间外溢效应符号方向为正但不显著。此外，II型大城市劳动力素质结构对同级城市空间外溢效应的估计系数最大，I 型大城市和中等城市次之。这表明，II型大城市高素质劳动力更青睐于中等及以上城市，从而在这些城市间产生了明显的劳动力素质结构外部性，但却对小城市的劳动力素质产生了明显的极化作用，使得II型大城市的劳动力素质结构中大学生占比提高并未显著促进小城市制造业价值链升级。

（三）中小城市劳动力素质结构的空间外溢效应

中等城市劳动力素质结构变化对周边各级城市的空间外溢效应符号方向均为正且显著，作用大小从I型大城市到小城市依次递减。这说明中等城市高素质劳动力出现分流，不仅会流向更高等级的城市，也会流向小城市，所以也推动了小城市制造业价值链的攀升。

小城市劳动力素质结构变化对小城市自身没有明显影响，反而对II型及以上大城市的空间溢出效应符号方向为正且显著。这表明，小城市高素质劳动力更青睐于大型城市，而未能着眼于当地制造业结构优化升级。

综合来看，在中国制造业价值链迈向中高端的过程中，劳动力素质结构变化对Ⅱ型及以上大城市制造业价值链升级产生明显的正向作用，且相较于Ⅰ型大城市、中等城市和小城市，高素质劳动力更青睐于Ⅱ型大城市，而在大型城市极化效应作用下，中小城市，特别是小城市并没有在劳动力素质结构外部性中取得明显的价值链升级优势。

第七节　主要结论与政策启示

伴随着中国经济由高速增长进入高质量发展阶段，我国劳动者平均受教育年限延长成为常态，大学及以上学历劳动力占比将持续增加。劳动力素质结构会不断优化，充分发挥劳动力素质结构中万人大学生占比在结构转型和价值链升级中的作用对于促进经济发展动能转变、培育制造业国际竞争新优势具有重要意义。本章综合利用 2003～2013 年中国工业企业数据库和中国海关进出口数据库测算了制造业企业出口产品国内增加值率，并利用制造业企业与城市面板数据的匹配数据探讨了劳动力素质结构变化对制造业价值链升级的影响，并得出了以下主要结论和政策启示。

一、主要结论

（1）高素质劳动力占比增加显著提升了中国制造业企业出口产品的国内增加值率，进而促进了制造业出口价值攀升，且该结论在进一步更换测度指标、考虑极端值与内生性问题之后依然成立。

（2）劳动力素质结构优化显著促进了一般贸易与加工贸易企业出口价值攀升，且对加工贸易企业的促进作用大于一般贸易企业。

（3）劳动力素质结构优化显著促进了东部和中部地区制造业出口价值攀

升，而对西部地区影响不明显。

（4）劳动力素质结构优化显著促进了大城市及中等城市企业出口价值攀升，且对Ⅱ型大城市的促进作用最大，中等城市次之，Ⅰ型大城市再次之，对小城市的影响则不显著。

（5）劳动力素质结构优化显著促进了外资企业和民营企业出口国内增加值率提升，但对国有企业未产生明显影响。

（6）Ⅱ型及以上大城市在制造业出口价值链攀升中显著受益于劳动力素质结构外部性，且与其他规模的城市相比，Ⅱ型大城市对高人力资本劳动者更具吸引力，而中小城市，尤其是小城市在大型城市极化效应作用下，并未在出口价值链攀升中明显受益于劳动力素质结构外部性。

二、政策启示

第一，劳动力素质结构中大学生占比增加在整体上有助于提升制造业出口国内增加值率，因而各地区应继续增加教育供给，并为劳动者提供更多技能培训机会，提高人力资本数量和质量，为推动制造业出口价值攀升培育人力资本新动能和新优势。

第二，由于劳动力素质结构优化对加工贸易企业出口价值攀升的促进作用明显大于一般贸易企业，因此，促进加工贸易企业发展动能由依靠传统劳动力成本优势向人力资本新优势转变具有明显可行性。我国是人口大国的基本事实决定了我国同时也可能成为人才大国。随着传统的人口红利逐渐衰减，充分提升劳动力的人力资本水平变得尤为重要。这有助于发挥人才红利的大国优势，从而能推动我国对外贸易的转型升级。通过这种转型，我们可以促进制造业价值链向高增加值环节攀升，并提高制造业的国际竞争力。

第三，本章结论显示，劳动力素质结构对制造业出口价值攀升的作用由东向西依次递减且在西部地区影响不显著，因此东部地区已经在利用劳动力素质优势推进制造业价值链升级中具备了较大优势。对于中西部地区，尤其是西部地区的劳动力素质优势还需进一步培育。建议加大中西部地区教育资源供给，提升劳动力的数量和质量，同时，积极培育中西部地区产业发展环境和营商环境，尤其是要增强西部地区的产业基础，为留住人才提供良好的就业机会和工作环境。

第四，由于劳动力素质结构优化显著促进了外资企业和民营企业出口价值攀升，而对国有企业影响不显著，因此应在进一步推动外资企业和民营企业人力资源市场化配置的基础上，积极推动国有企业依据自身发展现状和前景，依托自身在国民经济中的主导优势，更多运用市场化机制来吸引人才、配置人力资源，提高人力资本配置和利用效率，依托劳动力素质优势推动自身向全球价值链中高端迈进。

第五，劳动力素质结构及其外部性对不同等级城市制造业出口价值攀升产生了明显的异质性影响。对于I型大城市而言，虽然集聚效应使其拥有较强的劳动力素质优势，即人力资本优势，但拥挤效应却限制了人力资本外部性在城市内部及城市间的充分发挥，因此应进一步增加交通、医疗、卫生、教育等公共服务供给，加强治堵缓堵力度，降低拥挤效应对劳动力素质结构优势的负向作用，提高其劳动力素质水平的积累优势对周边城市的带动作用；II型大城市劳动力素质结构对同级城市空间外溢效应的估计系数最大，因而该类城市在劳动力素质优势发挥中具有较大潜力，应进一步强化该类城市的集聚经济效应，打造有利于人力资本集聚和优势发挥的产业发展环境，充分利用其劳动力素质结构外部性优势带动周边城市乃至整个区域制造业价值链攀升；对于中等城市，其制造业出口价值攀升在显著受益于自身、同等级城市及II型大城市的劳动力素质结构外部性的同时，其人力资本水平提高也对小城市制造业出口价值攀升产生了促进作用，因此应加强中等城市在不同规模城市中承上启下的作用，在充分吸收II型大城市劳动力素质结构外部性的同时，加强自身在人力资本方面的投资和培育力度，并对下级市县提供更多教育和培训机会，提升其劳动力素质结构外部性对小城市的扩散效应；而对于小城市而言，其应在充分利用当地优势资源的基础上，着力增加教育资源的供给力度，同时积极制定各类人才优惠政策，为人才发展消除后顾之忧，吸引和留住人才、壮大人才队伍，培育有利于产业发展和制造业出口价值攀升的劳动力素质结构优势。

第五章
劳动力受教育程度变化与制造业全球价值链升级

第一节 问题提出

自 1977 年恢复高考以来 40 余年的中国高等教育发展进程中，高校扩招无疑是影响高等教育水平最为重大的事件之一，也是改善我国劳动力教育结构的重要推手。而肇始于 20 世纪 90 年代末期的高校扩招，的确改变了一大批青年学子的命运，也为后来的劳动力教育结构不断优化打下了基础。1999 年大学毕业生数量为 84.8 万人，2007 年则增加到了 447.8 万人，增幅为 428%，极大地改善了新成长劳动力的人力资本素质[384]。进入 21 世纪以来中国企业的出口质量持续攀升，异质性企业理论认为，高质量产品的生产依赖于高技能的劳动力和较高的生产效率[385-386]，那么劳动力教育结构变化即高校扩招后大量毕业生进入劳动力市场是否会改善企业的出口质量呢？对于这一问题的回答，既关系到对高校扩招政策更为全面、客观的评价，以及是否有必要调整高等教育的发展方向，即将劳动力教育的重心向高等教育偏移，也关系到如何推动中国出口企业顺利实现全球价值链升级，培育出新的出口竞争优势，实现由贸易大国向贸易强国的转变。

实际上，仔细梳理 1999 年高校扩招的现实背景，就会发现其目的不限于缓解就业压力问题①，进一步提升高等教育对经济发展、国际竞争力的支撑作用也是一个重要的考虑[388-389]②。从国内看，中国从 1978 年开始实行改革开放，制定了建设社会主义现代化的发展计划，这项工程所要解决的问题之多、之复杂是可想而知的，显然离不开高等教育所拥有的智力资源。从国际上看，进入 20 世纪 90 年代后，许多发达国家都将振兴教育作为提高综合国力的基本国策，陈至立③于 1999 年指出中国如果不能加快发展教育事业，培养造就一大批能够参与国际竞争的高层次创新人才，中国同发达国家的差距就会进一步扩大[390]。党的十五大报告指出："培养同现代化要求相适应的数以亿计高素质的劳动者和数以千万计的专门人才，发挥我国巨大人力资源的优势，关系二十一世纪社会主义事业的全局。要切实把教育摆在优先发展的战略地位。"1999 年召开的第三次全国教育工作会议对高等教育的发展方针做出了重大决策，提到"当今世界，科学技术突飞猛进，知识经济已见端倪，国力竞争日趋激烈。教育在综合国力的形成中处于基础地位，国力的强弱越来越取决于劳动者的素质，取决于各类人才的质量和数量"。这次会议的召开和《面向 21 世纪教育振兴行动计划》的制订，促成了 20 世纪末及之后的高校扩招。从 1999 年开始，中国高等学校招生加速进行，当年扩招比例高达 47%，其后三年高校招生人数分别以 25%、17%、10%的速度增长。

在此背景下，本章以高校扩招来表示劳动力教育结构变化，基于

---

① 国有部门的就业人数由 1990 年的 10 346 万人下降到 1998 年 8809 万人，减少 1537 万人。1999 年年末累计下岗的职工人数占全国国企职工总人数的 20.7%，占全部城镇劳动力的 13.2%[387]，可见当时就业压力较大。

② 在 1999 年的扩招中，亚洲开发银行驻中国代表处前首席经济学家汤敏于 1998 年向中央提交了《关于启动中国经济有效途径——扩大招生量一倍》的建议书，提出"扩大高校招生不应是权宜之计……要从中华民族在二十一世纪的知识化，全球化的新环境中能否重新崛起的高度重新认识与设计我国的高等教育体制。在十五规划以及国家的远景规划中加以通盘考虑"。

③ 陈至立为时任教育部部长。

2000～2007 年中国工业企业数据库和中国海关进出口数据库的匹配数据，使用双重差分法考察从 1999 年开始的高校扩招对企业出口质量的影响。

第二节　理论模型与研究假说

一、产品市场

假设出口企业生产的最终产品的产品质量可以表示为

$$Q_t = AK^{1-\alpha-\beta}(L^\alpha + H^\beta) \tag{5-1}$$

其中，产品质量 Q 取决于生产率 A、资本等其他中间投入品 K 以及劳动。这里的劳动分为两种类型，即 n 个单位的低技能劳动 $L=\sum_{i=1}^{n} l_i$ 和 m 个单位的具有更高人力资本含量的高技能劳动 $H=\sum_{j=1}^{m} h_j$。假设高技能劳动的边际生产力高于低技能劳动，即 $\alpha<\beta$，且出口企业是世界市场的价格接受者，即 $\alpha+\beta\leqslant 1$。高技能劳动只能通过接受高等教育获得。最终出口产品的价格为 p，低技能劳动的工资水平为 w_l，高技能劳动的工资水平为 w_h，资本等其他中间投入品的价格为 r，则出口最终产品企业的利润最大化问题为

$$\max_{L,H} pAK^{1-\alpha-\beta}(L^\alpha + H^\beta) - w_l L - w_h H - rK$$

则出口企业对劳动的要素需求函数为

$$\begin{aligned} L^d &= \left(\frac{\alpha pA}{w_l}\right)^{\frac{1}{1-\alpha}} K^{\frac{1-\alpha-\beta}{1-\alpha}} \\ H^d &= \left(\frac{\beta pA}{w_h}\right)^{\frac{1}{1-\beta}} K^{\frac{1-\alpha-\beta}{1-\alpha}} \end{aligned} \tag{5-2}$$

通过式（5-2）可知，当低技能劳动工资较低时，出口企业对低技能劳动需求更高。同时，当高技能劳动的边际生产率越高时，出口企业对高技能劳动的需求越高。

二、劳动市场

令所有的劳动者数量为 $N=n+m$。对于未接受高等教育的低技能劳动供给者 $i\in n$ 而言，其只能提供低技能劳动产品，劳动的负效用为 c。对于接受高等教育的劳动供给者 $\forall j\in m$ 而言，其人力资本得到了提高，提供每一单位的高技能劳动的负效用为 k。

在低技能的劳动市场上，低技能劳动者提供无差异的劳动产品，劳动供给者处于完全竞争市场中，是既定工资水平的价格接受者，即低技能劳动供给者的最优化问题为

$$\begin{aligned}&\max_{l_i^s}(w_l-c)l_i^s,\quad \forall i\in n\\&\text{s.t.}\quad \sum_{i\in n}l_i^s=L^d\end{aligned}\tag{5-3}$$

其中，上标 s 和上标 d 分别表示供给和需求。高技能劳动者具有更高的人力资本水平，提供和低技能劳动者具有差异性的劳动产品，具有一定的劳动市场垄断力量。但不同的高技能劳动者之间存在竞争，则高技能劳动市场的劳动供给侧最优化问题为

$$\begin{aligned}&\max_{h_j^s}\left(w_h(H^d)-k\right)h_j^s,\quad \forall j\in m\\&\text{s.t.}\quad \sum_{j\in m}h_j^s=\left(\frac{\beta pA}{w_h}\right)^{\frac{1}{1-\beta}}K^{\frac{1-\alpha-\beta}{1-\alpha}}\end{aligned}\tag{5-4}$$

则均衡时高技能劳动者数量为

$$H^{*}=\sum_{j\in m}\left(\frac{mk}{\beta Ap(\beta+m-1)}\right)^{-\frac{1}{1-\beta}}K^{\frac{1-\alpha-\beta}{1-\alpha}} \tag{5-5}$$

此时需要支付给高技能劳动者的工资水平为

$$w_h^{*}=\frac{mk}{\beta+m-1}$$

即当高技能劳动供给较多时，工资下降。

三、高校扩招教育决策

通过式（5-4）、式（5-5）可知，劳动者供给高技能劳动获得的剩余为

$$\frac{1}{m}(1-\beta)(pA)^{\frac{1}{1-\beta}}K^{\frac{1-\alpha-\beta}{1-\alpha}}\left(m^{-1}(\beta+m-1)^{\beta}\right)^{\frac{1}{1-\beta}}k^{-\frac{\beta}{1-\beta}} \tag{5-6}$$

类似地，通过式（5-3）可知，劳动者供给低技能劳动获得的剩余为

$$\frac{1}{n}(w_l-c)w_l^{-\frac{1}{1-\alpha}}(\alpha pA)^{\frac{1}{1-\alpha}}K^{\frac{1-\alpha-\beta}{1-\beta}} \tag{5-7}$$

劳动者接受高等教育存在机会成本，这一成本体现为：劳动者放弃以边际成本 c 供给低技能劳动，进而放弃由此所获得的剩余，转而选择接受高等教育，以边际成本 k 供给具有更高边际生产力的劳动。所以个体接受高等教育的前提是使得式（5-6）不低于式（5-7）。为了简便起见，将 pA 标准化为 1，可得个体决定接受高等教育的临界值条件 $\left(\hat{m},\hat{k}\right)$ 为

$$\frac{1-\beta}{m}\left(\hat{m}^{-1}(\beta+\hat{m}-1)^{\beta}\right)^{\frac{1}{1-\beta}}\hat{k}^{-\frac{\beta}{1-\beta}}\geqslant\frac{\alpha^{\frac{1}{1-\alpha}}}{N-\hat{m}}(w_l-c)w_l^{-\frac{1}{1-\alpha}} \tag{5-8}$$

如果式（5-8）取等号，此时个体是否接受高等教育无差异。将式（5-8）

左侧对 k 求导，所得结果的符号为负。即接受高等教育的成本越低，接受高等教育并提供高技能劳动所带来的剩余，相比不接受高等教育而供给低技能劳动所带来的剩余越大；同时，市场对低技能劳动给出的竞争性工资越低，即 $w_l - c$ 相对越小，接受高等教育带来的回报越大。

四、高校扩招与产品质量

（一）高校扩招与技术

首先，高校扩招提高了人力资本，使得既定条件下劳动的边际生产率提高了，即在其他条件不变的情况下，$\frac{\partial Q}{\partial H}$ 上升。此时，出口企业对高技能劳动力的需求上升。在其他条件不变的情况下，出口产品的质量提高。

其次，高校扩招使得更多的经理人受到更好的培训，企业生产协调性提高，出口企业的全球战略布局更为合理，这可以表示为更高的资源利用效率，即全要素生产率 A 提高，使得出口产品质量提高。

（二）高校扩招与劳动力市场

第一，给定高校的教育质量，高校扩招更大的作用是使得受教育更为容易，人力资本积累的成本更小。给定劳动力总量的前提下，会有更多的人选择接受高等教育。这表现为 k 的降低。k 降低可以使得给定工资条件下，提供高技能劳动的边际收益增加，促使选择接受高等教育与不接受高等教育相比，机会成本更小，即无差异条件——式（5-8）的左侧变大，或者供给高技能劳动获得的剩余——式（5-6）变大。因为不接受高等教育并提供低技能劳动，只能是市场工资的接受者，缺乏议价能力。

第二，通过高技能劳动市场的均衡条件——式（5-5）可知，高校扩招使得入学更容易，接受高等教育的成本降低，促使更多人供给高技能劳动，高技能劳动的供给曲线右移，使得高技能劳动的均衡工资下降。对于最终出口企业而言，成本降低。

第三，由于高技能劳动力之间存在竞争，所以高校扩招使得接受高等教育的门槛降低，提供高技能劳动的回报随着高校扩招幅度的增大而减少。给定人口总量，这使得当越来越多的人接受高等教育后，均衡的 $\hat{m}$ 会增加，降低了高技能劳动者的回报。但是需要注意的是，高校扩招意味着招收学生数 m 增加，招收学生数 m 与接受高等教育的成本 k 之间是相关的。

第四，随着高校扩招使得越来越高比重的劳动力转变成高技能劳动力，最终产品质量也会提高。

（三）高校扩招与中间产品

由于资本等其他中间投入品 K 与劳动是互补品，劳动生产率的提高也会提高对配套中间品的需求，即 $\frac{\partial^2 Q}{\partial K \partial H}>0$。由于高技能劳动越来越容易获得，则相应的中间投入品的数量和质量也会提高。

图 5.1（a）模拟了个体决定接受高等教育的临界值条件——式（5-8）成

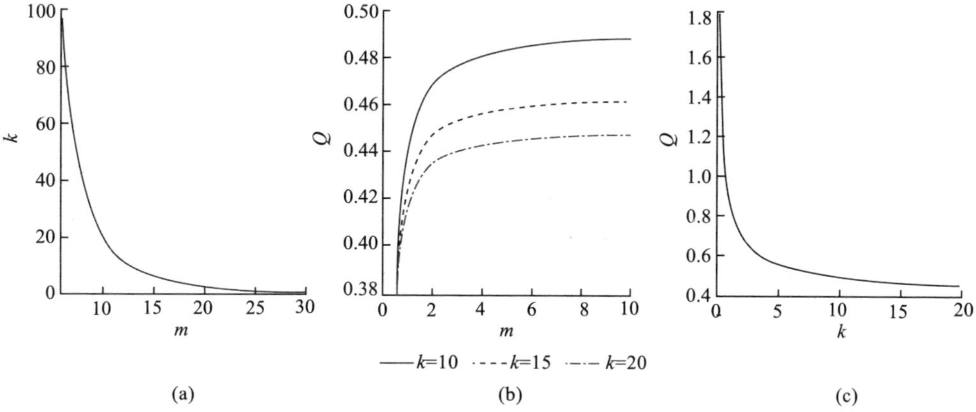

图 5.1　数值模拟

数值模拟选取的参数为 $p=A=K=1$，$\alpha=0.2$，$\beta=0.4$，$N=100$，$c=8$，$w_l=10$

立时，均衡成本（也即负效用）k 和接受高等教育人数 m 之间的关系，以及 m 和产品质量 Q、k 和 Q 之间的关系。图 5.1（a）显示，高校扩招导致接受高等教育的成本下降，入学人数增加，两者有负相关性。图 5.1（b）表示出口产品质量随着高校扩招带来的接受高等教育的劳动力 m 的增加而提高。并且，如果提供高技能劳动的成本降低，产品质量会有更大幅度的提高。图 5.1（c）表示劳动者成为高技能劳动力的成本降低会提高产品质量。

第三节 研究设计

一、数据来源

本章的数据主要来源于两个方面：第一，企业层面的生产数据，来源于 2000～2007 年的中国工业企业数据库。第二，相应年份产品层面的中国海关出口数据，来源于中国海关进出口数据库。对于中国工业企业数据库进行如下处理：①根据企业名称、注册代码等重新构建面板数据；②调整行政区划代码，我国的行政区划进行了多次调整，我们将行政代码重新调整为 2002 年的行政区划代码；③部分企业提供的信息存在遗漏和错误，删除企业员工少于 10 人，总资产、净固定资产、销售额、工业总产值缺失，流动资产大于总资产，总固定资产大于总资产的样本；④对主要变量进行价格指数平减。此外，我们借鉴通行做法，分别使用两个数据库中企业名称和年份对数据进行匹配、企业的邮政编码和电话号码的后七位数字对数据进行匹配。

二、计量模型

双重差分法通过加入控制组进行对照，可以减少需要考虑的控制变量个数，很好地控制回归的内生性问题，这一方法近年来在公共政策的评估中得到广泛应用。借鉴 Che 和 Zhang[79]的做法，建立如式（5-9）所示的双重差分计量模型：

$$\text{quality}_{ict} = \alpha + \beta \times \text{HC}_c \times \text{post} + \delta \times X_{ict} + \gamma_i + \lambda_t + \eta_c + \varepsilon_{ict} \qquad (5\text{-}9)$$

其中，i 表示企业；c 表示在中国行业分类（China Industrial Classification，CIC）中的四位码行业；t 表示年份；quality 表示企业层面出口质量；HC_c 表示行业 c 的人力资本密集度。人力资本密集度越高的行业，高校扩招的毕业生进入劳动力市场后对其影响越大，并且不同行业间人力资本密集度存在非常明显的差异，因此 HC_c 可以较好地识别连续分组。post 表示企业处于 2003 年前后的虚拟变量，若处于 2003 年及之后，post=1；如果处于 2003 年之前，post=0。由于存在大学专科、大学本科、硕士研究生和博士研究生学制的差异（学制分别为 3 年、4 年、3 年和 3 年）①，那么中国高校扩招（1999 年）后第一批进入劳动力市场的毕业生时间分别为 2002 年 6 月和 2003 年 6 月。从图 5.2 可以看出，普通高等学校毕业生数量自 2002 年开始迅速上升。

图 5.2　普通高等学校毕业生数与招生数

数据来源：《新中国六十年统计资料汇编》

纵轴 100 万人处的横向虚线表示 1999 年扩招后数量高速增长的开始，是一个大概的参考线

① 在 2000～2007 年，我国绝大部分高校研究生教育实行的是 3+3 学制，即硕士、博士各 3 年。

对于 post，之所以没有选取 2002 年作为分界点，原因有两个：一是出口产品质量的提升并非一朝一夕就可以完成的，尤其是对于新进入劳动力市场的毕业生而言，从上岗培训、熟悉业务流程到作用于产品质量需要一定的时间；二是 HC_c 是行业层面指标，没有考虑地区间的差异，暗含的假设是劳动力可以在地区间进行无障碍的自由流动。实际上，直到 2002 年国家才取消限制高校毕业生流动的政策[①]，允许高校毕业生跨省（自治区、直辖市）和跨地（市）就业，因此，考虑到政策时滞，选择 2003 年作为分界点更为合适。

此外，β 是本章主要关心的回归系数，它衡量了高校扩招前后，高人力资本密集度企业和低人力资本密集度企业出口产品质量变化的平均差异，如果 $\beta>0$，则意味着高人力资本密集度企业出口产品质量相比低人力资本密集度企业提高，高校扩招对出口产品质量产生了正向促进作用；X 表示企业层面和所在行业随时间变化的控制变量；γ_i 表示企业固定效应；λ_t 表示年份固定效应；η_c 表示行业固定效应，ε_{ict} 表示随机误差项。

对于以上描述，需要说明的还有以下四点。第一，本章主要考察 1999 年开始的高校扩招，而非其他年份的高校扩招对出口产品质量的影响。除了数据限制外，更主要的是 1999 年开始的高校扩招无论是在扩招幅度和持续性上，还是在影响力上远远超过了 1977 年高考恢复时的扩招和 1992 年的扩招[②]，并且这次扩招仍然在深刻地影响着中国的经济。第二，本章没有使用

---

① 见《国务院办公厅转发教育部等部门关于进一步深化普通高等学校毕业生就业制度改革有关问题意见的通知》（国办发〔2002〕19 号），该文件的颁布成为高校毕业生在更大范围内适应市场经济需要向自主择业过渡的重要标志。

② 1999 年到 2016 年，我国普通本专科生招生规模实现了持续 17 年招生规模扩大，而且年均增长率达到 9.55%，这在 1977 年高考恢复之后到 1998 年的各个时期是没有出现过的。在 1977 年恢复高考时，当年普通本专科生招生人数是 27.25 万人，由于 10 年“文革”致使大量的青年无法读大学，恢复高考后报考学生数量庞大，在这种情况下 1978 年普通本专科生招生规模才增至 40.2 万人，但 1979 年又马上恢复至 28.4 万人，可以说这次高校招生规模的扩大带有很强的临时性特征。而 1992 年的扩招，仅持续到 1993 年，1994 年我国普通本专科生招生人数则出现了 2.6%的负增长。

产品层面的出口质量，而是使用了企业层面的出口质量数据，原因在于：首先，中国工业企业数据库提供的是企业层面的年度数据，如果使用产品层面的出口质量数据，在没有引入新信息的情况下观测值数量的扩大会使得标准误差变大；其次，相比年度数据，月度数据可能存在更为严重的异常值问题；最后，本章分析的关注点在于高校扩招对企业间的出口质量的影响差异，并非不同时间段里企业出口产品质量的动态变化。第三，使用双重差分法的研究基本上都是采用将全部数据分为处理组和对照组的思路，例如可以根据人力资本密集度是否高于中位数，将数据分为高人力资本组和低人力资本组，虽然这不会从根本上改变研究结论，但人为选择边界值容易导致分组偏差。而本章使用连续分组的方法，同样可以识别出高校扩招对出口产品质量的影响，也更为合理。第四，标准误差问题。统计推断应控制聚类，否则会导致标准误差被低估，进而导致使用经典假设检验时，原假设被拒绝，通常的做法是使用聚类的标准误差[391-392]。由于本章的组别较少①，借鉴Acemoglu 和 Pischke[394]的做法，在控制个体固定效应的情况下，在行业-年份（CIC4×year）层面进行聚类。

三、变量说明

（一）企业出口质量

$$x_{fhct} = q_{fhct}^{\sigma-1} p_{fhct}^{-\sigma} P_{ct}^{\sigma-1} Y_{ct} \tag{5-10}$$

其中，x_{fhct}、q_{fhct}、p_{fhct} 分别表示在 HS 六位码上，在年份 t 企业 f 对目的地国 c 出口的产品 h 的数量、质量、价格；P_{ct} 表示加总价格指数；Y_{ct} 表示国家 c 的总收入；σ 表示不同产品之间的替代弹性。对式（5-10）两边取对数，可以获得需求方程：

① Angrist 和 Pischke[393]认为组别在 42 个时方不至于过少。

$$\ln x_{fhct} + \sigma \ln p_{fhct} = \varphi_h + \varphi_{ct} + \varepsilon_{fhct} \tag{5-11}$$

其中，产品固定效应（φ_h）可以控制不同种类产品之间价格和数量的差异；国家–年份固定效应（φ_{ct}）可以控制目的国的加总价格指数（P_{ct}）和总收入（Y_{ct}）的差异。对式（5-11）进行回归，得出的残差即为产品质量，即

$$\text{quality}_{fhct} = \varepsilon_{fhct} / (\sigma - 1) \tag{5-12}$$

对于σ，使用 Broda 和 Weinstein[347]关于替代弹性的数据，计算在每个 HS 两位码产品上的σ值，quality_{fhct}表示的是 HS 六位码产品层面的出口质量。

为了获得企业总体层面的质量，需要将产品层面的质量加总到企业层面，然而不同产品质量加总的经济学意义不明显，为此对式（5-12）进行标准化处理，从而可以获得每个企业在每个年度对于每一 HS 分类产品的标准化质量指标，即

$$\text{squality}_{fhct} = \left(\text{quality}_{fhct} - \text{minquality}_{fhct}\right) / \left(\text{maxquality}_{fhct} - \text{minquality}_{fhct}\right) \tag{5-13}$$

其中，squality 表示标准化质量；minquality、maxquality 分别表示产品层面出口质量的最小值和最大值。然后将企业产品出口额作为权重，就可以得到企业层面出口产品的加权平均质量 quality。

（二）行业人力资本密集度

对于制造业行业人力资本密集度指标，Che 和 Zhang[79]使用美国 20 世纪 80 年代 28 个 ISIC（International Standard Industrial Classification，国际标准产业分类）三位码行业大学学历及以上人员的比例进行衡量，不同于该研究的是，本章使用 1995 年第三次全国工业普查数据，并用 CIC 四位码行业大专学历及以上人员的比例进行衡量。原因在于：第一，虽然根据 Che

和 Zhang[79]的测算，中国与美国制造业行业人力资本密集度具有较强的相关性，但中美两国的制造业发展面临着截然不同的情况，美国制造业的资本密集化程度高，而中国制造业仍然以劳动密集型为主，本章使用 1995 年全国工业普查数据可以避免 HC 这一指标测算不准确的情况。第二，相比使用 ISIC 三位码行业数据，本章使用 CIC 四位码行业所包含的行业更多、更细，能更好地反映行业间的差异。此外，基于结论的可靠性考虑，本章使用基于 2004 年第一次全国经济普查的数据，测算 CIC 四位码行业的人力资本密集度，以及参考 Ciccone 和 Papaioannou[395]的研究，测算 ISIC 三位码行业密集度进行稳健性检验。

（三）控制变量

（1）全要素生产率（tfp），使用 Levinsohn 和 Petrin[396]提出的方法（以下简称 LP 方法）进行估算。

（2）企业存续年限（age），用当年年份与企业成立年份之差再加 1 的自然对数来衡量。

（3）企业规模（size），使用取自然对数后的企业年平均就业人数来衡量。

（4）人均工资水平（wage），用取自然对数后的企业年人均工资来衡量。

（5）资金约束（finance），用应收账款占主营业务收入之比来衡量，该指标越大，意味着企业资金周转期变长，而缺乏资金用于支付短期债务，企业面临的资金约束越强。

（6）资本密集度（cap），使用取自然对数后的固定资产总额与员工人数之比来衡量。

（7）外资企业（fie），根据企业登记注册类型，为外资企业则赋值为 1，否则为 0。

（8）市场集中程度（hhi），采用赫芬达尔指数作为测量指标，具体由某特定市场上所有企业的市场份额的平方和表示，即 $\mathrm{hhi}=\sum_{i=1}^{N}(X_i/X)^2$，其中，$N$ 表示 CIC 四位码行业内的企业数量；X_i 表示第 i 个企业的销售收入；X 表示所有企业的销售收入。

（9）外商资本占比（fieshare），用 CIC 四位码行业外商资本占实收资本的比率表示。

四、描述性统计

在进行计量回归之前，通过图 5.3 比较 2003 年（图中的垂直虚线处）前后不同人力资本密集度行业出口质量的变化情况。

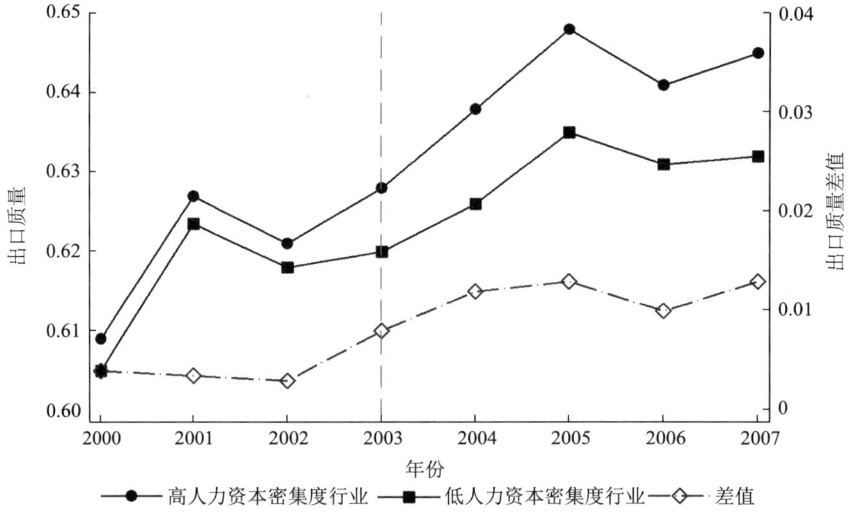

图 5.3　2000～2007 年不同人力资本密集度行业的出口质量及差值

本章简单地以中位数为临界值将所有行业分为高人力资本密集度组和低人力资本密集度组，左轴为两组行业每年的平均出口质量。可以看出，在高校扩招的第一批毕业生进入劳动力市场（2003 年）之前，高人力资本密集度组和低人力资本密集度组出口质量的变化趋势基本一致；2003 年之后，两组的出口质量总体上都呈现出上升趋势，但高人力资本密集度组的出口质量增长更快。这表明高校扩招后，对高校毕业生需求更大的企业出口质量比对高校毕业生需求较小的企业出口质量提升幅度更大，因此高校扩招对中国企业出口质量存在正向影响。

进一步地，本章在图 5.3 中将右轴处理成高人力资本密集度组和低人力资本密集度组出口质量的差值，可以更清晰地看到 2003 年之前，两组的差距在大多数年份基本保持不变，但在 2003 年之后，两组的差距明显呈扩大态势。这也在一定程度上说明出口产品质量的提高并不是由高校扩招之外的其他因素导致的，即满足平行趋势假定。不过，没有考虑其他控制变量对结果的干扰，图 5.3 中的分组标准也存在误差，因此第四节将使用双重差分法并结合多种稳健性检验方法进行更为细致的回归分析，从多个角度考察高校扩招对出口质量的影响。

第四节 实证检验

一、基本回归

表 5.1 给出了基于全样本的基本回归结果，在列（1）～列（3）中，本章均控制了年份、行业和企业固定效应。列（1）中没有添加任何控制变量，HC×post 的回归系数在 5%的水平下显著为正；列（2）中则加入了企业层面的控制变量，HC×post 的回归系数在 10%的水平下显著为正。列（3）则进一步加入了行业层面的控制变量，HC×post 的系数在 5%的水平下显著为正。以上结果意味着，1999 年高校扩招后，相比人力资本密集度低的企业，劳动技能密集度高的企业出口质量有了明显提高。

表 **5.1** 行业资本密集度与企业出口质量的基本回归结果

变量	(1)	(2)	(3)
HC×post	0.096**	0.082*	0.098**
	(0.045)	(0.045)	(0.046)
tfp		0.021***	0.021***
		(0.003)	(0.003)
age		0.006**	0.006**
		(0.003)	(0.003)
size		0.034***	0.034***
		(0.002)	(0.002)
wage		0.006***	0.006***
		(0.002)	(0.002)
finance		−0.039***	−0.039***
		(0.007)	(0.007)
cap		0.011***	0.011***
		(0.002)	(0.002)
fie		−0.000	−0.000
		(0.003)	(0.003)
hhi			−0.175*
			(0.100)
fieshare			−0.071*
			(0.040)
年份固定效应	控制	控制	控制
行业固定效应	控制	控制	控制
企业固定效应	控制	控制	控制
N	103 699	103 699	103 699
R^2	0.541	0.543	0.543

注：括号内为行业-年份层面聚类的标准误

***、**、*分别表示在 1%、5%、10%水平下显著

控制变量的回归结果基本符合已有关于出口产品质量相关研究的结论。全要素生产率（tfp）提高，可以降低企业生产的可变成本，提升产品质

量。企业存续年限（age）对出口质量的影响显著为正，在考虑员工长久雇用的情况下企业存续年限越长，员工工作经验越丰富，对本企业的产品的优缺点更为熟悉，对于如何改进产品质量也更为了解。企业规模（size）对产品质量的影响系数显著为正，在新贸易理论框架下，企业自身规模具有明显的成本优势，企业规模越大，其资金可能越充足、人力资源越丰富、技术更为先进，进而在产品质量升级等方面具有更大的优势。人均工资水平（wage）在一定程度上反映了企业员工的技能水平，员工技能水平越高，出口产品质量越高。资金约束（finance）越小，企业出口产品质量越高，企业面临融资约束时通常会减少风险较高的投资，如减少高质量中间品的进口或者是研发投入，从而抑制出口产品质量升级。资本密集度（cap）越高，说明企业加大了对高技术产品的投入，产品质量也因此得到提升。市场集中程度（hhi）越低，竞争越为激烈，企业迫于竞争压力会不断提升产品质量。行业外商资本占比（fieshare）越高，产品质量越低，外资一方面会通过示范效应、人员流动效应等提升企业生产效率和研发能力，进而提升出口产品质量；另一方面则可能导致竞争加剧并致使本土企业的市场需求规模缩小，甚至将本土企业挤出市场而不利于产品质量提升，降低效应大于提升效应，最终使得行业外商资本占比（fieshare）的系数为负。

二、平行趋势检验

使用双重差分法进行政策评估的一个重要前提是处理组和对照组之间存在平行的变化趋势，否则得出的估计系数就会有偏。为了检验处理组和对照组的平行趋势假说，使用经典的虚假实验方法，即在政策实施前后各选一个虚拟政策变动时点，假设该时点也发生了政策冲击，然后利用双重差分法评估这一时点的政策效果。如果该假设时点的政策效应也显著，说明组别之间没有共同的变化趋势，进而不能肯定真实时点政策调整的实际效应，反之则说明该时点是政策产生实际效应的真实时点。本章选择 2001 年和政策变动后的 2006 年分别作为虚拟政策变动时点，为避免真实政策时点的干扰，考察范围仅限定在虚拟时点的前后各一期。

检验结果如表 5.2 所示，其中列（1）为政策变动前的虚假检验，列（2）为政策变动后的虚假检验。可以看出，交互项的系数均不显著，说明无论在真实时点之前还是真实时点之后，处理组和对照组在时间变动趋势上均没有表现出明显的差异。据此，本章认为平行趋势假说在 2003 年前不成立的可能性很小，可以证实基本回归中得到的产品质量提升效应是由 1999 年开始的高校扩招引起的。

表 **5.2** 平行趋势检验

变量	（1）	（2）
	2000～2002 年 （虚拟政策试点：2001 年）	2005～2007 年 （虚拟政策试点：2006 年）
HC×post	–0.059 （0.039）	0.033 （0.071）
tfp	0.023*** （0.009）	0.019*** （0.004）
age	0.002 （0.006）	0.021*** （0.006）
size	0.034*** （0.007）	0.035*** （0.003）
wage	0.020*** （0.006）	0.006** （0.003）
finance	–0.048*** （0.018）	–0.018 （0.011）
cap	0.003 （0.004）	0.011*** （0.003）
fie	–0.016* （0.008）	0.001 （0.005）

续表

变量	(1)	(2)
	2000～2002 年 （虚拟政策试点：2001 年）	2005～2007 年 （虚拟政策试点：2006 年）
hhi	0.077	−0.561***
	(0.240)	(0.202)
fieshare	0.107	−0.259***
	(0.110)	(0.097)
年份固定效应	控制	控制
行业固定效应	控制	控制
企业固定效应	控制	控制
样本数	17 927	68 458
R^2	0.689	0.585

注：括号内为行业-年份层面聚类的标准误

***、**、*分别表示在 1%、5%、10%水平下显著

三、稳健性检验

本部分对基本回归进行稳健性检验，主要包括：改变主要变量的测度方法、控制贸易自由化带来的进口冲击和投资冲击、考虑样本选择问题、处理可能的异常值以及改变聚类方法等五个方面。

（一）改变主要变量的测度方法

首先，改变行业人力资本密集度的测度办法，主要采用两种做法，一是使用基于 2004 年中国工业企业数据计算出 CIC 四位码行业技能密集度，表 5.3 列（1）给出了估计结果；二是借鉴 Che 和 Zhang[79]的做法，基于 Ciccone 和 Papaioannou[395]整理的 ISIC 三位码数据与 CIC 两位码行业进行对应，列（2）给出了估计结果，可以发现 HC×post 仍然通过了显著性检验。

表 **5.3** 改变主要变量的测度方法后的回归结果

变量	（1）	（2）	（3）	（4）	（5）	（6）
HC×post	0.099**	0.078**	1.143***	0.869***	0.098**	0.098**
	（0.040）	（0.033）	（0.306）	（0.149）	（0.046）	（0.046）
tfp	0.019***	0.021***	0.066***	0.017***	0.021***	0.021***
	（0.003）	（0.003）	（0.016）	（0.006）	（0.003）	（0.003）
age	0.010***	0.006**	−0.077***	−0.042***	0.006**	0.006**
	（0.003）	（0.003）	（0.020）	（0.009）	（0.003）	（0.003）
size	0.036***	0.034***	0.194***	0.042***	0.034***	0.034***
	（0.003）	（0.002）	（0.025）	（0.008）	（0.002）	（0.002）
wage	0.007***	0.006***	0.065***	0.015**	0.006***	0.006***
	（0.002）	（0.002）	（0.015）	（0.006）	（0.002）	（0.002）
finance	−0.031***	−0.039***	−0.075*	−0.020	−0.039***	−0.039***
	（0.008）	（0.007）	（0.042）	（0.013）	（0.007）	（0.007）
cap	0.011***	0.011***	0.060***	0.014***	0.011***	0.011***
	（0.002）	（0.002）	（0.012）	（0.004）	（0.002）	（0.002）
fie	−0.000	−0.000	0.008	0.004	−0.000	−0.000
	（0.004）	（0.003）	（0.021）	（0.009）	（0.003）	（0.003）
hhi	−0.478***	−0.175*	−1.163*	−0.372*	−0.176*	−0.173*
	（0.162）	（0.100）	（0.663）	（0.224）	（0.100）	（0.100）
fieshare	−0.105**	−0.071*	1.398***	0.466***	−0.071*	−0.072*
	（0.053）	（0.040）	（0.323）	（0.115）	（0.040）	（0.040）
年份固定效应	控制	控制	控制	控制	控制	控制
行业固定效应	控制	控制	控制	控制	控制	控制
企业固定效应	控制	控制	控制	控制	控制	控制
样本数	91 929	103 699	103 699	103 699	103 699	103 699
R^2	0.555	0.543	0.651	0.636	0.543	0.543

注：括号内为行业-年份层面聚类的标准误

***、**、*分别表示在 1%、5%、10%水平下显著

其次，使用企业创新能力代替出口产品质量作为被解释变量。一方面，理论上企业创新能力越强，意味着新产品种类越多，产品质量越高，因此本

节使用企业新增专利申请数量作为企业创新能力的代理变量①。另一方面，专利包括发明专利、实用新型专利和外观设计专利三种类型，发明专利是企业最为核心的自主创新能力。②因此，本节使用企业发明专利的申请数量作为企业创新能力的代理变量。表 5.3 中的列（3）、列（4）分别给出了估计结果。

最后，改变产品出口质量的测度方法。列（5）、列（6）分别给出了改变不同产品之间的替代弹性来计算产品出口质量，即 $\sigma=5$、$\sigma=10$ 时的估计结果。可以看出，无论采用哪一种改变主要变量的测度方法，基本回归得出的结论都没有发生改变。

（二）控制贸易自由化带来的进口冲击和投资冲击

本章所使用的样本区间为 2000～2007 年，其间发生的一个重要事件是中国于 2001 年 12 月 11 日正式加入 WTO。贸易自由化对中国的工业品进出口、外商直接投资以及经济体制环境和资源配置格局产生了重要影响，由于不同行业受 WTO 的影响存在明显差异，可能使基本回归结果中包含加入 WTO 带来的冲击。从进口来看，不同行业的进口关税壁垒存在明显差异，贸易自由化带来的进口关税的大幅下降，使得国内企业面临着更为激烈的竞争，同时可以进口高质量的中间产品，进而会提高本国企业的出口产品质量。从外商直接投资来看，由于我国承诺加入 WTO 后全面遵守《与贸易有关的投资措施协定》，取消外汇平衡要求、贸易平衡要求、当地含量要求和出口实绩要求，中国限制外资进入的 ISIC 四位码行业由 2002 年的 100 个迅

① 专利是对创新产出的衡量，在绝大部分情况下只有专利价值大于专利申请成本时，技术创新成果才会被用于申请专利，新增专利申请数量相比研发费用等指标更能体现企业的创新能力[397]。没有使用企业研发费用作为创新能力代理变量的一个主要原因是中国工业企业数据库中 2004 年的研发费用数据缺失。

② 发明专利是指对产品、方法或者其改进所提出的新的技术方案，其中方法发明包括操作方法、制造方法、工艺流程等技术方案。

速下降为 2007 年的 54 个，而鼓励的产业目录由 2002 年的 255 个上升为 2007 年的 363 个[398]。

为了控制中国加入 WTO 带来的影响，首先根据国家统计局《统计用产品分类目录》将海关 HS 六位码产品与 CIC 四位码行业进行对应，构造 CIC 四位码行业层面的投入关税水平（input_tariff）和产出关税水平（output_tariff），用于衡量不同行业面临的进口冲击（这两个指标越大，对应的关税水平越高，进口冲击越大）。表 5.4 列（1）给出了估计结果，可以发现 input_tariff、output_tariff 的系数显著为负，意味着进口关税降低对企业出口产品质量产生了显著的促进作用，与 Bas 和 Strauss-Kahn[399]的研究结论一致，而此时 HC×post 的影响系数仍然显著为正，意味着控制了加入 WTO 带来的进口冲击后，基本回归的结论仍然是稳健的。其次，借鉴 Sheng 和 Yang[398]的做法，整理各行业外资鼓励和禁止目录，在基础计量模型的基础上加入是否为鼓励行业（encourage）和限制行业（restrict）的虚拟变量，为相应类型则赋值为 1，否则为 0。列（2）给出了估计结果，可以发现衡量外资自由化的两个虚拟变量，仅有一个通过显著性检验，可能的原因是本章已经控制了行业的外资比例。以上结论意味着，控制了中国加入 WTO 带来的进口冲击和投资冲击后，基本回归得出的结论依然成立。

表 5.4　控制贸易自由化带来的进口冲击和投资冲击的回归结果

变量	（1）	（2）
HC×post	0.146**	0.115**
	（0.059）	（0.049）
input_tariff	−0.003***	
	（0.001）	
output_tariff	−0.001***	
	（0.000）	
encourage		0.014***
		（0.004）

续表

变量	（1）	（2）
restrict		0.010 （0.011）
tfp	0.019*** （0.004）	0.020*** （0.003）
age	0.010** （0.004）	0.010*** （0.003）
size	0.035*** （0.003）	0.036*** （0.003）
wage	0.005* （0.003）	0.007*** （0.002）
finance	−0.032*** （0.009）	−0.034*** （0.008）
cap	0.011*** （0.002）	0.012*** （0.002）
fie	0.000 （0.004）	0.000 （0.004）
hhi	−0.314* （0.162）	−0.290* （0.149）
fieshare	−0.057 （0.062）	−0.072 （0.049）
年份固定效应	控制	控制
行业固定效应	控制	控制
企业固定效应	控制	控制
样本数	78 298	89 227
R^2	0.562	0.553

注：括号内为行业-年份层面聚类的标准误

***、**、*分别表示在 1%、5%、10%水平下显著

（三）考虑样本选择问题

样本选择问题的本质是非随机样本问题，即本章收集的数据可能存在样

本选择问题，这违背了高斯-马尔可夫假定中的随机抽样假定。具体来说，当观察样本不是研究总体的一个随机抽样的结果时，此时样本分布区间可能与总体分布区间不一致，则基于该非随机样本对总体的推断就会存在偏差问题，即有偏和非一致。产生该问题的原因主要有两类：第一类是数据的可行性条件不足以及调查者的抽样决策不当；第二类是所研究的经济个体有意识地选择或自选择行为。

本章的研究中可能存在的第一类样本偏差问题是中国工业企业数据库（2000～2007 年）的统计对象为全部国有企业和主营业务收入 500 万元及以上的非国有企业，不包括 500 万元以下的非国有企业，这部分企业的缺失可能会使得基本回归的结果产生偏误。然而，本章不可能补齐这部分缺失的样本，可行的解决办法是通过剔除全样本中的主营业务收入 500 万元以下的国有企业，近似地考察剔除 500 万元以下非国有企业是否对估计结果产生了影响。表 5.5 列（1）的回归结果表明数据库的统计缺陷并不会对估计结果产生影响。

表 **5.5** 考虑样本选择性偏差影响的回归结果

变量	剔除 500 万元以下的样本	Heckman（赫克曼）两步法	
	（1）	（2）	（3）
		出口倾向	出口质量
HC×post	0.094**	–0.144	0.137*
	（0.046）	（0.301）	（0.069）
tfp	0.021***	0.093***	0.022***
	（0.003）	（0.011）	（0.006）
age	0.006*	–0.076***	0.005
	（0.003）	（0.011）	（0.006）
size	0.034***	0.145***	0.025***
	（0.002）	（0.007）	（0.005）

续表

变量	剔除 500 万元以下的样本	Heckman（赫克曼）两步法	
	（1）	（2）	（3）
		出口倾向	出口质量
wage	0.006***	0.091***	0.002
	（0.002）	（0.013）	（0.003）
finance	−0.038***	−0.219***	−0.030**
	（0.008）	（0.030）	（0.014）
cap	0.011***	0.050***	0.011***
	（0.002）	（0.007）	（0.004）
fie	−0.000	0.387***	−0.019
	（0.003）	（0.022）	（0.013）
hhi	−0.174*	0.687	−0.107
	（0.102）	（0.590）	（0.155）
fieshare	−0.073*	−0.385**	−0.071
	（0.040）	（0.176）	（0.067）
L.exp		2.342***	
		（0.028）	
imr			−0.013***
			（0.003）
年份固定效应	控制	控制	控制
行业固定效应	控制	控制	控制
企业固定效应	控制	控制	控制
样本数	103 054	119 448	22 162
R^2	0.543	0.518	0.551

注：括号内为行业-年份层面聚类的标准误

***、**、*分别表示在 1%、5%、10%水平下显著

第二类样本偏差问题是本章的研究对象不仅包括出口企业，也包括非出口企业，基本回归中剔除了非出口企业，这就产生了由于样本自选择导致的非随机样本问题。为此，借鉴 Chatterjee 等[400]的做法，使用 Heckman[401]两步法来解决这一问题。首先，构建第一步的选择方程，被解释变量为企业出

口倾向，若企业出口额大于 0 即为出口企业，否则为非出口企业；第二步为修正的出口质量模型，在第一步回归得到逆米尔斯比（imr）的基础上建立回归方程，以克服潜在的样本选择偏差。在采用 Heckman 自选择模型进行估计时，需要在企业出口决策模型中加入额外的控制变量。该变量需要与企业出口决策密切相关，同时又不影响企业出口产品质量。参考 Li 等[402]的研究，采用企业上一期是否出口的虚拟变量（L.exp）作为该控制变量，原因是如果企业上一期存在出口行为，意味着企业已支出了部分固定成本，无疑会影响到企业当期的出口决策。回归结果见表 5.5 列（2）和列（3）。imr 的回归系数显著为负，拒绝不存在样本选择性偏差的原假设，说明采用 Heckman 自选择模型是合理的，采用该方法能够有效控制样本选择性偏差问题。本章关心的交互项系数与基本回归结果较为接近，再次验证了基本回归结论的稳健性。

（四）处理可能的异常值

出现异常值的可能情况如下：第一，高等教育回报率的地区差异导致高校毕业生集中流向某些地区，从而出现异常值。Xing[403]利用 2005 年 1%的人口小普查数据发现北京、上海、广东、江苏的教育回报率明显高于其他省（自治区、直辖市），因此剔除了这四个地区的企业样本。本节借鉴该做法，表 5.6 列（1）给出了对应的估计结果。第二，高等学校教育质量的地区差异也会导致异常值出现。重点大学可以获得更多的教育资源和广泛的社会认知度，整体办学条件好，高等教育信息化服务体系较为完善，师资与生源质量相对更高，毕业生质量也会更高。虽然一些大学生毕业后会离开本市去外省市就业，但相当比例的毕业生会选择留在本地。①因此，本节分别排

① 2009 年，全国高等学校学生信息咨询与就业指导中心和北京大学教育学院利用 2004～2008 年教育部统计的全国高校毕业生总体就业数据，对毕业生的就业流动状况进行了专题研究，发现不论是从生源地的角度还是从院校所在地的角度来分析毕业生的就业流动，本地就业率都保持在较高的水平。

除了 1999 年“211”院校数量排名前四位的北京（26 所）、江苏（11 所）、上海（10 所）和陕西（8 所）[①]，以及北京（26 所）、上海（10 所）、南京（8 所）、西安（7 所）的企业样本，列（2）和列（3）分别给出了对应的估计结果。第三，企业出口质量存在部分异常值，这些异常值会对结果产生影响，因此本节对出口质量数据两端的 1%进行截尾，列（4）给出了估计结果。可以发现，在对可能的异常值进行处理后，交叉项的估计系数至少在 10%的水平下显著为正，意味着基本回归得出的结论是可靠的。

表 **5.6**　剔除极端值后的回归结果

变量	（1）	（2）	（3）	（4）
	剔除北京、上海、广东、江苏	剔除北京、江苏、上海、陕西	剔除北京、上海、南京、西安	出口质量数据两端截尾 1%
HC×post	0.166***	0.130**	0.092*	0.092**
	（0.060）	（0.057）	（0.049）	（0.044）
tfp	0.023***	0.023***	0.021***	0.021***
	（0.004）	（0.004）	（0.003）	（0.003）
age	0.008**	0.008**	0.006**	0.005*
	（0.003）	（0.003）	（0.003）	（0.003）
size	0.037***	0.037***	0.036***	0.034***
	（0.003）	（0.003）	（0.002）	（0.002）
wage	0.008***	0.007***	0.007***	0.006***
	（0.003）	（0.003）	（0.002）	（0.002）
finance	–0.040***	–0.043***	–0.039***	–0.037***
	（0.009）	（0.009）	（0.008）	（0.007）

① 1993 年 2 月 13 日中共中央、国务院发布的《中国教育改革和发展纲要》及 1994 年 7 月 3 日印发的《国务院关于〈中国教育改革和发展纲要〉的实施意见》中提到，国家要面向 21 世纪，分期分批重点建设 100 所左右的高等学校和一批重点学科。截至 2009 年 1 月，全国共批准“211”院校 112 所。

续表

变量	(1)	(2)	(3)	(4)
	剔除北京、上海、广东、江苏	剔除北京、江苏、上海、陕西	剔除北京、上海、南京、西安	出口质量数据两端截尾 1%
cap	0.009***	0.011***	0.012***	0.012***
	(0.002)	(0.002)	(0.002)	(0.002)
fie	−0.002	0.001	−0.001	−0.000
	(0.004)	(0.004)	(0.004)	(0.003)
hhi	−0.073	−0.188	−0.163	−0.176*
	(0.137)	(0.134)	(0.119)	(0.094)
fieshare	−0.059	−0.052	−0.066	−0.068*
	(0.045)	(0.043)	(0.041)	(0.040)
年份固定效应	控制	控制	控制	控制
行业固定效应	控制	控制	控制	控制
企业固定效应	控制	控制	控制	控制
样本数	62 399	73 615	88 355	101 520
R^2	0.541	0.536	0.540	0.552

注：括号内为行业-年份层面聚类的标准误

***、**、*分别表示在 1%、5%、10%水平下显著

（五）改变聚类方法

本章在基本回归中对于标准误差在行业-年份层面进行了聚类，本节尝试从以下四个角度重新进行聚类。第一，在 CIC 两位码行业层面聚类；第二，在企业个体层面聚类；第三，在城市层面聚类；第四，使用稳健标准误。表 5.7 给出了估计结果，可以看出，无论使用何种聚类方法，HC×post 的估计系数都至少在 5%的水平下显著。

表 **5.7** 改变聚类方法后的估计结果

变量	（1）	（2）	（3）	（4）
	CIC2 两位码行业层面	企业个体层面	城市层面	稳健标准误
HC×post	0.098**	0.098***	0.094**	0.098***
	（0.041）	（0.038）	（0.046）	（0.035）
tfp	0.021***	0.021***	0.022***	0.021***
	（0.003）	（0.003）	（0.003）	（0.003）
age	0.006	0.006**	0.006	0.006**
	（0.004）	（0.003）	（0.004）	（0.003）
size	0.034***	0.034***	0.034***	0.034***
	（0.003）	（0.002）	（0.004）	（0.002）
wage	0.006*	0.006***	0.006**	0.006***
	（0.003）	（0.002）	（0.003）	（0.002）
finance	–0.039***	–0.039***	–0.039***	–0.039***
	（0.011）	（0.007）	（0.009）	（0.007）
cap	0.011***	0.011***	0.012***	0.011***
	（0.002）	（0.002）	（0.002）	（0.002）
fie	–0.000	–0.000	–0.000	–0.000
	（0.004）	（0.004）	（0.004）	（0.004）
hhi	–0.175	–0.175**	–0.179**	–0.175**
	（0.125）	（0.087）	（0.089）	（0.083）
fieshare	–0.071	–0.071**	–0.071*	–0.071**
	（0.065）	（0.031）	（0.036）	（0.029）
年份固定效应	控制	控制	控制	控制
行业固定效应	控制	控制	控制	控制
企业固定效应	控制	控制	控制	控制
样本数	103 699	103 699	102 235	103 699
R^2	0.543	0.543	0.544	0.543

注：括号内为相应的标准误

***、**、*分别表示在 1%、5%、10%水平下显著

四、进一步检验

（一）质量差异性检验

本部分重点考察高校扩招对企业出口质量的影响是否因质量的差异而存在不同。关于产品质量异质性的研究认为，质量差异化越大的行业，越是需要包括高技能劳动力在内的高质量生产要素投入[404]，因此，高校扩招对质量差异化大的行业出口质量的边际改善作用较大。为此，本节根据行业的差异化程度将所有行业分为异质性行业和同质性行业两组。

首先借鉴 Kugler 和 Verhoogen[404]、Fan 等[405]的做法，使用 Rauch[406]的保守的（conservative）差异化指数①，如果出口产品能够在交易所交易或者拥有指导价格，则为同质性产品，否则为差异性产品。借鉴樊海潮和郭光远[407]的做法，利用中国海关进出口数据库的数据，计算 CIC 四位码行业中异质性产品所占比重，如果某一行业的差异化指数高于所有行业的中位数，则定义为异质性行业，否则为同质性行业[408]。表 5.8 列（1）和列（2）给出了对应的估计结果。其次，为了保证结果的可靠性，借鉴 Fan 等[405]的做法，使用质量方差来衡量质量差异化程度，在每个 CIC 四位码上计算该行业中企业产品的质量方差。同样，如果某行业的方差高于所有行业的中位数，则定义为异质性行业，否则为同质性行业。表 5.8 列（3）和列（4）给出了对应的估计结果。可以发现无论是使用 Rauch 行业指数还是质量方差行业指数，HC×post 在异质性行业组的影响系数都显著为正，而同质性行业则没有通过显著性检验，这意味着本节的推论得到了证明：对质量差异幅度较大的行业，高校扩招对该行业的企业出口质量提升的促进作用更大。

① Rauch[406]给出了保守的（conservative）和自由的（liberal）两种差异化指数，我们另外计算了差异化指数分组的结果，变化不大，如有需求，可向作者索取。该指数来源于 http://econweb.ucsd.edu/~jrauch/rauch_classification.html。

表 5.8　基于行业质量异质性的高校扩招对出口产品质量的检验

变量	Rauch 行业指数		质量方差行业指数	
	异质性行业	同质性行业	异质性行业	同质性行业
	(1)	(2)	(3)	(4)
HC×post	0.139**	0.102	0.172**	−0.068
	(0.067)	(0.068)	(0.074)	(0.047)
tfp	0.021***	0.024***	0.014***	0.026***
	(0.005)	(0.004)	(0.005)	(0.003)
age	0.008**	0.007*	0.019***	0.001
	(0.004)	(0.004)	(0.005)	(0.004)
size	0.030***	0.039***	0.026***	0.038***
	(0.003)	(0.004)	(0.005)	(0.003)
wage	0.007**	0.005	0.006*	0.004
	(0.003)	(0.003)	(0.004)	(0.003)
finance	−0.025**	−0.056***	−0.044***	−0.044***
	(0.011)	(0.011)	(0.014)	(0.009)
cap	0.008***	0.015***	0.006*	0.014***
	(0.003)	(0.003)	(0.003)	(0.002)
fie	0.000	−0.001	0.006	−0.007*
	(0.005)	(0.005)	(0.007)	(0.004)
hhi	0.016	−0.352***	−0.057	−0.266**
	(0.136)	(0.135)	(0.167)	(0.128)
fieshare	−0.209***	0.254***	−0.083	0.001
	(0.052)	(0.089)	(0.054)	(0.057)
年份固定效应	控制	控制	控制	控制
行业固定效应	控制	控制	控制	控制
企业固定效应	控制	控制	控制	控制
样本数	49 970	48 562	44 285	44 283
R^2	0.556	0.561	0.587	0.599

注：括号内为行业-年份层面聚类的标准误

***、**、*分别表示在 1%、5%、10%水平下显著

（二）企业异质性检验

虽然已经验证了高校扩招对中国企业出口质量产生了稳健的正向促进作用，但这种估计建立在均值回归模型的框架上，得出的结论只能是高校扩招在所有企业中的平均处理效应。表 5.9 列（1）～列（2）、列（3）～列（5）分别给出了高校扩招对不同地区和所有制类型企业出口质量的影响，可以发现高校扩招显著改善了内陆地区企业和民营企业的出口质量，而对沿海地区企业、国有企业和外资企业的影响则不显著。可能的解释是，高校扩招对企业出口质量的影响随着企业高技能劳动者的增加而存在递减效应，这是由于沿海地区、国有企业及外资企业发展机会较多、福利待遇较好等吸引了大量高素质的劳动力。[①]根据 2002 年人口变动情况的抽样调查数据，2002 年沿海地区人均受教育年限为 8.04 年，而内陆地区为 7.51 年。从不同所有制类型企业职工的受教育年限看，国有企业和外资企业明显高于民营企业，根据 2004 年中国经济普查的数据，国有企业和外资企业中大学及以上学历职工占全部职工的比例分别为 59.1%和 20.7%，民营企业则只有 16%。[②]因此，高校扩招对缺乏人才的内陆地区企业和民营企业具有更大的改善作用，进而会对其出口质量产生更大的促进作用。

---

① 岳昌君[409]基于 2009 年的全国高校毕业生就业状况调查数据研究发现，沿海省份的大学生流动比例更大，对于跨省流动的大学生，流动的主要方向是从内陆省份到沿海省份。根据常进雄和赵海涛[410]基于中国健康与营养调查（China Health and Nutrition Survey，CHNS）数据库的测算，国有企业的小时工资在 2000 年之后无论是绝对值还是增长速度都远超民营企业，国有企业城镇居民小时工资由 2000 年的 7.49 元上升为 2006 年的 11.86 元，而民营企业城镇居民小时工资则仅由 5.86 元上升到了 7.67 元。

② 此外的一个佐证是，张车伟和薛欣欣[411]基于 2005 年进行的“家庭动态与财富代际流动抽样调查”数据发现，国有部门劳动力的平均受教育年限是 11.41 年，比非国有部门多出 5 年，国有部门大专及以上学历占 29.53%，非国有部门中 85%的劳动力只具有初中以下教育水平，具有大专以上学历的仅占全体劳动力的 2.77%。虽然这一份数据的调查样本有限，但仍可以在一定程度上反映当时民营企业员工人均受教育年限较低的问题。

表 5.9　高校扩招对不同地区和所有制类型企业出口质量的影响

变量	(1)	(2)	(3)	(4)	(5)
	沿海地区	内陆地区	国有企业	民营企业	外资企业
HC×post	0.066	0.204**	−0.132	0.105*	0.086
	(0.050)	(0.088)	(0.145)	(0.060)	(0.064)
tfp	0.021***	0.031***	0.054**	0.023***	0.020***
	(0.003)	(0.007)	(0.022)	(0.004)	(0.005)
age	0.008**	−0.005	−0.000	0.006**	0.010
	(0.003)	(0.006)	(0.010)	(0.003)	(0.006)
size	0.033***	0.039***	0.058***	0.040***	0.029***
	(0.002)	(0.006)	(0.015)	(0.003)	(0.004)
wage	0.004**	0.010**	0.020**	0.008***	0.004
	(0.002)	(0.005)	(0.010)	(0.003)	(0.003)
finance	−0.040***	−0.041***	−0.035	−0.041***	−0.040***
	(0.009)	(0.013)	(0.023)	(0.010)	(0.011)
cap	0.011***	0.013***	0.029**	0.013***	0.011***
	(0.002)	(0.004)	(0.012)	(0.002)	(0.003)
fie	−0.002	0.010			
	(0.004)	(0.009)			
hhi	−0.157	−0.217	0.047	−0.209	−0.231
	(0.109)	(0.151)	(0.338)	(0.131)	(0.148)
fieshare	−0.092**	0.046	−0.017	−0.089*	−0.043
	(0.043)	(0.080)	(0.149)	(0.050)	(0.048)
年份固定效应	控制	控制	控制	控制	控制
行业固定效应	控制	控制	控制	控制	控制
企业固定效应	控制	控制	控制	控制	控制
样本数	87 771	16 166	3 344	38 479	47 411
R^2	0.540	0.558	0.614	0.560	0.558

注：括号内为行业-年份层面聚类的标准误

***、**、*分别表示在 1%、5%、10%水平下显著

（三）影响机制检验

首先，对企业生产效率渠道进行检验。在式（5-9）的基础上加入高校扩招与全要素生产率的交叉项 HC×post×tfp，如果该机制存在，那么 HC×post×tfp 的影响系数应该显著为正。表 5.10 列（1）给出了估计结果，可以看出，HC×post×tfp 的系数在 1%的水平下显著，这意味着高校扩招通过提高企业全要素生产率提升了出口质量。

表 5.10　影响机制检验结果

变量	生产效率渠道	劳动技能渠道	中间投入渠道	
	tfp	wage	import	imquality
	（1）	（2）	（3）	（4）
HC×post×channel	0.082***	0.053**	0.004**	0.316**
	（0.028）	（0.025）	（0.002）	（0.128）
HC×post	−0.219**	−0.062	0.066	−0.076
	（0.107）	（0.079）	（0.052）	（0.093）
imquality				−0.034***
				（0.012）
import			0.001***	
			（0.000）	
tfp	0.014***	0.021***	0.020***	0.015***
	（0.004）	（0.003）	（0.003）	（0.004）
age	0.006**	0.006*	0.006**	0.006
	（0.003）	（0.003）	（0.003）	（0.004）
size	0.034***	0.034***	0.032***	0.023***
	（0.002）	（0.002）	（0.002）	（0.003）
wage	0.006***	0.002	0.006***	−0.000
	（0.002）	（0.003）	（0.002）	（0.003）
finance	−0.039***	−0.039***	−0.038***	−0.027***
	（0.007）	（0.007）	（0.007）	（0.010）

续表

变量	生产效率渠道	劳动技能渠道	中间投入渠道	
	tfp	wage	import	imquality
	（1）	（2）	（3）	（4）
cap	0.011***	0.011***	0.010***	0.007***
	（0.002）	（0.002）	（0.002）	（0.003）
fie	–0.000	–0.000	–0.000	0.000
	（0.003）	（0.003）	（0.003）	（0.004）
hhi	–0.164	–0.173*	–0.178*	–0.100
	（0.100）	（0.100）	（0.100）	（0.123）
fieshare	–0.079**	–0.077*	–0.079*	–0.118**
	（0.040）	（0.040）	（0.040）	（0.047）
年份固定效应	控制	控制	控制	控制
行业固定效应	控制	控制	控制	控制
企业固定效应	控制	控制	控制	控制
样本数	103 699	103 699	103 699	103 699
R^2	0.543	0.543	0.543	0.571

注：channel 在各列中分别代替 tfp、wage、import、imquality；括号内为行业–年份层面聚类的标准误
***、**、*分别表示在 1%、5%、10%水平下显著

其次，对劳动技能渠道进行检验。高校扩招使得企业可以获得更多的高技能劳动力，进而有助于提升出口产品质量。验证该渠道的难点在于，从中国工业企业数据库中无法获得企业层面的劳动力技能构成数据，已有的员工培训、员工受教育水平等均为非连续年份变量。退而求其次使用企业员工的人均工资水平进行衡量，并且这一做法具有较为可靠的理论和实证基础。Verhoogen[412]关于贸易通过质量差异影响工资差距的研究认为，工资直接反映了工人的人力资本水平，企业为高技能的劳动者支付更高的工资；Kremer[413]认为高质量产品的生产需要高质量的工人，而工人存在技能差异，企业为了雇用高技能劳动力必须支付更高的工资；如果工人差异表现为

工人的努力程度，那么企业必须支付效率工资以激励工人投入高质量劳动。在实证研究中，Xu 和 Lu[414]、罗长远和季心宇[415]、阳佳余和徐敏[416]等均采用人均工资来衡量企业工人的技能水平。因此，本节在式（5-11）的基础上加入高校扩招与企业人均工资水平的交叉项 HC×post×wage，如果该机制存在，HC×post×wage 的影响系数应该显著为正。表 5.10 列（2）给出了估计结果，虽然 HC×post 与 wage 各自的影响系数不再显著，但 HC×post×wage 的系数在 5%水平下显著为正，这意味着高校扩招确实通过提高企业员工技能水平提升了出口产品质量。

最后，对中间投入渠道进行检验。企业员工劳动技能水平的提高，会提高中间产品投入质量，进而影响出口产品的质量。这一渠道可以概括为“员工技能升级→中间品质量提升→出口质量提升”。中国工业企业数据库提供了中间产品投入的数据，但无法获得具体的投入构成，也就无法测度中间投入的质量。退而求其次，尝试用中间品进口来间接反映中间投入质量。进口中间投入影响出口产品质量的渠道在于：第一，进口中间品作为劳动力技能的互补性、高质量要素投入，直接影响出口产品质量[399,404]。第二，中间品进口投入会改变企业的生产效率、劳动分工[417,418]，即更高的中间品进口投入能实现更专业化的劳动分工、优化生产流程、提高生产效率，这些共同有助于全要素生产率的提高[419-421]，进而提升出口产品质量。为此，本节进行如下检验：①在式（5-9）的基础上加入高校扩招与企业进口中间品投入（import）的交叉项 HC×post×import 以及企业进口中间品投入 import。表 5.10 列（3）给出了估计结果，可以发现 HC×post×import 的估计系数在 5%的水平下显著为正。②借鉴施炳展和曾祥菲[422]的做法，计算企业层面的进口产品质量，然后在式（5-9）的基础上加入高校扩招与企业进口中间品质量（imquality）的交叉项 HC×post×imquality 以及企业进口中间品质量 imquality，列（4）显示 HC×post×imquality 的系数仍然在 5%的水平下显著为正。这表明高校扩招通过诱致企业提高中间品投入质量，进而提升了出口产品质量。

第五节　主要结论与政策启示

近年来，随着实际工作岗位的需求变化和对应的高校扩招政策的不断推进，我国的劳动力教育结构也随之不断发生变化。尽管关于高校扩招的文献日益丰富，但当前仅有较少文献站在劳动力教育结构变化的视角，考察高校扩招对制造业企业全球价值链升级的影响。本章以高校扩招来表示劳动力教育结构的变化，基于 2000～2007 年中国工业企业数据库和中国海关进出口数据库的匹配数据，使用双重差分法实证分析了 1999 年开始的高校扩招对企业出口产品质量的影响。

一、结论

本章研究发现，高校扩招对企业出口质量提高产生了显著的正向促进作用，具体而言，1999 年高校扩招后，相比人力资本密集度低的企业，劳动技能密集度高的企业出口质量有了明显提高。在进行平行趋势检验和包括改变主要变量的测度方法、控制贸易自由化带来的进口冲击和投资冲击、考虑样本选择问题、处理可能的异常值以及改变聚类方法等五个方面的稳健性检验后，可以进一步肯定高校扩招的确促进了企业出口产品质量的提高。

此外，高校扩招对出口质量的影响存在异质性，由于质量差异化越大的行业，越是需要包括高技能劳动力在内的高质量生产要素投入，高校扩招对质量差异化大的行业的出口质量的边际改善作用更大。沿海地区企业、国有企业及外资企业由于发展机会较多、福利待遇较好等吸引了大量高素质的劳动力，企业自身的人力资本水平较高，因此高校扩招对其人力资本水平的改进空间不大，而对缺乏人才的内陆地区企业和民营企业的出口产品质量产生了更大的促进作用。从进一步的机制分析中可以得知，高校扩招主要通过提高企业生产效率、提高员工平均技能水平以及增加中间投入质量等渠道提升了出口产品质量。

二、政策启示

本章的政策含义在于要进一步提高高等教育毛入学率，改善我国劳动力教育结构，增加高学历劳动力的占比。本章的研究表明，高等教育扩招提高了中国出口企业的国际竞争力，这在全球总需求不振、中国低成本比较优势趋于削弱的当下无疑具有重大的现实意义。从 2002 年扩招后第一批大学生毕业开始，中国实现了高等教育大众化。此后一直到 2005 年，高等教育毛入学率每年增长约两个百分点，如果高等教育毛入学率按照该速度增长，中国要到 2042 年才能实现高等教育普及化，而实际上在 2023 年我国高等教育毛入学率已经达到了 60.2%，但为了顺应新时代对高等人才的需求，更好推动我国制造业价值链升级，我国应继续推进高等教育普及工作，因此要制定明确的时间表和路线图，加快高等教育普及速度，提高人力资本水平。

此外，需要重点说明的是，提高高等教育毛入学率绝不意味着要牺牲高等教育的质量。恰恰相反，高等教育的数量和质量对于中国未来的发展缺一不可。目前社会上对于高校扩招的批评认为扩招会导致教育质量下降，实际上，问题的本质不在于扩招，而在于大学师资等相关配套措施是否到位，因此未来高等教育在提高普及率的同时应更加注重提升质量。

第六章
企业 CEO 双海外背景与制造业全球价值链升级

第一节 问题提出

改革开放以来，我国加工贸易迅猛发展，取得了举世瞩目的成就。随之而来的是出口规模的迅速扩张，据国家统计局统计，2015～2019 年我国的进出口贸易总额已从 24.55 万亿快速增长至 31.56 万亿，同比增长了 28.55%，逐渐成为全球第一贸易大国。我国对外贸易在规模上取得了显著成就，但在质量提升方面仍有较大发展空间，出口产品在全球供应链中的位置有待进一步优化，出口企业在参与全球价值链分工时，主要集中在生产制造环节。与此同时，企业出口的国内增加值和产品质量仍有提升潜力，且面临多方面的挑战和制约因素。主要体现在：一是中国制造业大而不强。尽管当前我国制造业规模和种类都处于世界领先地位，但工业增加值较低，极大制约了我国制造业国际竞争力提升。二是制造业发展创新型人才不足，关键核心技术缺失，严重阻碍了制造业价值链向高端攀升。换言之，尽管当下我国制造业出口贸易数量巨大，但是出口国内增加值低严重制约了我国制造业价值链升级的步伐。

企业 CEO 具备双海外背景，也就是既有海外学习经历，又有海外工作经历，这一现象彰显了我国人才凭借自身多元生产要素积极投身国际竞争的实力。在此背景下，吸引更多具有双海外背景的人才担任 CEO，不失为助力制造业突破价值链升级困境的重要途径之一。教育发展与制造业价值链升级息息相关，是支撑国家战略需要、推进人才培养、服务新时代人才培养战略、加快人才中心和创新高地建设的现实需要。因此，企业 CEO 双海外背景的发展对我国制造业价值链升级，特别是出口国内增加值与出口产品质量的提升有十分重要的影响。

随着中国改革开放和全球化的深入发展，越来越多的中国企业开始倾向于招聘和引进具备海外背景的管理人才。具有海外留学经历和跨文化背景的管理者，通常拥有全球性的视野、国际化的资源和社会网络以及较为前沿的思维观念，而这些背景在管理者入职企业后会影响其认知和能力，帮助企业对接国际先进知识和技术[423]、适应国际市场的变动、更新管理理念[424]，进而影响企业的国际化抗风险能力。中国政府重视引进具有海外背景的人才，并针对具有海外背景的人才提供一系列的优惠政策和便利条件，以鼓励他们回国或来华工作。因此，企业高管接受海外教育是否能帮助我国制造业价值链升级并实现高质量的可持续发展是值得深入思考与研究的热点。

21 世纪以来，全球化进程加快，经济、科技、文化交流日益频繁，但也面临着诸如贸易摩擦、气候变化、疫情频发等新挑战，各地区热点问题不断，外部环境的复杂性、严峻性和不确定性上升。各类国际突发事件，尤其是近年来俄乌冲突、巴以冲突的爆发，对各国经济实体造成巨大冲击，同时严重影响了企业的商业模式和发展路径，导致部分中小企业和个体工商户经营困难。据国家统计局数据，2023 年关停/倒闭企业数量超过 50 万，其中不乏知名企业、独角兽公司、行业内明星企业等。在此背景下，党的二十大报告指出要“坚定信心、锐意进取，主动识变应变求变，主动防范化解风险”①。韧性是企业在面对异常环境冲击时展现出的恢复和适应能力，是企业在多元逆境中应对挑战、重建竞争优势的关键特征，它不仅是企业应对意外威胁和响应危机变化的关键，更是企业化解危机、撬动未来所必须具备的能力[425]，同时，企业韧性水平的高低也对所在行业价值链升级有着一定的影响。企业作为经济发展的动力源泉与价值创造的微观实体，如何增强其韧性以适应新形势来帮助我国制造业价值链升级，成为政府以及学术界关注的焦点。

第二节 理论分析与研究假设

一、文献回顾

根据高阶理论，高层管理者的特征会影响他们的感知、认知价值和偏好，而高层管理者是企业战略制定的主导者，高管在海外的经历是人生重要的组成部分，这种经历将会改变其过往的认知，影响其所在企业的行为实践[426]。已有研究发现，若公司董事和高管团队中包含较多拥有海外背景的人才，那么公司的行为决策将显著展现出与海外制度环境相契合的特点，如注重投资者保护与信息披露[427]、主导企业的数字化转型[428]以及重视企业的社会责任[429]和创新投入[430]等。印记理论（imprinting theory）指出，一旦个体在某种特定的环境下被贴上某种“印记”，这个“印记”就可能成为他们身份认同的一部分，并影响他们未来的行为和社会互动[431]。综合来看，国内外学者的研究一致显示，早期的海外学习或工作经历会在海归的心灵深处留下深刻的“印记”，这些“印记”会影响他们在归国后的行为

① 习近平：高举中国特色社会主义伟大旗帜 为全面建设社会主义现代化国家而团结奋斗——在中国共产党第二十次全国代表大会上的报告，http://www.qstheory.cn/yaowen/2022-10/25/c_1129079926.htm[2022-11-21]。

决策。此外，这些源于成熟资本市场的“印记”行为也会对企业财务行为、投资行为以及绩效等方面产生积极的作用[432]，并不断助力我国资本市场的健全和完善。

韧性是由 Holling[433]早期在生态环境领域提出的概念，而后在 21 世纪初，韧性概念逐渐在经济学领域兴起，学术界对区域、城市和企业韧性的研究也逐渐增多。关于企业韧性，从静态视角来看，张公一等[434]认为韧性是企业所具备的理想特征或品质，能让企业在逆境事件中恢复和生存并依然维持组织状态；从动态视角来看，学者认为韧性是指企业具有预测事件与预先准备的能力[435]、应对环境冲击时迅速适应及应对的能力[436]，以及遭遇破坏性事件时依旧能快速恢复到受挫前的状态并实现可持续发展的能力[437]。

那么，企业韧性会受到哪些因素的影响呢？对此，已有文献主要从企业内外部两个方面进行研究：基于企业外部视角，良好的社会网络关系[438]和加强与利益相关者之间的联系[439]有助于提升企业的危机应对能力，技术断供[440]、社会信任度[441]、行业的竞争程度、政府帮扶政策、国家应急管理体系完善程度等宏观因素都会对企业的韧性产生影响[442]；基于企业内部视角，van der Vegt 等[443]指出企业在日常经营中抵御危机事件、实现永续发展，不仅需要提升硬性能力（如资源储备和战略规划能力），还需要加强软性能力（涉及企业成员的认知、情绪及社会关系方面）。已有研究证明，较高的资源储备度[434]和战略变革有助于提高企业的环境适应度[444]，如数字化转型[445]、创新投入战略和资产剥离战略[446]通过增加组织灵活性提高了企业在危机期间的韧性，进而提升了企业的危机应对能力；企业成员，尤其是高管人员良好的认知水平[447]、危机注意力[446]、领导力[448]，以及积极的情绪能力[436]能帮助企业在面对突发事件时灵活高效地做出反馈、减少损失，进而提高风险抵抗力，降低企业脆弱性。虽然已有的研究证明，具有海外背景的领导者有助于管理团队做出更有利于企业发展的决策[449]，进而提升公司的生存绩效，但企业的 CEO 具有双海外背景是否会对企业韧性产生影响还未有相关研究。

梳理相关文献不难发现，企业高管的个人特征，特别是其海外经历，对企业战略制定及绩效表现的深远影响已得到广泛认可。然而，在探讨企业韧性这一新兴且日益重要的议题时，关于企业 CEO 具有双海外背景与企业韧性之间关系的直接研究尚显不足。鉴于企业韧性关乎企业在面对不确定性、危机或逆境时的恢复力、适应力和持续发展的能力，深入探究企业 CEO 的双海外背景如何塑造并增强企业韧性，对于理解全球化背景下企业助力制造业价值链升级的内在机制具有重要意义。

二、研究假设

在热点问题频发、外部形势严峻的时代背景下，企业 CEO 具有双海外背景能否帮助企业增强韧性成为现今学术研究的重要命题。那么，企业 CEO 的双海外背景如何影响企业韧性？本章认为企业 CEO 的双海外背景主要通过降低破产风险以及提升营运效率两条中间渠道影响企业韧性。

（一）降低破产风险

CEO 具有双海外背景能够帮助企业建立完善的风险管理体系，提早应对风险冲击，降低企业破产风险，增强企业的韧性。破产风险是企业在日常生产经营中存在的风险威胁，增强企业韧性需应对潜在的、长期的、无法消除的日常经营破产风险。CEO 在企业重大决策制定的过程中占据主导地位，相对于企业董事而言，CEO 在项目投资期限的长短、利润获取时间的快慢及对自身利益和公司长期价值的影响方面占据着绝对的信息优势。通常情况下，过短的决策视域使得管理层更倾向于追求短期利益最大化，而忽视企业长期发展，导致组织在面临突发事件时缺乏韧性，危机应对能力较弱。而拥有海外背景的CEO相较于无海外背景的CEO而言，首先通常具备全球化的风险意识，更倾向于建立完善的风险管理体系以应对多变的市场环境，同时通过系统化的分析与防范措施有效识别并应对潜在风险，从而降低破产的可能性，增强企业的稳定性和抗风险能力；其次，具有双海外背景的CEO往往拥有更广阔的国际化视野和丰富的跨文化经验，能够准确地把握全球市场的发展和趋势，及时识别潜在风险，并灵活调整企业战略以应对外部环境的不确定性，从而有效降低企业受单一市场波动的风险[450]，增强企业的韧性和可持续竞争力；最后，具有双海外背景的CEO一般拥有更丰富的国际人脉和资源，能够更高效地进行国际合作与资源整合，快速获取外部支持，从而有助于企业应对经营挑战，降低破产风险[451]，增强企业在全球市场中的竞争力和可持续发展能力。

低破产风险一方面意味着企业能够更好地应对外部环境的冲击，保持业务的持续性，当企业面临挑战，例如面临市场波动、供应链问题或者金融危机时，低破产风险的企业有更强的抵抗力；另一方面，低破产风险通常意味着企业具有更健康的财务状况，例如较低的负债率、充足的现金储备和稳定的现金流，当企业面临资金压力时更具应对能力，能够更加专注于长期发展目标和战略，而不是被短期的生存压力所驱使，使得企业能够更好地规划未来、投资于创新和进行人才培养，从而增强其长期韧性和竞争力。

（二）提升营运效率

CEO具有双海外背景可以通过发挥跨文化管理技能、引入国际最佳实践和资源以及灵活应对市场变化等方式，提升企业的营运效率，增强企业的韧性。营运效率是指企业运用其资产的有效程度，其受企业营运状况和管理水平的影响。为应对突发性冲击，企业需要对其营运效率进行必要的提升，在这方面，具有海外背景 CEO 的企业更具优势。首先，具有双海外背景的 CEO 通常具备跨文化管理能力，能够更好地理解和应对不同文化背景下的员工、客户和合作伙伴，尤其是在与海外供应商和客户的合作中，可以更精准地把握跨国交易的文化差异与商业惯例，减少沟通误解，提高工作效率[452]，从而提升企业营运效率和市场竞争力；其次，具有双海外背景的 CEO 往往能够将国际最佳实践和先进管理经验引入本土企业，优化企业运营流程，提高效率和生产力[453]。特别是在对内管理方面，具有双海外背景的 CEO 通过引入成熟的管理方法和创新的工作流程，提升团队协作、优化资源配置，有助于推动企业内部结构的合理化和流程的精细化，进一步增强企业的综合竞争力；最后，具有双海外背景的 CEO 一般具有较强的适应能力和应变能力，能够根据全球市场的动态变化迅速调整企业战略和运营策略，确保企业保持竞争优势和高度灵活性[454]，从而使得企业在复杂多变的全球经济环境中稳健发展。

较高的营运效率一方面意味着企业能够更有效地利用资源，使得企业能够在同样的资源投入下获得更大的产出，更快速地响应市场变化和客户需求的变化，更迅速地调整生产计划、供应链和销售策略，增加企业在应对挑战时的灵活性和抵御能力，满足市场需求，避免库存积压或供需失衡所带来的风险；另一方面，具有高营运效率的企业通常具有更高的适应性，能够更好地适应外部环境的变化和不确定性，进而更快速地调整业务模式、转变战略方向，以应对市场的挑战和竞争压力。此外，高营运效率的企业通常注重创新和持续改进，能够不断优化生产流程、管理方式和技术应用，以提高效率和质量，使得企业保持竞争优势。

综上所述，本节提出以下两条假设。

假设 6.1：CEO 的双海外背景能够帮助企业增强韧性。

假设 6.2：CEO 的双海外背景主要通过降低破产风险以及提升营运效率这两条中间渠道来增强企业韧性。

第三节 计量模型与数据说明

本节以 CEO 海外受教育经历以及海外工作经历表示企业 CEO 双海外教育背景，基于我国 A 股上市制造业企业、国泰安 CSMAR 数据库以及 CNRDS 的数据，实证检验企业 CEO 双海外背景对企业韧性的影响效应。

一、计量模型构建

（一）基准回归模型

为研究 CEO 双海外背景对企业韧性的影响，本章设定了如式（6-1）所示的基准回归模型：

$$\text{res}_{ipt} = \beta_0 + \beta_1\text{ceooversea}_{ipt} + \beta_2\text{controls}_{ipt} + \gamma_i + \mu_{t\&p} + \eta_{t\&\text{pro}} + \xi_{ipt} \quad (6\text{-}1)$$

其中，res_{ipt} 为被解释变量，表示 p 行业中企业 i 在第 t 年的韧性值；ceooversea_{ipt} 为核心解释变量，是虚拟变量，如果 p 行业中企业 i 在第 t 年 CEO 具有双海外背景，则取 1，否则取 0；controls_{ipt} 表示控制变量。此外，为控制外部经济冲击导致的市场环境变化，参照钱雪松和石鑫[455]的做法，本章在回归模型中控制了个体固定效应（γ_i）；行业层面的冲击可由行业-时间固定效应（$\mu_{t\&p}$）控制；地区层面的冲击可由省份-时间固定效应（$\eta_{t\&\text{pro}}$）控制。当模型控制了 $\mu_{t\&p}$ 和 $\eta_{t\&\text{pro}}$ 之后，无须再控制时间固定效应，以及行业层面和省份层面随时间改变以及不随时间改变的因素。ξ 表示随机误差项。

（二）中介效应模型

根据理论推导，本章认为 CEO 具有双海外背景可能会从以下两个方面影响企业韧性：①降低破产风险；②提升营运效率。在式（6-1）的基础上，本节构建式（6-2）和式（6-3）对以上两条潜在作用路径进行检验。

$$\text{zjbl}_{ipt} = \beta_0 + \beta_1 \text{ceooversea}_{ipt} + \beta_2 \text{controls}_{ipt} + \gamma_i + \mu_{t\&p} + \eta_{t\&\text{pro}} + \xi_{ipt} \quad (6\text{-}2)$$

$$\begin{aligned}\text{res}_{ipt} = {} & \beta_0 + \beta_1 \text{ceooversea}_{ipt} + \beta_2 \text{zjbl}_{ipt} + \beta_3 \text{controls}_{ipt} \\ & + \gamma_i + \mu_{t\&p} + \eta_{t\&\text{pro}} + \xi_{ipt}\end{aligned} \quad (6\text{-}3)$$

其中，zjbl_{ipt} 表示中介变量，即破产风险（zscore）、存货周转率（ivtyto）和总资产周转率（totastto）；其他变量如前文所述。

二、数据来源及变量

本章选取 2008～2021 年中国 A 股上市制造业企业作为研究对象，研究 CEO 双海外背景对企业韧性的影响。

（一）被解释变量

被解释变量是企业韧性（res）。主要参考 Martin[456]、Faggian 等[457]、Holl[458]和陈安平[459]的研究，通过将企业的主营业务收入变化与该企业所在行业的主营业务变化进行比较来测度企业韧性，具体公式为

$$\text{res}_{ipt} = (\ln l_{it} - \ln l_{i,t-k}) - (\ln l_t - \ln l_{t-k}) \quad (6\text{-}4)$$

其中，l_{it} 表示 p 行业中企业 i 在第 t 年的主营业务收入；l_t 表示在第 t 年企业所在行业 p 的平均主营业务收入；下标 $t-k$ 表示 $t-k$ 年。如果 res 大于 0，则表明企业 i 的收益与企业所在行业 p 的平均收益相比，在 $t-k$ 年到 t 年之间增长得更快（或下降得更慢），其企业韧性相对较强；相反，如果 res 小

于 0，则表明企业 i 的收益与企业所在行业平均收益相比，在 $t-k$ 到 t 年之间增长得更慢（或下降得更快），其企业韧性相对较弱。

（二）核心解释变量

解释变量是 CEO 具有双海外背景（ceooversea）。具体测量方法如下：CEO 具有海外学习和工作背景（ceooversea）：若企业的 CEO 具有海外工作背景和学习背景，则计为 1，否则为 0。为了进一步分析 CEO 单海外背景的影响，定义以下两个子变量——CEO 具有海外学习背景（ceooversea_1）：若企业的 CEO 具有海外学习背景，则计为 1，否则为 0；CEO 具有海外工作背景（ceooversea_2）：若企业的 CEO 具有海外工作背景，则计为 1，否则为 0。

（三）其他控制变量

为进一步提高实证模型的回归精度，本章借鉴现有研究的普遍做法，选取如下控制变量：①企业规模（size），用总资产的自然对数表示；②有形资产比率（tang），计算方式为(资产总计-无形资产净额-商誉净额)/资产总计；③资产负债率（lev），用负债总额与总资产的比值表示；④总资产收益率（roa），用净利润与总资产的比值表示；⑤现金周转率（ocf），用营业收入与现金及现金等价物余额的比值表示；⑥股权集中度（shrcr），用最大的前十位股东的股份总占比表示；⑦第一大股东持股比例（top1）；⑧二职合一（dual），CEO 与董事长为同一人取 1，否则为 0；⑨产权性质（gov），国有控股为 1，非国有控股为 0。

（四）中介变量

破产风险（zscore），采用多数文献中常用的 Z 值法来度量企业的破产风险，当 Z 值得分低于 1.81 说明企业处于临近破产困境区域，当 Z 值得分为 1.81～2.99 时说明企业的财务状况不确定，Z 值得分超过 2.99 说明企业处于健康状态。

借鉴张卿和邓石军[460]的研究，选用存货周转率（ivtyto）和总资产周转率（totastto）作为企业营运效率的代理变量。表 6.1 报告了变量的描述性统计结果。

表 **6.1**　变量描述性统计结果

变量	变量符号	均值	标准差	最小值	最大值
企业韧性	res	–0.777	0.895	–2.720	1.805
CEO 具有双海外背景	ceooversea	0.006	0.075	0.000	1.000
CEO 具有海外学习背景	ceooversea_1	0.015	0.121	0.000	1.000
CEO 具有海外工作背景	ceooversea_2	0.034	0.181	0.000	1.000
企业规模	size	22.482	1.260	20.067	25.840
有形资产比率	tang	0.944	0.053	0.696	0.999
资产负债率	lev	0.463	0.178	0.073	0.818
总资产收益率	roa	4.312	5.059	–10.770	20.940
现金周转率	ocf	0.086	0.106	–0.223	0.425
股权集中度	shrcr	0.531	0.142	0.223	0.874
第一大股东持股比例	top1	34.258	14.183	9.090	75.000
二职合一	dual	0.167	0.373	0.000	1.000
产权性质	gov	0.588	0.492	0.000	1.000
破产风险	zscore	4.437	4.840	0.475	31.761
存货周转率	ivtyto	5.321	4.485	0.520	27.203
总资产周转率	totastto	0.810	0.476	0.174	2.933

从描述性统计结果来看，企业韧性（res）的均值为–0.777，即 2008～2021 年上市公司的企业韧性普遍弱于行业韧性，增强企业韧性刻不容缓；

而标准差为 0.895，说明样本公司中企业韧性水平的差异较大。CEO 海外背景均值显示，我国上市公司 CEO 具有海外工作背景（ceooversea_2）的比率比具有海外学习背景（ceooversea_1）的比率要高。

第四节 计量检验与结果分析

一、基准回归结果

CEO 具有海外背景与企业韧性之间作用关系的基准回归结果如表 6.2 所示，列（1）、列（2）、列（3）分别报告了 CEO 既有海外学习背景也有海外工作背景（ceooversea）、仅有海外学习背景（ceooversea_1）、仅有海外工作背景（ceooversea_2）对企业韧性（res）的影响。回归结果显示，不同类型的 CEO 海外背景的回归系数均为正值，但仅双海外背景（ceooversea）的回归系数通过了显著性检验，说明上市公司 CEO 单有海外学习背景或单有海外工作背景都不足以显著提升企业韧性，只有当 CEO 同时具备两种背景时才能显著提升企业的韧性水平。这可能是由于仅有海外学习背景的 CEO 通常拥有较强的理论知识和全球化视野，能够从宏观层面洞察市场趋势，但缺乏海外的实际管理经验，可能影响其决策的执行力和应对危机的能力；仅有海外工作背景的 CEO 通常拥有丰富的海外实践经验，能够应对复杂的管理问题，但决策缺乏系统的理论支撑，可能导致其决策缺乏长远性和战略性，影响其管理经验在国内国际市场中的有效应用。唯有同时具备双海外背景的 CEO，方能将理论与实践有效结合，从而帮助企业降低破产风险和提升营运效率，最终增强企业韧性。在控制变量方面，企业规模（size）、资产负债率（lev）及总资产收益率（roa）的系数均显著为正，这说明企业规模越大、资产负债率越高、公司盈利能力越强，越有助于提升企业韧性。

表 6.2　CEO 具有海外背景与企业韧性之间作用关系的基准回归结果

变量	（1）	（2）	（3）
ceooversea	0.216*** （0.055）		
ceooversea_1		0.092 （0.057）	
ceooversea_2			0.004 （0.043）
size	0.804*** （0.025）	0.805*** （0.025）	0.805*** （0.025）
tang	0.194 （0.233）	0.189 （0.232）	0.184 （0.233）
lev	0.417*** （0.088）	0.421*** （0.088）	0.419*** （0.088）
roa	0.023*** （0.002）	0.023*** （0.002）	0.023*** （0.002）
ocf	−0.091 （0.064）	−0.094 （0.064）	−0.094 （0.064）
shrcr	0.041 （0.118）	0.034 （0.118）	0.034 （0.118）
top1	0.001 （0.001）	0.001 （0.001）	0.001 （0.001）
dual	0.007 （0.019）	0.006 （0.019）	0.007 （0.019）
gov	−0.018 （0.053）	−0.020 （0.053）	−0.019 （0.053）
常数项	−19.575*** （0.664）	−19.589*** （0.666）	−19.570*** （0.664）
行业–时间固定效应	控制	控制	控制
省份–时间固定效应	控制	控制	控制
个体固定效应	控制	控制	控制
样本量	7280	7280	7280
R^2	0.800	0.800	0.799

注：圆括号中为 *t* 统计值

***表示在 1%的水平上显著

二、稳健性结果

为进一步验证回归结果的稳健性，本章从三个角度进行稳健性检验。

（一）滞后一期检验

鉴于企业韧性是企业在长期发展过程中逐渐形成的，CEO 具有双海外背景对企业韧性的影响具有一定的时滞性，本节将核心解释变量的滞后一期变量（newceooversea）纳入式（6-1）进行稳健性检验。检验结果如表 6.3 中列（1）所示：newceooversea 的回归系数为 0.160，且在 1%的水平上显著。这说明，CEO 具有双海外背景的滞后一期值仍然显著正向影响企业韧性，即假设 6.1 依旧成立。

表 6.3　CEO 具有双海外背景对企业韧性影响的稳健性检验结果

变量	（1）	（2）	（3）
	滞后一期	排除其他因素干扰	倾向评分匹配法
newceooversea	0.160*** （0.054）		
ceooversea		0.173*** （0.055）	0.216** （0.077）
常数项	−16.150*** （0.722）	−18.612*** （0.719）	−20.632*** （0.520）
controls	控制	控制	控制
行业–时间固定效应	控制	控制	控制
省份–时间固定效应	控制	控制	控制
个体固定效应	控制	控制	控制
样本量	6760	5945	6344
R^2	0.712	0.809	0.882

注：圆括号中为 t 统计值

***表示在 1%的水平上显著，**表示在 5%的水平上显著

（二）排除其他因素影响

得益于经济的相对发达、技术资源的丰富以及优越的营商环境，北京、上海和深圳的上市公司在发展上具有显著优势，且那些存在时间较长的企业往往表现出较强的韧性，为了深入研究 CEO 具有双海外背景对公司韧性的影响是否受到地区经济发展水平和生存环境的影响，本节使用不在北京、上海、深圳注册的上市公司重新进行估算，以验证 CEO 具有双海外背景对公司韧性影响的普遍性特征。检验结果如表 6.3 中列（2）所示：CEO 具有双海外背景（ceooversea）的系数在 1%的水平上显著为正，说明假设 6.1 依然成立。

（三）倾向评分匹配法

为了解决 CEO 具有双海外背景与企业韧性之间的潜在内生性问题，即更高水平的企业韧性更能吸引具有双海外背景的 CEO，本节使用倾向评分匹配法进行检验，以 2008～2021 年中国 A 股上市公司为样本，建立影响上市公司聘用具有双海外背景 CEO 的 Probit 模型进行配对。参考以往的研究文献，选择的影响因素包括该地区是否在 1920 年[①]具有基督教传教士成立的大学、企业规模、资产负债率、总资产收益率、现金周转率、产权性质、第一大股东持股比例、股权集中度以及行业和年份的哑变量。在配对样本的基础上按照式（6-1）进行回归。表 6.3 列（3）是进行匹配后的回归结果，结果表明 CEO 具有双海外背景（ceooversea）的系数在 5%的水平上显著为正，即假设 6.1 依然成立。

① 1920 年以前，基督教传教士在中国某些省份创办了大学，当地人民更早接触到西方文化，出国工作与留学的可能性更大，并在回国后，选择留在西方文化气氛浓厚的地区的可能性也大，且这个变量衡量的是 1920 年以前的数据，与如今的企业行为并不会产生强烈的相关性。

三、中介效应结果

本章第二节理论分析表明，CEO 具有海外背景可能会通过影响破产风险和营运效率间接作用于企业韧性，为此本节将这两个变量作为中介变量进行中介效应检验。破产风险的中介效应检验结果如表 6.4 所示，可以看出 zscore 对于 res 的回归系数为 0.004，在 10%的水平上显著，表明破产风险存在部分中介效应，CEO 双海外背景有助于降低破产风险，增强企业韧性。

表 6.4 破产风险的中介效应检验结果

变量	zscore	res
ceooversea	0.756** (0.331)	0.213** (0.077)
sa		
zscore		0.004* (0.002)
常数项	19.614*** (5.153)	–21.715*** (0.546)
controls	控制	控制
行业–时间固定效应	控制	控制
省份–时间固定效应	控制	控制
个体固定效应	控制	控制
样本量	7280	7280
R^2	0.806	0.879

注：圆括号中为 *t* 统计值

***表示在 1%的水平上显著，**表示在 5%的水平上显著，*表示在 10%的水平上显著

营运效率的中介效应检验结果如表 6.5 所示，可以看出，CEO 具有双海外背景对于存货周转率和总资产周转率的回归系数分别为 1.039 和 0.114，且均在 1%的水平上显著，说明 CEO 具有双海外背景能够有效提升营运效

率；ivtyto 对于企业韧性的回归系数为 0.038，totastto 对于企业韧性的回归系数为 0.852，均在 1%的水平上显著，表明营运效率存在部分中介效应，即 CEO 具有双海外背景能够提升营运效率，增强企业韧性。假设 6.2 由此得证。

表 6.5　营运效率的中介效应检验结果

变量	ivtyto	res	totastto	res
ceooversea	1.039***	0.177**	0.114***	0.119*
	(0.212)	(0.075)	(0.034)	(0.067)
ivtyto		0.038***		
		(0.003)		
totastto				0.852***
				(0.028)
常数项	4.804*	−21.812***	1.099***	−22.568***
	(2.308)	(0.547)	(0.248)	(0.431)
controls	控制	控制	控制	控制
行业–时间固定效应	控制	控制	控制	控制
省份–时间固定效应	控制	控制	控制	控制
个体固定效应	控制	控制	控制	控制
样本量	7280	7280	7280	7280
R^2	0.787	0.888	0.824	0.924

注：圆括号中为 *t* 统计值

***表示在 1%的水平上显著，**表示在 5%的水平上显著，*表示在 10%的水平上显著

四、异质性分析结果

前文已验证 CEO 具有双重海外背景可增强公司韧性，破产风险及营运效率在其中发挥了中介作用。随着外部商业环境日趋复杂，企业韧性是公司应对危机和逆境的关键能力，亦是可持续发展的重要保障。因此，CEO 具有双重海外背景对企业韧性的影响可能受企业外部治理、经营环境和经营水

平的影响。为了深入了解 CEO 具有双重海外背景对企业韧性的异质性影响，有必要对地区差异、行业竞争差异、技术属性差异以及企业管理者的短视差异等方面进行详细分析。

（一）地区异质性检验

鉴于研究样本中的企业处于不同地区，地区间经济发展水平和营商环境等存在较大的差异性。因此，本文采用企业所在省份每一年的人均地区生产总值来衡量企业所在地区的经济发展情况，如果该指数高于样本企业的年度中位数水平，则定义该企业处于经济较发达地区，否则处于经济欠发达地区，进而将样本分为经济较发达地区和经济欠发达地区，分别检验 CEO 双海外背景对企业韧性的影响。回归结果如表 6.6 列（1）和列（2）所示。可以看出，CEO 双海外背景对经济较发达地区企业韧性的影响在 1%的水平上显著，对经济欠发达地区企业韧性的影响在 5%的水平上显著。这说明在经济较发达地区企业中，具有双海外背景的 CEO 对企业韧性的提升作用更加显著。

表 6.6　异质性分析结果 I

变量	地区异质性		行业竞争异质性	
	（1）	（2）	（3）	（4）
	经济较发达地区	经济欠发达地区	行业竞争度低	行业竞争度高
ceooversea	0.252*** （0.089）	0.251** （0.111）	0.216*** （0.075）	0.203** （0.089）
常数项	–19.823*** （1.084）	–18.870*** （0.853）	–19.162*** （1.022）	–18.656*** （0.873）
controls	控制	控制	控制	控制
行业–时间固定效应	控制	控制	控制	控制
省份–时间固定效应	控制	控制	控制	控制

续表

变量	地区异质性		行业竞争异质性	
	（1）	（2）	（3）	（4）
	经济较发达地区	经济欠发达地区	行业竞争度低	行业竞争度高
个体固定效应	控制	控制	控制	控制
样本量	3926	3354	3573	3707
R^2	0.791	0.819	0.829	0.788

注：圆括号中为 *t* 统计值

***表示在 1%的水平上显著，**表示在 5%的水平上显著

（二）行业竞争异质性检验

企业所处行业的竞争水平可以反映外部市场的竞争环境，处于不同行业竞争水平的企业，其 CEO 双海外背景对企业韧性的影响也会有所不同。在行业竞争较弱的环境下，企业往往创新动力不足、资源配置效率较低，而拥有双海外背景的 CEO 可凭借其全球视野与先进管理理念，激发组织活力、优化战略布局与强化风险管控，从而更有效地增强企业韧性。为了检验上述推断，本节借鉴钟凯等[461]的研究，采用赫芬达尔指数来衡量企业面临的行业竞争情况，如果该指数得分高于样本企业的年度中位数水平，则定义该企业处于行业竞争度低的环境，否则处于行业竞争度高的环境。回归结果如表 6.6 列（3）和列（4）所示，可以看出，CEO 具有双海外背景对处于行业竞争度低的企业韧性的影响在 1%的水平上显著，对处于行业竞争度高的企业韧性的影响在 5%的水平上显著。这说明对处于行业竞争度低的企业而言，具有双海外背景的 CEO 对企业韧性的提升作用更加明显。

（三）技术属性异质性检验

行业是否属于高科技类别，不仅影响企业对人才的吸引力，还可能对企

业的创新能力和竞争力产生深远影响。高科技行业的企业通常拥有更丰富的资源、更高效的管理模式和更前沿的技术，能够更好地发挥 CEO 双海外背景对企业韧性的增强作用；而非高科技行业的企业，尽管面临较少的人才竞争，但往往难以为员工提供充足的技术成长机会和职业发展空间，因此其对具备双海外背景的 CEO 的吸引力较弱。为了检验上述推断，本章参照张卿和邓石军[460]的划分标准，将样本划分为高科技行业样本与非高科技行业样本，来检验 CEO 具有双海外背景对企业韧性的异质性影响。回归结果如表 6.7 列（1）和列（2）所示，可以看出，CEO 具有双海外背景对处于高科技行业的企业韧性的影响在 1%的水平上显著，对处于非高科技行业的企业韧性无显著影响。这说明在高科技行业的企业中，具有双海外背景的 CEO 对企业韧性的促进作用更加明显。

表 6.7　异质性分析结果II

变量	技术属性异质性		管理者短视异质性	
	（1）	（2）	（3）	（4）
	高科技行业	非高科技行业	强短视主义	弱短视主义
ceooversea	0.200***	0.292	0.306***	0.125*
	（0.051）	（0.190）	（0.090）	（0.072）
常数项	−18.829***	−19.976***	−18.485***	−19.942***
	（0.707）	（1.689）	（0.769）	（0.834）
controls	控制	控制	控制	控制
行业-时间固定效应	控制	控制	控制	控制
省份-时间固定效应	控制	控制	控制	控制
个体固定效应	控制	控制	控制	控制
样本量	5558	1722	3012	4268
R^2	0.818	0.804	0.812	0.827

注：圆括号中为 t 统计值

***表示在 1%的水平上显著，*表示在 10%的水平上显著

（四）管理者短视异质性检验

CEO 双海外背景与企业韧性的关系可能会受到管理者短视程度的影响。强短视主义的管理者往往倾向于关注短期利益，而具备双海外背景的 CEO 凭借其国际化视野和资源，有助于缓解短视倾向，降低短视行为对长期发展的负面影响，从而显著提升企业韧性。为了检验上述推断，本章借鉴胡楠等[462]的方法，对年报中的 MD&A（management discussion and analysis，管理层讨论与分析）部分进行文本分析，在短期视域词集的基础上采用词典法构建管理者短视主义指标，短期视域词汇总词频占 MD&A 总词频的比例越大，说明管理者决策视域越短，即管理者短视越严重，然后按照样本年度均值将样本分为强短视主义组和弱短视主义组，高于年度均值的样本为强短视主义组，反之即为弱短视主义组，然后检验 CEO 双海外背景对企业韧性的影响。回归结果如表 6.7 列（3）和列（4）所示，可以看出，CEO 双海外背景对拥有强短视主义管理者的企业韧性的影响在 1%的水平上显著，对拥有弱短视主义管理者的企业韧性的影响在 10%的水平上显著。这说明在拥有强短视主义管理者的企业中，具有双海外背景的 CEO 对企业韧性的提升作用更加显著。

第五节　主要结论与政策启示

CEO 作为企业经营活动的直接决策主体，其个人背景和决策倾向对企业而言至关重要，亦会对企业韧性产生重要影响。本章选取 2008～2021 年中国 A 股上市制造业企业作为研究对象，研究了 CEO 双海外背景对企业韧性的影响。结果显示，具有双海外背景的 CEO 能够显著增强企业韧性，且在多个稳健性检验后，该结论仍然成立。中介分析结果指出，降低破产风险和提升营运效率在 CEO 双海外背景和企业韧性之间存在中介效应。异质性分析结果表明，在经济较发达地区、低竞争行业、高科技行业以及拥有强短视主义管理者的企业中，具有双海外背景的 CEO 对于自身企业韧性的提升作用更加显著。

基于本章的研究结论，提出以下政策建议。

一方面，政府应持续推进双海外背景人才的培养、引进和回流政策，以提升国家整体创新能力和企业韧性。具体而言，一是政府应进一步完善留学人员培养体系，强化高层次海外人才的引进政策，如“公派留学”“万人计划”等，通过深化国际合作、学术交流与人才共育等手段，吸引双海外背景人才回流国内；二是政府应全面提供税费减免、社会保险和住房保障等政策支持，以确保回流人才能够无缝对接国内发展需求，尤其是在生活和科研环境方面；三是政府应持续深化人才制度改革，建立更加开放、包容的评价与激励机制，关注人才的创新能力、实践经验和实际贡献，促进人才资源的市场化配置，为双海外背景人才创造一个公平公正的制度环境，推动其快速融入国内发展大局。

另一方面，企业在人才招聘和战略布局中应更好地发挥海外双背景人才的优势，以提升企业的韧性。具体而言，一是企业应加大对双海外背景人才的引进力度，特别是高层管理职位，为双海外背景人才提供适宜的资源和支持，并将其与企业现有的人力资源策略相结合，进一步增强企业的应变能力与韧性；二是企业应充分利用双海外背景人才在融资、风险管控和营运效率等方面的优势，积极将其纳入战略决策层，优化企业决策机制，提升企业的长期竞争力；三是在不同区域、行业竞争程度、企业类型和管理者特征等多维异质性影响下，企业应因地制宜，制定差异化的人才引进策略。对于经济欠发达地区、高竞争行业、低科技行业以及管理者弱短视主义的企业，应充分激发双海外背景 CEO 的作用，进一步提升企业的适应性与抗风险能力。

综上所述，政府与企业应共同努力，创造一个有利于双海外背景人才发展的环境，充分发挥其在提升企业韧性方面的潜力。

第七章
新生代劳动力供给变化与制造业全球价值链升级

第一节 问题提出

伴随着改革开放的逐步深入，我国依托初级生产要素的低成本优势，有效融合于全球价值链的产品分工体系之中，促成了我国出口贸易的“爆发式”增长，并逐渐成为全球货物贸易第一大国。不过，在国际分工中，我国长期处于全球价值链低端环节，增加值占比较低，巨额的出口贸易量并不能较精准地表示我国出口贸易的利得情况。与出口贸易量相比，出口国内增加值能够更加准确地反映出企业在出口贸易活动中获得的真实收益[239]。因此，多数学者逐渐将研究对象从出口贸易量转向出口国内增加值。

当前，如何提高出口国内增加值，进而推动制造业企业出口产品向高质量、高增加值转变，已成为我国国际贸易领域的重要研究内容之一。鉴于此，本章利用中国工业企业数据库和中国海关进出口数据库相匹配后的数据，探讨新生代劳动力供给变化对我国制造业企业出口国内增加值率的影响。这对于如何用好新生代劳动力来提高我国出口国内增加值、促进我国制造业价值链升级，具有重要的实际意义和理论价值。

新生代劳动力主要是指 20 世纪 80 年代和 90 年代出生的劳动力，这一群体具有受教育程度高、职业期望值高、对物质和精神享受要求高等新特点。目前，新生代劳动力供给变化对我国经济的影响被众多学者关注。大多数学者认为，新生代劳动力受教育程度、技术能力等相比于老一辈劳动力更高，且新生代劳动力就业更加偏向资本和技术密集型行业，这有利于我国产业结构升级和技术的提升。阳立高等[463]实证研究发现，新生代劳动力供给数量的增加与供给质量的提高均有利于我国产业升级。新生代劳动力乐于钻研、主动创新，因此新生代劳动力供给增加可能会对制造业企业出口国内增加值率的提升具有推动作用。

国内外学者对于出口国内增加值的研究主要集中于出口国内增加值的测算与影响因素两个方面。Hummels 等[202]利用投入产出表从行业层面测算了出口国内增加值，但是，该测算方法存在诸多缺陷。例如，不能反映企业层面的异质性、无法捕捉外生冲击对企业决策的影响、数据更新慢等。为了克服这些缺陷，部分学者开始利用工业企业微观数据与海关贸易数据来测算出口国内增加值，而且这一方法也逐渐被学术界接受[239]。在充分考虑加工贸易的基础上，诸多学者还通过识别贸易代理商问题、中间投入品的间接进口问题和过度进出口问题，对企业出口国内增加值率进行测算[464]，有学者为使计算结果更加精确，还将贸易方式、返回增加值、重复计算等问题纳入了考虑[465]。

关于我国出口国内增加值的影响因素，许多学者从不同的角度进行了探讨。例如，张杰等[341]、阳立高等[466]从外商直接投资的角度研究发现，进行加工贸易生产的外资企业是推动中国出口国内增加值率上升的最重要力量，而外国直接投资的进入是导致加工贸易和外资企业出口国内增加值率增长的主要推动因素。毛其淋和许家云[467]基于贸易自由化的角度，发现贸易自由化显著提高了企业出口国内增加值率，这意味着通过削减关税或降低非关税壁垒等贸易自由化措施可以有效提升下游制造业企业在最终品市场中的出口竞争力。韩峰等[468]基于城市空间集聚优势的角度发现，劳动力“蓄水池”

效应、制造业中间品和中间服务空间共享效应、技术外溢效应等要素供给方面的空间外部性和市场潜力扩大带来的需求方面的规模经济优势，均有助于提升中国制造业出口国内增加值率。郑江淮和郑玉[469]研究发现，企业研发创新水平的提高或研发外溢对制造业全球价值链攀升有显著的正向影响，若研发创新受到抑制，则不利于企业出口国内增加值率的提升。

综上所述，现有文献虽然已取得了较多的研究成果，但鲜有学者探讨新生代劳动力供给变化对出口国内增加值率的影响。因此，本章的边际贡献可能在于：第一，从理论上探讨新生代劳动力供给变化对出口国内增加值率的影响机制；第二，将地区新生代劳动力供给数据与中国工业企业数据库和中国海关进出口数据库进行匹配，实证分析新生代劳动力供给变化对出口国内增加值率的影响，并检验其中的影响机制。

第二节　理论机制与研究假说

借鉴 Kee 和 Tang[239]、毛其淋和许家云[467]的研究思路，本节着眼于分析新生代劳动力供给变化对制造业企业出口国内增加值率的影响机制。下面对企业出口国内增加值率的表达式进行推导。

假定企业 i 的生产函数为

$$Y_{it}=\delta_{it}\left(K_{it}\right)^{\eta_K}\left(L_{it}\right)^{\eta_L}\left(M_{it}\right)^{\eta_M}，\ \eta_K+\eta_M+\eta_L=1 \tag{7-1}$$

$$M_{it}=\left(\left(M_{it}^{D}\right)^{\frac{\sigma-1}{\sigma}}+\left(M_{it}^{I}\right)^{\frac{\sigma-1}{\sigma}}\right)^{\frac{\sigma}{\sigma-1}} \tag{7-2}$$

其中，Y_{it} 表示企业 i 在 t 时期的产出；δ 表示企业生产率；K 表示企业的资本；L 表示企业的劳动力；M 表示企业中间品投入；K、L 和 M 所对应的平

均价格分别表示为 r_t、w_t 和 P_t^M；η_K、η_L 和 η_M 分别表示各生产要素的产出弹性系数；M_{it}^D 表示国内中间品总量，其对应的平均价格为 P_t^D；M_{it}^I 表示进口中间品总量，其对应的平均价格为 P_t^I；σ 表示本国中间品与进口中间品的替代弹性，且 $\sigma>1$。根据式（7-2），企业 i 所用中间品的价格指数可表示为 P_t^D 和 P_t^I 的 CES（constant elasticity of substitution，不变替代弹性）函数，即

$$P_t^M = \left[\left(P_t^D\right)^{1-\sigma} + \left(P_t^I\right)^{1-\sigma}\right]^{\frac{1}{1-\sigma}} \tag{7-3}$$

由企业追求利润最大化的生产原则可得

$$C_{it}\left(r_t, w_t, P_t^D, P_t^I, Y_{it}\right) = \frac{Y_{it}}{\delta_{it}}\left(\frac{r_t}{\eta_K}\right)^{\eta_K}\left(\frac{w_t}{\eta_L}\right)^{\eta_L}\left(\frac{P_t^M}{\eta_M}\right)^{\eta_M} \tag{7-4}$$

$$\frac{P_t^M M_{it}}{C_{it}} = \eta_M \tag{7-5}$$

根据企业出口国内增加值率的定义：$\text{dvar}_{it} = 1 - \frac{P_t^I M_{it}^I}{P_{it} Y_{it}}$，经过一系列的推导可得

$$\text{dvar}_{it} = 1 - \eta_M \frac{1}{\psi_{it}} \times \frac{1}{1 + \left(P_t^I / P_t^D\right)^{\sigma-1}} \tag{7-6}$$

其中，ψ_{it} 表示企业 i 在 t 期的成本加成。由式（7-6）可知，dvar_{it} 与 ψ_{it}、$\left(P_t^I / P_t^D\right)$ 有关，而且 $\frac{\text{d dvar}_{it}}{\text{d}\ \psi_{it}}>0$，$\frac{\text{d dvar}_{it}}{\text{d}\left(P_t^I / P_t^D\right)}>0$。这表明企业出口国内增加值率和成本加成、进口中间品相对价格是正相关的。若企业的成本加成提高，即企业总产值与总投入的比值变大，那么企业的利润率和出口国内增加

值率也会相应提升，同时，企业为了降低成本，将会减少对中间品的进口，更多地使用国内中间品来替代，从而有力推动我国企业出口国内增加值率的提高。

了解出口国内增加值率的表达式后，下面将进一步讨论新生代劳动力供给变化如何影响企业出口国内增加值率。结合相关文献，可以发现，新生代劳动力供给变化主要通过全要素生产率渠道来影响出口国内增加值率，主要原因有以下两个方面。

第一，与老一辈劳动力相比，新生代劳动力受教育程度比较高。1986年我国颁布的《中华人民共和国义务教育法》首次把义务教育以法律形式固定下来，并实行九年制义务教育。因此，新生代劳动力基本都完成了九年制义务教育。1999 年教育部出台《面向 21 世纪教育振兴行动计划》，提出高等教育扩招政策。随后国家逐渐推进高等教育普及化，截至 2019 年全国各类高等教育在学总规模为 4002 万人，高等教育毛入学率已经达到 51.6%。这意味在新生代劳动力里，很多人都是受过高等教育的。众所周知，个人受教育程度通常与工作技能以及学习和掌握新知识、新技能的能力是正相关的。所以，与老一辈劳动力相比，新生代劳动力通常具有更多的工作技能，而且学习和掌握新知识、新技能的能力也更强。另外，劳动力受教育年限越长，其学习和掌握新知识、新技能的能力也会更强。劳动者技能越多、越熟练，学习能力越强，企业的全要素生产率就会越高。因此，新生代劳动力供给数量的增加和供给质量的提高均有助于企业全要素生产率的提升，而且新生代劳动力供给质量提高对企业全要素生产率的提升作用会更加明显。当企业全要素生产率越高时，其边际成本就越低，因而成本加成也就越高，出口国内增加值率自然就越高。此外，全要素生产率越高意味着同样的要素投入可以获得更高的产出，其生产成本与价格就越低，因此为了实现成本最小化，出口企业会减少进口中间产品的使用，转而使用价格更低的本国中间品，这也将提高出口国内增加值率。

第二，与老一辈劳动力相比，新生代劳动力具有较强的创新能力与创新意愿。新生代劳动力受教育程度、技术能力等较老一辈劳动力相对更高，因此他们具有良好的创新基础与创新能力。我国新生代劳动力成长于改革开放之后，在经济快速发展、生活物质相对富足、互联网技术日新月异、新事物与新业态层出不穷的时代背景下，他们性格鲜明、思维活跃，容易接受新事物，喜欢标新立异，具有很强的创造力。与老一辈劳动力以保守、服从为鲜明特征的“被动式”创新行为相比，新生代劳动力往往表现出更强的创新意愿，更多地表现出“主动式”创新行为。例如，新生代劳动力对微博、微信等实时通信工具的熟练使用，能更方便地与领导和同事进行交流沟通，这将会激发他们主动创新和合作创新的意识。因此，新生代劳动力越多且越集中的地区或企业，技术创新水平会越高，而新生代劳动力受教育年限越长，其技术创新水平也会越高。技术创新水平越高，全要素生产率就会越高。全要素生产率提高又会通过增加成本加成与更多使用本国中间产品来提升企业出口国内增加值率。

第三节　研究设计

一、计量模型构建

根据第二节的理论分析，本节建立如式（7-7）所示的计量模型来评估新生代劳动力供给变化对企业出口国内增加值率的影响：

$$\mathrm{dvar}_{idt} = \alpha + \beta_n \mathrm{newlab}_{ndt} + \gamma C + \eta_i + \lambda_d + \varphi_t + \varepsilon_{idt} \tag{7-7}$$

其中，i表示企业；d表示企业所在省份；t表示年份；newlab_{ndt}表示新生代劳动力供给变化，采用两个指标来衡量，当 $n=1$（$newlab_{1dt}$）时，表示新生代劳动力供给数量变化，当 $n=2$（$newlab_{2dt}$）时，表示新生代劳动力供给质量变化；β_n 表示系数；α 表示常数项；C 表示控制变量集；η_i、λ_d、φ_t 分别表示企业、省份和年份虚拟变量，以对无法观测的企业、省份固定效应和整体宏观经济形势加以控制；ε_{idt} 表示误差项。参考相关文献，选取融资约束（finance）、企业规模（size）、企业存续年限（age）、行业赫芬达尔指数（HHI）、所有制类型（ownership）、人均地区生产总值（pgdp）、人均工资（payment）、制造业结构高度化程度（high）、专利数量（patent）、资本存量（k）作为控制变量。

二、指标测算与变量说明

（一）被解释变量

被解释变量是出口国内增加值率（dvar）。参考张杰等[341]、Kee 和 Tang[239]的做法，将中国工业企业数据库与中国海关进出口数据库进行匹配，然后测算微观企业的出口国内增加值率，测算公式见式（3-1），此处不再重复。

（二）核心解释变量

核心解释变量是新生代劳动力供给变化（newlab）。本节将 1980～1999 年每年新出生且年满 15 岁及以上的人口作为 1995～2014 年的新生代劳动力。新生代劳动力供给变化分别从数量变化和质量变化两个方面来考察。

第 t 年新生代劳动力供给数量变化（$newlab_1$）=第$(t-16)$年末的人口总量×第$(t-15)$年的人口自然增长率，单位是万人。

第 t 年新生代劳动力供给质量变化（$newlab_2$）=[第(t+3)年大专以上招生数×4+第 t 年高中招生数×3+第(t–3)年初中招生数×3+第(t–9)年小学招生数×6]÷第 t 年新生代劳动力供给数量。新生代劳动力供给质量用新生代劳动力平均受教育年限表示，单位是年。

数据主要来源于《中国教育统计年鉴》《中国人口普查年鉴》。

（三）控制变量

表 7.1 是本章使用的控制变量的相关说明。

表 **7.1**　本章使用的控制变量的相关说明

控制变量类型	变量名称	符号表示	变量定义
企业层面	融资约束	finance	应收账款与总资产的比值
	企业规模	size	企业职工人数，取对数
	企业存续年限	age	当年年份与企业成立年份的差值
	行业赫芬达尔指数	HHI	$HHI=\sum_{i=1}^{N}\left(\frac{X_i}{X}\right)^2$，$N$、$X_i$ 和 X 分别表示三位码产业内的企业数量、第 i 个企业的规模、市场出口总规模。HHI 越大，表明行业的垄断程度越高，竞争越小
	所有制类型	ownership	用虚拟变量表示，外企取值为 1，其他为 0
省级层面	人均地区生产总值	pgdp	该省当年年末的地区生产总值除以年末总人口，取对数
	人均工资	payment	该省年末应付工资总额除以年末总人数，取对数
	制造业结构高度化程度	high	该省高端制造业产值与中端制造业产值的比值[470]
	专利数量	patent	该省当年专利申请数量，取对数
	资本存量	k	采用永续盘存法测算[471]，取对数

表 7.2 报告了各变量的描述性统计值。考虑到中国工业企业数据库和中国海关进出口数据库的数据可得性，本章的样本年份区间为 2000～2013

年。此外，本章对 dvar、$newlab_1$、$newlab_2$、size、pgdp、payment、patent、k 等变量均做了对数化处理。

表 7.2 各变量的描述性统计值

变量	样本量	均值	标准差	最小值	最大值
dvar	306 794	0.839 0	0.212 0	0.000 0	1.000 0
$newlab_1$	306 794	6.773 6	0.808 0	3.719 5	8.027 8
$newlab_2$	306 794	2.531 1	0.103 3	2.012 3	2.798 5
finance	306 794	0.186 9	0.171 9	–5.750 7	1.805 6
size	306 794	5.641 1	1.146 4	2.079 4	12.315 9
age	306 794	10.581 1	7.752 1	0.000 0	162.000 0
HHI	306 794	0.003 4	0.006 6	0.000 0	0.982 9
ownership	306 794	0.769 6	0.421 1	0.000 0	1.000 0
pgdp	306 794	5.866 2	0.576 3	3.311 3	6.888 5
payment	306 794	10.317 5	0.481 3	7.431 3	11.451 0
high	306 794	4.803 1	0.610 9	1.641 3	6.025 2
patent	306 794	10.972 8	1.177 8	4.127 1	13.131 3
k	306 794	9.192 0	0.839 0	4.907 3	10.413 3

第四节 实证检验与结果分析

一、基准回归结果

表 7.3 报告了新生代劳动力供给变化与出口国内增加值率的基准回归结果。列（1）结果显示，在 1%的统计水平下，新生代劳动力供给数量变化的回归系数显著为正，这表明新生代劳动力供给数量能够显著提升我国企业的出口国内增加值率，从而促进我国制造业全球价值链攀升。列（2）加入了人均地区生产总值、人均工资、制造业结构高度化程度、专利数量与资本存量等省级层面变量，发现新生代劳动力供给数量变化的回归系数依然在 1%的水平上显著为正。列（3）在列（1）的基础之上加入了融资约束、企

业规模、企业存续年限、行业赫芬达尔指数和所有制类型等企业层面的控制变量，结果表明新生代劳动力供给数量的回归系数和显著性水平并无太大变化。列（4）在列（1）的基础上，同时控制了所有省级层面和企业层面的控制变量，结果表明在其他条件不变的情况下，新生代劳动力供给数量的估计系数仍然在 1%的水平上显著为正。以上回归结果表明，在控制年份、省份和个体固定效应以及省级和企业层面的变量之后，新生代劳动力供给数量增加有助于提升我国制造业企业的出口国内增加值率。

表 7.3　新生代劳动力供给变化与出口国内增加值率的基准回归结果

变量	（1）	（2）	（3）	（4）	（5）	（6）	（7）	（8）
$newlab_1$	0.070 5***	0.076 8***	0.083 7***	0.094 2***				
	（5.51）	（4.13）	（6.44）	（5.00）				
$newlab_2$					0.201 8***	0.212 7***	0.243 8***	0.249 5***
					（9.21）	（8.90）	（10.93）	（10.02）
pgdp		−0.069 4***		−0.053 1***		−0.047 5***		−0.026 5**
		（−5.34）		（−3.90）		（−3.93）		（−2.10）
payment		0.011 7		0.006 0		0.035 2***		0.033 2***
		（1.07）		（0.54）		（3.20）		（2.94）
high		−0.012 5***		−0.015 4***		−0.015 1***		−0.017 7***
		（−4.46）		（−4.97）		（−5.59）		（−5.90）
patent		−0.004 5***		−0.009 5***		0.004 0		0.000 8
		（−1.73）		（−3.65）		（1.60）		（0.32）
k		0.083 3***		0.075 4***		0.078 6***		0.070 4***
		（8.86）		（7.69）		（8.36）		（7.18）
finance			−0.048 4***	−0.050 0***			−0.049 2***	−0.049 4***
			（−14.67）	（−15.15）			（−14.97）	（−14.97）
size			0.014 8***	0.015 9***			0.015 3***	0.016 1***
			（16.44）	（17.67）			（17.00）	（17.89）
age			0.000 8***	0.000 7***			0.000 7***	0.000 7***
			（8.00）	（7.00）			（7.00）	（7.00）

续表

变量	（1）	（2）	（3）	（4）	（5）	（6）	（7）	（8）
HHI			−0.109 1 （−1.60）	−0.104 3 （−1.52）			−0.102 2 （−1.50）	−0.102 8 （−1.51）
ownership			−0.004 2 （−1.50）	−0.004 5 （−1.67）			−0.004 0 （−1.48）	−0.004 5* （−1.67）
常数项	0.3561*** （4.11）	−0.056 3 （−0.39）	0.189 7** （2.15）	−0.149 2 （−1.01）	0.322 3*** （5.80）	−0.484 9*** （−3.71）	0.135 2** （2.37）	−0.635 4*** （−4.69）
年份固定效应	控制	控制	控制	控制	控制	控制	控制	控制
省份固定效应	控制	控制	控制	控制	控制	控制	控制	控制
个体固定效应	控制	控制	控制	控制	控制	控制	控制	控制
样本量	283 613	283 613	251 067	251 067	283 613	283 613	251 067	251 067
R^2	0.737 6	0.738 1	0.736 1	0.736 6	0.737 8	0.738 2	0.736 3	0.736 8

注：圆括号中为 *t* 统计值

***表示在 1%的水平上显著，**表示在 5%的水平上显著，*表示在 10%的水平上显著

此外，表 7.3 列（5）的回归结果显示，在 1%的统计水平下，新生代劳动力供给质量的回归系数显著为正。这表明新生代劳动力供给质量提高显著提升了我国企业出口国内增加值率，从而有利于我国制造业向全球价值链中高端攀升。列（6）结果显示，在加入了省级层面的控制变量后，新生代劳动力供给质量的促进作用略有增强。列（7）结果显示，在列（5）的基础上加入企业层面的控制变量后，新生代劳动力供给质量的估计结果并没有发生明显的变化。列（8）结果显示，在列（5）的基础上同时控制所有省级层面和企业层面的变量后，在其他条件不变的情况下，新生代劳动力供给质量的系数仍然在 1%的水平上显著为正。上述结果表明新生代劳动力供给质量的提高对我国企业出口国内增加值率有显著的提升作用。这主要是因为新生代劳动力不管是数量还是质量的提升，都会通过提高全要素生产率这一机制来

促使我国企业出口国内增加值率的提升。

具体来看 $newlab_1$ 和 $newlab_2$ 的估计系数，可以发现新生代劳动力供给数量每提升 10%，仅会引起制造业企业出口国内增加值率平均上升 0.942%；而新生代劳动力供给质量水平每提升 10%，我国制造业企业的出口国内增加值率将平均提升 2.495%。以上回归结果与第二节理论分析结论基本一致，即新生代劳动力供给质量对企业全要素生产率的提升作用更加明显，进而也能更好地提高我国企业的出口国内增加值率。

二、稳健性检验

稳健性检验主要考虑两个方面的问题：一是数据异常值可能会使得回归结果“失真”。大规模微观层面的企业数据常常存在极端异常值，为了消除极端值所带来的不良影响，我们对企业出口国内增加值率指标进行了双边缩尾和双边截尾处理。通过表 7.4 列（1）和列（2）可知，进行缩尾处理和截尾处理后，$newlab_1$ 的估计系数依然在 1%的水平上显著为正；由列（4）和列（5）可知，$newlab_2$ 的估计系数仍在 1%的水平上显著为正，且估计系数大于 $newlab_1$ 的估计系数。

表 7.4 新生代劳动力供给变化对出口国内增加值率影响的稳健性检验

变量	劳动力供给数量			劳动力供给质量		
	（1）	（2）	（3）	（4）	（5）	（6）
	双边缩尾	双边截尾	滞后两期	双边缩尾	双边截尾	滞后两期
$newlab_1$	0.092 3***	0.083 8***	0.123 3***			
	（4.94）	（4.68）	（5.07）			
$newlab_2$				0.245 4***	0.221 0***	0.136 8***
				（9.98）	（9.32）	（4.12）
控制变量	控制	控制	控制	控制	控制	控制
年份固定效应	控制	控制	控制	控制	控制	控制

续表

变量	劳动力供给数量			劳动力供给质量		
	（1）	（2）	（3）	（4）	（5）	（6）
	双边缩尾	双边截尾	滞后两期	双边缩尾	双边截尾	滞后两期
省份固定效应	控制	控制	控制	控制	控制	控制
个体固定效应	控制	控制	控制	控制	控制	控制
样本数	251 067	245 705	119 517	251 067	245 705	119 517
R^2	0.739 5	0.737 0	0.754 5	0.739 7	0.737 1	0.754 4

注：圆括号中为 t 统计值

***表示在 1%的水平上显著

二是解释变量的内生性问题。一方面，基本回归结果表明新生代劳动力供给变化对我国企业出口国内增加值率具有显著的正向效应，但另一方面，企业出口国内增加值率的变化可能也会对新生代劳动力供给有反作用。例如，企业出口国内增加值率越高，企业可能会招聘更多的工人，引进更多的技术人才，即新生代劳动力供给变化与企业出口国内增加值率之间可能存在双向因果关系。为了消除这种内生性，我们将核心解释变量滞后两期重新进行估计。

通过观察表 7.4 列（3）可知，$newlab_1$ 的估计系数仍然在 1%的水平上显著为正。表 7.4 列（6）的结果表明，$newlab_2$ 的估计系数方向与显著性水平并没有发生变化，且估计系数仍旧大于 $newlab_1$ 的估计系数。

以上研究结果表明本章的研究结论具有稳健性，即新生代劳动力供给增加对我国企业出口国内增加值率有着显著的提升作用，相较于新生代劳动力供给数量，新生代劳动力供给质量的提升作用更大。

三、异质性检验

一方面，我国国土面积辽阔，各地区的自然地理环境、历史文化教育、政策等条件各不相同，从而导致我国的区域经济发展不平衡、梯度差异明显，而这种区域不平衡可能又会使得新生代劳动力供给变化对我国企业出口国内增加值率的影响在空间上存在异质性的特征。因此，本节将样本分为沿海地区和内陆地区两个分样本，考察新生代劳动力供给变化对我国企业出口国内增加值率的地域异质性影响。

另一方面，由于中国过去主要利用丰富且廉价的劳动力资源建立起了出口贸易的巨大优势，产品的要素密集度自然也会对企业产生差异化影响。因此，本节还将样本划分为非劳动密集型制造业（即资本和技术密集型制造业）和劳动密集型制造业，以考察新生代劳动力供给变化对我国企业出口国内增加值率影响的要素密集度异质性。

（一）地区异质性的检验

根据表 7.5 列（1）和列（2）可知，在内陆地区，$newlab_1$ 和 $newlab_2$ 的回归系数都不显著。这可能是因为我国分布在内陆地区的企业相对较少，经济不够发达，对新生代劳动力的吸引力有限，因此新生代劳动力供给变化对企业出口国内增加值率的影响不显著。根据表 7.5 列（3）和列（4）可知，在沿海地区，$newlab_1$ 和 $newlab_2$ 的回归系数在 1%的统计水平下显著为正。这主要是由于沿海地区凭借其区位、政策、资源和要素等优势，吸引了更多资本和技术的流入，聚集了大量制造业企业，其需要和吸纳新生代劳动力的数量多于内陆地区，新生代劳动力的质量提升也更快。因此，新生代劳动力供给变化对我国沿海地区企业出口国内增加值率的促进作用更加显著。

表 7.5　新生代劳动力供给变化对出口国内增加值率影响的地区异质性检验结果

变量	内陆地区		沿海地区	
	（1）	（2）	（3）	（4）
$newlab_1$	−0.050 3		0.116 3***	
	（−0.82）		（5.70）	

续表

变量	内陆地区		沿海地区	
	（1）	（2）	（3）	（4）
newlab$_2$		0.036 6		0.282 8***
		（0.42）		（10.47）
控制变量	控制	控制	控制	控制
年份固定效应	控制	控制	控制	控制
省份固定效应	控制	控制	控制	控制
个体固定效应	控制	控制	控制	控制
样本数	17 608	17 608	233 454	233 454
R^2	0.716 8	0.716 8	0.736 5	0.736 7

注：圆括号中为 t 统计值

***表示在 1%的水平上显著

（二）要素密集度异质性的检验

根据表 7.6 列（1）和列（2）可知，对非劳动密集型制造业而言，newlab$_1$ 和 newlab$_2$ 的回归系数都在 1%的水平上显著为正。由表 7.6 列（3）和列（4）可知，对劳动密集型制造业而言，newlab$_1$ 和 newlab$_2$ 的回归系数也都在 1%的水平上显著为正。结果表明，新生代劳动力供给变化对制造业企业出口国内增加值率的影响在要素密集度方面并无明显的异质性。

表 7.6 新生代劳动力供给变化对出口国内增加值率影响的要素密集度异质性检验结果

变量	非劳动密集型制造业		劳动密集型制造业	
	（1）	（2）	（3）	（4）
newlab$_1$	0.095 9***		0.085 1***	
	（3.55）		（3.13）	
newlab$_2$		0.199 5***		0.302 8***
		（5.68）		（8.51）
控制变量	控制	控制	控制	控制

续表

变量	非劳动密集型制造业		劳动密集型制造业	
	（1）	（2）	（3）	（4）
年份固定效应	控制	控制	控制	控制
省份固定效应	控制	控制	控制	控制
个体固定效应	控制	控制	控制	控制
样本数	122 916	122 916	125 912	125 912
R^2	0.753 0	0.753 1	0.729 1	0.729 4

注：圆括号中为 *t* 统计值

***表示在 1%的水平上显著

四、影响机制检验

根据本章第二节的理论分析，新生代劳动力供给变化主要通过全要素生产率渠道来影响出口国内增加值率。为了检验全要素生产率（tfp）的传导渠道是否成立，本节进一步引入交互项 $newlab_1 \times tfp$ 和 $newlab_2 \times tfp$，探究新生代劳动力供给变化通过全要素生产率影响企业出口国内增加值率的传导机制。

全要素生产率的估计方程为：$\text{tfp} = \ln(y/l) - s \times \ln(k/l)$。其中，$y$ 用企业工业总产值作为近似替代；l 表示从业人员数量；k 表示固定资产规模；s 表示资本贡献度，s 取值为 1/3。新生代劳动力供给变化对出口国内增加值率的影响机制检验结果如表 7.7 所示，整体而言，新生代劳动力供给变化对出口国内增加值率的影响显著为正。具体来看，表 7.7 列（1）结果表明，$newlab_1$ 和 $newlab_1 \times tfp$ 的回归系数均在 1%的水平上显著为正，列（2）结果表明，$newlab_2$ 和 $newlab_2 \times tfp$ 的回归系数也均在 1%的水平上显著为正。这表明全要素生产率的提高有助于我国企业出口国内增加值率的提升，而新生代劳动力供给数量的增加和供给质量的提高进一步强化了全要素生产率对企业出口国内增加值率的提升作用。此外，$newlab_2 \times tfp$ 的回归系数（0.0197）

远大于 $newlab_1 \times tfp$ 的回归系数（0.0073）。这意味着新生代劳动力供给质量提高对企业全要素生产率的强化效应比新生代劳动力供给数量增加的强化效应更为显著，即新生代劳动力供给质量增加在提高企业全要素生产率，进而促进出口国内增加值率提升的过程中的强化作用更大。

表 7.7 新生代劳动力供给变化与出口国内增加值率的影响机制检验结果

变量	（1）	（2）
$newlab_1$	0.059 9*** （3.17）	
$newlab_1 \times tfp$	0.007 3*** （73.00）	
$newlab_2$		0.136 6*** （5.53）
$newlab_2 \times tfp$		0.019 7*** （49.25）
控制变量	控制	控制
年份固定效应	控制	控制
省份固定效应	控制	控制
个体固定效应	控制	控制
样本数	251 067	251 067
R^2	0.744 9	0.745 1

注：圆括号中为 t 统计值

***表示在 1%的水平上显著

第五节 主要结论与政策启示

在贸易保护主义和单边主义抬头，地缘冲突和全球政治经济不确定性增加的大背景下，中国出口贸易正面临前所未有的挑战，新生代劳动力能否成为推动企业出口稳步增长和优化贸易结构的主力军，这个问题亟待研究。本章利用 2000～2013 年中国工业企业数据库、中国海关进出口数据库与新生代劳动力数据，考察了新生代劳动力供给变化对出口国内增加值率的影响。

本章研究表明，新生代劳动力供给数量增加与供给质量提高均有助于提升出口国内增加值率，而且新生代劳动力供给质量提高带来的促进作用更加明显。分区域来看，在沿海地区，新生代劳动力供给数量增加与供给质量提高对出口国内增加值率均有提升作用，而在内陆地区其作用并不显著。这主要得益于沿海地区经济发展水平较高，产业结构优化，企业对新生代劳动力的需求较大。而在内陆地区，由于其经济发展水平相对较低，产业结构有待调整，新生代劳动力供给变化对出口国内增加值率的作用并不显著。机制检验结果显示，企业全要素生产率会强化新生代劳动力供给数量和供给质量对出口国内增加值率的提升作用；而且，与新生代劳动力供给数量相比，企业全要素生产率在新生代劳动力供给质量提升出口国内增加值率过程中的调节效应更显著。这意味着，企业提高全要素生产率有助于进一步发挥新生代劳动力供给数量和供给质量对出口国内增加值率的提升作用。

结合本章的相关结论，提出以下几点政策建议。

第一，新生代劳动力供给数量增加和质量提高均能显著提高企业出口国内增加值率，因此政府可在三孩政策的基础上，进一步放开生育政策，提高人口生育率，增加劳动力有效供给，同时加大对新生代劳动力供给质量的投资，例如普及高中教育与高等教育等。同时要进一步加强对于新生代劳动力的培养，提升人力资本水平。具体来说，首先，应加强职业教育和技能培训。政府应加大对新生代劳动力职业技能培训的投入，特别是在高新技术、现代服务业等领域，提高劳动力的专业技能和创新能力，以适应市场需求的变化。其次，应构建多元化人才培养体系。鼓励企业、高校和科研机构共同参与人才培养，推动产学研深度融合，提高新生代劳动力的实践能力和创新精神。最后，应优化人才流动机制。打破地域、行业、身份等限制，促进新生代劳动力合理流动，实现人力资源的优化配置。

第二，在内陆地区，新生代劳动力供给增加对企业出口国内增加值率的正向影响不显著，因此政府要引导沿海地区的制造业向内陆地区有序转移，同时引导外资流入内陆地区，发挥制造业集聚效应，进而增强内陆地区接纳和吸收新生代劳动力的能力，激活新生代劳动力供给增加对出口国内增加值率的正向影响。同时，沿海地区应继续发挥对外开放的优势，吸引外资，发展高新技术产业和现代服务业，提高产业链水平，提升出口产品增加值。内陆地区也要充分利用资源优势和劳动力成本优势，承接沿海地区产业转移，发展特色产业，打造内陆开放新高地。区域间也应加强合作，推动产业链上下游企业协同发展，实现资源共享、优势互补。

第三，应多措并举，着力提升企业全要素生产率，以增强劳动力供给数量增加和质量提升对出口国内增加值率的促进作用。具体而言，首先，需推动技术创新与人力资源深度融合。鼓励企业通过技术创新来提升全要素生产率，同时注重人力资源的开发，确保技术进步与劳动力技能提升相匹配，从而提高出口产品的国内增加值。其次，实施企业管理优化工程。通过培训和专业指导，帮助企业建立高效的管理体系，提高资源配置效率，在提升全要素生产率的同时，为劳动者提供更好的工作环境和职业发展机会。最后，加强基础设施建设，提升企业运营效率。政府应投资于交通、通信等基础设施，降低企业运营成本，提高全要素生产率，从而间接增强劳动力供给数量增加和质量提升对出口国内增加值率的正向影响。

第八章
劳动力年龄结构变化与制造业全球价值链升级

第一节 问题提出

改革开放以来，我国充分发挥劳动力在数量和价格上的比较优势，参与国际分工和国际竞争，出口以年均两位数的增长速度创造了“出口奇迹”，成为世界第一货物贸易大国和制造大国①。然而，“中国速度”并未同步带来“中国质量”，“中国制造”行销世界，“中国质量”却不容乐观[318]。与此同时，中国已进入老龄化国家的行列。统计数据显示，中国 2000 年 65 岁及以上人口比例为 7.0%，到 2019 年这一数值骤增至 12.6%，成为典型的人口老龄化国家，更为严重的是，中国老龄化速度相比其他国家更快。中国人口结构从年轻型过渡到年老型只用了 30 年左右的时间，而法国和日本则分别用了 150 年和 50 年左右的时间。人口老龄化必然会改变要素价格成本，从而改变中国依赖劳动力的传统出口比较优势，那么人口年龄结构的改变对于产品质量会有什么样的影响呢？

实际上，采取相应人口政策增强企业国际竞争力一直是党和政府推行人口政策的重要目标。习近平在中共中央政治局第三十二次集体学习时强调，“坚持应对人口老龄化和促进经济社会发展相结合”“努力挖掘人口老龄化

① 我国出口总额从 1978 年的 167.6 亿元上升至 2016 年的 13.84 万亿元，约增长了 824.8 倍；制造业增加值从 1978 年的 1622 亿元上升至 2016 年的 20.95 万亿元，约增长了 128 倍。

给国家发展带来的活力和机遇”“有效应对人口老龄化，不仅能提高老年人生活和生命质量、维护老年人尊严和权利，而且能促进经济发展”“发挥老年人对年轻人的传帮带作用。要为老年人发挥作用创造条件，引导老年人保持老骥伏枥、老当益壮的健康心态和进取精神，发挥正能量，作出新贡献”。①此外，党的十九大报告提出，“人才是实现民族振兴、赢得国际竞争主动的战略资源”②，重点强调将提高人口素质和提升企业产品质量、培育企业全球竞争力放在一起。

鉴于此，本章将在既有研究的基础上系统探讨老龄化对企业出口产品质量的影响效应，结合中国省级层面的老龄化数据和企业层面的出口产品等数据，实证检验老龄化对中国企业出口产品质量的影响效应，并重点从人口老龄化和劳动力老龄化两个层面考察老龄化影响企业出口产品质量的机制。相比已有文献，本章的贡献主要体现在以下三个方面。

一是本章从出口质量角度考察老龄化对出口产品质量的影响。一方面，虽然 Karl[472]研究了人口老龄化对于产品质量的影响，但其研究对象是已经完全进入人口老龄化，且收入、技术与出口产品质量都相对较高的发达国家，其理论与实证结果并不完全适用于尚未完全进入人口老龄化且收入、技术与出口产品质量都相对较低的发展中大国。另一方面，虽然国内学者王有鑫等[473]基于世界主要国家人口老龄化数据，研究了对美国出口产品质量的影响，敖洁等[474]也从人口老龄化的一维视角考察了对出口产品质量的影响，但是尚未发现有学者同时运用中国人口老龄化和劳动力老龄化二维视角的数据，来研究老龄化对中国企业出口产品质量问题的文献。

二是本章的研究丰富和完善了关于中国出口竞争力来源的相关研究。传

① 习近平：推动老龄事业全面协调可持续发展，https://www.chinacourt.org/article/detail/2016/05/id/1886168.shtml[2024-12-24]。

② 习近平：决胜全面建成小康社会 夺取新时代中国特色社会主义伟大胜利——在中国共产党第十九次全国代表大会上的报告，https://www.gov.cn/zhuanti/2017-10/27/content_5234876.htm[2024-12-24]。

统贸易理论认为，出口竞争力取决于出口产品与本地产品的相对价格，关于中国出口产品竞争力来源的诸多研究分别从劳动力成本、人民币汇率、生产效率等方面进行了分析。进入 21 世纪，随着新新贸易理论的兴起，研究的关注点逐渐转向了以产品质量为代表的非价格性竞争力因素对出口竞争力的影响。从需求角度看，消费者会同时考虑产品价格和产品质量，尽管高质量产品价格高，但考虑“性价比”后，高质量产品的实际价格可能更低，消费者认可度和获利能力可能更高[346]。本章的研究发现，人口老龄化对企业出口产品质量的影响效应为负，而劳动力老龄化对企业出口产品质量的影响效应为正。当前我国老年人口中蕴藏着较为丰富且“高质”的劳动力资源，如果提早退休可能导致这些资源过早闲置，而适当延迟退休年龄的改革方案可以有效释放我国“高质”的老年组劳动力资源红利，有利于进一步提升企业出口产品质量。

三是本章进一步研究老龄化对企业出口产品质量的影响机制和效应。代表性文献往往从三个层面关注老龄化对于企业产品生产的影响。首先，人口老龄化导致劳动力供给数量减少，进而导致企业会因此雇用不到足够的员工而不能充分生产[474]，或者工资上升，产品需求层次提高，促使以利润最大化为目标的企业选择生产高技术产品和品质竞争策略，以此适应劳动力市场和需求偏好的变动，从而实现出口产品品质升级[473]。其次，人口老龄化导致老年人口抚养比上升，从而会降低劳动力的有效劳动参与率[475]，消耗社会总储蓄，降低企业可供投资的资本来源[476]，降低社会对于高层次产品的需求，被迫进行“消费降级”，从而从需求端抑制了企业产品质量升级的外部动力[477]。最后，人口老龄化导致劳动雇用成本上升[81]，一方面使得劳动密集型行业不得不以更高的劳动报酬来吸引更多数量的劳动力，而无力投资技术创新，导致企业陷入出口产品质量不断下降的恶性循环；另一方面使得资本和技术密集型行业以更多的资本替代劳动，进而促进企业出口产品质量提升[318]。本章的研究发现，人口老龄化对低端技术企业出口产品质量的影响系数为负但不显著，而对高端技术企业的影响系数显著为负；劳动力老龄化对低端技术企业出口产品质量的影响系数显著为负，而对高端技术企业的影响系数显著为正。进而为我国适当延迟退休年龄的改革方案提供依据，以有效释放我国“高质”的老年组劳动力资源红利，提升我国企业的出口产品质量。

第二节 机制分析与研究假说

总体来说，老龄化（人口老龄化和劳动力老龄化）将导致劳动力市场供给数量和供给质量变化，进而引致企业出口产品质量发生变化[478]。本章将分别从劳动力市场供给数量和供给质量两个视角来深入探讨老龄化对企业出口产品质量的影响机制。

一、劳动力供给数量视角

人口老龄化意味着在人口结构中的劳动年龄人口与少儿人口之和占总人口的比重下降，而老年人口占总人口的比重上升，这会导致当前至未来的劳动力市场都会呈现出劳动力供给数量减少的特征[479]。而劳动力供给数量的减少会影响企业的规模经济状况、研发投入和生产环节的技术支持等，进而影响企业出口产品质量。

首先，在企业规模经济状况层面，人口老龄化导致的劳动力供给数量减少使得企业招工困难，从而导致企业在原有技术条件下生产规模不经济。如果企业原有的生产规模是最优的，招工难则意味着企业无法在原有技术的生产规模下按照原有最优的要素组合（因为原来的劳动要素投入减少了）进行产品生产[22]，进而抑制企业出口产品质量的提升[474]。

其次，在企业研发投入层面，劳动力供给数量减少会使企业劳动要素成本上升，从而挤压企业的研发投入。尤其是在交易信息不对称的情况下，会导致企业道德风险问题发生，企业为了降低生产成本，可能会选择降低技术标准，甚至偷工减料[476]，这将直接导致企业出口产品质量下降[480]。

最后，在企业生产环节的技术支持层面，劳动力供给数量减少会导致企业关键生产环节的技术缺失。由于招工难的负向影响在企业的各个生产环节中的分布是不均衡的，即在一个产品的生产链中，可能某些环节的员工很难招到，尤其对生产流程相对较多、产品上下游联系相对紧密的产品来说，在劳动力供给数量减少的情况下很难维持原有的生产技术标准。

因此，在人口老龄化背景下劳动力供给数量减少会严重制约企业技术发展。根据内生经济增长理论，企业的技术水平是决定企业产品质量高低的决定性因素，所以人口老龄化加速会导致企业出口产品质量下降[473]。

二、劳动力供给质量视角

劳动力老龄化意味着在劳动力结构中的青年、中年组劳动力之和占总劳动力比重下降，而老年组劳动力占总劳动力比重上升[479]，这会导致劳动力市场呈现出劳动力供给质量变化的特征①，进而通过“老化效应”、“智力固化效应”和“积累效应”，对企业出口产品质量产生影响。

首先，劳动力老龄化会使劳动力整体体能衰减和下降，体能不如青壮年时期，会对生产技术效应产生比较严重的负向影响[481]，称为“老化效应”。不仅如此，老年组劳动力在快速准确地阅读、提取和处理信息方面的能力会随着年龄的老化而逐渐下降，这将导致他们需要花费更多的时间来理解工作内容和完成工作任务，从而降低工作效率和任务完成的准确度[345]，对企业出口产品质量造成负面影响[23]。

① 本章的劳动力供给质量主要是指劳动生产效率。

其次，老年组劳动力在工作岗位上所形成的“智力固化效应”会导致其习惯于过去的生产流程和工艺技术，再加上老年组劳动力学习能力下降，对于新知识、新工艺、新技术以及新业态的认可和接受难度加大，不利于企业生产流程和工艺技术的更新[482]，这都会制约企业技术进步[473]，不利于企业出口产品质量提升。

最后，劳动力老龄化会倒逼老年组劳动力增加自身人力资本投入，来弥补体能下降对其生产效率的损耗[483]，称为“积累效应”。他们通过丰富的工作经验和技能积累，在“干中学”的过程中指导青年、中年组劳动力的工作和生产，并帮助他们积累工作经验和技能[345]。根据内生经济增长理论，员工经验积累和技能提高会促进企业人力资本水平的提高，有利于企业技术进步，从而有利于企业出口产品质量提升[484]。

第三节　计量模型与数据来源

一、模型设定与数据来源

依据前文的机制分析和研究目标，参考许和连和王海成[129]的方法，设定基本计量模型为

$$\text{lnquality}_{idt} = \alpha + \beta_n \text{aging}_{ndt} + \gamma C_{it} + X_{dt} + \eta_i + \lambda_d + \Phi_t + \varepsilon_{idt} \qquad (8\text{-}1)$$

其中，i表示企业；d表示企业所在省份；t表示年份；lnquality_{idt}表示取对数后的企业层面的出口产品质量（本章的回归模型之所以没有使用产品层面的出口产品质量，主要基于以下考虑：一是中国工业企业数据库为企业层面的年度数据；二是本章的关注点在于老龄化对企业间出口产品质量的影响差异）；aging_{ndt}表示企业所在省份的老龄化；β表示其系数；下标$n=1,2$（1

表示人口老龄化 popaging_{dt}，2 表示劳动力老龄化 laboraging_{dt}）；C 表示控制变量集；η_i表示企业虚拟变量，用以控制无法观测的企业固定效应；λ_d表示省份虚拟变量，用以控制无法观测的省份固定效应；Φ_t表示年份虚拟变量，用以控制整体宏观经济形势；α和 ε_{idt} 分别表示常数项和随机扰动项。

本章数据主要来源于 2000～2013 年的中国工业企业数据库、中国海关进出口数据库和各省人口老龄化和劳动力老龄化的数据，数据库之间的匹配方法主要参考了 Broda 和 Weinstein[347]以及杨汝岱[370]的方法，利用“法人代码、企业名称、地区代码（县）、电话号码、邮政编码”等关键词进行匹配。中国工业企业数据库提供了较为详细的企业特征数据，中国海关进出口数据库提供了企业产品层面的出口特征数据。由于尚无现成的企业层面的老龄化数据库，我们从各省统计年鉴和公报中搜集了省级层面的相关数据，并假定研究的企业所在省份内部的人口老龄化和劳动力老龄化的变化是一致的，只存在省际区别。出口产品质量的测算使用 2000～2013 年中国海关进出口数据库的所有出口样本信息，这使得我们可以回答更长时期内中国出口产品质量的变化情况。在估计老龄化对企业出口产品质量的影响时，使用的是上述数据库相匹配后的数据。

二、变量选取和测算

（一）被解释变量

被解释变量是企业出口产品质量（lnquality）。本章借鉴 Khandelwal 等[345]与施炳展[485]的做法，在需求方引入消费者对质量的偏好，并将质量表示为销量和价格等需求层面的信息，然后利用这些信息估计需求函数和质量，其逻辑是若两个产品价格相同，市场份额较大的产品质量较高。企业出口产品

质量的计算公式为

$$\ln q_{ihmt} + \sigma \ln p_{ihmt} = \varphi_{mt} + \varphi_h + \xi_{ihmt} \tag{8-2}$$

其中，i 表示企业；h 表示产品；m 表示出口目的国；t 表示年份；φ_{mt} 表示国家–年份固定效应，用以控制出口目的国的价格指数和收入水平；φ_h 表示产品固定效应；$\ln q_{ihmt}$ 和 $\ln p_{ihmt}$ 分别表示出口产品的数量和价格；ξ_{ihmt} 表示包含出口产品质量信息的残差项。本章参照 Fan 等[346]的研究，根据 Broda 和 Weinstein[347]估计的需求价格弹性系数，将其加总到 HS 两位码层面，作为式（8-2）中的 σ 的替代值，采用普通最小二乘法对式（8-2）进行回归，估计得到的产品质量为 $\text{lnquality}_{ihmt} = \xi_{ihmt}/(\sigma - 1)$。

为了获得企业层面的质量，借鉴施炳展[485]的做法，先对产品层面质量进行标准化处理，然后再加总到企业层面。

图 8.1 描绘了我国出口产品质量的变化趋势，可以看出我国出口产品质量在 2000～2013 年总体呈先升后降的趋势。①2000～2006 年我国的出口产品质量从 0.593 下降至 0.575（中间略微回升至 0.583），其原因可能在于我国加入 WTO 后，受贸易自由化的影响，我国企业进入世界市场的门槛和国际贸易成本下降，大批处于产业链中低端的企业逐步参与国际市场竞争，从而使得总体企业出口产品质量水平略有下降。②2007～2011 年，企业出口产品质量稳中有进，在 0.622 左右小幅波动。这可能是因为 2007 年爆发了金融危机，致使世界性贸易保护主义盛行，但是在 WTO 框架下，各国无法直接增加关税，反而更多采用“质量壁垒”等非关税的贸易保护主义措施，使得企业出口产品质量门槛和国际贸易成本大幅度上升，限制了我国产品质量较低的企业出口，从而提升了企业总体出口产品质量；除此之外，那些原有的高产品质量企业经过多年的持续出口和广泛参与国际竞争，产品质量也获得了持续提升，最终使得企业总体出口产品质量在二者的共同作用下得到

快速提升。③在 2012 年，出口产品质量出现了较大幅度的下降。这一方面可能是因为随着经济复苏，产品质量相对较低的企业恢复了出口，从而使得企业总体的出口产品质量有所下降；另一方面，可能是因为金融危机后，为了维持 GDP 的高增长速度，我国许多行业都出现了过度投资的现象，为产能过剩埋下了隐患，在国内经济转型和全球经济复苏放缓的双重影响下，产能过剩问题日益凸显，必然会导致行业内同质企业过度竞争，再加上我国出口企业产品技术含量相对较低，具有较强的同质性和可替代性，为了收回成本，“价格战”此起彼伏，从而引发“劣币驱逐良币”现象[476]。

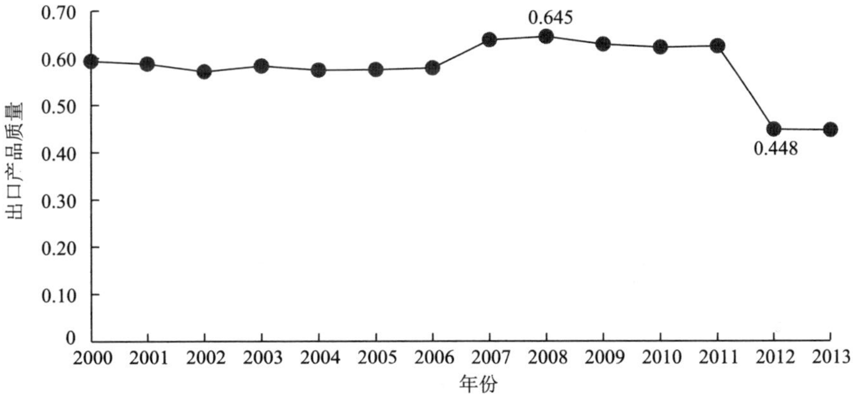

图 8.1 2000～2013 年我国出口产品质量的变化趋势

借鉴施炳展[485]的做法加总得到

（二）核心解释变量

核心解释变量是人口老龄化（popaging）和劳动力老龄化（laboraging）。

1. 人口老龄化

人口老龄化是指在出生率下降与人均寿命延长的背景下，人口结构中的 15～65（不含）岁的劳动年龄人口与 0～15（不含）岁的少儿人口之和占总人口比重下降，而 65 岁及以上的老年人口占总人口比重上升的动态化过程

（图 8.2）。根据现行国际标准，当一个国家或地区 65 岁及以上老年人口数量占总人口比例超过 7%①，该国家或地区进入老龄化社会。其计算公式为：老年人口比=65 岁及以上人口数/人口总数[480]。

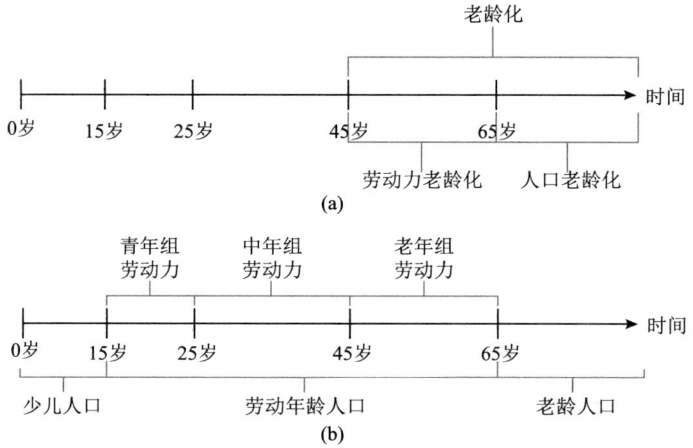

图 8.2 人口和劳动力结构分布图

图 8.3 描绘了不同年份（2000 年、2003 年、2006 年、2009 年、2011 年、

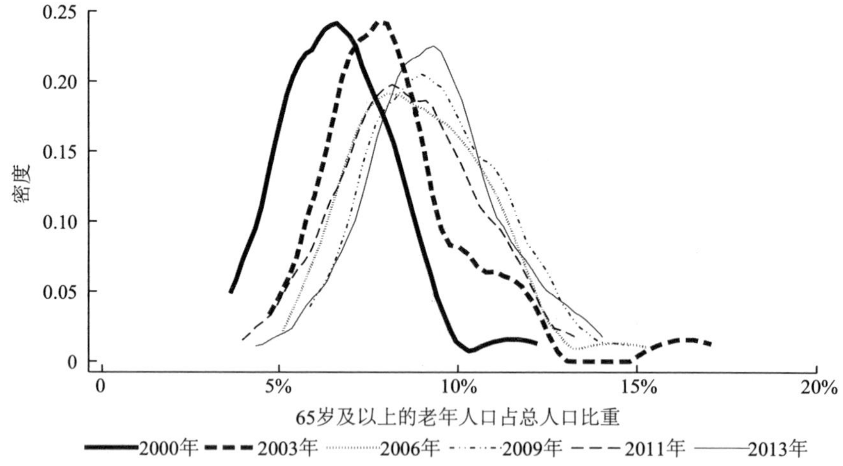

图 8.3 不同年份全国人口老龄化的核密度动态演进走势

由于篇幅的限制只选择了有代表性的 6 年

① 也有学者使用 60 岁及以上的老年人口数量占总人口的比例超过 10%来表示。

2013 年）人口老龄化的核密度动态演进走势。可以看出，人口老龄化核密度曲线尖峰基本上分布在 7%以上的位置，这说明早在 21 世纪初我国许多省份就已进入了人口老龄化社会；此外，人口老龄化的核密度曲线不断向右移动，这说明随着时间的推移，我国各省份人口老龄化程度在不断加深。人口老龄化加速的经济学含义是社会上已退出工作岗位且需要社会赡养的人群所占比重不断提高，社会总体负担不断加重。

2. 劳动力老龄化

劳动力老龄化是指在 15～65（不含）岁①劳动年龄人口中，中青年组劳动力人口占比下降而老年组劳动力人口占比上升的动态化过程。按照童玉芬[312]的分类方法，将 15～65（不含）岁劳动力人口划分为三个部分：15～25（不含）岁为青年组劳动力，25～45（不含）岁为中年组劳动力，45～65（不含）岁为老年组劳动力。本章的劳动力老龄化指标的计算公式为：老年组劳动力人口比=45～65（不含）岁劳动力人口数/劳动力人口总数。

图 8.4 描绘了不同年份（2000 年、2003 年、2006 年、2009 年、2011 年、

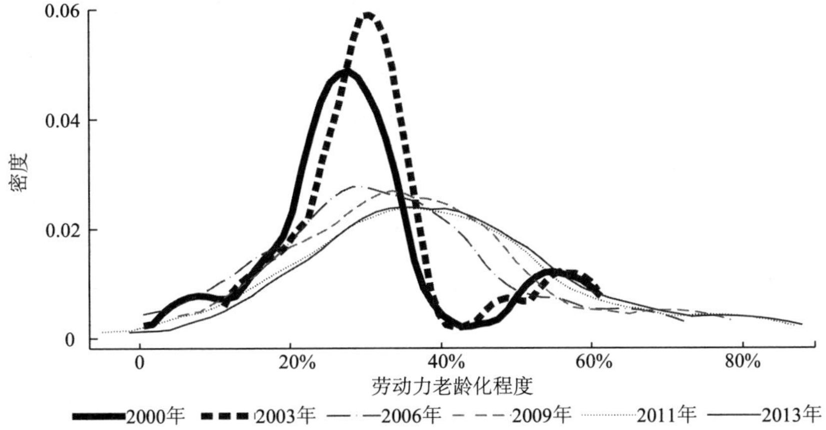

图 8.4　不同年份全国劳动力老龄化的核密度动态演进态势

由于篇幅的限制只选择了有代表性的 6 年

① 根据国家统计的统计标准，将 15～64 岁作为适龄劳动人口，即劳动人口。

2013 年）劳动力老龄化的核密度动态演进态势。可以看出，劳动力老龄化的核密度曲线尖峰从 30%左右的位置移动到 40%左右的位置上，这说明随着时间的推移，我国各省劳动力老龄化正在不断加深；此外，劳动力老龄化的核密度曲线的峰值从 0.05 变到 0.06，再变到不足 0.03 的位置，说明随着时间的推移，我国各省劳动力老龄化程度加深的速度是不均衡的，即有的省份相对较快，而有的省份相对较慢。劳动力老龄化加速意味着“高质”的老年组劳动力资源的闲置率在不断升高。

（三）其他控制变量选取

1. 融资约束（finance）

使用 Ding 等[486]提出的应收账款占总资产比例作为融资约束的代理变量。一般来说企业为其他企业提供商业信用行为并不是完全自愿的，因为这会显著降低该企业的融资能力。

2. 企业规模（size）

使用 Kugler 和 Verhoogen[404]提出的企业职工人数（取自然对数）来衡量企业的规模。一般情况下，企业规模越大，其资金越充足、技术越先进、人力资源越丰富，进而在出口产品质量提升等方面具有更大优势。

3. 企业存续年限（age）

根据许和连和王海成[129]的方法用当年年份与企业成立年份之差来衡量企业存续年限。企业存续的年限越长，员工工作经验越丰富，更熟悉本企业产品的优缺点，对于如何改进产品质量也更为了解；相反，则生产设备等硬件设施可能越容易老化，越容易存在一些历史遗留债务或老员工安置问题。

4. 企业全要素生产率（tfp）

使用 Head 和 Ries[366]提出的近似全要素生产率的估计方法，估计方程

为 $\text{tfp}=\ln(y/l)-s\times\ln(k/l)$，其中，$y$ 表示工业增加值；l 表示年均从业人员数；k 表示固定资产规模；s 表示生产函数中资本的贡献度（设定为 1/3）。囿于数据限制，y 以企业的工业总产值近似替代。

5. 行业集中程度（HHI）

用赫芬达尔指数来测量行业集中程度，具体由某特定市场上所有企业市场份额的平方和表示：$\text{HHI}=\sum_{i=1}^{N}\left(X_i/X\right)^2$，其中，$N$ 表示三位码产业内的企业数量；X_i 表示第 i 个企业的规模；X 表示市场总规模。本章选取出口值来衡量市场规模。HHI 越小，行业竞争程度越高；反之则越低。本章主要变量的描述性统计结果如表 8.1 所示。

表 **8.1**　本章主要变量的描述性统计结果

变量	观测值	平均数	标准差	最小值	最大值
lnquality	646 951	−0.754 7	0.420 0	−12.681 2	0.000 0
popaging	648 465	0.096 2	0.018 3	0.043 3	0.163 8
laboraging	648 465	0.440 7	0.132 1	0.020 4	0.800 4
finance	646 792	0.178 7	0.171 7	−12.259 7	1.925 8
size	640 449	5.408 3	1.118 1	0.000 0	12.747 2
age	648 381	10.287 8	8.028 5	0.000 0	170.000 0
tfp	639 868	4.376 6	0.916 7	−7.393 1	11.752 8
HHI	648 465	0.013 3	0.173 2	0.000 0	2.540 9

第四节　实 证 检 验

一、全样本回归结果

根据上述的模型设定，本节检验了老龄化对企业出口产品质量的影响效应，表 8.2 给出了基本回归的结果。

表 **8.2** 老龄化与企业出口产品质量的基本回归结果

变量	(1)	(2)	(3)	(4)
popaging	−0.287 1***		−0.294 3***	
	(0.067 2)		(0.067 1)	
laboraging		0.050 6*		0.065 6**
		(0.027 0)		(0.027 1)
finance			0.030 7***	0.030 5***
			(0.003 6)	(0.003 6)
size			0.016 5***	0.016 6***
			(0.001 1)	(0.001 1)
age			−0.000 3	−0.000 3
			(0.000 2)	(0.000 2)
tfp			0.011 7***	0.011 6***
			(0.001 1)	(0.001 1)
HHI			0.008 3	0.008 2
			(0.009 4)	(0.009 4)
年份固定效应	控制	控制	控制	控制
企业固定效应	控制	控制	控制	控制
省份固定效应	控制	控制	控制	控制
样本量	602 809	602 809	600 598	600 598
R^2	0.614 6	0.614 6	0.615 4	0.615 4

注：括号内为稳健标准误

***表示在 1%的水平上显著，**表示在 5%的水平上显著，*表示在 10%的水平上显著

根据表 8.2 可以得出以下结论。一是人口老龄化加速对企业出口产品质量具有负向影响。列（1）显示，在仅控制年份、企业和省份固定效应的情况下，人口老龄化对企业出口产品质量的影响显著为负。列（3）显示，在其他条件不变的情况，加入了企业特征变量后，人口老龄化对企业出口产品质量的影响依然显著为负。正如本章第二节所提到的：人口老龄化加速条件下劳动力供给数量减少使得企业招工困难，从而导致企业原有技术的生产规

模不经济，或者使企业生产的劳动要素成本上升从而挤压企业的研发投入，抑或导致企业关键生产环节的技术缺失。最终在人口老龄化作用下劳动力供给数量减少会严重制约企业技术发展甚至使得企业技术退步，从而导致企业出口产品质量下降。

二是劳动力老龄化对企业出口产品质量具有正向影响。列（2）显示，在仅控制年份、企业和省份固定效应的情况下，劳动力老龄化对企业出口产品质量的影响显著为正。列（4）显示，在其他条件不变的情况，加入企业特征变量后，劳动力老龄化对企业出口产品质量的影响依然显著为正。正如本章第二节关于劳动力老龄化机制的分析，在劳动力老龄化作用下劳动力供给质量提高会使企业员工积累丰富的经验，并提高工作技能，从而促进企业人力资本水平提高，有利于企业技术进步，在利润最大化的目标驱使下，企业会在劳动力老龄化程度较高的地区选择生产知识密集型的高技术产品，并采用高水平的技术来应对劳动力老龄化。

三是控制变量的回归结果基本上与预期一致。融资约束（finance）程度越高，企业越倾向于出口更高质量的产品，这是因为当企业面临融资约束时通常会选择生产较高质量的产品来应对风险较高的投资。企业规模（size）对企业出口产品质量的影响系数显著为正，这一结论与 Kugler 和 Verhoogen[404]的研究一致。企业存续年限（age）对企业出口产品质量影响为负且不显著，这意味着企业存续年限的增加并不必然转化为优势。生产效率提高（tfp）显然可以通过降低企业生产的可变成本来提升企业出口产品质量。行业集中程度（HHI）越高，企业迫于竞争压力会不断提升出口产品质量，但是这一效应不显著。

二、稳健性和内生性问题讨论

表 8.3 列（1）至列（6）报告了稳健性检验的回归结果。借鉴 Crinò 和

Ogliari[408]的做法，本节对可能出现的异常值做了进一步处理，列（1）和列（4）对 lnquality 进行了双边缩尾 1%的处理，列（2）和列（5）对 lnquality 进行了双边截尾 1%的处理，其检验结果和表 8.2 的回归结果基本一致。本章还借鉴 Fan 等[346]的方法，将 σ 取 10 并重新计算企业出口产品质量，然后再次进行了回归，具体结果见列（3）和列（6），其检验结果也和基本回归结果一致。列（7）和列（8）报告了内生性检验的回归结果。老龄化是人类社会演变的一种客观规律，它对于企业出口产品质量来说可能是一个相对外生的变量，因此本节首先采用滞后一期的核心解释变量—— $popaging_{iht-1}$ 和 $laboraging_{iht-1}$ 作为工具变量，这既可以保证工具变量和被解释变量之间显著相关，又能保证它相对于被解释变量的外生性。其次，使用 Kleibergen 和 Paap[487]提出的 Wald 统计量来检验 $popaging_{iht-1}$ 和 $laboraging_{iht-1}$ 是否与内生的回归因子相关；最后，对工具变量是否与 $popaging_{iht}$ 和 $laboraging_{iht}$ 存在弱相关进行检验。估计结果表明使用 $popaging_{iht-1}$ 和 $laboraging_{iht-1}$ 作为工具变量是恰当的，即人口老龄化（劳动力老龄化）显著降低（提升）了企业出口产品质量。这与基本回归结果一致。

表 8.3 稳健性和内生性问题讨论

变量	稳健性检验						内生性问题检验	
	（1）	（2）	（3）	（4）	（5）	（6）	（7）	（8）
	双边缩尾 1%	双边截尾 1%	σ =10	双边缩尾 1%	双边截尾 1%	σ =10	GMM 方法	GMM 方法
popaging	−0.259 0***	−0.291 9***	−0.293 1***				−1.546 5***	
	（0.056 2）	（0.056 9）	（0.066 3）				（0.134 9）	
laboraging				0.060 0***	0.059 4***	0.084 8***		0.197 6***
				（0.021 6）	（0.021 8）	（0.027 0）		（0.046 6）
控制变量	控制	控制	控制	控制	控制	控制	控制	控制
年份固定效应	控制	控制	控制	控制	控制	控制	控制	控制

续表

变量	稳健性检验						内生性问题检验	
	(1)	(2)	(3)	(4)	(5)	(6)	(7)	(8)
	双边缩尾 1%	双边截尾 1%	σ=10	双边缩尾 1%	双边截尾 1%	σ=10	GMM 方法	GMM 方法
企业固定效应	控制	控制	控制	控制	控制	控制	控制	控制
省份固定效应	控制	控制	控制	控制	控制	控制	控制	控制
样本量	600 598	587 883	600 593	600 598	587 883	600 780	407 298	407 298
R^2	0.653 2	0.644 7	0.608 7	0.653 2	0.644 7	0.604 9	0.664 3	0.664 6

注：括号内为稳健标准误；GMM 即广义矩估计（generalized method of moments）是一种在统计和计量经济学中广泛使用的参数估计方法。当模型中存在内生性变量时，GMM 可以通过引入工具变量来解决内生性问题

***表示在 1%的水平上显著

三、分样本回归结果

本章基于企业在区域、行业和所有制之间的差异性对样本进行划分，进而考察人口老龄化和劳动力老龄化影响企业出口产品质量的群体差异性，以期得到更为细化的结论。

（一）分区域样本回归结果

本节根据企业所在区域分布把所有企业划分为东部、中部和西部三大类，并对其分别进行实证检验，回归结果见表 8.4。

表 **8.4** 分地区样本回归结果

变量	东部地区企业		中部地区企业		西部地区企业	
	(1)	(2)	(3)	(4)	(5)	(6)
popaging	−0.298 6***		−0.213 6		0.587 7	
	(0.069 2)		(0.581 5)		(0.803 0)	

续表

变量	东部地区企业		中部地区企业		西部地区企业	
	（1）	（2）	（3）	（4）	（5）	（6）
laboraging		0.061 8**		–0.995 3***		0.492 3***
		（0.030 7）		（0.199 3）		（0.177 4）
控制变量	控制	控制	控制	控制	控制	控制
年份固定效应	控制	控制	控制	控制	控制	控制
企业固定效应	控制	控制	控制	控制	控制	控制
省份固定效应	控制	控制	控制	控制	控制	控制
样本量	546 450	36 578	17 543	546 450	36 578	17 543
R^2	0.619 1	0.594 8	0.576 7	0.619 1	0.595 4	0.577 1

注：括号内为稳健标准误；东部地区包括北京、天津、河北、辽宁、上海、江苏、浙江、福建、山东、广东、海南等 11 个省（直辖市）；中部地区包括山西、吉林、黑龙江、安徽、江西、河南、湖北、湖南等 8 个省；西部地区包括内蒙古、广西、重庆、四川、贵州、云南、西藏、陕西、甘肃、青海、宁夏、新疆等 12 个省（自治区、直辖市）；港澳台数据缺失

***表示在 1%的水平上显著，**表示在 5%的水平上显著

由表 8.4 可知，人口老龄化对东、中、西部地区企业出口产品质量的影响分别为负、负、正，但只对东部的影响显著。这可能是因为东部地区的人们相比中西部地区生育意愿相对较低，人均预期寿命相对较长，从而导致东部人口老龄化程度相对较高。不仅如此，东部劳动密集型产业规模相当大，但如今在人口老龄化加速的背景下，东部体能型劳动力供给数量减少会导致企业出口产品质量下降。而中西部人口老龄化程度相对较低，尤其是西部有些省份，数量型人口红利依然显著，因而人口老龄化对企业出口产品质量的影响不显著。

此外，劳动力老龄化对东、中、西部地区企业出口产品质量的影响分别为正、负、正，且都显著。这可能是因为东部劳动力老龄化程度较深，其拥有许多工作经验丰富且劳动技能较高的老年组劳动力资源；中部影响为负可能是由于自 21 世纪以来中部地区承接了大量东部地区转移的劳动密集型制

造业，这些企业对劳动力体能需求量大。而西部地区的产业结构相对落后，劳动力老龄化带来的产业转型压力更为明显。在这种情况下，西部地区的企业更有动力进行技术创新和产业升级，以适应市场竞争和劳动力结构变化的要求，从而推动出口产品质量的提升。

（二）分行业样本回归结果

本节参考阳立高等[318]提出的方法，按照要素密集度把所有企业划分为劳动密集型和非劳动密集型两大类，并对其分别进行检验，回归结果如表 8.5 所示。可以看出，人口老龄化对劳动密集型企业、非劳动密集型企业出口产品质量的影响都为负且显著。这可能是因为在人口老龄化的作用下，劳动力供给数量减少直接使得企业招工困难，从而导致企业原有技术的生产规模不经济，企业为了生存只能以更低的技术标准来维持原有规模的生产竞争策略，或者用更高的劳动报酬来保障足够数量的劳动力以维持其原有技术的生产规模，而无力投资技术，从而导致企业陷入出口产品质量不断下降的恶性循环。劳动力老龄化对劳动密集型企业、非劳动密集型企业出口产品质量的影响分别为负、正，但只对劳动密集型企业的影响不显著。其不显著可能是因为老年组劳动力体能下降降低了劳动效率，但其具有的较高劳动技能和丰富经验则利于企业技术进步，从而抵消了部分负向影响，让检验结果变得不显著。至于对非劳动密集型企业的影响为正可能是因为在劳动力老龄化作用下，劳动力供给质量提高有利于企业人力资本不断积累。

表 **8.5**　分行业样本回归结果

变量	劳动密集型企业		非劳动密集型企业	
	（1）	（2）	（3）	（4）
popaging	−0.302 9***		−0.179 8*	
	（0.084 8）		（0.100 9）	

续表

变量	劳动密集型企业		非劳动密集型企业	
	(1)	(2)	(3)	(4)
laboraging		−0.020 4 (0.031 3)		0.172 5*** (0.045 8)
控制变量	控制	控制	控制	控制
年份固定效应	控制	控制	控制	控制
企业固定效应	控制	控制	控制	控制
省份固定效应	控制	控制	控制	控制
样本量	326 236	326 236	270 689	270 689
R^2	0.645 9	0.645 9	0.606 6	0.606 7

注：括号内为稳健标准误；劳动密集型行业包括：13 农副食品加工业，14 食品制造业，17 纺织业，18 纺织服装、服饰业，19 皮革、毛皮、羽毛及其制品和制鞋业，20 木材加工及木、竹、藤、棕、草制品，21 家具制造业，23 印刷和记录媒介复制业，24 文教、工美、体育和娱乐用品制造业，29 橡胶和塑料制品业，30 非金属矿物制品业，33 金属制品业，41 其他制造业，42 废弃资源综合利用业，43 金属制品、机械和设备修理业等共计 15 个行业；非劳动密集密集型行业包括：15 酒、饮料和精制茶制造业，16 烟草制品业，22 造纸和纸制品业，25 石油、煤炭及其他燃料加工业，26 化学原料和化学制品制造业，27 医药制造业，28 化学纤维制造业，31 黑色金属冶炼和压延加工业，32 有色金属冶炼和压延加工业，34 通用设备制造业，35 专用设备制造业，36 汽车制造业，37 铁路、船舶、航空航天和其他运输设备制造业，38 电气机械和器材制造业，39 计算机、通信和其他电子设备制造业，40 仪器仪表制造业等共计 16 个行业。行业前面的数字代表该行业在《国民经济行业分类》（GB/T 4754—2017）中的代码

***表示在 1%的水平上显著，*表示在 10%的水平上显著

（三）分所有制样本回归结果

本节按照所有制分类方法把所有企业划分为本土独资、中外合资和外商独资三大类，并对其分别进行检验，回归结果见表 8.6。

表 **8.6** 分所有制样本回归结果

变量	本土独资企业		中外合资企业		外商独资企业	
	(1)	(2)	(3)	(4)	(5)	(6)
popaging	−0.078 8 (0.134 7)		−0.428 8*** (0.130 0)		−0.299 8*** (0.096 7)	

续表

变量	本土独资企业		中外合资企业		外商独资企业	
	(1)	(2)	(3)	(4)	(5)	(6)
laboraging		−0.056 5		0.093 8*		0.155 4***
		(0.052 9)		(0.053 0)		(0.041 2)
控制变量	控制	控制	控制	控制	控制	控制
年份固定效应	控制	控制	控制	控制	控制	控制
企业固定效应	控制	控制	控制	控制	控制	控制
省份固定效应	控制	控制	控制	控制	控制	控制
样本量	250 275	250 275	135 895	135 895	210 239	210 239
R^2	0.620 5	0.620 5	0.612 8	0.612 7	0.625 1	0.625 1

注：括号内为稳健标准误。海关十位数编码中的第六位代表企业性质，其中“1”表示国有企业；“2”表示中外合作企业；“3”表示中外合资企业；“4”表示外商独资企业；“5”表示有进出口经营权的集体企业；“6”表示有进出口经营权的私营企业；“7”表示有进出口经营权的个体工商户；“8”表示有报关权而无进出口经营权的企业；“9”表示其他。按照该分类将 1、5、6、7、8 归为本土独资企业，将 2、3 归为中外合资企业，将 4、9 归为外商独资企业。本节也检验了公有制和民营企业的分样本回归，检验结果基本和本土独资企业的一致，此处不再赘述

***表示在 1%的水平上显著，*表示在 10%的水平上显著

由表 8.6 可以看出，人口老龄化对本土独资、中外合资和外商独资企业出口产品质量的影响都为负，但对本土独资企业的影响不显著，这可能是因为这类型企业的产品生产除了受劳动力供给数量减少影响外，还受到其他因素的影响，例如国家的宏观调控政策，一些地方政府通过保护性或扶持性政策，以及转移支付投资等方式降低了由劳动力供给减少给企业带来的负向影响。

此外，劳动力老龄化对中外合资和外商独资企业出口产品质量的影响依然显著为正，而对本土独资企业出口产品质量的影响不显著，这主要是因为本土独资企业经理人在一定程度上对企业人力资本积累、技术创新重视不足；同时，政府的一些保护性或扶持性政策以及转移支付投资等方式也降低了本土独资企业在这方面的积极性。

第五节 机 制 检 验

本节将采用两类方法进行机制检验，一是基于中介效应模型的机制检验，二是基于企业技术水平分类的机制检验。

（一）基于中介效应模型的机制检验

本章第二节从劳动力供给数量视角分析了人口老龄化对企业出口产品质量的影响机制，并从劳动力供给质量视角分析了劳动力老龄化对企业出口产品质量的影响机制，本节将参考温忠麟和叶宝娟[381]的方法，利用中介效应模型进行机制检验。具体公式为

$$\text{lnquality}_{idt} = \alpha + \beta_n \text{aging}_{ndt} + \gamma C + \eta_i + \lambda_d + \phi_t + \varepsilon_{idt} \quad (8\text{-}3)$$

$$\text{lnlaborqua}_{ndt} = \alpha + \beta_n \text{aging}_{ndt} + \gamma C + \eta_i + \lambda_d + \phi_t + \varepsilon_{idt} \quad (8\text{-}4)$$

$$\text{lnquality}_{idt} = \alpha + \beta_n \text{aging}_{ndt} + \theta_n \text{lnlaborqua}_{ndt} + \gamma C + \eta_i + \lambda_d + \phi_t + \varepsilon_{idt} \quad (8\text{-}5)$$

其中，laborqua_{ndt}表示企业所在省份的劳动力供给特征；θ 表示其系数，下标 n=1,2（1 表示劳动力供给数量 laborquantity，2 表示劳动力供给质量 laborquality）。laborquantity 用 15～64 岁的劳动年龄人口数表示，并取对数 lnlaborquantity，数据来自《中国统计年鉴》。laborquality 参考 Peneder[488]的做法，用劳动（要素）生产率来表示。

为了进一步考察质量效应，这里采用份额偏离法[488]将劳动（要素）生产率的变化分解成三个部分，即静态效应 stat、动态效应 syn（产业间的变化）、内部效应 interior（产业内的变化）。对应的公式为

$$\frac{P_{iT}}{P_{t0}} = \underbrace{\frac{P_{ijt0}\Delta S_{ijT}}{P_{ijt0}}}_{\text{stat}} + \underbrace{\frac{\Delta P_{ijT}\Delta S_{ijT}}{P_{ijt0}}}_{\text{syn}} + \underbrace{\frac{\Delta P_{ijT} S_{ijt0}}{P_{ijt0}}}_{\text{interior}} \quad (8\text{-}6)$$

其中，P 表示单位劳动力在单位时间里的产出；S 表示制造业细分部门就业人数占制造业总就业人数的比例；i 表示制造业各部门；j 表示全国各省（自治区、直辖市）；T 表示 t_0 到 t 这一时间段。

由式（8-6）继而推导出 $\Delta P_T = P_t - P_{t0}$（以 1999 年作为基期 t_0），数据来自中国工业企业数据库[①]。在式（8-6）中，第一部分 stat 反映的是静态效应，体现的是劳动力从低效率部门转向高效率部门的能力；第二部分 syn 反映的是动态效应，体现的是劳动力从产出增长较慢的部门转向产出增长较快的部门的能力；第三部分 interior 反映的是内部效应，它体现的是部门内部劳动力产出增加对整体单位产出增加的推动能力。

表 8.7 是劳动力供给数量 lnlaborquantity 的中介效应检验结果。列（1）中，popaging 的系数显著，说明人口老龄化对企业出口产品质量的影响可能存在中介效应；列（2）中 popaging 的系数显著，列（3）中 lnlaborquantity 的系数也显著，说明中介效应显著；列（3）popaging 的系数不显著，说明直接效应不显著，可能只有中介效应；列（2）popaging 系数和列（3）lnlaborquantity 系数的乘积符号和列（3）popaging 的系数符号相同，属于负向中介效应，其占总效应的比例为−4.4912 × 0.0540/−0.2943=0.824。这说明人口老龄化对企业出口产品质量的负向影响中，有 82.4%通过劳动力供给数量的路径传导，与本章基本假设一致。

表 **8.7**　劳动力供给数量的中介效应检验结果

变量	（1）	（2）	（3）
	lnquality	lnlaborquantity	lnquality
popaging	−0.294 3***	−4.491 2***	−0.051 9
	（0.067 1）	（0.011 0）	（0.086 5）

① 将中国工业企业数据库中企业层面的产值和就业人数的数据按照行业两位码和地区两位码加总到行业和地区后，再按式（8-6）计算。

续表

变量	（1）	（2）	（3）
	lnquality	lnlaborquantity	lnquality
lnlaborquantity			0.054 0*** （0.014 7）
控制变量	控制	控制	控制
年份效应	控制	控制	控制
企业固定效应	控制	控制	控制
省份固定效应	控制	控制	控制
行业固定效应	不控制	不控制	不控制
样本量	600 598	601 966	600 598
R^2	0.615 4	0.996 2	0.615 5

注：括号内为稳健标准误

***表示在 1%的水平上显著

表 8.8 是劳动力供给质量的中介效应检验结果。列（1）、列（2）、列（3），列（1）、列（4）、列（5）以及列（1）、列（6）、列（7）分别从静态效应、动态效应和内部效应三个维度，检验了劳动力供给质量 laborquality 的中介效应。

表 **8.8** 劳动力供给质量的中介效应检验结果

变量	（1）	（2）	（3）	（4）	（5）	（6）	（7）
	lnquality	stat	lnquality	syn	lnquality	interior	lnquality
laboraging	0.065 6** （0.027 1）	0.018 3*** （0.001 6）	0.040 7 （0.026 9）	0.009 1*** （0.001 1）	0.049 9* （0.027 0）	−0.026 4*** （0.001 4）	0.081 1*** （0.027 1）
stat			1.408 1*** （0.055 2）				
syn					1.841 9*** （0.090 5）		
interior							0.552 1*** （0.062 7）

续表

变量	(1)	(2)	(3)	(4)	(5)	(6)	(7)
	lnquality	stat	lnquality	syn	lnquality	interior	lnquality
控制变量	控制	控制	控制	控制	控制	控制	控制
年份固定效应	控制	控制	控制	控制	控制	控制	控制
企业固定效应	控制	控制	控制	控制	控制	控制	控制
省份固定效应	控制	控制	控制	控制	控制	控制	控制
行业固定效应	控制	控制	控制	控制	控制	控制	控制
样本量	600 598	601 744	600 382	601 744	600 382	601 744	600 382
R^2	0.615 4	0.855 8	0.616 5	0.855 8	0.616 5	0.855 8	0.616 5

注：括号内为稳健标准误；由于劳动力供给质量是制造业细分行业的数据，所以也固定了行业效应
***表示在 1%的水平上显著，**表示在 5%的水平上显著，*表示在 10%的水平上显著

在表 8.8 列（1）至列（3）中，由于列（2）laboraging 系数和列（3）stat 系数的乘积符号与列（3）laboraging 的系数符号相同，且列（2）laboraging 和列（3）stat 系数均显著，说明属于正向中介效应，其占总效应的比例为 0.0183×1.4081/0.0407=0.6331。这说明劳动力老龄化对企业出口产品质量的正向影响中，有 63.31%是通过劳动力供给质量静态效应的路径传导的。

从表 8.8 列（1）、列（4）、列（5）可以看出，由于列（4）laboraging 系数和列（5）syn 系数的乘积符号和列（5）laboraging 的系数符号相同，且三个系数都显著，说明属于正向中介效应，其占总效应的比例为 0.0091×1.8419/0.0499=0.3359。这说明劳动力老龄化对企业出口产品质量的正向影响中，有 33.59%是通过劳动力供给质量动态效应的路径传导的。

从表 8.8 列（1）、列（6）、列（7）可以看出，由于列（6）laboraging 系数和列（7）interior 系数的乘积符号和列（7）laboraging 的系数符号相异，且三个系数都显著，说明属于负向中介效应，其占总效应的比例为−0.0264×0.5521/0.0811=−0.1797。这说明劳动力老龄化对企业出口产品质

量的正向影响中，有 17.97%被劳动力供给质量内部效应的路径所抵消了。

综合来看，劳动力老龄化通过劳动力供给质量对制造业企业出口产品质量的正向中介作用占主导地位，与本章基本假设一致。具体来看，在劳动力老龄化的“积累效应”作用下，无论是老年组劳动力通过提升自身人力资本或是在“干中学”中指导其他组劳动力，都能使劳动要素供给质量提高，从而促使企业在劳动力老龄化程度较高的地区选择生产知识密集型的高技术产品，并采用高水平的技术来应对劳动力市场劳动力老龄化的趋势，有利于企业出口产品质量提升，这可从静态效应和动态效应检验的过程中看出。与此同时，劳动力老龄化也可能导致劳动力供给质量下降，尤其是在那些年老员工过多的企业可能会缺乏创新意识，导致企业内部效应为负，抵消了部分静态效应和动态效应的正向作用。

（二）基于企业技术水平分类的机制检验

在人口老龄化和劳动力老龄化的双重背景下，企业无论是因劳动力供给数量减少使其出口产品质量下降，还是因劳动力供给质量提高使其出口产品质量提升，都可能通过影响企业技术水平来实现。因此，本章参考傅元海等[348]的方法按照技术水平把所有企业划分为低端技术和高端技术两大类①，并分

① OECD 按照技术水平将制造业分为低端、中低端、中高端和高端技术四类产业，傅元海等[348]在此基础上合并了高端和中高端技术产业，将制造业分为三类。而本节在此基础上合并了低端和中低端技术产业，将制造业分为两类。本节的高端技术企业包括：26 化学原料和化学制品制造业，27 医药制造业，28 化学纤维制造业，34 通用设备制造业，35 专用设备制造业，36 汽车制造业，37 铁路、船舶、航空航天和其他运输设备制造业，38 电气机械和器材制造业，39 计算机、通信和其他电子设备制造业，40 仪器仪表制造业等共计 10 个行业；低端技术企业包括：13 农副食品加工业，14 食品制造业，15 酒、饮料和精制茶制造业，16 烟草制品业，17 纺织业，18 纺织服装、服饰业，19 皮革、毛皮、羽毛及其制品和制鞋业，20 木材加工和木、竹、藤、棕、草制品业，21 家具制造业，22 造纸和纸制品业，23 印刷和记录媒介复制业，24 文教、工美、体育和娱乐用品制造业，25 石油、煤炭及其他燃料加工业，29 橡胶和塑料制品业，30 非金属矿物制品业，31 黑色金属冶炼和压延加工业，32 有色金属冶炼和压延加工业，33 金属制品业，41 其他制造业，42 废弃资源综合利用业，43 金属制品、机械和设备修理业等共计 21 个行业。行业前面的数字代表该行业在《国民经济行业分类》（GB/T 4754—2017）中的代码。

别对其进行实证检验。

具体做法是引入一个虚拟变量 Tech，若某个企业属于高端技术企业，则 $\text{Tech}_i = 1$，否则 $\text{Tech}_i = 0$。模型设定为

$$\begin{aligned}\text{lnquality}_{idt} = &\alpha + \mu\text{Tech}_{idt} + \beta_n\text{aging}_{ndt} + \tau\left(\text{Tech}_{idt} \times \text{aging}_{ndt}\right) \\ &+ \gamma C + \eta_i + \lambda_d + \phi_t + \varepsilon_{idt}\end{aligned} \tag{8-7}$$

其中，参数 μ 和 τ 分别表示高端技术企业相对于低端技术企业的截距和斜率差异，即 aging_{ndt} 变量在两个样本组中的系数差异。区分企业技术水平的机制检验结果见表 8.9。

表 **8.9**　区分企业技术水平的机制检验结果

变量	（1）	（2）
Tech	0.049 0***	–0.363 7***
	（0.010 1）	（0.009 7）
popaging	–0.055 4	
	（0.078 1）	
Tech×popaging	–0.495 7***	
	（0.097 5）	
laboraging		–0.275 9***
		（0.027 5）
Tech×laboraging		0.798 1***
		（0.019 1）
控制变量	控制	控制
年份固定效应	控制	控制
企业固定效应	控制	控制
省份固定效应	控制	控制
样本量	600 598	600 598
R^2	0.615 5	0.618 4

注：括号内为稳健标准误

***表示在 1%的水平上显著

由表 8.9 中列（1）的结果可以看出，人口老龄化 popaging 对低端技术企业出口产品质量的影响系数为负，且不显著（变量 popaging 的回归系数为-0.0554，不显著），而对高端技术企业的影响系数显著为负（交叉项 Tech×popaging 系数为-0.4957，且显著），这说明相对于低端技术企业而言，人口老龄化对高端技术企业出口产品质量更为不利。由表 8.9 中列（2）的结果可以看出，劳动力老龄化 laboraging 对低端技术企业出口产品质量的影响系数显著为负（laboraging 系数为-0.2759 且显著），而对高端技术企业的影响系数显著为正（交叉项 Tech×laboraging 系数为 0.7981 且显著）。这说明对于高端技术企业而言，老年人口作为“高质”的劳动力资源，由于其工作经验和技能都较高，劳动力老龄化有利于企业技术进步，从而提高企业出口产品质量；而对低端技术企业而言，其更多地依赖于劳动力数量投入，在劳动力老龄化作用下，劳动力整体体能下降，体能不如青壮年时期，从而会对企业出口产品质量产生负向影响。

第六节　主要结论与政策启示

本章通过深入研究中国老龄化（包括人口老龄化和劳动力老龄化）对中国企业出口产品质量的影响，得出了以下两个重要结论。一是人口老龄化对企业出口产品质量的影响为负，而劳动力老龄化对企业出口产品质量的影响为正，且通过稳健性和内生性检验后，该结论仍然成立。不仅如此，通过分样本回归检验得出，老龄化对企业出口产品质量的影响还存在着区域、行业和所有制之间的差异性，但仍支持基本回归结论。二是通过机制检验证明了劳动力供给数量和劳动力供给质量视角分别是人口老龄化和劳动力老龄化影响企业出口产品质量的主要路径，其中劳动力老龄化通过劳动力供给质量对企业出口产品质量的影响分为正负两条路径，正向是主要路径。人口老龄化对低端技术企业出口产品质量的影响系数为负，但不显著，而对高端技术企业的影响系数显著为负；劳动力老龄化对低端技术企业出口产品质量的影响系数显著为负，而对高端技术企业的影响系数显著为正。根据本章的研究结论可以得出以下两点政策性启示。

（一）老年人口应该被视作一种“高质”的劳动力资源

在中国老龄化的背景下，一方面中国企业所依赖低成本的体能型劳动力在数量上增加的粗放型增长方式已不可持续，而依托“高质”的劳动力资源才能提升中国企业产品质量，并赢得国际竞争主动权。另一方面，当今中国老年人口是作为已退休而需要被赡养的人员，还是作为企业产品质量提升所需的“高质”老年组劳动力，这对企业出口产品质量的影响结果是截然相反的。在一定程度上可以将老年人口视作一种“高质”的劳动力资源，而且这种资源正随着社会医疗卫生的发展和人均寿命的延长变得越来越丰富。

（二）充分利用延迟退休政策，释放“高质”老年劳动力资源潜力

我国自 2025 年 1 月 1 日起实施了新的退休年龄政策，男职工从 60 周岁起每 4 个月延迟 1 个月退休，逐步过渡至 63 周岁，女职工则从 55 周岁或 50 周岁起，分别每 4 个月或每 2 个月延迟 1 个月退休，逐步延迟至 58 周岁或 55 周岁；同时推行弹性退休制度，允许职工在满足最低缴费年限后自愿选择提前退休（最长提前 3 年），或在达到法定退休年龄后与单位协商一致延迟退休（最长延迟 3 年），且提前退休年龄不得低于原法定退休年龄。企业可以利用这些政策，通过合理规划人力资源，调整退休相关制度体系和管理措施，优化岗位设置，为老年员工提供灵活的工作安排和健康福利，鼓励他们继续发挥经验和技能优势，促进企业内部知识传承和人才稳定，提高工

作效率和竞争力。老年劳动力个人也可以根据自身情况，选择适合自己的退休时间，继续提升职业技能，为延迟退休做好准备，实现个人职业发展和生活保障的平衡。

第二篇　应　对　篇

第九章
最低工资标准制度与制造业全球价值链升级

第一节 问题提出

改革开放以来，中国逐渐摒弃了以优先发展重工业为目标的赶超战略，转而发挥劳动力在价格和质量上体现出来的资源比较优势，参与国际分工与国际竞争，这在一定程度上改善了中国的资源配置效率，使中国从一个内向型经济体跃升为世界出口大国。然而，我国产品质量总体状况仍不容乐观，许多产品还主要依靠成本优势参与国际竞争，仍然难言已是出口强国。此外，近年来最低工资标准的调整幅度、执行力度都在不断加大。最低工资是国家通过立法所规定的一项雇主必须支付给雇员的最低劳动报酬的法律制度，制定这项政策的目的是保障劳动者的合法权益，保证其日常生活开支得到满足。我国从 20 世纪 90 年代开始实施最低工资制度，1994 年《中华人民共和国劳动法》中第一次提出“国家实行最低工资保障制度”。2004 年我国颁布并强化实施《最低工资规定》，其中第六条指出“确定和调整月最低工资标准，应参考当地就业者及其赡养人口的最低生活费用、城镇居民消费价格指数、职工个人缴纳的社会保险费和住房公积金、职工平均工资、经济发展水平、就业状况等因素”[①]。当前，随着人口结构的变化及新生代劳

---

① 2004 年中华人民共和国劳动和社会保障部令，https://www.gov.cn/gongbao/content/2004/content_62936.htm[2014-11-25]。

动力大量进入劳动力市场，劳资关系双方间的力量平衡将在很大程度上被改变，最终很可能会推动最低工资标准不断上调。

这就引出了一个重要的问题，最低工资标准的不断上调是否会影响企业的出口产品质量呢？目前关于最低工资标准对企业的经济影响存在较多的争论[489]，一些观点认为最低工资标准将会增加企业用工成本，使得利润减少，最终倒逼出口企业转型升级、提升产品质量，但这类观点大都是基于对某一企业或者是某一产业的观察。提高最低工资标准虽会使企业出口下降[490]，但如果有益于提升出口产品质量进而有助于培育外贸竞争新优势，则可以坚定政府上调最低工资标准的决心和信心；相反，如果最低工资标准的不断上调在使企业出口下降的同时，出口产品质量也随之下降，那么出口企业在国际市场竞争中将处于极为不利的境地，公共政策则应该在劳资双方利益中间寻找一个平衡点，以尽量减少最低工资标准上调带来的不利影响。

综上所述，本章基于手工查找的 2005～2010 年全国 2855 个县区（这里指的是县、自治县、市辖区）最低工资标准数据、中国工业企业数据库和中国海关进出口数据库的匹配数据，研究最低工资标准对企业出口产品质量的影响。相比已有文献，本章的拓展之处主要体现在以下两方面。

第一，本章率先探讨最低工资标准对企业出口产品质量的影响。完善最低工资制度和提升企业出口产品质量都是非常重要的政策研究课题，从多个角度通过科学的方法厘清二者之间的关系，一方面能够拓展对于最低工资标准制度的评估视角；另一方面也能够加深对于提升出口产品质量以培育外贸竞争新优势的认识。

第二，本章所使用的最低工资标准数据是目前研究中较为完整和细化的数据。我们手工收集了 2005～2010 年 2855 个县区层面的最低工资标准数据，相比使用省级或市一级最低工资标准，数据更加详细，可以更好地反映最低工资标准在地区间的差异，为经验研究奠定了更为可靠的识别基础。

第二节　机制分析与研究假说

本章在梳理相关文献的基础上，认为最低工资标准主要从“成本效应”、“要素替代效应”、“人力资本投资效应”和“效率工资效应”四条渠道影响企业出口产品质量。

一、最低工资标准通过“成本效应”影响出口产品质量

“成本效应”指的是高于市场均衡工资水平的最低工资水平的提高会导致经济中劳动力成本增加。劳动力成本的增加，一方面，会影响企业的人力资本水平。首先，将迫使企业解雇部分低技能员工[394]。Bell[491]实证发现最低工资标准使得哥伦比亚 2%～12%的低技能员工失去工作岗位。虽然低技能员工无法满足高质量产品生产的用工需要，但低技能员工可以和高技能员工进行有效互补，对于高质量产品的生产也不可或缺[412]。已有研究表明，技能和教育背景的多样性会在员工之间产生知识溢出和技能互补，进而会提高企业绩效，Parrotta 等[492]基于丹麦雇主-员工匹配数据的实证研究发现，员工技能和学历背景多样性通过提高企业全要素生产率进而改进企业绩效。其次，在现金流约束较强的情况下，用工成本的上升也可能导致企业减少高技能员工的雇用数量，原因在于最低工资标准提升会对工资水平原本就高于最低工资的就业人员工资产生溢出效应，邸俊鹏和韩清[493]研究发现最低工资对工资收入低于最低工资标准的群体影响较大；对于高于最低工资标准的群体也具有溢出效应，但随着收入的提高，溢出效应越来越小。

另一方面，由于产品的生产需要同时使用多种要素并保持一定比例，劳动力成本的提高将导致资本和其他要素成本提高，进而使得企业生产成本增加[494]，在不能为生产提供足够要素的情况下企业的出口产品质量将

受到影响。

因此，可以得出：最低工资标准会通过“成本效应”减少低技能员工甚至是高技能员工的雇用数量，并拉高其他生产要素价格，最终降低出口产品质量。

显然，“成本效应”受到若干因素的影响：一是企业的员工构成，如果企业高技能员工较多，最低工资标准带来的影响就相对较小，反之则较大；二是劳动要素同其他要素的互补性，互补性越强，成本效应越大。

二、最低工资标准通过“要素替代效应”影响出口产品质量

Hicks[495]最早论述了工资上涨产生的“要素替代效应”。最低工资标准上调直接表现为劳动要素相对价格的上升，边际技术替代率的变化使企业倾向于用资本和技术替代劳动。黄先海和徐圣[496]计算了中国 1990～2006 年劳动密集型和资本密集型部门的劳动边际产出弹性，发现除个别年份外两类部门各年均发生了劳动节约型技术进步。同时，劳动成本上涨促使企业加大研发投入，增加创新，王小霞等[497]借助 2002～2007 年中国工业企业数据和国家专利数据实证检验了不断上调的最低工资标准对企业转型升级带来的冲击，发现最低工资上涨确实会激励企业进行技术创新，提高企业的整体创新水平。而 Kugler 和 Verhoogen[404]实证研究表明资金投入和研发投入是影响出口产品质量的重要因素。因此，最低工资标准提高会通过“要素替代效应”提高企业出口产品质量。

然而，技术和资本对劳动要素的替代程度取决于若干其他因素，一是技术和资本要素本身的供给弹性，不同产品和行业所使用的技术和资本要素存在差异，在其他条件一致的情况下，技术和资本的供给弹性越大，其对劳动的替代率越强；二是产品和行业特征，在给定资本水平的条件下，不同产品等产量曲线间的差异导致企业技术与劳动要素的替代弹性

不同[498]；三是资金约束，资金或技术替代劳动的过程也是企业资产规模不断扩大的过程，无论是通过内源性融资还是外源性融资，资金约束更小的企业能够以更低的价格享有资金租金成本，从而更容易使用资金和技术替代劳动[499]。

三、最低工资标准通过“人力资本投资效应”影响出口产品质量

对于“人力资本投资效应”，Becker[500]认为，企业提供在职培训的前提条件是员工接受工资的相应扣减，提高最低工资标准则会降低企业提供在职培训的激励，从而减少在职培训。然而，如果低技能劳动力市场并非完全竞争性的，那么企业将为员工支付通用性培训的费用[394]，劳动力市场上的垄断特征将会压缩员工的人力资本回报，使得企业占有部分剩余。由于可以进一步压缩工资，最低工资标准的提高将会有助于增加员工在职培训。Acemoglu 和 Pischke[501]的实证研究发现，最低工资标准提升倾向于增加员工在职培训的机会，但影响系数不显著，他们给出的解释是最低工资标准可能通过两个途径影响培训：随着最低工资标准的提高，一方面企业对高技术工人的培训力度会加大；另一方面，则会减少低技能员工的雇用数量，从而减少培训。Neumark 和 Waschear[502]也发现最低工资提高会促进企业加大员工的培训力度。劳动技能水平是决定产品质量的关键因素，高技能劳动者与低技能劳动者之间并非替代关系，在高质量产品的生产过程中若干低技能劳动者远抵不上一个高技能劳动者所起的作用[412]。Steedman 和 Wagner[503]、Mason 等[504]通过实地调查和案例分析，发现一国产品质量能否在国际竞争中占据优势，在很大程度上取决于是否使用技术先进的机器以及使用这些机器的劳动者的技能。因此，最低工资标准会通过“人力资本投资效应”影响企业的整体技能水平，进而影响出口产品质量。

无疑，这一影响渠道会受到多方面因素的影响：一是不同技能水平员工

的构成，企业高技能水平员工越多，企业增加的培训可能就越多；二是企业对员工技能水平的要求，不同企业和岗位对员工技能水平的要求存在差异，例如来料加工贸易只需要按照外商的要求进行加工装配，因为所需要的技能水平不高而对员工的培训需求较少。

四、最低工资标准通过“效率工资效应”影响出口产品质量

根据劳动经济学理论，最低工资标准提升会在工资分布的最低工资点处产生截断效应，即对于工资水平低于最低工资标准的就业人员，上调最低工资标准会提升其工资水平。然而，最低工资对工资分布的影响不仅限于截断效应，还会对工资水平原本高于最低工资标准的就业人员工资产生溢出效应。马双等[126]利用 1998～2007 年规模以上制造业企业报表数据进行的分析显示，最低工资标准每上涨 10%，制造业企业平均工资将整体上涨 0.4%～0.5%。邹红等[505]结合住户调查、超市价格和工业企业等多套数据库，研究发现最低工资上涨主要提升了收入最低的 20%家庭的净福利收益。如果最低工资提升 10%，最低的 20%和中间的 60%家庭将分别平均获益 658 元/季度和 469～556 元/季度，社会总体福利水平将平均提升 443 元/季度。

从效率工资理论出发，工资水平的提高可以从多个方面影响出口产品质量：一是从怠工模型看，提高工资水平使员工有更强烈的动机努力工作，而偷懒、欺骗等行为的动机则相对减小，因而具有激励和约束双重作用[506]；二是从劳动力流动模型出发，工资水平提高降低了员工的辞职动机，有利于留住高质量的员工，使得员工的生产经验可以不断累积[507]；三是从逆向选择模型看，提高工资水平可以吸引更多高级技能劳动者的进入，提升劳动者的整体素质[508]；四是可以进一步密切员工同企业的关系，增加员工对企业的认同感，这些都有助于提升产品质量[509]。

然而，“效率工资效应”会受到多方面因素的影响：一是对于怠工模型，不同类型企业监督成本存在很大差异，对于知识型企业，员工的努力程度通常难以监督，员工怠工的可能性也更大，效率工资对于解决这一类员工的监督问题有一定作用；二是对于逆向选择模型，能否吸引到高技能的劳动者在一定程度上取决于该地区劳动力的技能水平以及本企业相对于其他企业提供的工资水平。

第三节　研 究 设 计

一、数据来源

本章使用的数据主要有三个来源：一是 2005～2010 年的中国工业企业数据库；二是 2000～2011 年的中国海关进出口数据库；三是各县区最低工资标准数据。中国工业企业数据库提供了较为详细的企业特征数据，中国海关进出口数据库提供了出口的每一笔交易记录。由于县区层面的最低工资标准并无现成的数据库可以使用，我们通过浏览各级政府网站、政策文件、统计公报、官方报纸等多种方式进行了查找，最后搜集到 2005～2010 年 2855 个县区的最低工资标准数据共 17 130 个，占全部县区数的 96.35%[①]。对于缺失的数据，使用其所在城市与其发展水平相近的县区最低工资标准数据进行填补。对于出口产品质量的测算，使用 2000～2011 年中国海关进出口数据库的所有出口样本信息，这使得本章可以回答更长时期中国出口产品质量的变化情况。在估计最低工资标准对出口产品质量的影响时，使用的是由 2005～2010 年中国工业企业数据库、中国海关进出口数据库和最低工资标准数据的合并数据。

① 此处的全部县区指的是本章研究涉及的 2855 个县区。

本章选用 2005～2010 年的相关数据的原因有以下两个：一是虽然早在 1994 年的《中华人民共和国劳动法》中就确立了最低工资的法律地位，但起初最低工资只是在部分城市和地区施行，2004 年 3 月 1 日起才开始推向全国。因此，使用 2005～2010 年的数据可以更为全面地反映最低工资标准实施在全国层面的影响。二是由于农村剩余劳动力和城市冗员的隐蔽性失业现象逐渐消除，自 2004 年开始我国出现了全国性的劳动力短缺[510]，企业对劳动力成本上涨的反应更加敏感，同时对于最低工资制度在实施过程中的监督力度也在持续加强。因此，使用 2005～2010 年的数据可以更为精准地识别最低工资标准对出口产品质量的影响。

二、计量模型设定

依据研究目标，本章将基本计量模型设定为

$$\text{quality}_{idt} = \alpha + \beta_1 \text{lnmw}_{idt} + \gamma D + \lambda_{\text{pro}} + \phi_t + \varepsilon_{idt} \tag{9-1}$$

其中，i 表示企业；d 表示企业所在县区；t 表示年份；quality 表示企业层面出口产品质量。本章之所以没有使用产品层面的出口质量，主要基于以下考虑：一是中国工业企业数据库为企业层面的年度数据，如果使用产品层面质量数据，在没有引入新信息的情况下观测值数量的扩大将会使得标准误差变小[511]；二是相比年度数据，月度数据可能存在更为严重的异常值问题；三是计量分析的关注点在于最低工资标准对企业间的出口质量的影响差异，而并非不同时间段内企业出口产品质量的动态变化。lnmw 表示企业所在县区最低工资标准，取自然对数；D 表示控制变量集；λ_{pro} 表示省份虚拟变量，用以控制无法观测的省份固定效应；ϕ_t 表示年份虚拟变量，用以控制整体的宏观经济形势；ε_{idt} 表示随机扰动项。

对于最低工资标准数据的选取，主要考虑以下三个方面：第一，使用月最低工资标准。根据 2004 年发布的《最低工资规定》，“最低工资标准一般采取月最低工资标准和小时最低工资标准的形式”。从数据的查找情况来看，受中国习惯使用的工资支付时间影响，大部分县区都使用月最低工资标准。第二，使用县区层面的最低工资标准数据。部分省份制定的最低工资标准并不是按照城市进行划分的，如江苏省将最低工资标准按照地区分为三类，2010 年 2 月后一、二、三类地区最低工资标准分别为 960 元、790 元和 670 元[①]。这就可能导致同一城市不同县区最低工资标准存在差异。第三，最低工资标准调整间隔并无规律，而一年中进行调整的时间也并无明确规定，因此本章使用加权平均法来进行计算。同样以江苏为例，2010 年一类地区的最低工资标准自 2 月份开始从 850 元上调至 960 元，那么该地区的全年最低工资标准为$(850\times1+960\times11)/12\approx950.83$ 元。

图 9.1 描绘了 2005～2010 年中国各县区最低工资标准的核密度动态演进情况，可以看出：①核密度曲线表现为右偏尖峰分布。最低工资标准处于较低水平的核密度函数值较大，最低工资标准处于较高水平的核密度函数值较小，这说明最低工资标准处于较低水平的县区比重较大，处于较高水平的县区比重较小。②最低工资标准的核密度曲线不断向右移动。说明我国各个县区最低工资标准几乎在每年都有一定程度的提高。③2009 年最低工资标准变化不大。受金融危机影响，部分企业特别是劳动密集型中小企业生产经营困难，就业形势严峻，人力资源和社会保障部 2008 年 11 月发布通知，暂缓调整企业最低工资标准，在这样的政策指导下 2009 年 1836 个县区最低工资标准没有上调，占全部县区的 64%。而 2010 年核密度曲线向右大幅移动，最低工资标准呈现补偿性上涨。

① 该标准生效时间为 2010 年 2 月 1，失效时间为 2011 年 1 月 31 日。

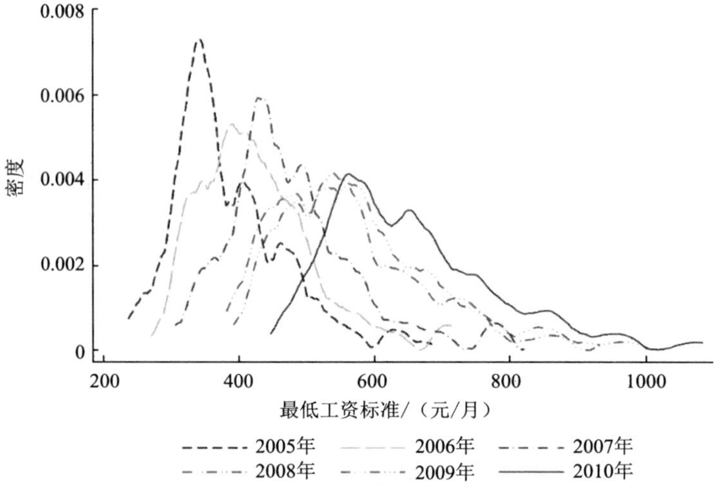

图 9.1　2005～2010 年中国各县区最低工资标准的核密度动态演进情况

此外，本章的控制变量集 D 中包含以下变量。

研发投入（rd）。反映企业创新能力的指标通常有两类，一是创新投入，包括研发投入和研发人员数；二是创新产出，包括企业专利申请数量和新产品产值。然而这些数据在 2005～2010 年中国工业企业数据库中的统计都不完整。Kugler 和 Verhoogen[404]提供了很好的思路，他们使用行业研发或广告投入密度作为企业研发投入的代理变量，本章沿用他们的计算方法：行业研发密度=行业研发投入/行业总产值，取自然对数。

融资约束（finance）。使用应收账款占总资产的比例作为融资约束的代理变量，某一企业给予其他企业商业信用并非一种完全自愿的行为，且会显著降低企业的融资能力，在资本市场还不够健全和完善的情况下，在某种程度上，可以认为商业信用是容易获得贷款的企业为难以获得贷款的企业融资。

企业规模（size）。在新贸易理论框架下，企业自身规模具有明显的成本优势。企业规模越大，其资金可能越充足、人力资源越丰富、技术越先进，进而在产品质量升级等方面具有更大的优势。本章使用企业职工人数（取自然对数）来衡量企业的规模，相比其他指标可以减少统计过程中的误差，有助于增加回归结果的准确性。

企业存续年限（age）。一方面，在考虑员工长久雇用的情况下企业存续的年限越长，员工工作经验越丰富，对本企业产品的优缺点更为熟悉，对于如何改进产品质量也更为了解；另一方面，企业存续年限越长，生产设备等硬件设施可能会出现老化情况，一些老企业特别是一些国有企业会存在部分历史遗留债务或老职工安置问题，这在一定程度上会降低企业提升产品质量的能力。企业存续年限用当年年份与企业成立年份之差来衡量。

企业全要素生产率（tfp）。本章使用 Head 和 Ries[366]提出的近似全要素生产率的估计方法。该方法计算简便，并具备参数估计法的优点，估计方程为 $\mathrm{tfp}=\ln(y/l)-s\times\ln(k/l)$，其中，$y$ 表示工业增加值；l 表示年均从业人员数；k 表示固定资产规模；s 表示生产函数中资本的贡献度。由于中国工业企业数据库中并未提供 2008 年和 2009 年的工业增加值信息，y 以企业的工业总产值近似替代，将 s 设定为 1/3。

市场集中程度（hhi）。采用赫芬达尔指数作为测量指标，具体由某特定市场上所有企业的市场份额的平方和表示：$\mathrm{hhi}=\sum_{i=1}^{N}(X_i/X)^2$。其中，$N$ 表示 CIC 三位码行业的企业数量；X_i 表示第 i 个企业的规模；X 表示市场总规模，本章选取出口值作为市场规模。hhi 越小，竞争程度越高；反之则越低。

贸易类型（trade）。本章将出口企业划分三类：①一般贸易类型企业（general），即企业仅从事一般贸易方式的出口；②加工贸易类型企业（process），即企业仅从事加工贸易方式的出口；③混合类型企业（mixed），即企业既有一般贸易方式的出口，也有加工贸易方式的出口。这三个变量均为“0-1”虚拟变量，为相应类型则赋值为 1，否则为 0。

企业所有制类型（ownership）。根据企业登记注册类型，将企业分为国有企业（state）、集体企业（collective）、独立法人企业（legal）、私人企业（private）和外资企业（foreign）五种。

三、出口产品质量测算

借鉴 Amiti 和 Khandelwal[512]、施炳展和邵文波[513]的做法，假设消费者效用函数为

$$U=\left[\sum_{i=1}^{N_{gt}}\left(\theta_{imt}^{g}\right)^{\frac{1}{\sigma_g}}\left(q_{imt}^{g}\right)^{\frac{\sigma_g-1}{\sigma_g}}\right]^{\frac{\sigma_g}{\sigma_g-1}} \tag{9-2}$$

其中，θ_{imt}^{g} 表示企业 i 在 t 年对 m 国出口产品 g 的质量；q_{imt}^{g} 表示产品 g 的数量；σ_g 表示产品种类间的替代弹性。对应的需求函数为

$$q_{imt}^{g}=\theta_{imt}^{g}\left(p_{imt}^{g}/P_{mt}^{g}\right)^{-\sigma_g}\left(E_{mt}^{g}/P_{mt}^{g}\right) \tag{9-3}$$

其中，P_{mt}^{g} 表示进口国的价格指数；p_{imt}^{g} 表示企业 i 在 t 年对 m 国出口产品 g 的价格；E_{mt}^{g} 表示进口国市场规模。对式（9-3）进行整理后，可以得到计量回归方程式：

$$\ln q_{imt}^{g}=\chi_{imt}^{g}-\sigma_g\ln p_{imt}^{g}+\varepsilon_{imt}^{g} \tag{9-4}$$

其中，$\chi_{imt}^{g}=E_{mt}^{g}+\left(\sigma_g-1\right)P_{mt}^{g}$，将 χ_{imt}^{g} 设为进口国−年份虚拟变量，以控制进口距离等仅随进口国变化的变量、汇率等随时间变化的变量，以及国内生产总值等随时间和进口国变化的变量。$\varepsilon_{imt}^{g}=\ln\theta_{imt}^{g}$ 可以用来测度企业 i 在 t 年对 m 国出口产品 g 的质量，作为残差项处理。同时，加入国内市场需求规模，控制企业生产的产品水平与品类结构。

对于式（9-4）的估计，由于产品价格 $\ln p_{imt}^{g}$ 同产品质量相关，这就导致测算可能有偏，因此需要寻找合适的工具变量来解决这一内生性问题。Khandelwal[514]选取运输成本作为产品价格的工具变量；Luong 等[515]认为运输成本是影响产品出口价格的一个重要因素，运输距离越远，产品价格可能就越高，为此选取了出口企业所在省份是否有港口作为运输成本的代理变量。借鉴该研究的思路，本章使用出口企业所在城市到最近大港口①的直线距离表示运输成本，将其作为产品价格的工具变量进行两阶段最小二乘法估计。在考虑模型的内生性后对式（9-4）进行回归，然后通过式（9-5）定义某一产品 g 的出口质量为 qua_{imt}^{g}：

$$\text{qua}_{imt}^{g} = \hat{\varepsilon}_{imt}^{g} \tag{9-5}$$

为了获得企业总体层面的质量，需要将产品层面的质量加总到企业层面，然而不同产品质量加总的经济学意义不明显，为此本章对式（9-5）进行标准化处理，从而可以获得每个企业在每个年度对于每一 HS 分类产品的标准化质量指标 squa_{imt}^{g}，即

$$\text{squa}_{imt}^{g} = \left(\text{qua}_{imt}^{g} - \text{minqua}_{imt}^{g}\right) \Big/ \left(\text{maxqua}_{imt}^{g} - \text{minqua}_{imt}^{g}\right) \tag{9-6}$$

其中，maxqua_{imt}^{g}、minqua_{imt}^{g} 分别表示针对某一产品 g 在所有年度、所有企业、所有进口国层面上求出的产品质量的最大值和最小值。squa_{imt}^{g} 位于 0～1，而且没有单位，可以在不同层面加总。企业层面出口产品的整体指标如式（9-7）所示：

---

① 对于大港口的选取，我们重点考虑了港口的规模和港口的地理分布，主要选取了以下 7 个港口：上海港、天津港、大连港、广州港、青岛港、宁波港、秦皇岛港。如果出口企业所在省份有大港口，我们将其距离设为 0。对于直线距离的测度数据来自谷歌地图。其中宁波港和舟山港于 2015 年 9 月合并重组为宁波舟山港，但本章样本期为 2005 年至 2010 年，早于港口合并时间窗口。基于历史可比性原则，保留“宁波港”的原始称谓。

$$\text{quality} = \frac{v_{imt}^{g}}{\sum_{imt \in \Omega} v_{imt}^{g}} \times \text{squa}_{imt}^{g} \tag{9-7}$$

其中，quality 表示企业层面出口产品的整体质量；Ω 表示企业层面的样本集合；v_{imt}^{g} 表示某一类产品 g 在 t 年对 m 国的出口价值量。

借鉴施炳展和邵文波[513]的方法，本章对海关数据进行了整理。按照 HS 六位码将所有样本分为 5010 类产品，分别进行回归①。

第四节　全样本回归分析

一、基本回归

表 9.1 给出了最低工资标准与企业出口产品质量的基本回归结果。列（1）显示，在没有控制其他企业层面变量的情况下，最低工资标准每上调 10 个百分点，企业出口产品质量下降 0.11 个百分点，这意味着最低工资标准上调显著降低了企业出口产品质量。列（2）中将研发投入同企业出口产品质量单独进行回归，发现研发投入每提高 10 个百分点，企业出口产品质量将提高 0.87 个百分点，即弹性为 0.87，这意味着研发投入作为对产品质量的投资，对于提升企业出口产品质量具有重要意义。列（3）中将最低工资标准、研发投入一起同企业产品质量进行回归，发现最低工资标准的影响系数仍然在 5%的水平上显著。列（4）中加入了企业特征变量，在其他条件不变的情况，最低工资标准每上调 10%，企业出口产品质量将下降 0.36 个百分点。此处回归结果从经验上证明了最低工资标准上调对企业出口产品质量的抑制作用。

① 编码之间的转换文件来自世界银行，参见 http://wits.worldbank.org/product_concordance.html。

表 9.1　最低工资标准与企业出口产品质量的基本回归结果

变量	(1)	(2)	(3)	(4)
lnmw	−0.011**		−0.011**	−0.036***
	(0.005)		(0.005)	(0.005)
rd		0.087***	0.088***	0.062***
		(0.002)	(0.002)	(0.002)
finance				−0.003***
				(0.000)
tfp				0.018***
				(0.001)
age				−0.000**
				(0.000)
size				0.037***
				(0.001)
process				0.000
				(0.003)
mixed				0.051***
				(0.001)
hhi				−0.460***
				(0.038)
foreign				0.031***
				(0.007)
legal				0.013*
				(0.007)
private				0.006
				(0.007)
collective				0.015*
				(0.009)
年份固定效应	控制	控制	控制	控制
省份固定效应	控制	控制	控制	控制

续表

变量	（1）	（2）	（3）	（4）
常数项	-0.492^{***}	-0.818^{***}	-0.753^{***}	-0.779^{***}
	（0.030）	（0.009）	（0.031）	（0.032）
样本数	232 270	232 270	232 270	232 270

注：括号中为稳健标准误

***表示在 1%的水平上显著，**表示在 5%的水平上显著，*表示在 10%的水平上显著

控制变量的回归结果基本符合已有关于出口产品质量检验的结论。研发投入（rd）越多，越可能发明新产品、新工艺，或是对原有产品进行改进，进而不断提高出口产品质量。融资约束（finance）越弱，企业出口产品质量越高，企业面临融资约束时通常会减少风险较高的投资，如减少高质量中间品的进口或者是研发投入，从而造成出口产品质量降低。企业全要素生产率（tfp）提高，可以降低企业生产的可变成本，提升出口产品质量。企业存续年限（age）对出口产品质量影响为负，这意味着企业存续年限的增加并不必然转化为优势。企业规模（size）对出口产品质量的影响系数显著为正，这一结论与 Kugler 和 Verhoogen[404]的研究一致。加工贸易（process）和混合贸易（mixed）的影响系数为正，这是由于加工贸易的国外增加值比例高，其中间投入质量更高，出口产品质量也相对更高。市场集中程度（hhi）越低，竞争越为激烈，企业迫于竞争压力会不断提升出口产品质量。以国有企业（state）作为基准组，独立法人企业（legal）和外资企业（foreign）的出口产品质量更高，可能的原因在于这两类企业的生产效率和研发效率都相对较高。

二、稳健性检验

表 9.2 报告了最低工资标准对企业出口产品质量影响的稳健性检验结果。借鉴 Crinò 和 Ogliari[408]的做法，本节对可能出现的异常值做了进一步

处理，列（1）对 quality 进行了 1%水平的双边缩尾处理；列（2）对 quality 进行了 1%水平的双边截尾处理；由于前文中对部分最低工资标准缺失的县区进行了替代，列（3）中将进行替代的县区予以剔除；列（4）对由普通最小二乘法进行回归得出的 quality 进行了分析。可以发现最低工资标准的系数虽大小有所变化，但都在 1%的水平上显著为负。

表 9.2　最低工资标准对企业出口产品质量影响的稳健性检验

变量	（1）	（2）	（3）	（4）
	quality 双边缩尾 1%	quality 双边截尾 1%	lnmw 替代值剔除	普通最小二乘法测算的 quality
lnmw	−0.035***	−0.033***	−0.034***	−0.036***
	（0.005）	（0.004）	（0.005）	（0.005）
rd	0.056***	0.049***	0.062***	0.062***
	（0.002）	（0.002）	（0.002）	（0.002）
finance	−0.003***	−0.003***	−0.003***	−0.003***
	（0.000）	（0.000）	（0.000）	（0.000）
tfp	0.017***	0.016***	0.018***	0.018***
	（0.001）	（0.001）	（0.001）	（0.001）
age	−0.000***	−0.000***	−0.000***	−0.000**
	（0.000）	（0.000）	（0.000）	（0.000）
size	0.036***	0.034***	0.037***	0.037***
	（0.001）	（0.001）	（0.001）	（0.001）
process	0.000	0.001	0.000	0.000
	（0.002）	（0.0022）	（0.003）	（0.003）
mixed	0.049***	0.046***	0.051***	0.051***
	（0.001）	（0.001）	（0.001）	（0.001）
hhi	−0.429***	−0.396***	−0.459***	−0.461***
	（0.035）	（0.032）	（0.040）	（0.038）
foreign	0.028***	0.027***	0.030***	0.031***
	（0.006）	（0.006）	（0.007）	（0.007）

续表

变量	(1) quality 双边缩尾 1%	(2) quality 双边截尾 1%	(3) lnmw 替代值剔除	(4) 普通最小二乘法测算的 quality
legal	0.010*	0.010*	0.012	0.014*
	(0.006)	(0.006)	(0.007)	(0.007)
private	0.003	0.003	0.004	0.006
	(0.006)	(0.006)	(0.007)	(0.007)
collective	0.011	0.013*	0.011	0.015*
	(0.008)	(0.007)	(0.009)	(0.009)
年份固定效应	控制	控制	控制	控制
省份固定效应	控制	控制	控制	控制
常数项	−0.751***	−0.713***	−0.790***	−0.783***
	(0.028)	(0.026)	(0.033)	(0.032)
样本数	232 270	227 626	215 120	232 270

注：括号中为稳健标准误

***表示在 1%的水平上显著，**表示在 5%的水平上显著，*表示在 10%的水平上显著

三、内生性问题讨论

基本回归可能存在以下内生性问题：一是最低工资标准与企业出口产品质量之间存在双向因果关系。2007 年印发的《劳动和社会保障部关于进一步健全最低工资制度的通知》要求“各地劳动保障部门要会同同级工会、企业联合会/企业家协会，定期对最低工资标准进行评估，根据本地区经济发展水平、职工平均工资、城镇居民消费价格指数和就业状况等相关因素变化情况，及时提出调整月最低工资标准和小时最低工资标准的方案，按照规定程序报批”。宁光杰[516]也发现，中国各地区最低工资标准的制定基本能够体现劳动者、企业和政府三方利益要求。因此，企业的出口产品质量可能会影响最低工资标准的高低。二是测量误差问题，对于产品质量的测算，虽然

尽可能地做到了精确，但残差项除包含产品质量外，肯定还包括一些影响产品需求，但无法分离出来的因素。三是遗漏变量问题，例如企业家才能是影响企业出口产品质量的关键因素[412]，而中国工业企业数据库中并无关于企业家的直接信息。为此，本节分别采用滞后变量法、滞后一期工具变量法、面板固定效应模型、双重差分法，以及基于倾向得分匹配的双重差分法重新评估最低工资标准对企业出口产品质量的影响。

（一）滞后变量法

假设模型误差项没有太强的时间序列相关性，而是由本期的扰动决定，则可以用滞后一期的最低工资标准替代当期值[379]，即

$$\text{quality}_{idt} = \alpha + \beta_1 \text{lnmw}_{idt-1} + \gamma D + \lambda_p + \phi_t + \varepsilon_{idt} \tag{9-8}$$

如果 $\text{lnmw}_{idt} = \text{lnmw}_{idt-1} + \varepsilon_{idt}$， $E(\text{lnmw}_{idt}\varepsilon_{idt}) = 0$①，就可以排除本期企业出口状况对最低工资标准的影响。回归结果如表 9.3 列（1）所示，lnmw_{idt-1} 的影响系数在 1%的水平上显著为负，其他变量的回归结果同基本回归的结果相比无太大变化。

表 9.3　最低工资标准对企业出口产品质量影响的内生性检验

变量	（1）	（2）	（3）	（4）
	滞后变量法	滞后一期工具变量法	面板固定效应模型	双重差分法
lnmw	−0.038***	−0.043***	−0.024**	
	（0.005）	（0.006）	（0.008）	
inter				−0.035***
				（0.005）
time				0.074***
				（0.004）

① $E(\text{lnmw}_{idt}\varepsilon_{idt})$表示期望值，其中$\varepsilon_{idt}$表示残差。

续表

变量	(1)	(2)	(3)	(4)
	滞后变量法	滞后一期工具变量法	面板固定效应模型	双重差分法
treat				0.037***
				(0.007)
rd	0.062***	0.062***	0.039**	0.026***
	(0.002)	(0.002)	(0.014)	(0.006)
finance	–0.003***	–0.003***	–0.001	–0.004***
	(0.000)	(0.000)	(0.001)	(0.001)
tfp	0.018***	0.0148***	0.018**	0.025***
	(0.001)	(0.001)	(0.007)	(0.003)
age	–0.000**	–0.000**	–0.000	–0.001
	(0.000)	(0.000)	(0.000)	(0.000)
size	0.037***	0.037***	0.030***	0.051***
	(0.001)	(0.001)	(0.004)	(0.002)
process	0.000	0.001	–0.000	0.019***
	(0.003)	(0.003)	(0.006)	(0.006)
mixed	0.051***	0.051***	0.035***	0.019***
	(0.001)	(0.001)	(0.004)	(0.005)
hhi	–0.459***	–0.459***	–0.514***	–0.678***
	(0.038)	(0.038)	(0.057)	(0.153)
foreign	0.031***	0.031***	0.055***	0.023
	(0.007)	(0.007)	(0.010)	(0.023)
legal	0.013*	0.013*	0.038**	0.004
	(0.007)	(0.007)	(0.013)	(0.023)
private	0.006	0.005	0.028*	–0.011
	(0.007)	(0.007)	(0.013)	(0.024)
collective	0.015*	0.015*	0.028*	–0.024
	(0.009)	(0.009)	(0.014)	(0.033)
年份固定效应	控制	控制	控制	不控制
省份固定效应	控制	控制	控制	不控制

续表

变量	(1)	(2)	(3)	(4)
	滞后变量法	滞后一期工具变量法	面板固定效应模型	双重差分法
常数项	-0.769^{***}	-0.730^{***}	-0.707^{***}	-0.950^{***}
	(0.031)	(0.040)	(0.061)	(0.032)
样本数	232 270	232 270	47 742	18 911

注：括号中为稳健标准误

***表示在 1%的水平上显著，**表示在 5%的水平上显著，*表示在 10%的水平上显著

接下来，对误差项是否存在较强的时间序列相关性进行验证。首先，发现 lnmw_{idt} 同 lnmw_{idt-1} 之间的相关系数为 0.9706，这意味着本章的替代是合理的；其次，为了检验滞后一期的自变量是不是外生的，从回归结果中先估算出残差项的值，然后用 lnmw_{idt-1} 对其进行回归，发现残差项对 lnmw_{idt-1} 没有影响，其相关系数也接近于 0，从而表明不存在时间上持续的因素同时影响 quality_{idt} 和 lnmw_{idt-1}。

（二）滞后一期工具变量法

本节采用 lnmw_{idt-1} 作为工具变量，这样既可以保证工具变量和出口产品质量之间显著相关，又能保证工具变量相对于出口产品质量的外生性。首先使用 Kleibergen 和 Paap[487]提出的 Wald 统计量来检验这一工具变量是否与内生的回归因子相关。这一模型零假设的拒绝域由 1%的显著性水平确定。其次，对工具变量是否与企业当期的最低工资标准存在弱相关进行检验，如存在弱相关，则工具变量法所做的估计将会失效。就第一阶段存在弱识别情况这一零假设而言，利用 Kleibergen 和 Paap[487]构建的 F 统计量可以在较高的显著性水平下将其拒绝。总之，这些统计检验充分表明，使用 lnmw_{idt-1} 作为工具变量是较为恰当的。表 9.3 中列（2）汇报了两阶段最小二乘法第二阶段的结果，可以看出上调最低工资标准将导致较低的企业出口产品质量，

具体来说，在 2005～2010 年最低工资标准每上调 10%，企业出口产品质量将会下降 0.43%。

（三）面板固定效应模型

先将样本数据处理为 2005～2010 年 7957 家的面板数据，然后进行面板固定效应模型回归，控制不随时间变化、无法观测的企业特征变量，进而可以部分消除遗漏变量问题。表 9.3 列（3）报告了面板固定效应模型的回归结果，可以看出，最低工资标准的影响系数在 5%的水平上显著为负，最低工资标准每上调 10%，企业出口产品质量将会下降 0.24%。

（四）双重差分法

由于各县区最低工资标准上调间隔并不一致，这给本节进行双重差分提供了一个很好的分析条件，问题的关键在于如何选择实验组和控制组，以保证实验组与控制组之间的出口产品质量差异是实验变量即最低工资标准导致的。借鉴丁守海[517]、马双和甘犁[518]的做法，本节选取福建、广东两省作为分析样本，原因在于：一是福建省各个县区最低工资标准 2007 年较 2006 年都有所上升，而广东省 2007 年除深圳市最低工资标准小幅提升外，其余各市均维持 2006 年的标准；二是两省几乎同时开始对外开放，吸收外来投资，承接国际产业转移，两省相互毗邻，拥有共同的腹地和交叉市场，文化、习惯相似；三是两省出口产品质量的变化趋势基本一致①，这些都构成了准自然实验得以有效进行的基础。具体地，本节设定的回归模型为

$$\text{quality}_{idt} = \alpha + \beta_1 \text{time}_t + \beta_2 \text{treat}_{ip} + \beta_3 \text{inter}_{idt} + \gamma D + \lambda_p + \varepsilon_{idt} \qquad (9\text{-}9)$$

① 使用双重差分法的一个重要前提条件就是组别之间存在相同的变化趋势，唯有满足这一点，双重差分法所估计出的结果才能精准反映我们所期望的政策效果。反之，研究结果便极有可能掺杂其他冲击带来的影响，进而导致估计结果出现偏差。

其中，time 表示时间虚拟变量，若观测时间为 2007 年，则取值为 1，否则取值为 0。treat 表示二元变量，区分实验组与控制组。如果企业所在地为除深圳市外的广东省各县区，则该样本归入控制组，treat 取值为 0；若企业所在地为福建省，则归入实验组，treat 取值为 1。inter 表示 time 与 treat 的交叉项，β_3 表示最低工资标准对出口产品质量的影响。控制变量的含义与式（9-1）相同。表 9.3 列（4）中 time 的系数显著为正，说明广东和福建两省 2006～2007 年随时间变化的非政策性因素对企业出口产品质量产生了正向影响。treat 的系数显著为正，为 0.037，说明在 2007 年福建省企业出口产品质量比广东省高约 3.7 个百分点。inter 的影响系数在 1%的水平上显著为负，这意味着 2007 年最低工资标准的上调对于福建企业出口产品质量产生了明显的负向影响。

（五）基于倾向得分匹配的双重差分法

第（四）部分借助福建省最低工资标准上调所产生的“准自然实验”进行了内生性检验，虽然在构造过程中，尽可能地考虑了两省之间的可比性，但仍然不是真正意义上的自然实验，实验组与控制组之间是否可比仍然值得怀疑。基于这一考虑，本节使用基于倾向得分匹配的双重差分法重新进行分析[①]，一方面，通过倾向得分匹配，可以有效控制实验组和控制组在“可观测特征”上的差别，从而尽量满足“条件独立假设”；另一方面通过双重差分，可以有效消除不随时间改变的不可观测的个体异质性，以及实验组和控制组个体在 2006～2007 年所经历的共同趋势。在估计倾向分值函数时选择 logit 模型。在得到每一个体的倾向分值后，据此对样本进行匹配，方法是选择落在“共同支持”倾向分值区间的个体，对每个实验组企业选取一个或多

---

① 本节采用常见的核（kernel）匹配方法，区间间隔为 0.06。

个倾向分值与其足够接近的控制组企业进行匹配。表 9.4 报告了估计结果①，其中用以配对的变量包括融资约束、企业存续年限、企业规模等。为了保证配对质量所要求的样本量，只对福建、广东两省企业进行了分析。可以看出，ATE（average treatment effect，平均处理效应）在 1%的显著性水平上为−0.036，即最低工资标准显著降低了出口产品质量。

表 9.4 基于倾向得分匹配的双重差分法估计结果

变量	结果
ATE	−0.036**** （0.012）
样本数	10 579

注：括号中为稳健标准误

***表示在 1%的水平上显著

第五节 分样本回归分析

本节基于行业的劳动要素密度、企业所有制类型和所在地区对样本进行划分，进而考察最低工资标准对企业出口产品质量影响的群体差异性，以期得到更为细化的结论。

一、区分行业的检验

一般来讲，纺织、服装业等劳动密集型行业对最低工资标准更为敏感，而机电和高新技术产品等依赖高级生产要素的行业则对最低工资标准的敏感性相对较弱。因此将所有行业按照其所需的资本劳动比划分为资本密集型行业、中间行业以及劳动密集型行业。借鉴 Lu[519]的做法，选取各个行业内所

① 篇幅所限，此处 logit 检验和协变量检验结果均未报告，结果备索。

有企业资本劳动比的中位数作为该行业的资本劳动比，然后取行业资本劳动比的 1/3、2/3 分位点作为三类不同行业的分界①。

从表 9.5 可以看出，资本密集型行业样本组和中间行业样本组的最低工资标准的影响系数没有通过显著性检验，而劳动密集型行业的最低工资标准影响系数则在 1%的水平上显著为负。总的来讲，随着劳动要素密集度的增加，最低工资标准对企业出口产品质量的抑制作用不断加强。可能的解释是：①某一行业劳动密集度越高，劳动投入越多，最低工资标准带来的“成本效应”越大；②劳动要素密度越低，企业资本要素和技术要素密集度越高，由于资本和技术要素相对丰裕，企业更可能使用资本和技术对劳动要素进行替代；③资本、技术密集型企业高技能员工占比高，在职培训激励大且资金约束弱[394]。在职培训可提升员工技能，使其掌握先进技术与管理流程，直接提高出口产品质量。当最低工资标准调整时，这类企业能通过培训增强员工技能，抵消成本冲击，削弱对出口质量的抑制。反之，劳动密集型企业受最低工资“成本效应”影响大，缺乏资源开展培训，员工技能难提升，难以缓冲冲击，导致最低工资标准提高后对其出口质量抑制更显著。在职培训成为资本技术密集型企业缓解冲击的途径，而劳动密集型企业因培训不足，强化了这种抑制差异。

表 **9.5**　分行业的检验结果

变量	（1）	（2）	（3）
	资本密集型行业	中间行业	劳动密集型行业
lnmw	0.004	–0.010	-0.029^{***}
	（0.012）	（0.008）	（0.007）
rd	0.031^{***}	0.097^{***}	0.024^{***}
	（0.005）	（0.005）	（0.003）

① 篇幅所限，每一类型所对应的具体行业没有报告，结果备索。

续表

变量	（1）	（2）	（3）
	资本密集型行业	中间行业	劳动密集型行业
finance	0.000	–0.002***	0.001**
	（0.001）	（0.000）	（0.000）
tfp	0.029***	0.020***	0.014***
	（0.002）	（0.001）	（0.001）
age	0.000**	0.000***	0.000**
	（0.000）	（0.000）	（0.000）
size	0.0374***	0.032***	0.036***
	（0.001）	（0.001）	（0.001）
process	–0.003	–0.006	0.019***
	（0.005）	（0.005）	（0.004）
mixed	0.058***	0.052***	0.042***
	（0.003）	（0.002）	（0.002）
hhi	–0.068*	–0.986***	–0.492***
	（0.036）	（0.122）	（0.111）
foreign	0.013	0.039***	0.029*
	（0.012）	（0.011）	（0.015）
legal	–0.011	0.021*	0.015
	（0.012）	（0.011）	（0.015）
private	–0.010	0.010	0.008
	（0.012）	（0.011）	（0.015）
collective	0.012	0.005	0.022
	（0.016）	（0.013）	（0.017）
年份固定效应	控制	控制	控制
省份固定效应	控制	控制	控制
常数项	–1.007***	–1.018***	–0.664***
	（0.070）	（0.051）	（0.046）
样本数	62 647	109 840	59 783

注：括号中为稳健标准误

***表示在 1%的水平上显著，**表示在 5%的水平上显著，*表示在 10%的水平上显著

二、区分企业所有制的检验

表 9.6 报告了最低工资标准对不同所有制类型企业出口产品质量的影响。列（1）的国有企业样本组回归结果显示，最低工资标准的回归系数在5%的水平上显著为负，最低工资标准每上调 10%，出口产品质量将会下降1.26%，这一幅度远远大于总体样本的平均水平和非国有企业的影响，这说明最低工资标准对国有企业出口产品质量有显著的负向作用。

表 **9.6**　区分企业所有制类型的检验结果

变量	(1)	(2)	(3)	(4)	(5)
	国有企业	外资企业	独立法人企业	私人企业	集体企业
lnmw	–0.126**	–0.036***	–0.090***	–0.026***	–0.008
	(0.052)	(0.010)	(0.013)	(0.007)	(0.048)
rd	0.035*	0.057***	0.065***	0.063***	0.086***
	(0.021)	(0.004)	(0.005)	(0.003)	(0.017)
finance	0.000	–0.003***	–0.002***	–0.004***	0.002
	(0.004)	(0.000)	(0.001)	(0.000)	(0.003)
tfp	0.032***	0.016***	0.018***	0.019***	0.029***
	(0.011)	(0.002)	(0.002)	(0.001)	(0.007)
age	0.001	–0.001***	–0.000**	–0.000***	–0.000
	(0.001)	(0.000)	(0.000)	(0.000)	(0.001)
size	0.029***	0.037***	0.034***	0.038***	0.022***
	(0.006)	(0.001)	(0.002)	(0.001)	(0.005)
process	0.020	0.002	–0.004	0.003	–0.022
	(0.034)	(0.004)	(0.009)	(0.004)	(0.034)
mixed	0.087***	0.043***	0.056***	0.050***	0.084***
	(0.014)	(0.003)	(0.004)	(0.002)	(0.011)
hhi	–0.262	–0.480***	–0.482***	–0.456***	–1.068**
	(0.169)	(0.080)	(0.082)	(0.054)	(0.423)
年份固定效应	控制	控制	控制	控制	控制

续表

变量	（1）	（2）	（3）	（4）	（5）
	国有企业	外资企业	独立法人企业	私人企业	集体企业
省份固定效应	控制	控制	控制	控制	控制
常数项	−0.362	−0.696***	−0.438***	−0.830***	−0.915***
	（0.308）	（0.061）	（0.077）	（0.041）	（0.288）
样本数	2 120	66 206	33 008	127 998	2 938

注：括号中为稳健标准误

***表示在 1%的水平上显著，**表示在 5%的水平上显著，*表示在 10%的水平上显著

由于经营目标、外部经营环境和内部管理机制等方面的巨大差异，国有企业和非国有企业在职工工资上出现了制度性的割裂，相比非国有企业，国有企业支付了更高的职工工资[520]，而工资水平高于最低工资标准越多，最低工资标准上调带来的工资溢出效应越小[493]。因此，相比非国有企业，最低工资标准上调给国有企业带来的“成本效应”相对更小。可能的解释在于以下两个方面：一是根据企业理论，生产部门中的生产效率最大化要求生产剩余索取权与生产剩余控制权相对应，在国有企业中，政府官员和企业经营者作为代理人虽然拥有实际的剩余控制权，但没有剩余索取权；全体国民（或国家）作为委托人虽拥有剩余索取权，但没有实际的剩余控制权，从而造成委托人层面和代理人层面均存在剩余索取权与剩余控制权的不对应现象，进而不可避免地导致效率上的损失[521]。面对最低工资标准上调，国有企业进行要素替代、加强对员工在职培训的激励可能相对更小。二是国有企业工作稳定性相对较高，高工资对员工产生的“效率工资效应”相对更小。

三、区分地区的检验

中国幅员辽阔，由于发展政策、区域位置、要素禀赋、基础设施等多方面的不同，经济发展表现出强烈的区域差异。因此，为了进一步考察最低工

资标准对不同地区出口产品质量所产生的异质性影响，本节按照地域分布把所有企业划分为东部地区、中部地区和西部地区样本组分别进行检验，回归结果见表 9.7。

表 **9.7**　分地区的检验结果

变量	（1）	（2）	（3）
	东部地区	中部地区	西部地区
lnmw	–0.032***	–0.046**	–0.056
	（0.005）	（0.021）	（0.042）
rd	0.063***	0.061***	0.027*
	（0.002）	（0.009）	（0.015）
finance	–0.003***	–0.005***	–0.008***
	（0.000）	（0.001）	（0.002）
tfp	0.019***	0.006	0.019**
	（0.001）	（0.004）	（0.008）
age	–0.000***	0.000	0.000
	（0.000）	（0.000）	（0.000）
size	0.037***	0.035***	0.035***
	（0.001）	（0.003）	（0.005）
process	–0.000	0.004	0.044
	（0.003）	（0.016）	（0.038）
mixed	0.050***	0.057***	0.071***
	（0.001）	（0.007）	（0.012）
hhi	–0.523***	–0.189*	–0.079
	（0.045）	（0.010）	（0.132）
foreign	0.032***	0.035*	0.038
	（0.009）	（0.018）	（0.026）
legal	0.014	0.026	0.001
	（0.009）	（0.017）	（0.025）
private	0.006	0.021	0.006
	（0.009）	（0.017）	（0.024）

续表

变量	(1)	(2)	(3)
	东部地区	中部地区	西部地区
collective	0.016 (0.010)	0.030 (0.025)	–0.022 (0.040)
年份固定效应	控制	控制	控制
省份固定效应	控制	控制	控制
常数项	–0.799*** (0.035)	–0.659*** (0.124)	–0.551** (0.252)
样本数	215 858	12 147	4 265

注：括号中为稳健标准误

***表示在 1%的水平上显著，**表示在 5%的水平上显著，*表示在 10%的水平上显著

表 9.7 列（1）、列（2）中最低工资标准的影响系数都至少在 5%的水平上显著为负，说明最低工资标准显著抑制了东部和中部地区的出口产品质量，并且对于中部地区的抑制作用大于东部地区。可能的原因在于：虽然相比中部地区，东部地区劳动力短缺更为严重，但是劳动者技能水平相对更高，可能会进行更多的在职培训，并且东部地区技术水平先进、信息发达、基础设施良好，可以更好地从外部获得技术和资本要素对劳动要素进行替代。对于西部地区，最低工资标准的影响系数估计值虽然为负，但是并不显著，表明最低工资标准对西部地区出口产品质量并不存在明显的抑制作用。可能的解释是：西部地区的最低工资标准远低于东部、中部地区，由于处于较低的水平，给企业带来的“成本效应”较小，而由于技术和资金的约束，“要素替代效应”也较小，员工技能水平相对较低，进行在职培训的激励和效率工资产生的正向效应都较小。

第六节　主要结论与政策启示

本章基于手工查找的 2005～2010 年全国 2855 个县区最低工资标准数

据、中国工业企业数据库和中国海关进出口数据库的匹配数据，就最低工资标准对出口产品质量的影响进行了实证研究。主要研究结论如下。

一是，最低工资标准上调显著抑制了企业出口产品质量提升，这一结论在进行多项稳健性检验和克服内生性问题后仍然成立。二是，分样本回归结果发现，最低工资标准上调对出口产品质量的抑制作用存在行业、所有制和地区间的差异，劳动要素密集度越高，抑制作用越大；对于中部地区的抑制作用大于东部，对于西部地区的影响则不显著；对于国有企业的抑制作用大于非国有企业。这意味着最低工资制度并非一项“无人受损、人人受益”的帕累托式改革，而是会出现赢家和输家，重要的是二者存在于一个社会共同体内，如果不顾出口企业的实际情况，一味提高最低工资标准，而忘记这些规则本身的意义，则可能会对企业的国际竞争力产生不利影响，降低企业的雇用能力和雇用意愿，最终反而会损害劳动者的利益。

本章的研究结论对于进一步完善最低工资制度和提升出口产品质量以培育竞争新优势具有重要的政策启示：

第一，要加快完善适合中国国情的最低工资制度，并构建更为有效的公共政策支持体系。一方面，最低工资标准在调整过程中要充分考虑对出口企业的影响，避免顾此失彼，并且要考虑企业行业、所有制和地区间的差异；另一方面，消除相对贫困和保护弱势群体，需要更加有效的公共政策支持。《最低工资规定》中提到制定该规定的重要目的在于“维护劳动者取得劳动报酬的合法权益，保障劳动者个人及其家庭成员的基本生活”，那么可把低保政策、个人所得税政策等其他公共政策和《最低工资规定》结合起来，以此来对弱势群体实现更好的保护。

第二，考虑到最低工资标准对劳动密集型企业出口产品质量的抑制作用相对较大，公共政策需要加强行业针对性，为劳动密集型企业减轻税负、缓解压力，例如按行业或企业类型差异化设定可税前扣除的工资成本标准，对于提高低收入员工工资的企业实行减税奖励、实行员工社保的财政补贴等。

第三，由于存在效率损失，最低工资标准对国有企业出口产品质量的抑制作用相对更大，因此应进一步深化国有企业改革，建立多元化的薪酬体系，并通过引入外部股东和提高机构投资者持股比例完善公司治理结构。

第四，考虑到最低工资标准对出口产品质量的影响存在区域性差异，应加大对中西部地区的政策倾斜力度。

最后需要特别说明两点：一是本章的结论不能简单用来判断最低工资制度的成功与否。实际上，任何一个政策都不可能只有一个目标指向，既有研究也发现最低工资标准对各经济主体的福利影响不尽相同。从更广泛的意义上讲，本章的工作主要是为最低工资制度影响的评估拓展一个新的视角。二是本章的研究尚存进一步拓展的空间，如本章在第二节梳理了影响机制的四条渠道，但囿于数据的限制，我们在经验研究过程中对机制无法做进一步验证，如果可以获得员工技能水平构成、研发投入、培训费用等方面的数据，其会成为非常有价值的研究方向。

第十章
劳动力市场管制与制造业全球价值链升级

第一节 问题提出

劳动关系是最重要、最基本的社会关系之一，劳动关系是否和谐，劳动制度是否完善，是关乎一国经济社会是否可持续发展的重要制度性因素。由于在产业组织形态上，资本相对集中，而劳动相对分散，因此在完全市场化的劳资关系中，劳动总是处于谈判博弈中相对弱势的一方，这就为通过劳动力市场管制矫正劳资之间的价值分配格局提供了经济学和社会学合理性。然而，由于劳动力市场管制不仅会直接增加企业的运营成本，而且会通过改变企业的治理机制影响资本在企业中的决策权，因此，劳动力市场管制制度的实施通常都会遇到来自资本的强烈抵制。以《中华人民共和国劳动合同法》（以下简称《劳动合同法》）的颁布实施为例，在劳资双方进行充分博弈以及《劳动合同法》是否只是对劳动者进行“单保护”的激烈争论之后，《劳动合同法》以“保护劳动者的合法权益，构建和发展和谐稳定的劳动关系”为立法宗旨，使任意加班、工作条件恶劣、长期拖欠工资等一些长期困扰劳动者的问题得以从法律上被纠正。

针对劳动力市场，我们提出的一个理论问题是，劳动力市场管制是否仅仅导致企业价值在劳资之间的重新分配？或者说，劳动力市场管制是否创造了新的企业价值？如果劳动力市场管制创造了新的企业价值，则资本对劳动力市场管制的抵制就仅仅是资本在短期价值和长期价值之间的权衡，相应地，制度设计的基本逻辑是通过卡尔多福利补偿来消除短期利益损失对资本的抑制效应；而如果劳动力市场管制并没有创造新的企业价值，甚至导致了企业价值的损失，则制度设计的基本逻辑应当是寻求社会公平与经济效率的最优平衡。遗憾的是，关于劳动力市场管制的社会福利效应这一关乎劳动制度取向的基本问题，国内学术界并没有给出一致的答案。反对者的代表性观点如张五常的研究[522]，其认为《劳动合同法》带来的工人工资上升导致企业利润下降，增加了企业的成本压力，导致劳动密集型产业比较优势过早丧失；而以蔡昉为代表的学者对《劳动合同法》则持肯定态度，蔡昉[523]认为虽然立法因素导致劳动力成本提高，然而增长幅度并没有超过平均工资增长的幅度，处于企业的可承受范围。

总体上看，争辩双方的共同缺陷是，都从劳动力市场管制是否会增加企业运营成本这一静态的经济学视角出发来分析问题，而没有从动态的、价值创造的角度来分析劳动力市场管制的社会福利效应。我们认为，技术创新是企业长期价值创造的主要形式和最终形式。因此，劳动力市场管制对企业技术创新的影响，反映了劳动力市场管制对企业长期价值的影响。技术创新决定了企业的核心竞争力和一国的长期增长潜力[524]。如果劳动力市场管制可以促进企业创新，那么则可以坚定通过公共政策进行劳动力市场管制的决心和信心，否则公共政策应该在劳资双方利益中间寻找权衡点或者出台相关的配套政策，以使资本利益不至严重受损。基于这样的认识，本章试图回答的基本问题是：加强劳动力市场管制是否会影响企业的技术创新活动，或者从更一般的意义上看，创新驱动的经济增长与以人为本是不是和谐一致的？

由于劳动和技术创新关系问题研究可能需要跨越不同的经济学分支，因此关于这个问题的研究并未引起国内学术界足够的关注，而既有的少数的实证研究也存在进一步拓展和改进的空间。例如，李钢等[525]基于对中国多个劳动密集型产业的实地调研，认为《劳动合同法》的实施在短期内会对劳动密集型企业产生一定的负面影响，但长期则会促进劳动密集型产业的升级和国际竞争力的提升；刘媛媛和刘斌[526]基于中国制造业上市公司 2004～2011 年的数据，实证分析发现《劳动合同法》提高了人工成本黏性，进而增加了企业劳动力要素的投入风险，促使企业用机器设备替代人工，最终提升了人均装备水平；李建强和赵西亮[527]使用 2003～2016 年专利申请数据，以《劳动合同法》实施为契机，考察了劳动保护对企业创新的影响，研究发现劳动保护通过企业要素结构调整等途径提高了劳动密集型企业的创新数量和创新质量。由于这些研究将分析视角锁定在劳动成本变动，而不是更加深刻的资本劳动关系转变方面，因而并不能真正在制度变革的层面剖析劳动对技术创新的影响。

此外，由于这些研究没有纳入更加丰富的类型化变量，因此也未能揭示劳动对技术创新影响的结构性特征，如不同行业中劳动对技术创新的不同影响、劳动对不同类型技术创新影响的差异性等。本章试图在梳理、提炼劳动力市场管制影响技术创新的理论机理的基础上，对二者相互关系的总体特征和结构性特征进行实证分析，以期进一步深化国内该领域的研究。

第二节 理论分析

当前，学术界对于劳动力市场管制尚未有严格、统一的定义。广义上讲，劳动力市场管制通常包括保护劳动者利益、保障就业稳定性、协调劳资双方利益等三个方面。狭义上讲，劳动力市场管制是通过法律形式对雇主的用工行为进行制约，主要包括企业雇用管制和解雇管制。其中，雇用管制包括劳动合同制定、薪酬福利、员工培训等。解雇管制包括解雇人数、遣散费用、提前通知等内容。

本章在梳理以往相关文献的基础上，总结得出劳动力市场管制主要通过以下四个机制对企业技术创新产生影响。

一、劳动力市场管制通过“要素替代效应”影响技术创新

Hicks[495]最早论述了工资上涨产生的“要素替代效应”，劳动力市场管制的增强直接表现为劳动要素价格的相对提高，边际技术替代率的变化使得企业更愿意用技术和资本替代劳动。同时，劳动价格要素的提高会促进企业加大对劳动节约型技术进步的研发和运用，这种要素之间的替代效应已经得到广泛证明。柏培文和王亚文[528]使用1995～2014年世界投入产出表考察了资本与三种技能劳动之间及不同技能劳动内部之间的替代弹性、行业技术进步水平及其偏向性，发现我国细分行业的资本-高技能劳动表现为互补关系，资本-中低技能劳动在多数行业中表现为替代关系，并且资本-低技能劳动替代弹性呈现出先上升后小幅下降的倒“U”形趋势。

二、劳动力市场管制通过“人力资本投资效应”影响技术创新

对于“人力资本投资效应”，可以从员工和企业两个方面进行分析。

一方面，在没有实现充分就业的情况下，劳动力市场管制的增强，往往意味着员工工资水平等各方面福利待遇的提高。从效率工资理论看，企业支付的工资高于市场出清水平时，可以增加员工对企业的认同感和忠诚感，激励员工提高自身技能水平以满足企业的需要，进而有益于创新[529]。

另一方面，随着劳动力市场管制水平不断提高，企业对员工进行培训、支持员工在职学习等诸多人力资本投资的积极性也会随之增强，提高员工的技术熟练程度及综合素质[501]，从而促进创新。此外，企业对员工的在职培训通常兼具通用性培训和特定性培训的功能，很难将两类培训截然分开，因此在培训过程中也就容易产生道德风险，员工为了提高在外部劳动力市场上

的竞争力，会努力掌握通用技能而非企业的特定技能。劳动力市场管制的增强提高了员工的企业决策参与度以及长期雇用的可能性，使得企业和员工的目标更为一致，进而能充分发挥培训的作用，最终有益于技术创新。

三、劳动力市场管制通过“创新租金分享效应”影响技术创新

企业进行技术创新可以带来比较优势，并借此获取额外收益，即创新租金。一方面，员工作为技术创新的主体，应该共享技术创新带来的收益。但另一方面，创新作为一项前期资金投入大、成功存在较强不确定性且收益滞后的活动，企业承担了创新的绝大部分风险，如果创新租金的分享比例过高，则会降低企业的创新投资激励，导致创新投入不足，阻碍企业创新。劳动力市场管制的增强，在一定程度上会提高员工在工资谈判中的能力，分享创新租金比例可能随之提高。此外，劳动力市场管制的增强也会提高工会的地位和作用，进一步提高员工获取企业创新租金的比例。周维[530]利用中国工业企业数据库 2000～2007 年的制造业企业信息，发现企业员工参与了企业创新收益的分享，企业通过创新活动产生的超额收益增长 1%，员工平均工资会上涨近 0.3%。

显然，“创新租金分享效应”在不同行业存在明显差异。相比劳动密集型企业，技术、资本密集型企业员工技能水平更高，自身争取劳动权益的意识更为强烈，李明和徐建炜[531]实证研究发现不同技能职工从工会中的获益不同，中等技能职工加入工会后的工资率溢价高于均值，而低技能职工低于均值，因此劳动力市场管制的增强可能会使得技术、资本密集型企业员工工资增加的幅度更大，进而影响创新。

四、劳动力市场管制通过“用工调整成本效应”影响技术创新

内部劳动力市场理论认为，企业用工调整的成本是影响劳动力市场运作

的一个重要因素，调整成本主要体现在两个方面：①解雇劳动力和雇用劳动力带来的直接成本；②因企业老员工排斥新员工而产生的成本。这些成本的存在使得大部分企业对于员工调整非常谨慎，企业在创新过程中可能会首先考虑通过加强对老员工的在职培训等来满足技术创新的需要。技术创新特别是开拓性的创新往往需要高研发能力的员工，企业内部的在职培训短期内难以奏效，在此情况下就需要借助外部劳动力市场雇用新的员工。劳动力市场管制的增强会增加企业的解雇成本[532]，使得企业创新投入无法实现最佳的人力资本配置，进而会抑制技术创新。并且，随着劳动力市场管制的增强，企业可以调动内部劳动力市场的范围也在缩小[533]，显然这也不利于技术创新。

显然，不同行业对高知识水平、高技能劳动力的需求存在差异。一是相比劳动密集型企业，技术、资金密集型企业对于高研发能力员工的需求相对更大，对研发能力的要求相对更高。因此，技术、资金密集型企业的用工调整需求相对更多；二是企业资金约束，对于高研发能力员工的聘用以及对老员工的解雇都需要企业有较强的资金实力。

总之，通过以上四种机制的分析，可以看出劳动力市场管制可能会通过“要素替代效应”和“人力资本投资效应”来促进技术创新，通过“创新租金分享效应”和“用工调整成本效应”来抑制技术创新。但各种效应会因企业特征、行业特征、员工构成、资金约束等多方面因素的差异而有所不同。

第三节　研 究 设 计

一、数据选取与处理

本章选取世界银行 2012 年中国企业营商环境调查数据作为数据分析基础，主要原因有以下三个方面：一是该数据是目前可以获取的涉及劳动力市场管制与企业技术创新情况的唯一调查数据。二是进入 21 世纪以来，特别是《劳动合同法》颁布以来，中国劳动力市场管制力度不断加大，该调查数据的时间为 2011 年 12 月～2013 年 2 月，尽管该数据距今已有一定时间跨度，但由于其覆盖全国 2700 家企业和 148 家国有企业的详细经营信息，仍为研究提供了丰富的微观基础。三是该调查数据信息量大、质量高、代表性强。调查样本根据企业注册域名采用分层随机抽样的方法获取。调查企业位于大连、北京、石家庄、郑州、深圳、成都等 25 个城市，涵盖中国东部、中部、西部三大区域；调查对象为企业总经理、人力资源经理、会计师或者其他职员；调查行业涉及食品制造业、纺织业、服装业、电子工业、交通设备制造业等 20 多个行业；调查内容包括企业基本信息、城市基础设施和公共服务、销售和供货、市场竞争程度、用地和行政许可、创新和技术、融资、政商关系、用工、商业环境及企业绩效等多个方面①。

对于数据的处理，本章删除了服务业样本、信息缺失和未回答样本、行业分类不清的样本，最终获得了 1302 个制造业企业数据，占原始制造业样本数据的 48.8%，具有较强的代表性。

二、模型设定

根据研究目的，本章借鉴 Kleinknecht 等[534]等研究，计量模型为基于企业层面的 Probit 模型，假设企业的技术创新概率由式（10-1）决定：

$$\text{prob}\left(\text{inno}_{ijc}=1\right)=\Phi\left(\alpha+\beta_1\text{lg}_{ijc}+\gamma D+\lambda_c+\phi_j\right) \qquad (10\text{-}1)$$

其中，inno_{ijc} 表示位于城市 j 行业 c 的企业 i 是否有技术创新行为，为 0-1 虚拟变量，如果有创新行为则赋值为 1，否则为 0；lg_{ijc} 表示劳动力市场管

① 需要说明的是，若要分析劳动力市场管制的长期影响、变化趋势以及克服截面数据带来的计量问题，还需要更长时间跨度的追踪调查数据，这可以作为未来进一步重点研究的方向。

制水平；D 表示一系列的控制变量，包括企业研发投入、企业规模、存续年限、出口状态、资金约束、市场竞争激烈程度、企业所有制类型等；λ_c 用来控制城市间的差异，如文化传统、地理位置等；ϕ_j 用来控制行业间的差异，如创新强度、产业扶持政策等。

三、变量

（一）被解释变量

企业技术创新（inno）。对于技术创新的考察，衡量指标是关键问题，不同的指标可能会导致估计结果有所差异，甚至大相径庭。既有文献中广泛采用研发投入或专利来衡量企业创新，然而研发投入只能捕捉企业正式的创新活动，专利信息在世界银行 2012 年的营商环境调查中也并无涉及。但是该调查向企业询问了企业过去是否开展过某类创新活动（如新产品开发、工艺改进）。由于调查问卷未直接定义技术创新的衡量标准，本章借鉴 Bonanno 和 Haworth[535]、Cuijpers 等[536]的做法，使用如下两个变量来界定企业的技术创新行为：推出了新的技术或服务、降低了生产成本。这基本上可以分别代表技术创新的两种形式，即产品创新（product innovation）和工艺创新（process innovation）。如果企业进行产品创新或工艺创新，则赋值为 1，否则为 0。

（二）主要解释变量

劳动力市场管制水平（lg）。对于劳动力市场管制的测量主要有两类做法：客观测量法和主观测量法。客观测量法通常对各类劳动力市场管制条款进行分类、量化和测算，这一方法的优点在于较为客观、说服力强，由于一国内部管制条款基本无异，因此主要适用于跨国研究；主观测量法主要通过对企业管理者的调查，就受访者对管制的严格程度认知来获取信息，调查可以通过电话、邮件等填写问卷，也可通过现场访谈进行，这一方法主要用于企业层面的研究。

一般来讲，客观测量法聚焦于对各类管制条款量化的精准性，在此过程中并不需要将管制的实际实施状况纳入考量范畴，但问题是在很多发展中国家，现实中管制条款的制定与实施并非完全同步，经常出现有法不依、执法不严的情况。在此情况下，若使用客观测量法，会使数据的精确性受到影响，而主观测量法从受访者的切身感受出发，在一定程度上可以反映劳动力市场管制条款的执行力度，可以较好地反映劳动力市场管制的真实水平[537]。世界银行在 2012 年的营商环境调查中设置了主观测量型的问题：劳动力市场管制在多大程度上影响了企业当前的运行？要求在“没有、很小、中等、很大、非常严重”五个选项之间进行选择，影响越大，则意味着从受访者的主观感受来讲，劳动力市场管制的力度越大。本章分别对这五个选项进行“1～5”的整数赋值，数值越大，则意味着管制力度越大。

（三）控制变量

（1）企业研发投入（rd），如果企业存在研发投入，则该变量取值为 1，否则为 0。

（2）企业规模（size），使用企业员工人数来衡量企业规模，取自然对数。Kugler 和 Verhoogen[404]认为员工人数相比其他指标可以减少统计过程中的误差，有助于提高回归结果的准确性。

（3）存续年限（age），定义为 2012 年减去企业成立年份。

（4）出口状态（export），如企业出口值为正，则该变量取值为 1，否则为 0。

（5）资金约束（finance），由于企业财务信息相对敏感，受访者很有可能隐瞒真实的财务情况，因此这里使用企业有无透支账户作为企业资金约束的代理变量。透支账户一般给予信誉良好、经营情况正常、财务管理规范的企业法人。因此，企业是否拥有透支账户可以在一定程度上反映企业的资金约束状况。如果企业拥有透支账户，则赋值为 1，否则为 0。

（6）市场竞争激烈程度（com），某企业在市场上的主要竞争对手少于 10 个，则该企业具有一定的市场垄断能力，本章用虚拟变量（com_1）表示市场竞争激烈程度低；类似地，还分别定义了虚拟变量 com_2 和 com_3，分别对应拥有 10～100 个的竞争对手（市场竞争激烈程度中）和拥有 100 个以上的竞争对手（市场竞争激烈程度高）。

（7）企业所有制类型（ownership），在中国经济转轨过程中，企业因产权性质的不同而具有不同的行为特征，一些研究发现民营企业、外资企业和国有企业在创新投入、创新效率和生产效率上存在显著差异。为此，本章将企业按其所有制性质分为国有企业（state）、民营企业（private）和外资企业（foreign）三类，均设为 0-1 虚拟变量，如果为相应类型则赋值为 1，否则为 0。表 10.1 给出了相关变量的描述性统计。

表 10.1　相关变量的描述性统计

变量	均值	标准差	最小值	最大值
企业技术创新	0.6594	0.4741	0	1
劳动力市场管制水平	1.4981	0.6859	1	5
企业研发投入	0.3956	0.4892	0	1
企业规模	1.4395	0.3003	0.4759	2.2701
存续年限	12.8410	7.1366	0	62
出口状态	0.3233	0.4679	0	1
资金约束	0.2788	0.4486	0	1
市场竞争激烈程度高	0.0972	0.2964	0	1
市场竞争激烈程度中	0.0286	0.1668	0	1

续表

变量	均值	标准差	最小值	最大值
市场竞争激烈程度低	0.8742	0.3318	0	1
国有企业	0.0445	0.2062	0	1
民营企业	0.9088	0.2880	0	1
外资企业	0.0467	0.2111	0	1

第四节　实 证 检 验

一、基本回归

表 10.2 中报告了企业技术创新概率的 Probit 模型结果，报告的数值为边际效应。

表 **10.2**　企业技术创新概率的 **Probit** 模型结果

变量	模型 1	模型 2	模型 3	模型 4
劳动力市场管制水平	0.0613***	0.0723**	0.0970***	0.0775***
	(0.0204)	(0.0357)	(0.0261)	(0.0271)
企业研发投入		0.3968***		0.3387***
		(0.0416)		(0.0290)
企业规模		0.2814***		0.1550***
		(0.0750)		(0.0520)
存续年限		0.0009		–0.0008
		(0.0031)		(0.0021)
出口状态		–0.0357		0.0617*
		(0.0556)		(0.0345)
资金约束		0.1880***		0.1480***
		(0.0488)		(0.0390)
市场竞争激烈程度高		0.1862***		0.1164**
		(0.0419)		(0.0477)

续表

变量	模型 1	模型 2	模型 3	模型 4
市场竞争激烈程度中		−0.0031		0.0237
		（0.1218）		（0.0783）
民营企业		0.1992*		0.3481***
		（0.1145）		（0.0847）
外资企业		0.1968***		0.2637***
		（0.0487）		（0.0332）
行业效应	不控制	不控制	控制	控制
城市效应	不控制	不控制	控制	控制
观测值	1302	1302	1302	1302

注：括号内为稳健标准误；在 Probit 估计中，虚拟变量的边际效应是与控制组相对比的创新概率变化，对于连续变量，边际效应在均值处计算

***、**、*分别表示在 1%、5%、10%水平上显著

表 10.2 模型 1 中，我们只在回归方程中放入了劳动力市场管制水平，可以看出，影响系数在 1%的水平上显著为正；模型 2 中，则加入了企业的其他个体特征，此时影响系数在 5%的显著性水平上为正。此外，考虑到各城市在文化传统、地理位置等方面的差异，以及行业间的创新强度、产业扶持政策等方面的差异，我们在模型 1 和模型 2 的基础上加入了城市变量和行业变量，以控制城市因素和行业因素对企业技术创新的影响（模型 3 和模型 4），加入后影响系数都在 1%的水平上显著为正。由于模型 4 控制了其他个体特征以及城市效应和行业效应，本部分我们对实证结果的分析重点围绕模型 4 展开。

从模型 4 来看，在其他条件不变的情况下，劳动力市场管制水平每增加 1 个单位，企业技术创新倾向将提高约 8%，此处估计结果首次在经验上说明劳动力市场管制水平提高对企业技术创新具有促进作用，其主要的正向来源可能是“要素替代效应”和“人力资本投资效应”。当然，理论上讲，劳动力市场

管制导致的创新租金分享比例的增加和用工调整成本的增加也是存在的。

接下来，就表 10.2 中各个控制变量对企业技术创新的影响做进一步分析。企业如果有研发投入，创新倾向则会大幅提高；企业规模对技术创新的影响显著为正，这一结论支持了熊彼特关于创新需要企业具有一定规模的假说。企业存续年限对技术创新的影响为负，但没有通过显著性检验。通常来讲，企业存续年限对技术创新存在两个方面的影响：一方面，新成立的企业管理灵活、创业热情高，更热衷于技术创新，并且不会受到旧有生产线的抵制；另一方面，创新活动需要充分利用过去积累下的创新知识和管理经验，因此老企业的研发效率可能更高。企业的出口行为显著提高了企业技术创新的概率，出口贸易往往会通过出口学习效应来提升企业技术水平，相比国内市场，国际市场需求更为多样，质量要求更高，竞争也更为激烈，进而会倒逼企业加大研发投入和人力资本投入，增加创新。资金约束越小（即企业拥有透支账户），企业创新倾向越高。市场竞争越激烈，企业创新倾向越强，垄断企业风险承担能力更强，并且市场势力越大，就越可能占有创新带来的收益，较高的垄断利润刺激了企业的技术创新，并且进行技术创新通常需要较大的资金投入，处于完全竞争条件下的小企业显然无力支付创新费用。相比国有企业，民营企业和外资企业对企业技术创新的影响显著为正，并且民营企业技术创新倾向大于外资企业，这表明民营企业在技术创新上具有领先优势，而外资企业相比国有企业也有明显优势。

二、稳健性检验

对于稳健性检验，本章从以下三个方面展开：①为了避免可能出现的极端值问题，剔除将劳动力市场管制作为企业运行最大障碍的企业，表 10.3 列（1）报告了对应的回归结果；②列（2）则报告了剔除城市企业样本数目小于 15 的样本后的回归结果；③计算城市平均劳动力市场管制水平，剔除管制力度最大和最小的城市，列（3）给出了对应的估计结果。可以看出，无论使用何种稳健性检验方法，劳动力市场管制水平对企业技术创新的影响都至少在 5%的水平上显著为正，这在一定程度上表明本章的结论是稳健的。

表 10.3 劳动力市场管制水平对企业技术创新影响的稳健性检验

变量	（1）	（2）	（3）
劳动力市场管制水平	0.0861***	0.1368***	0.0678**
	（0.0279）	（0.0396）	（0.0277）
企业研发投入	0.3246***	0.3893***	0.3520***
	（0.0294）	（0.0378）	（0.0300）
企业规模	0.1570***	0.1453**	0.1259**
	（0.0520）	（0.0669）	（0.0570）
存续年限	−0.0007	−0.0026	−0.0003
	（0.0021）	（0.0026）	（0.0022）
出口状态	0.0579*	0.1498***	0.0772**
	（0.0347）	（0.0447）	（0.0373）
资金约束	0.1446***	0.1147**	0.1150***
	（0.0393）	（0.0544）	（0.0433）
市场竞争激烈程度高	0.1200**	0.2175***	0.1235**
	（0.0472）	（0.0622）	（0.0507）
市场竞争激烈程度中	0.0278	−0.1537	0.0057
	（0.0771）	（0.1351）	（0.1072）
民营企业	0.3503***	0.4531***	0.3593***
	（0.0857）	（0.0920）	（0.0902）
外资企业	0.2658***	0.3141***	0.2776***
	（0.0303）	（0.0418）	（0.0428）
行业效应	控制	控制	控制
城市效应	控制	控制	控制
观测值	1225	809	1129

注：括号内为稳健标准误

***、**、*分别表示在 1%、5%、10%水平上显著

三、内生性处理

本章出现内生性问题的原因可能源于以下三个方面。一是反向因果问题。首先，技术创新在企业规模、研发投入、人力资本等方面都存在一定的门槛效应，进行技术创新的企业通常实力更为雄厚，对劳动力市场管制带来的不利影响应对起来可能更为得心应手，因此劳动力市场管制给这类企业运行带来的障碍也相对更小；其次，新政治经济学理论认为，如果企业家认为某项政策会损害其利益，则会对政府部门进行游说以寻求改变政策。二是变量误差偏差（errors in variable bias）问题，劳动力管制问题的设置可能会使受访者以为调查员认为该问题就是一种障碍，因此这种题目会诱导受访者选择某一个答案，进而导致管制力度的高估，最终使得系数估计有偏，这种偏差来源于自变量的度量误差，所以称为变量误差偏差[538]。三是遗漏变量问题，尽管本章控制了企业在城市和行业上的异质性，但估计模型中仍然有可能遗漏其他影响企业创新的变量，如企业家特征等。

内生性问题通常源于个体层面的遗漏变量或测量误差，而地区层面的变量由宏观政策或地理条件决定，独立于单个企业的微观行为。因此，在工具变量法中，地区层面的变量可视为外生变量，用于缓解企业微观数据的内生性偏误[539]。对于工具变量的选取，Besley 和 Burgess[540]的做法为本章提供了启发。他们实证分析了印度各邦 1958～1992 年劳动力市场管制对企业绩效的影响，为了克服模型中存在的内生性问题，他们选取了 1977 年之前各邦工会会员人数占总人口的比例作为劳动力市场管制的工具变量，工会会员比例越高，劳动力管制力度越强。

那么，工会发展情况是否可以反映中国的劳动力市场管制情况呢？姚洋和钟宁桦[541]基于全国 12 个城市的调查数据，发现工会可以有效缩短工作时间，并提高工人小时工资和企业的养老保险覆盖率；孙中伟和贺霞旭[542]利用长三角和珠三角城市外来工调查数据，发现工会对外来工的工资水平、社会保险等劳动权益都具有保障作用，非工会会员也能够从中受益；李明和徐建炜[531]基于北京等六个地区的雇员-雇主匹配数据，发现工会提高了会员职工的工资率并减少了其工作时间；纪雯雯和赖德胜[543]基于 2013 年流动人口动态监测调查问卷分析了工会对流动人口劳动权益的影响，发现工会的确可以切实维护劳动者的劳动权益，成为工会会员不仅可以提高劳动者的工资收入，而且可以缩短工作时间。

这些经验研究表明，工会发展情况在一定程度上可以反映一个地区政府对劳动力市场的管制水平。

借鉴 Besley 和 Burgess[540]的思路，本章试图寻找各个城市某一年份的工会会员人数，并将其作为工具变量，然而并无现成的统计数据可供使用。幸运的是，2004 年的中国工业企业数据库中包含了企业是否成立工会、工会人数以及工会经费信息三项内容，借此我们可以将位于同一城市的企业数据进行加总。理论上讲，三者都可以较好地反映某一城市劳动力市场管制的水平，但由于中国工业企业数据库中存在样本错配、指标缺失等指标异常情况、样本选择和测度误差等诸多问题，经计算发现，某些城市，如深圳市的工会会员人数超过了企业雇用人数，而工会经费信息则存在较多的缺失值，因此若使用工会会员人数和工会经费这两项指标，会导致数据的可信性大打折扣。而企业是否成立工会这一变量的缺失值则较少，企业在上报信息过程中由于只需要填写有无工会，内容明确、极易回答，因此有理由认为使用成立工会企业的比例（union）这一指标能够更为有效地反映企业所在城市的工会发展情况。

此外，本章还使用企业所在城市 2011 年的最低工资标准（mw）作为另外一个工具变量。最低工资标准越高，意味着该地区劳动力市场管制水平也越高。需要说明的是，对于最低工资标准数据的选取，需要考虑以下三个方面：一是本章使用月最低工资标准，从数据查找的情况来看，大多数县区都使用月最低工资标准，这主要与中国习惯使用的工资支付时间有关。二是使用企业所在城市最低水平的最低工资标准，部分省份制定的最低工资标准并不是按照城市，而是按照县区进行划分的，这就可能导致同一城市不同县区的最低工资标准存在差异，为此本章选取最低水平的最低工资标准。三是最低工资标准进行调整的时间也并无明确规定，本章使用加权平均法进行计算。例如，江苏省 2011 年一类地区（江苏省将最低工资标准按照地区分为三类）的最低工资标准自 2 月份开始从 960 元调整为 1140 元，那么一类地区的全年最低工资标准为(960×1+1140×11)/12=1125 元。

表 10.4 给出了工具变量估计结果。从第一阶段回归结果可以看出，无论是使用 2004 年企业所在城市成立工会企业的比例，还是使用 2011 年各城市的最低工资标准作为工具变量，对劳动力市场管制水平的影响都显著为正。为了进一步验证这两个工具变量的合理性，表 10.4 给出了各个回归方程的 Wald F 统计量，发现 F 值全都远远大于 10，说明本章选取的工具变量不仅同劳动力市场管制水平是相关的，而且是强工具变量；此外，Sargan 统计量的相伴概率都在 10%以上，这意味着无法拒绝工具变量为过度识别的原假设，因此工具变量为外生的。这两项检验综合表明，本章采用的工具变量是有效的。在克服了内生性问题后，劳动力市场管制水平对企业技术创新的影响依然在 1%的水平上具有统计显著性。

表 **10.4**　工具变量估计结果

变量	工具变量为成立工会企业的比例		工具变量为最低工资标准	
	第一阶段	第二阶段	第一阶段	第二阶段
劳动力市场管制水平		0.1144^{***}		0.1628^{***}
		（0.0386）		（0.0390）
成立工会企业的比例	0.0248^{***}			
	（0.0005）			

续表

变量	工具变量为成立工会企业的比例		工具变量为最低工资标准	
	第一阶段	第二阶段	第一阶段	第二阶段
最低工资标准			0.0168*** （0.0005）	
企业研发投入		0.3627*** （0.0407）		0.2945*** （0.0292）
企业规模		0.0703* （0.0429）		0.0710* （0.0376）
存续年限		−0.0004 （0.0012）		0.0006 （0.0015）
出口状态		0.0512** （0.0185）		0.0573** （0.0240）
资金约束		0.0768*** （0.0260）		0.0296*** （0.0069）
市场竞争激烈程度高		0.0897*** （0.0314）		−0.0237 （0.0381）
市场竞争激烈程度中		0.0712 （0.0690）		0.1008 （0.0695）
民营企业		0.1921*** （0.0492）		0.2796*** （0.0496）
外资企业		0.3529*** （0.0676）		0.3674*** （0.0721）
Wald *F* 统计量	45.6582		25.9037	
Sargan 统计量	0.1180 （0.1789）		0.0187 （0.2639）	
行业效应	控制	控制	控制	控制
观测值	1302	1302	1302	1302

注：回归系数下方括号内为稳健标准误。Sargan 统计量下方的括号内为统计量的相伴概率

***、**、*分别表示在 1%、5%、10%水平上显著

第五节　进一步讨论

一、劳动力市场管制与企业技术创新类型：产品创新还是工艺创新

根据创新形式，可以将技术创新分为产品创新与工艺创新两种。产品创新主要通过研发新产品或者是对产品功能进行升级换代，以开拓新的产品市场；工艺创新则是通过运用新的生产技术和操作程序来降低生产成本，提高生产效率。概括地讲，产品创新更多是从需求侧影响技术创新，而工艺创新则是从产品供给侧影响技术创新。

既有文献从企业规模、产品生命周期、经济周期、企业管理等多个角度对企业创新类型的选择进行了研究，取得了较为丰硕的成果。但阅读所及，还没有发现文献从劳动力市场管制这一角度对企业创新类型进行分析。Hicks[495]认为技术进步的偏向性取决于要素的相对价格，即偏向于更加稀缺的要素；Allen[544]认为英国在 18 世纪的高工资是推动产业革命的主要力量，珍妮纺纱机、水力纺纱机以及梳理机的发明极大地减少了棉纺织业的劳动成本，并且这些技术在英国得到迅速传播，而在工资水平较低的法国和印度则未得到广泛推广。进一步地，Acemoglu[545]认为如果技术同劳动力需求之间具有强互补关系，那么技术改进则意味着增加了劳动的边际成本，劳动力的稀缺将会减少这一类的技术进步；相反，如果技术可以节约劳动，那么劳动力的稀缺则会诱致这一类的技术进步。据此，本章可以推断，伴随劳动力市场管制的加强，用工成本上升将倒逼企业降低生产成本，企业会更倾向于开展工艺创新。

表 10.5 给出了劳动力市场管制水平对企业不同类型技术创新的影响，可以看出，劳动力市场管制水平对于产品创新的影响系数虽然为正，但并不

显著，而对于工艺创新的影响则显著为正，并且在 1%的水平上通过了显著性检验，这意味着劳动力市场管制将会诱致企业更多地进行工艺创新。

表 **10.5** 劳动力市场管制水平对企业不同类型技术创新的影响

变量	工艺创新	产品创新
劳动力市场管制水平	0.1311***	0.0301
	(0.0297)	(0.0278)
企业研发投入	0.3365***	0.3797***
	(0.0311)	(0.0332)
企业规模	0.1944***	0.1464**
	(0.0549)	(0.0574)
存续年限	–0.0002	–0.0003
	(0.0022)	(0.0022)
出口状态	0.0768**	0.0567
	(0.0361)	(0.0380)
资金约束	0.1524***	0.0291
	(0.0425)	(0.0441)
市场竞争激烈程度高	0.0801	0.1058*
	(0.0571)	(0.0600)
市场竞争激烈程度中	0.0447	0.0805
	(0.0750)	(0.0947)
民营企业	0.2421***	0.3269***
	(0.0855)	(0.0682)
外资企业	0.2382***	0.4025***
	(0.0642)	(0.0632)
行业效应	控制	控制
城市效应	控制	控制
观测值	1302	1302

注：括号内为稳健标准误

***、**、*分别表示在 1%、5%、10%水平上显著

二、劳动力市场管制与企业技术创新：行业差异

要分析劳动力市场管制对企业技术创新影响的行业差异，首先要对行业做出划分，然而如果简单地根据行业名称进行划分显然有失精确。为此，本章根据研发支出比重和固定资产比重，采用离差平方和法对所有行业进行聚类分析，将其划分为技术密集型、劳动密集型和资本密集型三大类。

研发支出比重=研发支出/(企业应付工资+奖金+社会保险费用)

固定资产比重=固定资产净值/总资产

其中，研发支出比重用于区分企业研发支出在生产要素中的作用，比值越大，说明研发支出相比劳动者报酬更为重要，将该行业划分为技术密集型的可能性就越大；固定资产比重用于区分固定资产在生产要素中的作用，比值越大，意味着该行业被划分为资本密集型的可能性越大。最终的分类结果见表 10.6[①]。

表 **10.6**　根据要素密集度划分的制造业行业分类

类型	行业
技术密集型	专用设备制造业；通用设备制造业；计算机、通信和其他电子设备制造业；仪器仪表制造业；汽车制造业；铁路、船舶、航空航天和其他运输设备制造业；废弃资源综合利用业
劳动密集型	食品制造业；烟草制品业；纺织业；纺织服装、服饰业；皮革、毛皮、羽毛及其制品和制鞋业；木材加工和木、竹、藤、棕、草制品业；造纸和纸制品业；印刷和记录媒介复制业；家具制造业
资本密集型	石油、煤炭及其他燃料加工业；化学原料及化学制品制造业；橡胶和塑料制品业；非金属矿物制品业；黑色金属冶炼和压延加工业；有色金属冶炼和压延加工业

接下来，以分组样本数据为依据进一步考察劳动力市场管制水平对企业技术创新的影响。估计结果如表 10.7 所示，控制变量中不再包括行业因

① 根据《国民经济行业分类（GB/T 4754—2017）》及国家统计局印发的《高技术产业（制造业）分类（2017）》进行划分。

素。可以看出，劳动力市场管制水平对不同行业的企业技术创新的影响存在显著差异。

表 10.7 劳动力市场管制水平对企业技术创新影响的分行业回归

变量	劳动密集型	资本密集型	技术密集型
劳动力市场管制水平	0.1208**	0.0909***	–0.0634
	(0.0530)	(0.0190)	(0.0403)
企业研发投入	0.3673***	0.3380***	0.3625***
	(0.0561)	(0.0685)	(0.0414)
企业规模	0.2243**	0.3659***	0.0748***
	(0.1056)	(0.1262)	(0.0149)
存续年限	–0.0004	–0.0002	–0.0005
	(0.0048)	(0.0047)	(0.0031)
出口状态	0.1092	0.0683	0.0588
	(0.0699)	(0.0806)	(0.0526)
资金约束	0.2193***	0.1801**	0.0878***
	(0.0776)	(0.0832)	(0.0241)
市场竞争激烈程度高	0.1946**	0.2120**	0.0365
	(0.0944)	(0.0837)	(0.0789)
市场竞争激烈程度中	–0.1017	–0.3575	–0.0270
	(0.2039)	(0.2872)	(0.1276)
民营企业	0.5878***	0.5380***	0.1544
	(0.0819)	(0.1294)	(0.1212)
外资企业	0.3661***	0.2767***	0.2777***
	(0.0531)	(0.0914)	(0.0425)
城市效应	控制	控制	控制
观测值	404	375	523

注：括号内为稳健标准误

***、**分别表示在 1%、5%水平上显著

从表 10.7 中可以看出，对于劳动密集型行业，劳动力市场管制水平对企业技术创新的影响在 5%的水平上显著为正，这表明“要素替代效应”和

“人力资本投资效应”发挥了主要作用，劳动密集型行业主要依靠使用大量劳动力，对于技术和设备的依赖程度较低，劳动力市场管制的增强使其用工成本增加，进行要素替代的压力更大；此外，在员工人数较多的情况下“人力资本投资效应”可能会产生规模效应，进而会促进企业创新。

劳动力市场管制水平对资本密集型行业的企业技术创新的影响在 1%的水平上显著为正，但影响系数小于劳动密集型行业。可能的原因在于，相比技术密集型行业和劳动密集型行业，资本密集型行业投资量大、技术装备多、研发活动较少，显然“创新租金分享效应”和“用工调整成本效应”较小，存在一定程度的“人力资本投资效应”和“要素替代效应”，但因用工较少，这两种效应都弱于劳动密集型行业，因此这两种效应对技术创新的正向影响小于劳动密集型行业。

对于技术密集型行业，劳动力市场管制水平对企业技术创新的影响系数虽然没有通过显著性检验，但为负数，这在一定程度上说明对于技术密集型行业来讲，劳动力市场管制带来的“用工调整成本效应”和因劳动者地位提高带来的“创新租金分享效应”相对占据主导地位，企业无法获得技术创新活动所需要的足够的高素质劳动力；此外，技术密集型行业可能拥有更高的“创新租金分享效应”，这使得企业技术创新的激励不足，两方面的作用使得影响系数并不显著。

三、劳动力市场管制与企业技术创新：临时雇用的调节作用

根据前文的分析，劳动力市场管制水平对企业技术创新的影响主要通过“要素替代效应”和“人力资本投资效应”来传导，本部分将着重从“人力资本投资效应”的角度切入，分析临时雇用的调节作用。

临时雇用是相对于长期雇用而言的，指的是企业与员工建立的短期的、任务特定的、有报酬的雇用关系，判定某一劳资关系是不是临时雇用的标准

是劳动合同期限的长短。由于临时员工大都学历较低、基础知识有限，企业很难对其进行较高层次的特定技能培训，主要是层次较低的通用性培训，而通用性培训使得员工人力资本水平的提高与其他企业是同步的；并且为了避免临时员工较强的流动性所导致的培训浪费，企业对于临时员工进行一般性培训的激励很低。此外，由于企业对于临时员工的要求较低，因此工人付出较少的努力就可以避免被解雇。随着劳动力市场管制的增强，企业对临时员工的“忍耐”临界值提高，临时员工为避免解雇所付出的努力会相对更少，而长期雇用关系则使企业与员工的利益更为一致，员工为了降低解雇风险将更注重人力资本投资，企业进行员工培训的预期收益相对更高。综合两个方面的分析，可以推测：随着劳动力市场管制的加强，临时用工比例越高，“人力资本投资效应”会越小，越不利于技术创新。

世界银行在 2012 年的营商环境调查中就企业的临时用工人数进行了统计，本章计算了临时雇用比例，临时雇用比例=临时用工人数/全部用工人数。在此基础上，我们根据临时雇用比例将全样本等分为两组，以考察劳动力市场管制对不同临时雇用比例组的创新影响差异。表 10.8 给出了回归结果，对于临时雇用低比例组，劳动力市场管制水平对企业技术创新的影响为正，并且在 5%的显著性水平上为正；对于高比例组，虽然影响系数为正但并不显著。这意味着，临时雇用比例的提高将会弱化劳动力市场管制对技术创新的促进作用。

表 10.8 劳动力市场管制水平与企业技术创新：临时雇用的作用

变量	临时雇用低比例组	临时雇用高比例组
劳动力市场管制水平	0.0723**	0.0405
	（0.0357）	（0.0425）
企业研发投入	0.3968***	0.3083***
	（0.0416）	（0.0457）

续表

变量	临时雇用低比例组	临时雇用高比例组
企业规模	0.2814***	0.0854
	(0.0750)	(0.0825)
存续年限	0.0009	–0.0019
	(0.0031)	(0.0032)
出口状态	–0.0357	0.0901*
	(0.0556)	(0.0530)
资金约束	0.1880***	0.1189*
	(0.0488)	(0.0644)
市场竞争激烈程度高	0.1862***	0.0608
	(0.0419)	(0.0953)
市场竞争激烈程度中	–0.0031	–0.0419
	(0.1218)	(0.1378)
民营企业	0.1992*	0.1804**
	(0.1145)	(0.0738)
外资企业	0.1968***	0.1709***
	(0.0487)	(0.0220)
行业效应	控制	控制
城市效应	控制	控制
观测值	651	651

注：括号内为稳健标准误

***、**、*分别表示在1%、5%、10%水平上显著

第六节　主要结论与政策启示

经过四十多年的改革，中国计划经济时期所形成的劳动力市场制度面临严峻的转型压力，公共政策对劳动力市场的保护模式由传统的就业保护转变为失业保护，劳动力市场体系初步形成。然而，经济体制转变的巨大代价就是上千万的就业岗位被摧毁，正规就业部门工人下岗大幅增加。当然，中国

也是在应对工人下岗的过程中开始建立和完善劳动力市场制度的，但对于劳动力市场的保护模式尚未完全建立起来。在劳动力市场安全性与灵活性之间寻求平衡是所有现代国家都面临的难题，面对激烈的国际竞争，过去就业保护程度较高的国家，如德国、日本等都在进行劳动力市场改革以增强其灵活性。目前为止，所有现代国家都在追求灵活安全的劳动力市场，还没有一个国家找到灵活性与安全性的完美平衡点。当前，中国迫切需要加强劳动力市场管制、构建和谐劳动关系，维护好职工的切身利益。另外，中国本土企业自主创新能力不强，关键核心技术和装备主要依赖进口。本章就中国劳动力市场管制是否会影响企业技术创新做出了较为全面的回答。现阶段通过加强劳动力市场管制以构建和谐劳动关系，有利于促进企业技术创新，二者并行不悖，可以实现劳动者和资本长期利益的双赢，但制度设计过程中也要充分考虑结构性的差异。

本章的研究结论为回答学术界争论的《劳动合同法》等劳动力市场管制措施的社会福利问题提供了有力的答案。加强劳动力市场管制，非但不会抑制企业创新，反而具有促进作用。也就是说，加强劳动力市场管制，积极构建和谐劳动关系，在某种程度上可以为企业创新发展提供新动力，最终实现企业和劳动者利益的双赢。在中国未来一段时期的劳动力市场制度改革进程中，这对于坚定推行劳动力市场管制、凝聚各方共识具有决策参考意义，有助于更好地推动经济结构调整顺利开展，保障经济持续健康发展。

此外，在本章的实证研究中所发现的结构性特征，对我国劳动力市场管制政策的完善有着如下启示。

一是尽管劳动力市场管制能够推动工艺创新，然而就产品创新而言，其并未展现出明显的促进作用。这意味着劳动力市场管制对企业技术创新的影响并非万能，也有其局限性，因此促进技术创新，不可寄过多希望于劳动力市场管制。

二是劳动力市场管制对不同行业技术创新的影响存在较大差异，公共政策的制定需要加强行业针对性。特别是针对技术密集型行业，由于劳动力市场管制的增强，企业可能无法获得创新活动所需要的足够多的高素质劳动力，同时更高的“创新租金分享效应”也可能使得这类企业的创新激励不足。因此，有必要适当调整相关政策，补贴政策可以对技术密集型企业进行一定程度的倾斜，以鼓励企业开展技术创新活动。

三是考虑到劳资合同期限的调节作用，应当鼓励企业同员工建立长期稳定的劳动关系。长期用工合同有助于增强企业和劳动者对于人力资本投资的信心，促进技术创新。虽然临时雇用具有一定的合理性，但从有利于技术创新的角度出发，应当鼓励和引导签订长期劳动合同。

第十一章
城乡劳动力市场结构与制造业全球价值链升级

第一节 问题提出

新中国成立之初，出于重工业优先发展的战略目的，中国实行了严格的户籍管理制度，导致城乡劳动力市场被完全分割。改革开放后，大规模的农村劳动力由农业部门向工业部门转移，保持了劳动力无限供给的特征并强化了劳动密集型产业的比较优势和国际竞争力。自 21 世纪初起，户籍制度存在的根基似乎已然动摇，然而，在此过程中却催生出城市与农村这两大利益分化的群体。在“晋升锦标赛”的压力下，地方政府更倾向于关注能为本地带来投资、税收的企业利益，而对劳动者，特别是没有城市户籍的外来农民工往往关注不够[589]，城乡劳动力市场分割现象仍然较为严重，大量农民工在城乡间进行候鸟式迁徙[546]。

作为一个相对的概念，城乡劳动力市场一体化对应的是城乡劳动力市场分割和差异。本章关注的问题是，打破城乡劳动力市场分割，实现城乡劳动力市场一体化是否仅对进入城市的农村劳动力有益？还是也能为企业创造价值？如果城乡劳动力市场一体化创造了新的企业价值，则无疑对于企业和劳动者来说是双赢的帕累托改进，相应地，制度设计的基本逻辑是坚定城乡劳动力市场一体化改革的决心和信心；而如果城乡劳动力市场一体化并没有创造新的企业价值，甚至导致企业价值的损失，则制度设计的基本逻辑应当是在劳动者和企业之间寻找利益最优的平衡点。但是关于劳动制度取向的那些基本问题，目前仍存在探讨的空间。

通过文献梳理发现，与本章研究主题联系紧密的文献主要分为三支。

第一支文献考察了劳动要素价格、技能结构或配置效率对出口产品质量的影响。例如，Brambilla 和 Porto[386]发现生产高质量的产品需要高质量的中间投入，特别是高技能的劳动者。许和连和王海成[129]发现不断上调的最低工资标准对企业出口产品质量会产生显著的负向影响，且这种负向影响主要体现在劳动密集型、国有企业和中西部地区企业中。刘啟仁和铁瑛[547]发现雇用结构升级对出口产品质量起到正向促进作用，即企业用工技能水平越高，越有利于提升出口产品质量；且雇用结构与企业中间品投入质量之间存在互补性，中间品投入质量越高，雇用结构升级对出口产品质量的正向作用越明显。王明益和戚建梅[548]考察了劳动力价格扭曲对我国出口产品质量的影响，发现价格扭曲较轻时能显著促进产品质量升级，价格扭曲较重时对产品质量的促进作用变小甚至为负。龚世豪和祝树金[310]发现随着劳动力老龄化加剧，劳动力供给质量反而提升，并通过促进员工从低效或产出增幅慢的企业转向高效或产出增幅快的企业来提升企业出口产品质量。阳立高和韩峰[549]基于企业和城市层面的数据，研究发现人力资本扩张可通过促进技术创新、促进制造业结构高度化、提升产业结构服务化水平、强化城市集聚效应等机制提高企业出口国内增加值率。

第二支文献考察了城乡劳动力市场分割带来的影响。城乡劳动力市场一体化政策的逻辑起点是城乡劳动力市场分割，代表性文献考察了城乡劳动力市场分割对工资差异的影响。吴贾等[145]考察了该影响的年度变化，发现城镇户籍能为劳动者带来工资正向溢价，并且有利于降低失业率，而且这种影响的效果还在逐年增强。与前述研究不同，孙婧芳[147]发现农村迁移劳动力的工资决定机制与城市本地劳动力正在趋同；而 Qu 和 Zhao[148]发现农村迁移劳动力和城市本地劳动力的工资差距虽有缩小，但高分位工资水平的差距在不断加大。

第三支文献对统筹城乡试点政策的效果进行了评估。陈红霞和席强敏[150]基于京津冀区域内 13 个地级市数据，研究认为影响城市劳动力市场一体化的因素主要体现在城市间相关因素相对水平的差异上，具体在京津冀区域的表现为：城市间经济发展水平的差距与劳动力市场一体化负相关；城市吸纳人口能力的差距与区域劳动力市场一体化正相关。

已有研究围绕城乡劳动力市场一体化对企业出口产品质量的影响进行了多角度、深层次的探讨，为本章提供了有益的研究思路和范式借鉴。如前所述，关于城乡劳动力市场一体化对企业出口产品质量的影响的文献较少。鉴于此，本章可能存在以下边际贡献：一是拓宽了研究视角。统筹城乡就业试点政策是直接作用于劳动力要素，进而作用于企业出口产品质量的，虽然该政策也会通过劳动要素价格、技能结构或配置效率等一个或者多个渠道影响出口产品质量，但本章考察的统筹城乡就业试点政策是与以上研究截然不同的研究主题，是对既有考察产品质量决定因素文献的补充和拓展。二是深化了研究内容。现有研究无疑对理解劳动力市场分割的影响提供了深刻的洞见，但其关注对象主要是劳动者群体，实际上除了这一群体外，城乡劳动力市场分割的影响还涉及用工单位，甚至是地方政府等多个利益主体，本章重点关注城乡劳动力市场分割对企业这一主要用工单位的影响。本章基于大样本企业层面数据，使用双重差分模型考察城乡统筹试点对企业出口产品质量的影响，能够较好地克服前述研究在政策评估方法上的不足，提高研究结论的可靠性和丰富性。

本章使用 2000～2008 年中国工业企业数据库和中国海关进出口数据库的匹配数据，将 2006 年大规模启动的统筹城乡就业试点作为准自然实验，考察城乡劳动力市场一体化对企业出口产品质量的影响，本章主要关心以下三个方面的问题：第一，城乡劳动力市场一体化是否会提升企业出口产品质量？第二，如果可以提升出口产品质量，那么对不同企业来说，是否具有普惠性？第三，城乡劳动力市场一体化对企业出口产品质量的影响是通过何种渠道发挥作用的？

第二节　制度背景和影响机制

一、制度背景

新中国成立初期，在特殊的国际环境和历史条件下，我国受苏联模式的影响，确定了迅速实现工业化和优先发展重工业的国民经济发展战略。20世纪80年代，我国继续实行“离土不离乡”的方针。自1992年开始，国家对农村劳动力转移的政策发生了积极的变化，从控制盲目流动到鼓励、引导和实行宏观调控下的有序流动。随着粮票等票证制度被取消，农村劳动力进入各级城镇居住，就业不再有技术上的障碍，劳动力的自由流动和人口迁移的制度障碍已经显著弱化[550]。

2006年大规模启动的统筹城乡就业试点备选地区覆盖了不同经济社会发展水平的各类地区，包括东部8省（自治区、直辖市）的25个区（市、县），中部5省（自治区）的13个区（市），西部5省（自治区）的8个区（市），东北2省的2个市（表11.1）。其中，既有地区生产总值接近5000亿元的大市，也有地区生产总值不足50亿元的小县（地区生产总值超过千亿元的有11个区市）；既有人口过千万人的大市，也有人口不足50万人的小县。从居民收入水平看，有11个地区低于全国平均水平。

表 11.1 2006 年统筹城乡就业试点备选地区名单

序号	所属省（自治区、直辖市）	统筹城乡就业试点备选地区
1	北京	朝阳区、顺义区、延庆县、大兴区
2	天津	塘沽区
3	河北	秦皇岛市、承德市
4	吉林	长春市
5	黑龙江	大庆市
6	江苏	苏州市、无锡市、南通市、泰州市、昆山市
7	安徽	马鞍山市、芜湖市、繁昌县
8	浙江	杭州市、嘉兴市、湖州市、义乌市
9	江西	萍乡市、赣州市、新余市
10	福建	厦门市、泉州市
11	山东	济南市、青岛市、烟台市、青岛市城阳区
12	河南	鹤壁市、济源市
13	湖北	潜江市、荆州市、武汉市
14	湖南	长沙市、常德市
15	广东	深圳市、珠海市、肇庆市
16	广西	南宁市
17	重庆	沙坪坝区、渝北区
18	四川	成都市、金堂县
19	云南	曲靖市、玉溪市
20	陕西	宝鸡市

注：带下划线的地区是农业部已批复的农村劳动力平等就业试点地区

二、影响机制

基于已有文献，本章认为城乡劳动力市场一体化对出口产品质量影响可能会通过两个渠道产生作用。

一是城乡劳动力市场一体化可能会通过改变劳动力技能水平影响出口产品质量。《关于印发统筹城乡就业试点工作指导意见的通知》提出“建立覆盖城乡的职业培训体系，为城乡劳动者提升职业技能提供有效服务”，包括建设一批骨干职业教育培训机构、落实职业培训补贴政策、完善就业准入和职业资格证书制度、鼓励企业注重提高员工职业素质等。

二是城乡劳动力市场一体化可能会通过改变企业用工成本影响企业出口产品质量。一方面，统筹城乡就业试点政策中包含了若干消除城乡就业壁垒、改善劳动者就业环境的政策，这些都有助于促进农村劳动力进入城市就业市场，增加劳动力供给，降低企业用工成本；另一方面，长期以来，中国城镇社会保险覆盖率较低，企业不遵守社保缴费规定的现象普遍存在，代表性的研究发现在样本观测期内，城镇社会保险覆盖率为 5%～10%[551]，最低工资标准制度的遵守情况也并不乐观[552]。《关于印发统筹城乡就业试点工作指导意见的通知》提出要健全劳动用工管理制度，强化对企业劳动用工的监督检查，解决好工伤、医疗保障、养老保障问题。因此，城乡统筹试点可能会由于保障劳动者的合法权益而增加企业的用工成本。据此，本章推测：城乡劳动力市场一体化可能会通过改变用工成本影响企业出口产品质量（称为用工成本调整效应），但具体方向是不确定的。

第三节　研 究 设 计

一、计量模型

按照双重差分的经典做法以及 Fan 等[346]关于产品质量决定方程的设定，建立如式（11-1）所示的计量模型：

$$\begin{aligned}\text{quality}_{fjhct} = \alpha + \beta\ \text{integration}_{fg} \times \text{post}_t + \delta X_{ft} + \phi Z_{jt} + \kappa S_{gt} \\ + \lambda_f + \lambda_t + \lambda_{hc} + \varepsilon_{fjhct}\end{aligned} \qquad (11\text{-}1)$$

其中，f 表示企业；j 表示 CIC 四位码行业；h 表示 HS 六位码产品；c 表示出口目的国；t 表示年份；g 表示企业所在城市；quality 表示企业出口产品质量（产品层面）；integration_{fg} 表示企业 f 所在地 g 是否被定为统筹城乡就业试点，用来表征城乡劳动力市场一体化水平，若企业所在地处于统筹城乡就业试点区域范围则赋值为 1，否则为 0；post 表示虚拟变量，样本所在的年份大于或等于 2006 年时赋值为 1，否则为 0；交互项 integration × post 的估计系数 β 则反映了统筹城乡就业试点对企业出口产品质量的真实影响；X、Z、S 分别表示企业、行业、城市层面控制变量；λ_f、λ_t、λ_{hc} 分别表示企业、年份和产品-目的国固定效应；ε_{fjhct} 表示随机误差项。为了消除可能存在的异方差和自相关问题，标准误差在城市层面聚类。

二、主要变量选取

（一）企业出口产品质量（quality）

借鉴 Khandelwal 等[345]、Fan 等[346]的做法，设定如下产品需求函数：

$$x_{fhct} = q_{fhct}^{\sigma-1} p_{fhct}^{-\sigma} P_{ct}^{\sigma-1} Y_{ct}$$

其中，q_{fhct}、x_{fhct}、p_{fhct} 分别表示在 HS 六位码上，年份 t 目的国 c 从企业 f 进口产品 h 的质量、数量、价格；P_{ct} 表示出口目的国加总价格指数；Y_{ct} 表示出口目的国的总收入；σ 表示不同产品之间的替代弹性。对上式两边取对数，可得需求方程：

$$\ln x_{fhct} + \sigma \ln p_{fhct} = \phi_h + \phi_{ct} + \varepsilon_{fhct}$$

其中，产品固定效应（ϕ_h）可以控制不同种类产品之间价格和数量的差异；国家-年份固定效应（ϕ_{ct}）可以控制出口目的国加总价格指数（P_{ct}）和总收入（Y_{ct}）的差异。由此可以得出产品质量 $\text{qualilty}_{fhct} = \varepsilon_{fhct}/(\sigma-1)$，$\sigma$

的取值参照 Broda 和 Weinstein[347]关于 HS 六位码产品层面替代弹性的数据，计算在每个 HS 两位码产品上的σ值。

（二）城乡劳动力市场一体化（integration）

依据表 11.1，若企业所在地处于统筹城乡就业试点备选地区范围，则作为处理组，赋值为 1；不在统筹城乡就业试点区域范围的企业作为对照组，赋值为 0。

三、控制变量选取

企业层面的控制变量包括：①企业规模（lnsize），用企业年平均就业人数的自然对数来衡量。②资本密集度（lncap），使用固定资产合计与员工人数之比的自然对数来衡量。③流动性比率（liquid），用企业流动资产与流动负债的差值占企业总资产的比率衡量。④全要素生产率（tfp），借鉴王贵东[553]的研究对工业增加值和上年固定资产估计值指标予以补充，采用 LP 方法进行测算。⑤企业所有制类型（ownership），具体包括国有企业（soe）、外资企业（fie）和民营企业（pri）。

城市层面的控制变量包括：①人口数量（lnpop），用取自然对数的年末总人口数量衡量。②交通基础设施水平（lntrans），用取自然对数的货运总量进行衡量。③工资水平（lnwage），用取自然对数的职工平均工资衡量。

行业层面的控制变量包括：①进入障碍（entrybarrier），借鉴 Lu 和 Yu[554]的方法，使用 CIC 四位码行业内企业年平均固定资产衡量。②集聚水平（agglomeration），使用 Ellison-Glaeser（埃利森-格莱泽）指数衡量。③外资份额（foreignshare），使用 CIC 四位码行业外资占实收资本之比衡量。④竞争程度（hhi），用 CIC 四位码行业企业市场份额的平方和衡量，hhi 越小，竞争程度越高。

四、数据来源

本章的数据主要来源于以下两个方面。

第一，企业层面的生产数据来源于 2000～2008 年中国工业企业数据库，并对其进行如下处理：①借鉴 Brandt 等[369]的方法，利用企业代码、名称、法人代表、地址、邮编、行业代码、主要产品、区县、开业年份对企业样本进行匹配，采用序贯识别法重新构建面板数据。②部分企业提供的信息存在遗漏和错误，删除企业员工少于 10 人，总资产、净固定资产、销售额、工业总产值缺失，流动资产大于总资产，总固定资产大于总资产的样本。③对主要变量进行价格指数平减。

第二，进出口数据来源于 2000～2008 年中国海关进出口数据库（http://stats.customs.gov.cn/），利用企查查大数据平台获取中国海关进出口数据库中企业的唯一识别码，用于中国工业企业数据库和中国海关进出口数据库的匹配。表 11.2 给出了本章使用的主要变量的描述性统计结果。

表 **11.2** 本章使用的主要变量的描述性统计结果

变量	含义	均值	标准误	最小值	最大值
quality	企业出口产品质量	0.470	3.195	−10.000	8.500
lnsize	企业规模	5.751	1.210	2.079	10.781
lncap	资本密集度	5.049	1.086	−0.797	10.986
liquid	流动性比率	0.055	0.297	−0.900	0.900
tfp	全要素生产率	4.984	1.119	−7.190	12.214
soe	国有企业	0.025	0.156	0	1
fie	外资企业	0.623	0.485	0	1
lnpop	人口数量	6.253	0.626	2.846	8.089
lntrans	交通基础设施水平	9.461	0.927	4.663	11.876
lnwage	工资水平	10.061	0.389	2.283	11.828
entrybarrier	进入障碍	9.675	0.619	8.373	15.177

续表

变量	含义	均值	标准误	最小值	最大值
agglomeration	集聚水平	0.036	0.029	0.004	0.147
foreignshare	外资份额	0.398	0.129	0.002	0.704
hhi	竞争程度	0.002	0.003	0.000	0.138

我国大规模启动统筹城乡就业试点工作是在 2006 年下半年，至 2008 年年底结束。试点结束后，一些在试点期间出台的、需要地方财政负担的政策，尤其是像培训补贴、社会保险等方面的政策，受政绩考核以及地方财力的双重约束，大多未能延续下去，出现了政策“断档”的情况。鉴于此，本章将采样截止时间设定为 2008 年。

第四节　计量检验与结果分析

一、基本回归

表 11.3 给出了基于全样本的回归结果，各列均控制了企业固定效应、产品-目的国固定效应和年份固定效应。列（1）显示，在没有添加控制变量的情况下，integration × post 的估计系数在 1%的水平上显著为正；列（2）至列（4）分别加入企业、城市、行业层面的控制变量，可以看出，integration×post 的估计系数均在 1%的水平上显著为正。从列（4）的估计系数可知，城乡劳动力市场一体化试点政策使得企业出口产品质量提高了 12.1%。

表 11.3　城乡劳动力市场一体化与企业出口产品质量的基本回归结果

变量	（1）	（2）	（3）	（4）
integration×post	0.132^{***}	0.134^{***}	0.119^{***}	0.121^{***}
	（0.040）	（0.038）	（0.037）	（0.037）

续表

变量	（1）	（2）	（3）	（4）
lnsize		0.091***	0.095***	0.094***
		（0.019）	（0.019）	（0.019）
lncap		0.053***	0.057***	0.057***
		（0.013）	（0.013）	（0.013）
liquid		0.062**	0.066**	0.065**
		（0.028）	（0.027）	（0.027）
tfp		0.133***	0.132***	0.131***
		（0.012）	（0.012）	（0.012）
soe		0.050	0.053	0.053
		（0.050）	（0.049）	（0.050）
fie		-0.053	-0.050	-0.052
		（0.046）	（0.045）	（0.045）
lnpop			0.718***	0.715***
			（0.209）	（0.207）
lntrans			0.003	0.003
			（0.055）	（0.055）
lnwage			0.180	0.179
			（0.129）	（0.129）
entrybarrier				0.049
				（0.036）
agglomeration				0.255
				（0.517）
foreignshare				-0.150
				（0.146）
hhi				-14.386*
				（7.485）

续表

变量	（1）	（2）	（3）	（4）
企业固定效应	控制	控制	控制	控制
产品-目的国固定效应	控制	控制	控制	控制
年份固定效应	控制	控制	控制	控制
常数项	0.461***	−0.959***	−7.324***	−7.669***
	（0.006）	（0.162）	（2.122）	（2.209）
观测值	3 865 005	3 834 069	3 818 268	3 818 268
R^2	0.343	0.344	0.344	0.344

注：括号中为城市层面聚类标准误

***表示在 1%的水平上显著，**表示在 5%的水平上显著，*表示在 10%的水平上显著

二、平行趋势和动态效应检验

双重差分法有效的前提是满足平行趋势检验，即在政策冲击发生前，处理组和对照组出口产品质量的变动趋势应该是相同的[555]。而基本回归只考察了城乡劳动力市场一体化对企业出口产品质量的平均影响，还需关心城乡劳动力市场一体化对企业出口产品质量的影响是否随时间变化。

为此，参考 Beck 等[556]文献的方法，将式（11-1）中的 post 替换为各年份时间虚拟变量，以 2005 年（图 11.1 中的垂直虚线）作为参照组。为了使估计结果更加直观，在图 11.1 中给出了估计系数在 2000 年至 2008 年的变化情况。可以看出，相比 2005 年，2000～2004 年的估计系数并不显著，也就是说在试点之前，处理组与对照组的出口产品质量变化趋势并无显著差异，而政策冲击的当年（2006 年），估计系数在 1%的水平上显著为正，2007 年的估计系数也显著且数值有所增加，到 2008 年估计系数有所减小，但仍在 5%的水平上显著为正，这意味着城乡劳动力市场一体化对企业出口产品质量的提升作用在整体上呈现先增强后减弱的倒“U”形动态变化特征。

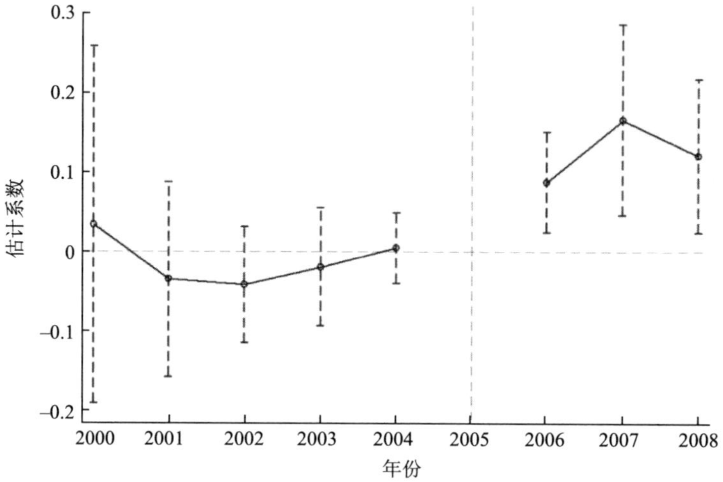

图 11.1 2000 年至 2008 年处理组和对照组出口产品质量的平行趋势检验

三、稳健性检验

本章将从以下七个方面对基本回归进行稳健性检验，主要包括：排除农村劳动力平等就业试点政策的影响、控制贸易自由化和投资自由化带来的影响、改变出口产品质量的衡量方法、考虑空间溢出效应、考虑样本选择偏差问题、改变聚类方法、考虑政策试点结束后产生的影响等。

（一）排除农村劳动力平等就业试点政策的影响

自 2004 年起，国家在北京市朝阳区等 13 个县（市、区）开展农村劳动力平等就业试点工作，尝试在建立平等的就业准入制度、维护进城务工农民的合法权益、建立农民工社会保障体系、妥善解决农民工子女就读问题、改革户籍制度、建立农村劳动力转移就业培训体系等方面有所突破。2006 年统筹城乡就业试点政策在选取试点的过程中，将其中的 12 个县（市、区）作为试点，因此 integration=1 时不仅刻画了统筹城乡就业试点政策的影响，还可能包含了农村劳动力平等就业试点政策的影响。为此，进一步加入农村劳动力平等就业试点（equal）的虚拟变量，为相应试点则赋值为 1，否则为 0。

表 11.4 列（1）给出了排除农村劳动力平等就业试点政策影响的估计结果，此时 integration×post 的估计系数发生轻微变化，但仍在 1%的水平上显著为正，而 equal×post 的估计系数在 10%的水平上没有通过显著性检验。进一步地，表 11.4 列（2）显示了将农村劳动力平等就业政策试点地区进行剔除后的估计结果，可以看出 integration×post 的系数仍在 1%的水平上显著为正，这意味着 integration×post 对出口产品质量的促进作用来源于统筹城乡就业试点政策，而非农村劳动力平等就业试点政策。

表 **11.4**　稳健性检验：排除农村劳动力平等就业试点政策的影响

变量	（1）	（2）
integration×post	0.122***	0.123***
	（0.037）	（0.037）
equal×post	−0.040	
	（0.042）	
lnsize	0.094***	0.097***
	（0.019）	（0.019）
lncap	0.057***	0.057***
	（0.013）	（0.013）
liquid	0.065**	0.067**
	（0.027）	（0.027）
tfp	0.131***	0.130***
	（0.012）	（0.013）
soe	0.053	0.050
	（0.050）	（0.050）
fie	−0.052	−0.059
	（0.045）	（0.044）

续表

变量	（1）	（2）
lnpop	0.715***	0.763***
	（0.206）	（0.208）
lntrans	0.002	–0.002
	（0.055）	（0.056）
lnwage	0.181	0.175
	（0.130）	（0.131）
entrybarrier	0.049	0.040
	（0.036）	（0.036）
agglomeration	0.249	0.286
	（0.516）	（0.530）
foreignshare	–0.150	–0.163
	（0.146）	（0.149）
hhi	–14.385*	–14.419*
	（7.492）	（7.585）
企业固定效应	控制	控制
产品-目的国固定效应	控制	控制
年份固定效应	控制	控制
常数项	–7.686***	–7.795***
	（2.210）	（2.271）
观测值	3 818 268	3 728 672
R^2	0.344	0.346

注：括号中为城市层面聚类标准误

***表示在 1%的水平上显著，**表示在 5%的水平上显著，*表示在 10%的水平上显著

（二）控制贸易自由化和投资自由化带来的影响

首先，本章的样本区间为 2000～2008 年，其间发生的重大事件是 2001 年中国加入 WTO，自此开始进入了快速的贸易自由化阶段。既有研究发现，贸易自由化使本国企业面临更为激烈的竞争，同时可以进口高质量的中间投

入品，从而提高本国企业的出口产品质量[512]，如果不控制贸易自由化带来的影响，则可能会导致某种程度上的遗漏变量问题。此外，激烈的产品市场竞争也会降低企业利润，促使政府加快劳动力市场改革[557]，因此基本回归得出的结果很可能受到贸易自由化的影响。按照 Brandt 等[558]的做法，本节构造 CIC 四位码行业层面的投入关税水平（tariff_input）和产出关税水平（tariff_output），用于衡量不同行业面临的进口冲击。表 11.5 列（1）至列（3）分别给出了控制投入关税、产出关税和同时控制投入关税、产出关税的估计结果，可以发现 integration×post 的估计系数仍然显著为正，即控制了贸易自由化带来的进口冲击和投资冲击后，基本回归得出的结论依然是成立的。

表 **11.5** 稳健性检验：控制贸易自由化和投资自由化带来的影响

变量	（1）	（2）	（3）	（4）	（5）	（6）
integration×post	0.121***	0.120***	0.121***	0.123***	0.121***	0.123***
	（0.035）	（0.035）	（0.035）	（0.037）	（0.037）	（0.037）
lnsize	0.092***	0.093***	0.092***	0.093***	0.094***	0.093***
	（0.017）	（0.017）	（0.017）	（0.019）	（0.019）	（0.019）
lncap	0.055***	0.056***	0.055***	0.057***	0.056***	0.056***
	（0.012）	（0.012）	（0.012）	（0.013）	（0.013）	（0.013）
liquid	0.071**	0.071**	0.071**	0.066**	0.065**	0.065**
	（0.028）	（0.028）	（0.028）	（0.027）	（0.027）	（0.027）
tfp	0.132***	0.132***	0.132***	0.131***	0.131***	0.131***
	（0.013）	（0.013）	（0.013）	（0.012）	（0.012）	（0.012）
soe	0.060	0.061	0.060	0.053	0.055	0.055
	（0.055）	（0.055）	（0.055）	（0.050）	（0.049）	（0.049）
fie	−0.063	−0.062	−0.063	−0.052	−0.054	−0.054
	（0.049）	（0.048）	（0.049）	（0.045）	（0.045）	（0.045）
lnpop	0.442*	0.445*	0.439*	0.709***	0.713***	0.708***
	（0.253）	（0.250）	（0.254）	（0.208）	（0.208）	（0.209）

续表

变量	(1)	(2)	(3)	(4)	(5)	(6)
lntrans	0.019	0.019	0.019	0.002	0.001	0.001
	(0.051)	(0.051)	(0.051)	(0.055)	(0.055)	(0.055)
lnwage	0.148	0.150	0.147	0.182	0.180	0.183
	(0.123)	(0.123)	(0.123)	(0.128)	(0.130)	(0.129)
entrybarrier	0.070**	0.071**	0.074**	0.056	0.050	0.056
	(0.035)	(0.036)	(0.036)	(0.035)	(0.036)	(0.035)
agglomeration	0.205	0.631	0.215	0.301	0.284	0.320
	(0.675)	(0.658)	(0.673)	(0.518)	(0.518)	(0.519)
foreignshare	−0.050	−0.005	−0.042	−0.165	−0.145	−0.159
	(0.157)	(0.157)	(0.161)	(0.147)	(0.146)	(0.147)
hhi	−16.898***	−16.871***	−17.146***	−14.072*	−15.299**	−14.923*
	(6.344)	(6.425)	(6.313)	(7.488)	(7.557)	(7.582)
tariff_input	0.019***		0.018***			
	(0.004)		(0.004)			
tariff_output		0.004	0.002			
		(0.003)	(0.003)			
encourage				−0.056***		−0.049**
				(0.020)		(0.021)
restrict					0.095***	0.085***
					(0.023)	(0.024)
企业固定效应	控制	控制	控制	控制	控制	控制
产品-目的国固定效应	控制	控制	控制	控制	控制	控制
年份固定效应	控制	控制	控制	控制	控制	控制
常数项	−6.212***	−6.220***	−6.248***	−7.710***	−7.671***	−7.706***
	(2.099)	(2.080)	(2.099)	(2.206)	(2.211)	(2.209)
观测值	3 460 222	3 460 222	3 460 222	3 818 268	3 818 268	3 818 268
R^2	0.346	0.346	0.346	0.344	0.344	0.344

注：括号中为城市层面聚类标准误

***表示在 1%的水平上显著，**表示在 5%的水平上显著，*表示在 10%的水平上显著

其次，借鉴孙浦阳等[559]的做法，整理各行业外资鼓励和禁止目录，在基础计量模型的基础上加入是不是鼓励行业（encourage）、限制行业（restrict）的虚拟变量。表 11.5 列（4）至列（6）分别给出了估计结果。可以看出在控制了投资自由化的影响后，integration×post 的估计系数仍然在 1%的水平上显著为正。

（三）改变出口产品质量的衡量方法

一是改变σ的取值范围。本章第三节关于产品质量测算中σ的取值与 Broda 和 Weinstein[347]给出的σ的取值一致，研究表明σ的取值区间通常为[5,10]。为此，分别将σ赋值为 5 和 10，表 11.6 列（1）、列（2）分别给出了估计结果。二是使用企业层面的出口质量作为被解释变量，基本回归中出口质量为产品层面，尽管这一做法在既有文献中非常普遍，但在没有引入新信息的情况下，如果使用产品层面的质量数据，观测值数量的扩大将使得标准误差变小，从而影响估计结果的可靠性[560]。借鉴 Crinò 和 Ogliari[408]的做法，将企业-年份-产品-目的国层面的产品质量在企业-年份层面进行简单平均，从而得出企业层面的出口质量，表 11.6 列（3）给出了估计结果。可以看出，无论采用哪一种方法衡量出口质量，基本回归得出的结论都是成立的。

表 11.6　稳健性检验：改变出口产品质量的衡量方法

变量	（1）	（2）	（3）
	$\sigma=5$	$\sigma=10$	企业层面的出口质量
integration×post	0.614***	0.948***	0.005***
	（0.070）	（0.126）	（0.001）
lnsize	0.131***	0.142***	0.010***
	（0.028）	（0.053）	（0.001）
lncap	0.067***	0.053	0.005***
	（0.019）	（0.037）	（0.001）

续表

变量	(1)	(2)	(3)
	$\sigma=5$	$\sigma=10$	企业层面的出口质量
liquid	0.033	0.063	0.002**
	(0.032)	(0.060)	(0.001)
tfp	0.159***	0.239***	0.007***
	(0.017)	(0.030)	(0.001)
soe	0.019	0.129	-0.002
	(0.064)	(0.119)	(0.002)
fie	-0.061	-0.118	-0.001
	(0.068)	(0.107)	(0.001)
lnpop	1.874***	3.502***	0.004
	(0.519)	(1.053)	(0.010)
lntrans	-0.067	-0.158	-0.000
	(0.079)	(0.159)	(0.002)
lnwage	0.196	0.455	0.011*
	(0.176)	(0.313)	(0.006)
entrybarrier	0.133**	0.282***	0.002
	(0.053)	(0.101)	(0.001)
agglomeration	0.787	-1.545	0.028
	(0.688)	(1.353)	(0.028)
foreignshare	-0.034	0.486	-0.003
	(0.216)	(0.405)	(0.007)
hhi	-44.268***	-69.592***	-0.013
	(12.539)	(24.359)	(0.010)
企业固定效应	控制	控制	控制
产品-目的国固定效应	控制	控制	不控制
年份固定效应	控制	控制	控制
常数项	-15.694***	-28.823***	0.358***
	(4.318)	(8.759)	(0.112)
观测值	3 724 275	3 539 723	217 056

续表

变量	（1）	（2）	（3）
	$\sigma=5$	$\sigma=10$	企业层面的出口质量
R^2	0.401	0.447	0.829

注：括号中为城市层面聚类标准误

***表示在 1%的水平上显著，**表示在 5%的水平上显著，*表示在 10%的水平上显著

（四）考虑空间溢出效应

自然实验通常依据地理边界来划分处理组和控制组，但是由于政策的外部性或者个体的策略性迁移决策，即企业主动地从控制组地区迁移至处理组地区，那么在处理组和控制组之间就可能发生溢出效应，即政策处理效果可能会蔓延到近邻的控制组，这就导致违反了双重差分法的个体处理稳定性假设（stable unit treatment value assumption，SUTVA）。

首先，借鉴 Clarke[561]的做法，在式（11-1）的基础上加入近邻处理组变量（close），具体来说，即如果企业所在城市与处理组接壤，则赋值为 1，否则为 0，估计结果详见表 11.7 中的列（1）。其次，借鉴孙天阳等[562]的做法，剔除处理组地理上相邻的控制组样本进行回归分析，估计结果详见表 11.7 中的列（2）。可以发现在控制了可能的空间溢出效应后，integration×post 的估计系数仍在 1%的水平上显著为正，基本回归得出的结论仍然是成立的。

表 **11.7** 稳健性检验：考虑空间溢出效应

变量	（1）	（2）
integration×post	0.121***	0.127***
	（0.037）	（0.028）
lnsize	0.094***	0.117***
	（0.019）	（0.031）

续表

变量	（1）	（2）
lncap	0.057***	0.067***
	（0.013）	（0.018）
liquid	0.065**	0.066*
	（0.027）	（0.039）
tfp	0.131***	0.122***
	（0.012）	（0.014）
soe	0.053	0.119*
	（0.050）	（0.061）
fie	−0.052	−0.094
	（0.045）	（0.066）
lnpop	0.714***	0.624***
	（0.207）	（0.202）
lntrans	0.003	−0.044
	（0.055）	（0.063）
lnwage	0.180	0.218
	（0.129）	（0.162）
entrybarrier	0.049	0.010
	（0.036）	（0.043）
agglomeration	0.256	0.436
	（0.517）	（0.519）
foreignshare	−0.150	−0.336**
	（0.146）	（0.160）
hhi	−14.387*	−2.877
	（7.485）	（7.299）
close	−0.136	
	（0.235）	
企业固定效应	控制	控制
产品-目的国固定效应	控制	控制
年份固定效应	控制	控制

续表

变量	（1）	（2）
常数项	−7.620***	−6.732***
	（2.200）	（2.573）
观测值	3 818 268	2 098 483
R^2	0.344	0.362

注：括号中为城市层面聚类标准误

***表示在 1%的水平上显著，**表示在 5%的水平上显著，*表示在 10%的水平上显著

（五）考虑样本选择偏差问题

基本回归中排除了非出口企业，这就会产生由于样本选择偏差导致的估计偏误。为此，使用 Heckman 两步法来解决这一问题。第一步，构建选择方程，被解释变量为企业出口倾向（exp_dum），若企业出口额大于 0 即为出口企业，否则为非出口企业；第二步，构建修正的出口质量模型，在第一步回归得到逆米尔斯比率（inverse Mills ratio，IMR）的基础上建立回归模型，以消除潜在的样本选择偏差，在采用 Heckman 自选择模型进行估计时，需要在企业出口决策模型中加入额外的控制变量[401]。该控制变量需要与企业出口决策密切相关，同时又不影响企业出口产品质量。采用企业上一期是否出口的虚拟变量（L.exp_dum）作为控制变量，原因是如果企业上一期存在出口行为，意味着企业已支出了部分固定成本，这会影响企业当期的出口决策。表 11.8 列（1）和列（2）报告了 Heckman 两步法得到的结果。可以看出，IMR 的回归系数在 1%的水平上显著，拒绝不存在样本选择性偏差的原假设，说明存在样本选择问题的可能性较大，而表 11.8 列（2）integration×post 的估计系数与基本回归中使用双重差分法得到的结果非常接近（两个系数均是四舍五入后得到的 0.121，因此不是相同的），再次验证了基本回归结论的稳健性。

表 **11.8** 稳健性检验：考虑样本选择偏差问题

变量	(1)	(2)
	exp_dum	quality
integration×post	0.036***	0.121***
	(0.006)	(0.037)
lnsize	0.254***	0.090***
	(0.002)	(0.019)
lncap	–0.018***	0.055***
	(0.002)	(0.013)
liquid	0.013***	0.065**
	(0.005)	(0.027)
tfp	0.022***	0.131***
	(0.001)	(0.012)
soe	–0.182***	0.055
	(0.007)	(0.050)
fie	0.720***	–0.055
	(0.005)	(0.045)
lnpop	0.192***	0.719***
	(0.047)	(0.206)
lntrans	–0.137***	0.004
	(0.008)	(0.055)
lnwage	0.005	0.180
	(0.016)	(0.129)
entrybarrier	–0.208***	0.051
	(0.003)	(0.036)
agglomeration	2.321***	0.225
	(0.073)	(0.516)
foreignshare	0.640***	–0.150
	(0.015)	(0.146)
hhi	0.555***	–14.437*
	(0.049)	(7.490)

续表

变量	(1)	(2)
	exp_dum	quality
L.exp_dum	2.015***	
	(0.004)	
IMR		-0.023***
		(0.007)
城市固定效应	控制	不控制
企业固定效应	不控制	控制
产品-目的国固定效应	不控制	控制
年份固定效应	控制	控制
常数项	-0.640*	-7.696***
	(0.338)	(2.208)
观测值	1 837 872	3 818 268
R^2	0.448	0.344

注：括号中为城市层面聚类标准误

***表示在 1%的水平上显著，**表示在 5%的水平上显著，*表示在 10%的水平上显著

（六）改变聚类方法

基本回归中按照通行的做法对于标准误差在城市层面进行了聚类，但在哪一层面聚类并无严格的标准[392]。本部分分别从企业（name）、HS 六位码（hs6）、城市-年份（city_year）、HS 六位码-年份（hs6_year）四个层面进行聚类，表 11.9 给出了估计结果。可以看出，在改变了聚类方法后，integration × post 的估计系数仍在 1%的水平上显著为正，意味着基本回归的结论不受稳健标准误差聚类层面的影响。

表 **11.9**　稳健性检验：改变聚类方法

变量	(1)	(2)	(3)	(4)
	name	hs6	city_year	hs6_year
integration×post	0.121***	0.121***	0.121***	0.121***
	(0.017)	(0.014)	(0.024)	(0.015)

续表

变量	（1）	（2）	（3）	（4）
	name	hs6	city_year	hs6_year
lnsize	0.094***	0.094***	0.094***	0.094***
	(0.014)	(0.011)	(0.012)	(0.011)
lncap	0.057***	0.057***	0.057***	0.057***
	(0.012)	(0.009)	(0.009)	(0.009)
liquid	0.065***	0.065***	0.065***	0.065***
	(0.018)	(0.014)	(0.020)	(0.016)
tfp	0.131***	0.131***	0.131***	0.131***
	(0.008)	(0.005)	(0.007)	(0.006)
soe	0.053	0.053*	0.053	0.053
	(0.050)	(0.031)	(0.040)	(0.035)
fie	−0.052	−0.052**	−0.052*	−0.052*
	(0.037)	(0.023)	(0.028)	(0.028)
lnpop	0.715***	0.715***	0.715***	0.715***
	(0.186)	(0.146)	(0.196)	(0.132)
lntrans	0.003	0.003	0.003	0.003
	(0.029)	(0.027)	(0.041)	(0.025)
lnwage	0.179***	0.179***	0.179**	0.179***
	(0.064)	(0.060)	(0.088)	(0.060)
entrybarrier	0.049**	0.049**	0.049**	0.049**
	(0.023)	(0.022)	(0.021)	(0.021)
agglomeration	0.255	0.255	0.255	0.255
	(0.443)	(0.466)	(0.383)	(0.416)
foreignshare	−0.150	−0.150	−0.150	−0.150
	(0.109)	(0.113)	(0.115)	(0.111)
hhi	−14.386***	−14.386***	−14.386***	−14.386***
	(4.648)	(5.495)	(4.453)	(4.332)
企业固定效应	控制	控制	控制	控制
产品-目的国固定效应	控制	控制	控制	控制

续表

变量	(1)	(2)	(3)	(4)
	name	hs6	city_year	hs6_year
年份固定效应	控制	控制	控制	控制
常数项	-7.669^{***}	-7.669^{***}	-7.669^{***}	-7.669^{***}
	(1.448)	(1.288)	(1.680)	(1.171)
观测值	3 818 268	3 818 268	3 818 268	3 818 268
R^2	0.344	0.344	0.344	0.344

注：括号中为城市层面聚类标准误

***表示在 1%的水平上显著，**表示在 5%的水平上显著，*表示在 10%的水平上显著

（七）考虑政策试点结束后产生的影响

由于统筹城乡就业政策试点结束后，试点期的一些政策戛然而止，因此基本回归将样本最后时间限定为 2008 年。但试点过程中产生的促进城乡劳动力市场一体化的政策观念和有益做法保留了下来；与此同时，完善劳动合同管理制度、放宽农民工进城落户条件等政策延续了下来。此外，也有一些经济条件较好的城市（如嘉兴市等）选择继续实行统筹城乡就业试点期间的各项政策。因此，本部分进一步将样本截止时间拓展至 2013 年，以更好地反映统筹城乡就业试点政策的影响。表 11.10 给出了估计结果，可以看出 integration×post 的估计系数仍然在 1%的水平上显著为正，但相比基本回归的估计系数有所减小，说明试点结束后政策的影响力度有所减小。

表 **11.10**　稳健性检验：考虑政策试点结束后产生的影响

变量	(1)	(2)	(3)	(4)
integration×post	0.113^{***}	0.116^{***}	0.116^{***}	0.116^{***}
	(0.022)	(0.022)	(0.022)	(0.022)
lnsize		0.018^{***}	0.018^{***}	0.018^{***}
		(0.005)	(0.005)	(0.004)

续表

变量	(1)	(2)	(3)	(4)
lncap		0.005 (0.005)	0.005 (0.005)	0.005 (0.005)
liquid		0.001** (0.001)	0.001** (0.001)	0.001** (0.001)
tfp		0.032*** (0.004)	0.032*** (0.004)	0.032*** (0.004)
soe		0.005 (0.022)	0.006 (0.022)	0.005 (0.022)
fie		0.015*** (0.005)	0.015*** (0.005)	0.015*** (0.005)
lnpop			0.006** (0.003)	0.006** (0.003)
lntrans			0.000 (0.013)	0.001 (0.013)
lnwage			0.005 (0.030)	0.006 (0.030)
entrybarrier				–0.004 (0.005)
agglomeration				–0.140* (0.083)
hhi				0.020 (0.062)
企业固定效应	控制	控制	控制	控制
产品-目的国固定效应	控制	控制	控制	控制
年份固定效应	控制	控制	控制	控制
常数项	0.034*** (0.006)	–0.280*** (0.040)	–0.368 (0.348)	–0.333 (0.362)
观测值	7 937 541	7 618 422	7 618 422	7 618 422
R^2	0.369	0.371	0.371	0.371

注：括号中为城市层面聚类标准误

***表示在 1%的水平上显著，**表示在 5%的水平上显著，*表示在 10%的水平上显著

第五节　进一步检验

一、异质性检验

虽然基本回归已经验证了城乡劳动力市场一体化对企业出口产品质量提升的促进作用，但这种估计模型只是建立在均值回归模型的框架上，即考察的是城乡劳动力市场一体化对所有企业的平均处理效应。而现实中，不同企业由于在多个方面存在明显差异，在受到统筹城乡就业试点政策冲击时的反应也会不同。为此，本节分别从企业所有制类型、产品契约敏感度、企业所在地区和行业要素密集度四个方面进行异质性检验。

（一）分企业所有制类型

大量的实证研究表明，在控制了行政垄断、企业规模和职工教育背景等因素之后，国有企业支付了更高的职工工资[411,520,563]，因此国有企业可以吸引更多的高技能水平劳动力。那么，城乡劳动力市场一体化带来的劳动力供给增多，可能对非国有企业的用工难、技工短缺等问题具有更大的边际改善作用，即用工技能提升效应更多体现在非国有企业中。

表 11.11 报告了考察城乡劳动力市场一体化对不同所有制类型企业出口产品质量影响的估计结果。可以发现，对于国有企业样本组，integration×post 的估计系数并不显著，而对于民营企业和外资企业样本组，integration×post 的估计系数至少在 5%的水平上显著，这意味着城乡劳动力市场一体化对企业出口产品质量的提升作用主要体现在非国有企业中。

表 **11.11** 异质性分析：分企业所有制类型

变量	(1)	(2)	(3)
	国有企业	民营企业	外资企业
integration×post	0.126	0.092**	0.113***
	(0.125)	(0.036)	(0.041)
lnsize	0.171*	0.131***	0.089***
	(0.101)	(0.025)	(0.023)
lncap	0.189**	0.068***	0.050***
	(0.089)	(0.018)	(0.015)
liquid	0.226*	0.023	0.074**
	(0.118)	(0.040)	(0.029)
tfp	0.125***	0.130***	0.135***
	(0.034)	(0.014)	(0.016)
lnpop	0.140	0.343	0.808***
	(0.458)	(0.355)	(0.226)
lntrans	−0.060	−0.049	0.011
	(0.124)	(0.073)	(0.063)
lnwage	0.363	0.294	0.042
	(0.365)	(0.194)	(0.129)
entrybarrier	−0.001	0.170***	0.009
	(0.140)	(0.057)	(0.033)
agglomeration	3.129	0.111	0.151
	(2.551)	(0.689)	(0.589)
foreignshare	−0.558	0.378*	−0.321**
	(0.733)	(0.224)	(0.151)
hhi	−5.270	−32.267**	−8.566
	(21.965)	(14.120)	(6.633)
企业固定效应	控制	控制	控制
产品-目的国固定效应	控制	控制	控制
年份固定效应	控制	控制	控制

续表

变量	(1)	(2)	(3)
	国有企业	民营企业	外资企业
常数项	−8.448	−7.843**	−6.245***
	(5.377)	(3.867)	(2.062)
观测值	100 892	1 302 225	2 338 195
R^2	0.869	0.396	0.350

注：括号中为城市层面聚类标准误

***表示在 1%的水平上显著，**表示在 5%的水平上显著，*表示在 10%的水平上显著

（二）分产品契约敏感度

契约不完全理论认为，有限理性或信息不对称使一些关于用工的专用性投资无法完全写入契约或向第三方证实，造成企业在事后的再谈判中很可能面临被“套牢”或“敲竹杠”的风险，那么企业在生产过程中则更倾向于生产低契约密集度的产品。当前中国的契约实施制度并不完善，劳动力市场一体化之后，企业会更加关注对劳动者的社会保障，使劳企双方之间的联系更加密切，会在较大程度上改变企业面临的契约环境。由此，本节推测城乡劳动力市场一体化对企业出口产品质量的正向促进作用更可能体现在对契约敏感度更高的产品上。

借鉴通行的做法，根据 Rauch[406]构建的产品差异化指数，对出口产品的契约敏感度进行分类。表 11.12 列（1）和列（2）给出了保守估计的产品契约敏感度分组结果，可以看出差异性产品组 integration×post 的估计系数在 1%的水平上显著为正，而同质性产品组 integration×post 的估计系数则没有通过显著性检验。为了保证结论的稳健性，表 11.12 列（3）和列（4）进一步给出了传统估计的产品契约敏感度分组结果，结论没有发生变化。这意味着城乡劳动力市场一体化对企业出口产品质量的促进作用主要体现在差异性产品上。

表 **11.12** 异质性分析：分产品契约敏感度

变量	保守估计		传统估计	
	差异性产品	同质性产品	差异性产品	同质性产品
	(1)	(2)	(3)	(4)
integration×post	0.132***	0.041	0.131***	0.068
	(0.035)	(0.107)	(0.035)	(0.085)
lnsize	0.086***	0.155***	0.083***	0.149***
	(0.019)	(0.058)	(0.020)	(0.050)
lncap	0.051***	0.128***	0.051***	0.109***
	(0.014)	(0.042)	(0.014)	(0.036)
liquid	0.074***	−0.037	0.069***	0.028
	(0.026)	(0.076)	(0.026)	(0.062)
tfp	0.128***	0.210***	0.133***	0.176***
	(0.014)	(0.020)	(0.015)	(0.019)
soe	0.073	0.082	0.076	0.080
	(0.057)	(0.088)	(0.059)	(0.084)
fie	−0.037	−0.108*	−0.044	−0.072
	(0.054)	(0.063)	(0.053)	(0.056)
lnpop	0.610***	1.132**	0.627***	0.963**
	(0.218)	(0.546)	(0.225)	(0.457)
lntrans	−0.033	0.200	−0.041	0.173
	(0.056)	(0.152)	(0.055)	(0.134)
lnwage	0.097	0.185	0.080	0.287
	(0.141)	(0.236)	(0.141)	(0.236)
entrybarrier	0.006	0.622***	0.013	0.406***
	(0.028)	(0.153)	(0.030)	(0.111)
agglomeration	0.013	−0.508	−0.098	−0.759
	(0.542)	(1.462)	(0.543)	(1.014)
foreignshare	−0.124	1.206***	−0.101	0.539
	(0.149)	(0.438)	(0.153)	(0.367)
hhi	−7.198	−92.510***	−7.869	−73.133***
	(5.437)	(23.256)	(5.929)	(18.658)

续表

变量	保守估计		传统估计	
	差异性产品	同质性产品	差异性产品	同质性产品
	(1)	(2)	(3)	(4)
企业固定效应	控制	控制	控制	控制
产品-目的国固定效应	控制	控制	控制	控制
年份固定效应	控制	控制	控制	控制
常数项	-5.331^{**}	-19.630^{***}	-5.261^{**}	-16.654^{***}
	(2.227)	(6.280)	(2.303)	(5.400)
观测值	2 940 646	367 879	2 824 212	483 007
R^2	0.355	0.483	0.358	0.462

注：括号中为城市层面聚类标准误

***表示在 1%的水平上显著，**表示在 5%的水平上显著，*表示在 10%的水平上显著

（三）分企业所在地区

我国劳动力市场具有明显的地域性特征，这一点在中国现行户籍管理制度、区域化经济发展政策和财税核算体系下尤为突出。地方政府出于局部利益的考量，往往会出台各种政策扶持本地经济发展、保障城市居民就业，从而在一定程度上阻碍了城乡劳动力市场一体化的形成[564]。由于沿海地区最早开始市场化改革，率先对外开放，劳动力要素市场化改革走在前列，根据樊纲等[565]使用 25 项客观指标对中国各地区市场化进程相对指数进行度量的结果，东部沿海地区的市场化程度远远超过内陆地区。这一点，可以从本章样本区间内沿海地区集聚了我国绝大多数的短期流动人口的特征事实得到佐证。那么，可以推测，相较于沿海地区企业，城乡劳动力市场一体化试点政策对内陆地区企业劳动力供给的促进作用更大，进而更有助于提升内陆地区企业的出口产品质量。

表 11.13 给出了分地区回归的估计结果。可以看出，城乡劳动力市场一体化对沿海地区样本组的企业出口产品质量提升幅度为 11.7%，对内陆地区

样本组的企业出口产品质量提升幅度为 16.4%，意味着城乡劳动力市场一体化试点政策对内陆地区企业的出口产品质量产生了更大的促进作用。

表 **11.13** 异质性分析：分企业所在地区

变量	（1）	（2）
	沿海地区	内陆地区
integration×post	0.117***	0.164**
	（0.039）	（0.081）
lnsize	0.081***	0.242***
	（0.018）	（0.042）
lncap	0.047***	0.158***
	（0.013）	（0.034）
liquid	0.067**	0.058
	（0.029）	（0.049）
tfp	0.133***	0.111***
	（0.014）	（0.016）
soe	0.017	0.200*
	（0.053）	（0.105）
fie	−0.054	0.005
	（0.048）	（0.089）
lnpop	0.777***	0.655***
	（0.229）	（0.235）
lntrans	0.009	−0.078
	（0.066）	（0.092）
lnwage	0.198	−0.098
	（0.149）	（0.095）
entrybarrier	0.026	0.218***
	（0.037）	（0.074）
agglomeration	−0.040	5.898***
	（0.507）	（1.574）

续表

变量	(1)	(2)
	沿海地区	内陆地区
foreignshare	−0.120	−0.214
	(0.157)	(0.484)
hhi	−12.512	−31.387***
	(8.084)	(10.001)
企业固定效应	控制	控制
产品-目的国固定效应	控制	控制
年份固定效应	控制	控制
常数项	−7.978***	−6.522***
	(2.537)	(2.024)
观测值	3 504 311	266 816
R^2	0.346	0.486

注：括号中为城市层面聚类标准误

***表示在 1%的水平上显著，**表示在 5%的水平上显著，*表示在 10%的水平上显著

（四）分行业要素密集度

通常来讲，不同产业在生产过程中使用要素的密集度不同，纺织服装等劳动密集型行业用工人数相对更多，可能会对城乡劳动力市场一体化试点政策更为敏感，而电子信息、高端装备等行业更依赖资金、技术等生产要素，可能对城乡劳动力市场一体化试点政策的敏感度相对较弱。因此，本部分借鉴 Lu 等[566]的做法，选取 2005 年 CIC 四位码行业所有企业的资本劳动比的中位数作为该行业的资本劳动比，然后取行业资本劳动比的 1/3 分位点、2/3 分位点作为劳动密集型、中间密集型和资本密集型三类不同劳动要素密集度行业的分界。

表 11.14 给出了估计结果。可以发现，对于资本密集型行业样本组，integration×post 的估计系数没有通过显著性检验，对中间密集型和劳动密集

型行业样本组，integration×post 的估计系数至少在 5%的水平上显著，且劳动密集型样本组的估计系数大于中间密集型样本组的估计系数。这意味着城乡劳动力市场一体化带来的产品质量提升作用对劳动密集型行业而言更大。

表 **11.14** 异质性分析：分行业要素密集度

变量	(1)	(2)	(3)
	劳动密集型	中间密集型	资本密集型
integration×post	0.136***	0.108**	0.090
	(0.046)	(0.046)	(0.073)
lnsize	0.106***	0.066**	0.160***
	(0.023)	(0.026)	(0.044)
lncap	0.049***	0.061***	0.077*
	(0.016)	(0.018)	(0.040)
liquid	0.098***	0.019	0.065
	(0.027)	(0.039)	(0.059)
tfp	0.130***	0.127***	0.183***
	(0.019)	(0.015)	(0.020)
soe	0.064	0.038	0.043
	(0.077)	(0.093)	(0.094)
fie	−0.093	−0.034	−0.025
	(0.073)	(0.054)	(0.081)
lnpop	0.492	1.036***	0.485
	(0.340)	(0.354)	(0.428)
lntrans	−0.031	−0.027	0.047
	(0.064)	(0.084)	(0.096)
lnwage	0.037	0.184	0.259
	(0.151)	(0.170)	(0.228)
entrybarrier	−0.228***	0.114	0.092
	(0.076)	(0.083)	(0.133)
agglomeration	1.968**	−1.307	−3.700
	(0.801)	(0.938)	(3.081)

续表

变量	（1）	（2）	（3）
	劳动密集型	中间密集型	资本密集型
foreignshare	−0.595**	−0.054	−0.781*
	（0.261）	（0.193）	（0.442）
hhi	35.095***	−30.692*	−16.207
	（11.644）	（17.764）	（13.335）
企业固定效应	控制	控制	控制
产品-目的国固定效应	控制	控制	控制
年份固定效应	控制	控制	控制
常数项	−1.801	−9.930***	−8.674**
	（3.215）	（3.611）	（3.530）
观测值	1 898 440	1 497 919	364 221
R^2	0.360	0.358	0.466

注：括号中为城市层面聚类标准误

***表示在 1%的水平上显著，**表示在 5%的水平上显著，*表示在 10%的水平上显著

二、影响机制检验

本部分对本章第二节影响机制分析部分提及的可能渠道进行检验。

（一）用工技能提升效应

由于中国工业企业数据库除 2004 年外，没有提供企业层面的员工技能水平变量，为此，对于技能效应渠道的检验，我们借鉴 Liu 和 Lu[567]的做法，采用分组检验的方式进行。可以推测，如果城乡劳动力市场一体化通过用工技能提升效应提高了出口产品质量，那么对于技能密集度越高的行业，产生的促进作用就会越大。对于制造业行业技能密集度指标，基于 2004 年中国工业企业数据库中的数据采用两种衡量方法，一是 CIC 四位码行业层面中级和高级工程师人数占就业人数的比例，二是 CIC 四位码行业大学专

科及以上学历人数占就业人数的比例。这两个指标的数值越大，说明行业技能密集度越高。

根据这两个指标的中位数将所有行业分为高技能密集型行业和低技能密集型行业。从表 11.15 列（1）和列（2）、列（3）和列（4）可以看出，城乡劳动力市场一体化对不同技能密集度行业的影响系数均显著为正，但高技能密集型行业样本 integration×post 的估计系数明显大于低技能密集型行业样本，这意味着城乡劳动力市场一体化通过用工技能提升效应提高了出口产品质量，即用工技能提升效应渠道得到证明。

表 **11.15** 影响机制检验：用工技能提升效应

变量	中级和高级工程师人数占就业人数比例		大学专科及以上学历人数占就业人数比例	
	高技能密集型	低技能密集型	高技能密集型	低技能密集型
	（1）	（2）	（3）	（4）
integration×post	0.161***	0.114***	0.193***	0.109***
	（0.054）	（0.040）	（0.039）	（0.042）
lnsize	0.118***	0.086***	0.133***	0.081***
	（0.034）	（0.017）	（0.031）	（0.018）
lncap	0.110***	0.041***	0.112***	0.043***
	（0.024）	（0.015）	（0.025）	（0.015）
liquid	0.069	0.066**	0.070	0.069***
	（0.055）	（0.026）	（0.057）	（0.025）
tfp	0.154***	0.130***	0.142***	0.131***
	（0.018）	（0.016）	（0.017）	（0.016）
soe	0.035	0.074	0.013	0.043
	（0.075）	（0.080）	（0.076）	（0.078）
fie	−0.025	−0.075	−0.044	−0.072
	（0.073）	（0.046）	（0.071）	（0.047）

续表

变量	中级和高级工程师人数占就业人数比例		大学专科及以上学历人数占就业人数比例	
	高技能密集型	低技能密集型	高技能密集型	低技能密集型
	（1）	（2）	（3）	（4）
lnpop	−0.100	0.928***	0.306	0.809**
	（0.261）	（0.325）	（0.258）	（0.332）
lntrans	0.111	−0.003	0.029	0.017
	（0.108）	（0.059）	（0.094）	（0.061）
lnwage	0.221	0.148	0.245	0.142
	（0.191）	（0.149）	（0.172）	（0.157）
entrybarrier	0.015	0.105**	0.052	0.106**
	（0.058）	（0.049）	（0.046）	（0.051）
agglomeration	0.162	0.794	−0.543	1.494*
	（1.315）	（0.829）	（1.029）	（0.842）
foreignshare	0.042	−0.036	0.152	−0.167
	（0.254）	（0.215）	（0.223）	（0.223）
hhi	1.111	−33.999***	−1.708	−36.785***
	（10.437）	（11.389）	（7.713）	（12.482）
企业固定效应	控制	控制	控制	控制
产品-目的国固定效应	控制	控制	控制	控制
年份固定效应	控制	控制	控制	控制
常数项	−4.500*	−8.967***	−6.961***	−8.320**
	（2.565）	（3.293）	（2.404）	（3.482）
观测值	1 047 714	2 728 104	1 098 754	2 677 035
R^2	0.401	0.350	0.396	0.350

注：括号中为城市层面聚类标准误

***表示在 1%的水平上显著，**表示在 5%的水平上显著，*表示在 10%的水平上显著

（二）用工成本调整效应

对于用工成本调整效应渠道的检验，首先考察城乡劳动力市场一体化是

否增加了企业用工成本。企业用工成本不仅包括企业应付工资总额，还包括企业为员工支付的各种社会保险等，然而遗憾的是，在中国工业企业数据库中，这些变量在多个年份的数据存在缺失情况。本节借鉴孙浦阳等[568]的做法，以企业工资总额与营业收入之比衡量企业用工成本（salary）。表 11.16 列（1）给出了城乡劳动力市场一体化对企业层面用工成本影响的估计结果。可以看出，integration×post 的估计系数在 1%的水平上显著为正，意味着城乡劳动力市场一体化提高了企业用工成本，这也就意味着城乡劳动力市场一体化带来的用工数量增加导致的劳动力成本价格下降被劳动力市场制度完善带来的用工价格上升抵消了。

表 **11.16** 影响机制检验：用工成本调整效应

变量	salary	quality	
	用工成本	高用工成本	低用工成本
	（1）	（2）	（3）
integration×post	0.130***	0.087*	0.125***
	（0.007）	（0.047）	（0.045）
lnsize	0.015***	0.110***	0.102***
	（0.001）	（0.027）	（0.023）
lncap	−0.005***	0.097***	0.025
	（0.001）	（0.023）	（0.019）
liquid	−0.000	0.068	0.053
	（0.001）	（0.042）	（0.036）
tfp	−0.016***	0.133***	0.138***
	（0.001）	（0.015）	（0.019）
soe	0.003	0.043	0.019
	（0.002）	（0.079）	（0.062）
fie	0.001	−0.033	−0.076
	（0.001）	（0.061）	（0.049）

续表

变量	salary	quality	
	用工成本	高用工成本	低用工成本
	（1）	（2）	（3）
lnpop	−0.045 （0.030）	0.392 （0.308）	0.937*** （0.278）
lntrans	−0.007 （0.006）	0.058 （0.093）	−0.054 （0.054）
lnwage	0.002 （0.010）	0.376** （0.167）	−0.110 （0.166）
entrybarrier	0.000 （0.001）	0.102** （0.050）	0.000 （0.036）
agglomeration	0.052 （0.047）	0.792 （0.815）	−0.100 （0.632）
foreignshare	−0.009 （0.007）	−0.116 （0.227）	−0.250 （0.183）
hhi	−0.032 （0.191）	−26.114** （11.784）	0.743 （9.351）
企业固定效应	控制	控制	控制
产品-目的国固定效应	不控制	控制	控制
年份固定效应	控制	控制	控制
常数项	0.427* （0.238）	−9.195*** （3.389）	−4.761* （2.760）
观测值	215 227	1 372 972	1 385 137
R^2	0.810	0.373	0.379

注：括号中为城市层面聚类标准误

***表示在 1%的水平上显著，**表示在 5%的水平上显著，*表示在 10%的水平上显著

进一步地，关注用工成本对企业出口产品质量的负向影响效应是否存在，如果存在则可以推测对于用工成本高的企业，城乡劳动力市场一体化对于出口产品质量的提升作用会相对较小。为了保证识别的可靠性，将城乡劳

动力市场一体化政策冲击发生前一年（2005 年）的企业用工成本中位数作为分界点，将全部样本分为高用工成本组和低用工成本组。表 11.16 列（2）和列（3）分别给出了估计结果，可以发现 integration×post 的估计系数在两组中都显著为正，但对于高用工成本组的影响系数明显小于低用工成本组。以上发现意味着，城乡劳动力市场一体化通过增加企业用工成本抑制了出口产品质量提升。

第六节　主要结论与政策启示

面对我国经济高质量发展的需要，探寻如何提高出口产品质量，进而培育出口竞争新优势，并摆脱价值链低端锁定，是从产品升级角度实现制造业价值链升级，并由贸易大国转向贸易强国的重要路径，也是政策制定者和学术界共同关心的重大问题。而目前我国城乡劳动力市场分割的现象使得我国陷在价值链低端位置，不利于制造业转型升级。

因此，本章使用中国工业企业数据库和中国海关进出口数据库的匹配数据，将 2006 年大规模启动的统筹城乡就业试点作为准自然实验，考察了城乡劳动力市场一体化对企业出口产品质量的影响，研究发现：

第一，基准回归结果显示，城乡劳动力市场一体化显著地促进了企业出口产品质量提升，统筹城乡就业试点政策带来的企业出口产品质量提升幅度约为 12.1%，且该结果在排除农村劳动力平等就业试点政策的影响、控制贸易自由化和投资自由化带来的影响、改变出口产品质量的衡量方法、考虑空间溢出效应、考虑样本选择偏差问题、改变聚类方法和考虑政策试点结束后产生的影响后依然稳健。

第二，平行趋势和动态效应检验结果显示：城乡劳动力市场一体化对企业出口产品质量的正向影响整体上呈现先增强后减弱的倒“U”形动态变化特征。

第三，异质性检验结果显示：城乡劳动力市场一体化对企业出口产品质量的影响存在明显的异质性，对于非国有企业、生产差异性产品的企业、内陆地区企业和劳动密集型企业产生了更大的促进作用。其中，城乡劳动力市场一体化带来的劳动力供给增加更能改善非国有企业的用工难、技工短缺等问题，对产品质量的正向促进作用体现在对契约敏感度更高的产品上。

第四，影响机制检验结果显示：城乡劳动力市场一体化主要通过提高劳动力技能促进企业出口产品质量提升，与此同时带来的用工成本上升在一定程度上抑制了出口产品质量提升。具体来讲，一方面通过检验城乡劳动力市场一体化对不同技能密集度行业出口产品质量的影响发现，城乡劳动力市场一体化对高技能密集型行业样本的影响系数明显大于低技能密集型行业样本，意味着劳动力市场一体化通过用工技能提升效应提高了出口产品质量；另一方面通过将全部样本分为高用工成本组和低用工成本组进行实证检验发现，城乡劳动力市场一体化通过增加企业用工成本抑制了出口产品质量提升。

基于以上结论，本章的政策启示在于以下四个方面：

第一，《中华人民共和国国民经济和社会发展第十四个五年规划和2035年远景目标纲要》提出“统筹城乡就业政策，积极引导农村劳动力就业”，本章的研究表明持续推动城乡劳动力市场一体化，可能是未来融入大循环、培育出口竞争新优势的重要抓手。当前我国城乡劳动者平等参与市场竞争的就业制度正在逐步建立，但数量庞大的农民工工资水平总体偏低，就业稳定性较差、保障较弱的问题依然存在，因此要进一步推进就业制度平等、就业服务平等，加强劳动权益维护，健全劳动关系协调机制。

第二，考虑到城乡一体化会提高用工成本，未来的政策设计应兼顾企业承受能力和保障劳动者劳动报酬权益。在保障劳动者劳动报酬权益方面，逐渐消除对流动人口在工作、医疗、住房等方面的歧视，并允许在城市的农民享受与当地居民相同的社区福利，从而更好地促进城乡一体化，增强其幸福感与归属感，推动经济高质量发展。同时加强政府支持，从城乡基本公共服务均等化、维护和改善城乡市场运行秩序等方面出发进行改革；在基本公共服务供给制度、基础设施建设机制、公共财政制度创新等方面优化城乡公共财政制度；在政府行为规范体系、城乡跨域协同治理体制机制等方面改善城乡社会治理体系，为实现城乡劳动力一体化提供政策制度保障。

第三，考虑到劳动力市场一体化对出口产品质量产生的异质性作用，要增强相关政策的协调性，加快推进国有企业的市场化改革，建立多元化薪酬体系；建立健全法律体系，加大契约保护力度；加快推进内陆地区要素市场化配置改革，提高要素配置效率，进一步激发全社会创造力和市场活力；进一步增强政策的行业针对性，根据各个行业的特点，研究制定具体的政策措施。

第四，为保障城乡劳动力市场一体化发展，需要提升城乡教育意识、促进城乡基础教育服务均等化。加强在农村地区的人力资本投资宣传，促进农村家庭形成长期人力资本积累的教育观念；增强对非农劳动力的职业教育培训，增进对技能劳动力的专业化、职业化培育，通过宣传与市场手段相结合，提高农村家庭进行人力资本投资的积极性。通过公共投资和家庭投资相结合的手段缩小城乡教育差距，在义务教育阶段加大对落后地区师资力量、硬件设施和教育经费投入的力度，并注重非义务教育阶段城乡教学条件的统筹发展，推进公共教育服务均等化、教育机会均等化。

第十二章
个人所得税改革与制造业全球价值链升级

第一节 问 题 提 出

改革开放以来，中国充分发挥劳动力在价格与质量方面所体现出的比较优势，实现了向世界出口大国的跃升，然而出口产品质量总体状况仍难言乐观[569]。所以《中华人民共和国国民经济和社会发展第十四个五年规划和2035 年远景目标纲要》指出，要“把新发展理念完整、准确、全面贯穿发展全过程和各领域，构建新发展格局，切实转变发展方式，推动质量变革、效率变革、动力变革”，要“优化出口商品质量和结构”“加快培育参与国际合作和竞争新优势”。在这一背景下，提升出口产品质量，培育出口竞争新优势，实现由贸易大国向贸易强国转变，成为政策制定者和学术界共同关心的重大问题。

党的十八大以来，党中央精准把握发展阶段的新变化，把逐步实现全体人民共同富裕摆在更加重要的位置上。只有促进共同富裕，提高城乡居民收入，提升人力资本，才能提高全要素生产率，夯实高质量发展的动力基础，其中，一个必要手段则是加大税收的调节力度，扩大中等收入群体比重，增加低收入群体收入，合理调节高收入。据此我们关心的问题是，针对劳动者的个人所得税改革在提高劳动者收入的同时，对企业出口产品质量提升的作用如何？如果有助于提升出口产品质量，则意味着可以实现劳动者与企业的双赢；如果不利于提升出口产品质量，则意味着需要在劳动者和企业利益之间进行权衡。

通过文献梳理发现，与本章研究主题联系紧密的文献主要分为两支。

第一支文献紧紧围绕劳动者群体，主要考察了个人所得税改革对收入分配[570-574]、劳动力市场供给[137,575-577]、居民消费[135,136,578-580]的影响。实际上，个人所得税改革除了影响劳动者群体外，还会通过员工激励和税负转嫁传导至企业，从而影响企业行为决策。而将企业作为对象来研究个人所得税改革带来的经济效应的文献尚在少数，在现有文献中，程小可等[142]基于2006～2017 年沪深 A 股上市公司数据考察了地方个人所得税优惠政策对企业创新活动的影响，发现地方个人所得税优惠政策的实施主要通过“促进人才引进”和“提高员工忠诚度”两条渠道显著提升了当地上市公司的创新产出；门闯和孙晓骅[143]则从个税造成劳动要素价格扭曲的视角，通过估算行业层面的公共资金边际成本来反映个税对劳动价格的扭曲程度，发现过度投资与个税对劳动的扭曲程度呈正相关，且 2011 年的个税改革对劳动要素的扭曲有显著的缓解效应，同时还发现个税改革在缓解过度投资方面存在有效调节作用。

第二支文献考察了制度质量[581]、汇率制度[582-585]、营商环境[560,586]、高校扩招[184,587]、劳动力市场制度[129,588-589]、国企改革[590]、知识产权保护制度[591-594]、贸易自由化[399]等影响中国企业出口转型升级的制度因素。与本章关系较为密切的是关于增值税改革对企业出口的研究，Chandra 和 Long[595]、Liu 和 Lu[567]考察了增值税改革对企业出口倾向和出口量的影响；Du 等[596]发现增值税改革导致东北地区城市出口产品技术复杂度下降以及成熟度降低；盛丹和杨慧梅[330]则发现增值税改革显著提升了企业的出口产品质量。

综上，已有研究围绕个人所得税对企业出口产品质量的影响进行了多角度、深层次的探讨，为本章提供了有益的研究思路和范式借鉴。本章以2006年个人所得税改革为切入点，基于2000～2007年中国工业企业数据库和中国海关进出口数据库的匹配数据，采用双重差分模型实证检验个人所得税改革对中国企业出口产品质量的影响。本章可能存在以下边际贡献：一是拓宽了研究视角。本章考察的是个人所得税改革对企业出口产品质量的影响，从企业创新或者其他投资行为方面考虑其与出口产品质量的关系，因此从这一角度讲，本章的结论为理解个人所得税改革的经济效应提供了有益补充。二是深化了研究内容。现有文献为我们理解制度改革对出口企业转型升级的影响提供了深刻的洞见，但不同于以往文献的是，本章在现有研究基础上进一步考察了个人所得税改革对出口产品质量的影响，可以视为是对制度改革，特别是对个人所得税改革影响的研究文献的有益补充。

本章余下部分安排如下：第二节为理论分析；第三节为政策背景；第四节为研究设计，包括数据来源、模型设定、变量选取与描述性统计；第五节是实证检验；第六节是进一步检验；第七节是主要结论与政策启示。

第二节　理论分析

理论上讲，个人所得税改革对企业出口产品质量可能会产生以下三个方面的影响。

一是“效率工资效应”。个人所得税改革会降低企业员工的实际税负，进而提高净工资。虽然工资水平提高可能会产生“劳动替代效应”，但实证研究却发现个人所得税改革提高了个体劳动参与率，而且对工作时长也没有显著影响，即没有产生显著的替代效应[577]。故从效率工资理论的角度分析，工资水平提高可以从两个方面影响出口产品质量：一方面从怠工模型看，工资水平提高使员工产生了更努力工作的动机，并降低了偷懒、欺骗的动机[506]，因而具有激励和约束双重作用；另一方面从劳动力流动模型看，工资水平提高降低了员工的辞职动机，可留住技能型员工，并使员工的生产经验不断累积[507]，这些都有助于提升产品质量。

二是“企业要素调整效应”。Hicks[597]最早指出了工资上涨会产生“要素替代效应”，即劳动要素相对价格上升会引起边际技术替代率变化，从而使企业倾向于用资本和技术替代劳动。而个人所得税改革如果提高了员工实际获得的收入，那么企业提高员工工资水平的压力会下降，这可能会使得企业用劳动替代资本，即减少固定资产投资；另外，用工成本下降会使得企业现金流增加，而企业投资对现金流量极为敏感，这将促使企业增加投资，而根据 Kugler 和 Verhoogen[404]的研究，资金投入和研发投入增加又是影响产品质量的重要因素。因此，个人所得税改革可能会通过“要素调整效应”影响出口产品质量。

三是“政府税收转嫁效应”。个人所得税是地方政府财政收入的重要组成部分，个人所得税减少会直接给地方政府带来财政压力，地方政府可能会将税负转嫁给辖区内企业。由于税收具有强制性、无偿性和固定性的特点，企业必须按时足额缴纳税款，这将减少企业的留存收益和当期现金流[598]，使得企业为维持正常经营而被迫降低生产环节的支出，甚至减少研发投入；而且税收负担还将带来企业储备资金不足等财务问题，进而恶化企业的融资环境，最终会对企业出口产品质量造成影响。

第三节 政策背景

新中国成立之初，全国尚未建立统一的税收制度。1950 年 1 月，中央人民政府政务院发布了新中国税制建设的纲领性文件《全国税政实施要则》，设定全国共设 14 个税种，其中就包括具有个人所得税性质的存款利息所得税和薪给报酬所得税。伴随着新中国财政经济形势的好转，到 1950 年 6 月，政务院决定暂不开征遗产税和薪给报酬所得税，这实际上意味着薪给报酬所得税尚未开征就停止了。同时，伴随着国民经济恢复时期国有经济的迅速发展和社会主义改造的进行，出于调节收入分配的需要，存款利息所得税虽然得以开征，但由于征税范围逐步缩小、银行利息降低等原因，该税种也于 1959 年停止征收。在“大跃进”和“文革”时期，中国开始削弱税收作用，再加上当时的计划经济体制和较低的城乡居民实际收入水平，并不具备开征个人所得税的基础与条件。

1978 年后，为了适应改革开放的需要，尤其是解决来华工作的外籍人士的个人所得税问题，财政部税务总局从 1978 年底开始研究建立个人所得税制度的问题，以维护国家税收权益。1980 年 9 月 10 日，第五届全国人民代表大会第三次会议通过了《中华人民共和国个人所得税法》。这是新中国成立后制定的第一部个人所得税法。该法规定个人所得税工薪收入的月扣除额为 800 元。1981 年，全国职工的月平均工资只有 64 元，远达不到 800 元的扣除标准，这一阶段的纳税人主要是来我国工作的外国人和在内地工作的港澳同胞以及在大陆工作的台湾同胞。

随着中国对外开放和经济体制改革的不断深入，到 20 世纪 80 年代中期，居民收入水平普遍提高，个人收入差距明显拉大。1986 年，国务院先后发布了《中华人民共和国城乡个体工商业户所得税暂行条例》《中华人民共和国个人收入调节税暂行条例》。而个人收入调节税的纳税义务人，是“在中华人民共和国境内有住所，取得个人收入的中国公民”，其应税收入包括：工资、薪金收入；承包、转包收入；劳务报酬收入；财产租赁收入等。个人收入调节税税率采用 20%到 60%的五级超额累进税率和 20%的比例税率。这样，在个人收入调节领域，就出现了对外国居民征收的个人所得税、对中国居民征收的个人收入调节税、对经工商行政管理部门批准开业的城乡个体工商业户征收的个体工商户所得税三税并存的局面。

为适应建立社会主义市场经济体制的需要，1993 年 10 月 31 日，第八届全国人民代表大会常务委员会第四次会议通过了《关于修改〈中华人民共和国个人所得税法〉的决定》，该决定自 1994 年 1 月 1 日起施行。1986 年 1 月 7 日国务院发布的《中华人民共和国城乡个体工商业户所得税暂行条例》和 1986 年 9 月 25 日国务院发布的《中华人民共和国个人收入调节税暂行条例》同时废止，实现了个人所得税的内外统一。1994 年 1 月 28 日，国务院发布了《个人所得税法实施条例》。新的个人所得税的工资、薪金所得月扣除额统一为 800 元；工资、薪金所得适用 5%至 45%的九级超额累进税率。2005 年 10 月 27 日，第十届全国人民代表大会常务委员会第十八次会议通过了《关于修改〈中华人民共和国个人所得税法〉的决定》，该决定于 2006 年 1 月 1 日起施行。这次修改主要涉及两方面的内容：一是将工资、薪金所得月扣除额从 800 元提高到 1600 元，二是增加了有关高收入者必须办理纳税申报的规定。

第四节 研究设计

一、数据来源

本章数据主要来源于 2000～2007 年的中国工业企业数据库、中国海关进出口数据库和地级市经济面板数据。按照 Upward 等[372]的方法，分别使用两个数据库中企业名称和年份对数据进行匹配、企业的邮政编码和电话号码的后七位数字对数据进行匹配。中国工业企业数据库提供了较为详细的企业特征数据，中国海关进出口数据库提供了企业产品层面的出口数据。地级市经济面板数据来源于各年份的《中国城市统计年鉴》。在估计个人所得税改革对企业出口产品质量的影响时，使用的是上述三个数据库相匹配后的数据。

二、模型设定

遵循 Angrist 和 Pischke[555]关于双重差分及 Fan 等[346]关于产品质量决定方程的设定，建立如式（12-1）所示的计量模型：

$$\text{quality}_{igct} = \alpha + \beta \text{treat}_i \times \text{post}_t + \delta X_{it} + \phi Z_{gt} + \kappa S_{ct} + \lambda_i + \lambda_t + \varepsilon_{igct} \quad (12\text{-}1)$$

其中，i 表示企业；g 表示所属的 CIC 四位码行业；c 表示所在地级市；t 表示年份；quality 表示取对数后的企业层面的出口产品质量（之所以没有使用产品层面的出口产品质量，主要基于以下考虑：一是中国工业企业数据库为企业层面的年度数据，如果使用产品层面的质量数据，在没有引入新信息的情况下观测值数量的扩大会使得标准误差变小；二是相比年度数据，月度数据可能存在更为严重的异常值问题）；treat 表示是否受个人所得税改革政策的影响，受影响则 treat = 1，否则 treat = 0；post 表示企业是否处于 2006 年及之后的虚拟变量，若处于 2006 年及之后，则 post = 1，若处于 2006 年之前，则 post = 0；估计系数 β 是本节所要关注的关键系数，它反映的是个人所得税改革对企业出口产品质量的影响；X、Z、S 分别表示企业、行业、城市层面控制变量；λ_i、λ_t 分别表示企业固定效应、年份固定效应；ε_{igct} 表示随机误差项。为了消除可能存在的异方差和自相关问题，标准误差在企业层面进行聚类。

三、变量选取

（一）被解释变量

企业出口产品质量（quality）。借鉴 Khandelwal 等[345]及 Fan 等[346]的做法，通过式（12-2）计算产品企业 i 在年份 t 销往国家 f 的产品 h 的数量：

$$x_{fhct} = q_{fhct}^{\sigma-1} p_{fhct}^{-\sigma} P_{ct}^{\sigma-1} Y_{ct} \quad (12\text{-}2)$$

其中，q_{fhct}、x_{fhct}、p_{fhct}分别表示在 HS 六位码上，在年份 t 出口目的国 c 从企业 f 进口产品 h 的质量、数量、价格；P_{ct} 表示出口目的国加总价格指数；Y_{ct} 表示出口目的国总收入；σ 表示不同产品之间的替代弹性。对式（12-2）两边取对数，可获得需求方程：

$$\ln x_{fhct} + \sigma \ln p_{fhct} = \varphi_h + \varphi_{ct} + \varepsilon_{fhct} \tag{12-3}$$

其中，产品固定效应（φ_h）可以控制不同种类产品之间价格和数量的差异；国家-年份固定效应（φ_{ct}）可以控制出口目的国的加总价格指数（P_{ct}）和总收入（Y_{ct}）的差异。由此可以得出产品质量：

$$\hat{q}_{fhct} = \varepsilon_{fhct} / (\sigma - 1) \tag{12-4}$$

对于σ，使用 Broda 和 Weinstein[347]关于 HS 六位码产品层面替代弹性的数据，计算在每个 HS 两位码产品上的σ值①。式（12-4）中的$\hat{q}_{fhct}$即为 HS 两位码产品层面的出口质量指标。

对式（12-4）进行标准化处理，可得

$$s\hat{q}_{fhct} = \left(\hat{q}_{fhct} - \min\hat{q}_{fhct}\right) / \left(\max\hat{q}_{fhct} - \min\hat{q}_{fhct}\right) \tag{12-5}$$

其中，$\hat{q}_{fhct}$表示标准化质量；$\min\hat{q}_{fhct}$、$\max\hat{q}_{fhct}$分别表示产品层面出口质量的最小值和最大值。然后将企业不同产品出口额作为权重，即可得到企业层面出口产品的加权平均质量 quality。

① 既有研究对σ的取值有不同的估计方法，如 Anderson 和 van Wincoop[599]对基于引力模型的 Armington（阿明顿）替代弹性的综述性研究发现，σ的区间为 5～10，Waugh[600]基于不同收入水平国家的样本，得出了类似的估计结果。Fan 等[405]研究发现，σ无论是使用较大的值[346]还是较小值[347]，最终产品质量的测算结果都相差不大。

（二）解释变量

对于 treat 的构建，由于中国工业企业数据库并未提供企业的人均月度工资水平，首先依据公式“员工年平均工资=应付工资薪酬/全部从业人员人数”计算出员工年平均工资；其次依据公式“员工月平均工资=员工年平均工资/12”计算出员工月平均工资；最后，由于 2006 年个人所得税改革将个人所得税起征点从 800 元提高到了 1600 元，因此，将员工月平均工资高于 800 元的企业作为处理组，赋值为 1，低于 800 元的作为对照组，赋值为 0，从而构建虚拟变量。

（三）控制变量

企业层面的控制变量包括：①企业规模（lnsize），用企业年平均就业人数的自然对数来衡量。②企业存续时间（lncap），用当年年份与企业成立年份之差的自然对数来衡量。③全要素生产率（tfp），借鉴王贵东[553]的研究对工业增加值和上年固定资产估计值指标予以补充，采用 LP 方法进行测算。④企业所有制类型（ownership），具体包括国有企业（soe）、外资企业（fie）和民营企业（pri）[420]。

城市层面的控制变量包括：①人口数量（lnpop），用取自然对数的年末总人口数量衡量。②交通基础设施水平（lntrans），用取自然对数后的货运总量进行衡量。③工资水平（lnwage），用取自然对数后的职工平均工资（城市层面）衡量。

行业层面的控制变量包括：①进入障碍（entrybarrier），借鉴 Lu 和 Yu[554]的方法，使用 CIC 四位码行业企业年平均固定资产衡量。②集聚水平（agglomeration），使用 Ellison-Glaeser 指数衡量。③竞争程度（hhi），由 CIC 四位码行业企业市场份额的平方和衡量，hhi 越小，竞争程度越高。

四、描述性统计

图 12.1 比较了个人所得税改革前后处理组和对照组企业出口产品质量的变化情况。二者的企业出口产品质量水平在 2006 年个人所得税改革之前变化趋势基本平行（除了 2002～2003 年），并且相对于对照组，处理组企业拥有更高的出口产品质量。而在改革年份以后，处理组和对照组的变化趋势开始转变，处理组的变化幅度大于对照组。初步推测，相对于对照组，处理组的企业出口产品质量水平的变化可能是由 2006 年个人所得税改革政策带来的。

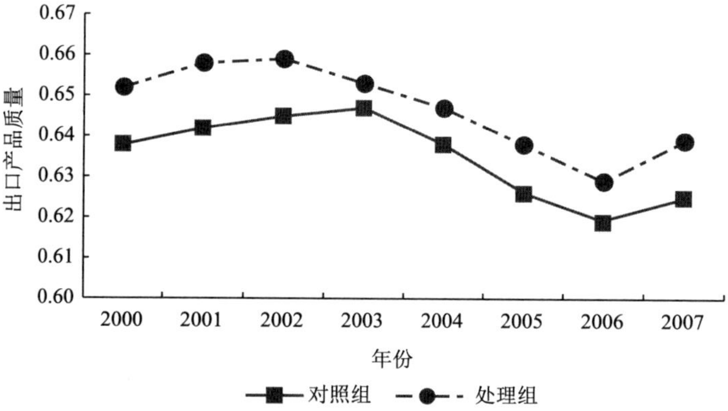

图 12.1 处理组和对照组企业出口产品质量的变化趋势

表 12.1 列出了本章变量的描述性统计结果。

表 **12.1** 本章变量描述性统计结果

变量	含义	均值	标准误	最小值	最大值
quality	企业出口产品质量	0.64	0.13	0	1
lnsize	企业规模	5.32	1.13	2.30	11.77
lncap	企业存续时间	5.06	1.10	−6.50	14.57
tfp	全要素生产率	4.54	1.10	−4.70	10.79
soe	国有企业	0.03	0.16	0	1
fie	外资企业	0.32	0.47	0	1

续表

变量	含义	均值	标准误	最小值	最大值
lnpop	人口数量	6.08	0.57	2.82	7.80
lntrans	交通基础设施水平	8.94	1.07	3.22	11.69
lnwage	工资水平	9.89	0.39	2.28	11.83
entrybarrier	进入障碍	9.59	0.77	7.10	16.54
agglomeration	集聚水平	0.07	0.07	0.00	0.92
hhi	竞争程度	0.01	0.03	0.00	0.90

第五节　实 证 检 验

一、基本回归

表 12.2 给出了个人所得税改革与企业出口产品质量的基本回归结果，各列均控制了企业固定效应和年份固定效应。列（1）在没有添加控制变量的情况下，treat×post 的估计系数在 1%的水平上显著为正；列（2）～列（4）分别加入了企业、城市、行业层面的控制变量，treat×post 的估计系数均在 1%的水平上显著为正。从列（4）的估计系数可知，2006 年的个人所得税改革使得企业出口产品质量提高了 0.3%。

表 12.2　个人所得税改革与企业出口产品质量的基本回归结果

变量	（1）	（2）	（3）	（4）
treat×post	0.004 5*** (0.000 9)	0.003 0*** (0.000 9)	0.003 0*** (0.000 9)	0.003 0*** (0.000 9)
lnsize		0.007 0*** (0.000 6)	0.007 1*** (0.000 6)	0.007 1*** (0.000 6)
lncap		0.001 0 (0.000 8)	0.001 3* (0.000 8)	0.001 3* (0.000 8)
tfp		0.009 7*** (0.000 4)	0.009 7*** (0.000 4)	0.009 7*** (0.000 4)

续表

变量	(1)	(2)	(3)	(4)
soe		0.006 3 (0.004 3)	0.009 1* (0.004 8)	0.009 1* (0.004 8)
fie		0.007 0 (0.004 4)	0.010 1** (0.004 9)	0.010 1** (0.004 9)
lnpop			−0.003 8*** (0.001 1)	−0.003 8*** (0.001 1)
lntrans			−0.000 2 (0.001 0)	−0.000 2 (0.001 0)
lnwage			0.001 6 (0.003 2)	0.001 4 (0.003 2)
entrybarrier				0.002 5*** (0.000 9)
hhi				−0.034 0** (0.014 3)
agglomeration				0.010 1 (0.007 5)
企业固定效应	控制	控制	控制	控制
年份固定效应	控制	控制	控制	控制
常数项	0.638 0*** (0.000 3)	0.548 5*** (0.005 6)	0.551 1*** (0.034 2)	0.529 1*** (0.034 9)
观测值	208 187	201 348	172 072	172 072
R^2	0.833 8	0.836 7	0.842 5	0.842 5

注：系数下方括号中的数值为企业层面的聚类标准误

***表示在 1%的水平上显著，**表示在 5%的水平上显著，*表示在 10%的水平上显著

二、识别条件检验

使用双重差分法进行政策评估的主要目的是，剔除个人所得税改革以外的宏观经济环境变化及其他政策变化的干扰，该方法能够较好地解决政策评估中的内生性问题。但是这必须建立在两个关键假设之上：一是个人所得税改革与企业出口产品质量之间不存在直接相关关系，即如果某一组别的企业出口产品质量的高低是国家进行个人所得税改革的重要考量，那么在个人所

得税改革对企业出口产品质量影响的检验中，双重差分法的处理组和对照组的选择就不再具有外生性，即需要进行“外生性检验”。显然这一点在本节中是自然成立的，因为个人所得税改革的主要目标是减轻居民税收负担、缓解居民收入差距以及刺激居民消费等，提高企业出口产品质量从来都不在主体目标之内。二是处理组和对照组企业的出口产品质量变动趋势满足平行趋势假设，需要两组样本在个人所得税改革之前具有可比性，即需要进行平行趋势检验。由于第一个假设自然满足，本部分重点对第二个假设进行讨论。

为此，将式（12-1）中的 post 替换为各年份的时间虚拟变量，以 2005 年个人所得税改革作为参照组，可以使估计结果更加直观（图 12.2）。从图 12.2 中可以看出，相比 2005 年，2000～2004 年的估计系数并不显著，也就是说在试点之前处理组与对照组的出口产品质量变化趋势并无显著差异，即本节的双重差分设定是满足平行趋势假设的。而政策冲击的当年（2006 年）估计系数在 1%的水平上显著为正，2007 年估计系数在 1%的水平上显著为正，且有所增大。

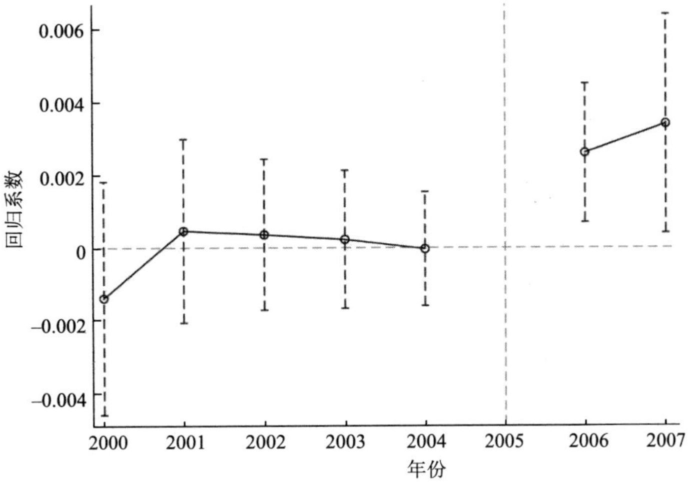

图 12.2　2000 年至 2007 年处理组和对照组企业出口产品质量的平行趋势检验

黑色虚线表示置信区间，圆圈表示回归系数的具体值

三、稳健性检验

（一）改变处理组的界定标准

基本回归中，使用企业人均月度工资水平与个税改革后的起征线进行比较，然而问题在于个税改革直接影响的是企业员工个体，中国工业企业数据库中的企业人均月度工资衡量的是企业平均水平。平均工资低于 800 元在很大程度上只能说明该企业员工工资水平整体较低，但并不意味着企业所有员工工资水平都低于 800 元，即有部分员工可能会受到个人所得税改革的影响；同理，treat=1 时衡量的是企业平均工资水平高于 800 元的情况，但并不意味着企业所有员工工资水平都高于 800 元，即有部分员工不受个人所得税改革的影响。

为此，将受影响平均工资水平分别调整为起征点的 0.8 倍、0.9 倍、1.1 倍、1.2 倍，即 640 元、720 元、880 元、960 元。改变处理组的界定标准后的回归结果如表 12.3 所示，可以看出 treat×post 的估计系数至少在 5%的水平上显著为正，与基本回归结论一致。

表 **12.3** 稳健性检验：改变处理组的界定标准

变量	（1）	（2）	（3）	（4）
treat×post	0.003 3***	0.002 5**	0.002 3***	0.002 3***
	（0.001 2）	（0.001 1）	（0.000 8）	（0.000 7）
lnsize	0.007 1***	0.007 1***	0.007 1***	0.007 0***
	（0.000 6）	（0.000 6）	（0.000 6）	（0.000 6）
lncap	0.001 3*	0.001 3*	0.001 3*	0.001 3*
	（0.000 8）	（0.000 8）	（0.000 8）	（0.000 8）
tfp	0.009 7***	0.009 7***	0.009 7***	0.009 7***
	（0.000 4）	（0.000 4）	（0.000 4）	（0.000 4）
soe	0.009 1*	0.009 1*	0.009 1*	0.009 1*
	（0.004 8）	（0.004 8）	（0.004 8）	（0.004 8）

续表

变量	（1）	（2）	（3）	（4）
fie	0.010 1**	0.010 1**	0.010 1**	0.010 1**
	（0.004 9）	（0.004 9）	（0.004 9）	（0.004 9）
lnpop	−0.003 8***	−0.003 8***	−0.003 9***	−0.003 9***
	（0.001 1）	（0.001 1）	（0.001 1）	（0.001 1）
lntrans	−0.000 2	−0.000 2	−0.000 2	−0.000 2
	（0.001 0）	（0.001 0）	（0.001 0）	（0.001 0）
lnwage	0.001 1	0.001 2	0.001 4	0.001 5
	（0.003 2）	（0.003 2）	（0.003 2）	（0.003 2）
entrybarrier	0.002 5***	0.002 5***	0.002 5***	0.002 5***
	（0.000 9）	（0.000 9）	（0.000 9）	（0.000 9）
hhi	−0.033 9**	−0.034 0**	−0.033 9**	−0.033 9**
	（0.014 3）	（0.014 3）	（0.014 3）	（0.014 3）
agglomeration	0.010 2	0.010 2	0.010 1	0.010 0
	（0.007 5）	（0.007 5）	（0.007 5）	（0.007 5）
企业固定效应	控制	控制	控制	控制
年份固定效应	控制	控制	控制	控制
常数项	0.531 7***	0.531 4***	0.530 4***	0.530 2***
	（0.034 8）	（0.034 8）	（0.034 8）	（0.034 8）
观测值	172 072	172 072	172 072	172 072
R^2	0.842 5	0.842 5	0.842 5	0.842 5

注：系数下方括号中的数值为企业层面的聚类标准误

***表示在 1%的水平上显著，**表示在 5%的水平上显著，*表示在 10%的水平上显著

（二）改变出口产品质量的测度方式

改变出口产品质量的测度方式有两种，一是改变σ的取值。本章第四节对于出口产品质量的测算中，σ的取值是基于 Broda 和 Weinstein[347]的数据。Anderson 和 van Wincoop[599]的综述性研究发现，σ的取值区间为[5,10]。表 12.4 列（1）、列（2）分别给出了$\sigma=5$、$\sigma=10$时的估计结果。二是使用企业创新能力代替企业出口产品质量。理论上企业创新能力越强，

意味着新产品种类越多，产品质量越高[404]，由于发明专利是企业最为核心的自主创新能力，所以使用企业新增发明专利申请数量作为企业创新能力的代理变量①。表 12.4 列（3）给出了对应的估计结果。总之，无论采用哪一种改变主要变量的测度方法，基本回归得出的结论都没有发生改变。

表 12.4 稳健性检验：改变出口产品质量的测度方式

变量	（1）	（2）	（3）
	$\sigma=5$	$\sigma=10$	新增发明专利申请数量
treat×post	0.008 3***	0.009 2***	0.004 2***
	（0.0027）	（0.001 3）	（0.000 4）
lnsize	0.006 3***	0.003 1***	0.006 0***
	（0.002 0）	（0.000 9）	（0.000 4）
lncap	0.001 3	0.000 6	–0.001 5***
	（0.001 9）	（0.000 9）	（0.000 3）
tfp	0.009 7***	0.004 9***	0.001 9***
	（0.000 9）	（0.000 5）	（0.000 2）
soe	–0.002 8	0.000 1	0.003 6**
	（0.010 1）	（0.005 0）	（0.001 6）
fie	0.000 3	0.001 5	0.004 0*
	（0.010 5）	（0.005 1）	（0.002 1）
lnpop	–0.002 0	–0.000 9	0.003 2**
	（0.002 3）	（0.001 1）	（0.001 3）
lntrans	–0.004 1**	–0.001 9*	0.000 6
	（0.002 0）	（0.001 0）	（0.000 4）
lnwage	–0.008 2	–0.003 7	0.000 3
	（0.006 3）	（0.003 1）	（0.001 4）
entrybarrier	0.002 4*	0.001 2*	0.000 0
	（0.001 4）	（0.000 7）	（0.000 4）

① 专利是对创新产出的衡量，在绝大部分情况下，只有专利价值大于专利申请成本时，企业才会申请关于技术创新成果的专利，因此，新增发明专利申请数量相比研发费用等指标更能体现企业的创新能力[397]。

续表

变量	(1)	(2)	(3)
	$\sigma=5$	$\sigma=10$	新增发明专利申请数量
hhi	−0.075 7**	−0.036 0**	−0.016 6
	(0.032 4)	(0.015 7)	(0.011 0)
agglomeration	0.007 2	0.003 9	0.012 3***
	(0.019 8)	(0.009 9)	(0.004 6)
企业固定效应	控制	控制	控制
年份固定效应	控制	控制	控制
常数项	0.090 7	0.038 1	−0.056 8***
	(0.070 0)	(0.034 7)	(0.015 7)
观测值	173 568	173 568	1 364 468
R^2	0.694 3	0.700 5	0.471 8

注：系数下方括号中的数值为企业层面的聚类标准误

***表示在 1%的水平上显著，**表示在 5%的水平上显著，*表示在 10%的水平上显著

（三）控制加入贸易自由化带来的影响

本章的样本区间为 2000～2007 年，其间的一个重要事件是中国在 2001 年 12 月 11 日正式加入 WTO，此后中国进入了新一轮快速的贸易自由化阶段。理论与实证研究发现，在贸易自由化进程开启之后，发展中国家有更多机会接触并学习与熟练劳动力相匹配的技术知识。相较于生产与非熟练劳动力适配的技术知识，生产与熟练劳动力匹配的技术知识，其生产力水平会有相对更为显著的提升。因为技术知识的生产是熟练劳动密集型的，所以学习效应会导致对熟练劳动力需求的增加，同时有偏的学习效应会使技术进步更偏向于技能密集型，从而进一步导致对熟练劳动力需求的增加[601-602]。由于平均工资水平在很大程度上是对劳动力技能水平的衡量，因此 treat=1 时衡量的是高劳动力技能企业，treat=0 时衡量的是低劳动力技能企业，因此 treat×post=1 时出口产品质量相对较高可能是贸易自由化带来的，而非个人所得税改革的影响。

因此，借鉴 Cadot 等[603]文献的做法，控制 CIC 四位码行业-年份固定效应，以消除 CIC 四位码行业随时间发生变化的受贸易自由化带来的进口冲击，表 12.5 列（1）给出了估计结果。然后，构造 CIC 四位码行业层面的中间品关税（input_tariff）和最终品关税（output_tariff），用于衡量进口冲击，表 12.5 列（2）～列（4）给出了估计结果。可以发现，treat×post 的估计系数均显著为正，意味着基本回归得出的结论不受贸易自由化的影响。

表 **12.5** 稳健性检验：控制贸易自由化带来的影响

变量	（1）	（2）	（3）	（4）
	控制行业-年份固定效应	考虑中间品关税	考虑最终品关税	同时考虑中间品关税和最终品关税
treat×post	0.002 9***	0.003 7**	0.003 6**	0.003 6**
	（0.000 9）	（0.001 4）	（0.001 4）	（0.001 4）
lnsize	0.007 0***	0.007 2***	0.007 2***	0.007 2***
	（0.000 6）	（0.001 0）	（0.001 0）	（0.001 0）
lncap	0.001 8**	0.000 9	0.001 0	0.001 0
	（0.000 8）	（0.001 3）	（0.001 3）	（0.001 3）
tfp	0.009 3***	0.009 8***	0.009 8***	0.009 8***
	（0.000 4）	（0.000 6）	（0.000 6）	（0.000 6）
soe	0.005 9	0.006 7	0.006 4	0.006 5
	（0.004 7）	（0.006 5）	（0.006 5）	（0.006 5）
fie	0.006 2	0.006 6	0.006 3	0.006 4
	（0.004 8）	（0.006 9）	（0.006 9）	（0.006 9）
lnpop	−0.004 5***	−0.002 6	−0.002 5	−0.002 5
	（0.001 2）	（0.001 7）	（0.001 7）	（0.001 7）
lntrans	−0.000 1	0.000 7	0.000 7	0.000 7
	（0.001 0）	（0.001 5）	（0.001 5）	（0.001 5）
lnwage	−0.001 2	0.002 8	0.002 6	0.002 7
	（0.003 3）	（0.006 0）	（0.006 0）	（0.006 0）
entrybarrier		0.001 3	0.001 6	0.001 5
		（0.001 6）	（0.001 6）	（0.001 6）

续表

变量	(1)	(2)	(3)	(4)
	控制行业-年份固定效应	考虑中间品关税	考虑最终品关税	同时考虑中间品关税和最终品关税
hhi		0.000 6 (0.020 0)	0.001 3 (0.020 0)	0.000 4 (0.020 0)
agglomeration		−0.013 4 (0.013 3)	−0.013 5 (0.013 3)	−0.012 9 (0.013 3)
input_tariff		−0.000 0 (0.000 4)		−0.000 3 (0.000 4)
output_tariff			0.000 4** (0.000 2)	0.000 4** (0.000 2)
企业固定效应	控制	控制	控制	控制
年份固定效应	控制	控制	控制	控制
行业-年份固定效应	控制	不控制	不控制	不控制
常数项	0.587 3*** (0.034 3)	0.513 2*** (0.063 9)	0.507 5*** (0.063 9)	0.508 2*** (0.063 9)
观测值	171 830	66 568	66 568	66 568
R^2	0.852 1	0.853 2	0.853 2	0.853 2

注：系数下方括号中的数值为企业层面的聚类标准误

***表示在 1%的水平上显著，**表示在 5%的水平上显著

（四）排除最低工资标准制度的影响

在很大程度上，可以说越是劳动密集型的企业，其工资水平越低，即 treat=0 时衡量了劳动密集型的企业，而在本章的研究时间段 2000 年至 2007 年，其间一个重要的事件是随着刘易斯转折点的到来，2004 年至 2007 年“民工荒”在各地普遍出现，即出现了劳动力短缺现象。中央政府于 2004 年要求各地至少每两年进行一次最低工资标准的调整，并广泛适用于农民工。各地政府感受到劳动力短缺的压力，不断提高最低工资水平，我国最低工资标准的调整幅度、执行力度不断加大[510]。而研究发现最低工资标准对劳动

密集型行业出口产品质量的影响产生了显著抑制作用，对非劳动密集型行业的影响则不大，这意味着本章所考察的个人所得税改革对出口产品质量的影响中，可能包含了最低工资标准的影响。为此，在计量模型中加入城市层面月度最低工资标准水平（mw_month），表 12.6 列（1）给出了估计结果，可以看出 treat×post 的估计系数在 1%的水平上显著为正。进一步地，考虑结果的稳健性，控制城市层面小时最低工资标准（mw_hour），表 12.6 列（2）给出了估计结果，可以看出 treat×post 的估计系数仍然在 1%的水平上显著为正。

表 **12.6** 稳健性检验：排除最低工资标准制度的影响

变量	（1）	（2）
treat×post	0.003 0***	0.003 0***
	（0.000 9）	（0.000 9）
lnsize	0.007 1***	0.007 1***
	（0.000 6）	（0.000 6）
lncap	0.001 4*	0.001 4*
	（0.000 8）	（0.000 8）
tfp	0.009 7***	0.009 7***
	（0.000 4）	（0.000 4）
soe	0.009 0*	0.009 0*
	（0.004 8）	（0.004 8）
fie	0.010 1**	0.010 0**
	（0.004 9）	（0.004 9）
lnpop	−0.003 7***	−0.003 7***
	（0.001 1）	（0.001 1）
lntrans	−0.000 2	−0.000 2
	（0.001 0）	（0.001 0）
lnwage	0.000 4	0.000 2
	（0.003 2）	（0.003 2）
entrybarrier	0.002 5***	0.002 5***
	（0.000 9）	（0.000 9）

续表

变量	（1）	（2）
hhi	$-0.033\ 8^{**}$ （0.014 3）	$-0.033\ 8^{**}$ （0.014 3）
agglomeration	0.010 1 （0.007 5）	0.010 1 （0.007 5）
mw_month	$0.006\ 0^{**}$ （0.002 7）	
mw_hour		$0.006\ 1^{**}$ （0.002 6）
企业固定效应	控制	控制
年份固定效应	控制	控制
常数项	$0.500\ 6^{***}$ （0.037 7）	$0.534\ 0^{***}$ （0.034 7）
观测值	172 072	172 072
R^2	0.842 5	0.842 5

注：系数下方括号中的数值为企业层面的聚类标准误

***表示在 1%的水平上显著，**表示在 5%的水平上显著，*表示在 10%的水平上显著

（五）排除企业进入退出效应

本章前面的回归中均使用的是企业层面的非平衡面板数据，如果 2006 年前后不同组别的企业进入和退出呈现系统性差异（例如，在 2005 年后，如果 treat 组别有更多高效率企业进入，这本身就可能提高这些行业的出口产品质量），前文的估计结果就可能仅刻画了样本选择效应，而不是个人所得税改革对在位企业的影响。为了检验上述回归结果是不是由于企业的进入或退出造成的，此部分采用两种做法进行检验：一是使用企业层面的平衡面板数据，即保留整个样本区间内一直存在的企业，对应表 12.7 列（1）；二是剔除 2005 年之后成立的企业样本，对应表 12.7 列（2）。表 12.7 给出了估计结果，可以看出 treat×post 的估计系数均在 1%的水平上显著，这意味着在排除了可能的企业进入退出效应后，基本回归得出的结论依然成立。

表 **12.7** 稳健性检验：排除企业进入退出效应

变量	（1）	（2）
treat×post	0.005 4***	0.002 8***
	（0.002 0）	（0.000 9）
lnsize	0.007 5***	0.007 1***
	（0.001 2）	（0.000 6）
lncap	−0.000 7	0.001 5*
	（0.001 4）	（0.000 8）
tfp	0.009 5***	0.009 7***
	（0.000 7）	（0.000 4）
soe	0.007 8	0.009 3*
	（0.006 0）	（0.0048）
fie	0.012 0*	0.010 4**
	（0.006 3）	（0.004 9）
lnpop	−0.002 1	−0.003 8***
	（0.002 1）	（0.001 1）
lntrans	−0.001 0	−0.000 2
	（0.001 5）	（0.001 0）
lnwage	0.000 8	0.001 0
	（0.005 2）	（0.003 2）
entrybarrier	0.002 2	0.002 5***
	（0.001 4）	（0.000 9）
hhi	−0.041 4*	−0.033 9**
	（0.022 1）	（0.014 3）
agglomeration	0.003 8	0.010 1
	（0.012 2）	（0.007 5）
企业固定效应	控制	控制
年份固定效应	控制	控制
常数项	0.540 9***	0.533 1***
	（0.055 3）	（0.034 9）
观测值	56 949	170 886
R^2	0.822 2	0.842 4

注：系数下方括号中的数值为企业层面的聚类标准误

***表示在 1%的水平上显著，**表示在 5%的水平上显著，*表示在 10%的水平上显著

第六节　进一步检验

一、影响机制检验

基于本章第二节的理论分析，本节分别从“效率工资效应”、“企业要素调整效应”和“政府税收转嫁效应”三个方面分析个人所得税改革对企业出口产品质量的影响机制。

（一）“效率工资效应”检验

对于“效率工资效应”，通过两个步骤进行检验：第一步，检验个人所得税改革后，企业员工实际获得的工资水平是否有所提高，用以回答企业是否会通过工资水平对成本进行转嫁；第二步，检验工资水平的提升是否有助于提升企业出口产品质量，即“效率工资效应”是否存在。

表 12.8 列（1）给出了第一步的检验结果，可以发现 treat×post 对企业层面的人均工资水平（lnpwage）的估计系数在 1%的水平上显著为正，意味着个人所得税改革显著提高了企业人均工资水平，企业的用工成本转嫁效应相对较小。列（2）给出了第二步的检验结果，可以看出，treat×post 的估计系数在 10%的水平上显著为正，而 lnpwage 的估计系数在 1%的水平上显著为正，意味着“效率工资效应”的确存在。由此，本部分组成了一个较为完整的中介效应模型，中介效应大约为 60%［具体计算过程为(0.0030−0.0012)/0.0030×100%］。

表 **12.8** 影响机制检验：“效率工资效应”

变量	人均工资水平	出口产品质量
	（1）	（2）
treat×post	0.514 8*** （0.002 1）	0.001 2* （0.000 7）
lnpwage		0.003 2*** （0.000 5）
lnsize	−0.257 1*** （0.001 8）	0.007 9*** （0.000 6）
lncap	0.035 3*** （0.001 6）	0.001 2 （0.000 8）
tfp	0.198 6*** （0.001 1）	0.009 1*** （0.000 4）
soe	−0.011 2* （0.006 3）	0.009 2* （0.004 8）
fie	0.004 6 （0.007 9）	0.010 1** （0.004 9）
lnpop	−0.018 5*** （0.005 2）	−0.003 8*** （0.001 1）
lntrans	−0.006 9*** （0.002 1）	−0.000 1 （0.001 0）
lnwage	0.118 5*** （0.007 8）	0.000 7 （0.003 2）
entrybarrier	0.006 6*** （0.002 0）	0.002 5*** （0.000 9）
hhi	−0.105 5*** （0.037 4）	−0.034 2** （0.014 3）
agglomeration	0.155 6*** （0.020 3）	0.010 0 （0.007 5）
企业固定效应	控制	控制
年份固定效应	控制	控制
常数项	5.883 0*** （0.087 2）	0.512 9*** （0.034 9）
观测值	1 364 468	172 072
R^2	0.706 3	0.842 6

注：系数下方括号中的数值为企业层面的聚类标准误

***表示在 1%的水平上显著，**表示在 5%的水平上显著，*表示在 10%的水平上显著

（二）“企业要素调整效应”检验

对于“企业要素调整效应”的检验，首先考察个税改革对企业固定资产投资（lninvestment，企业当年固定资产取自然对数）的影响，表 12.9 列（1）给出了估计结果，可以发现 treat×post 的估计系数在 1%的水平上显著为正，意味着个人所得税改革总体上增加了固定资产投资。进一步地，探究企业是否会进一步增加研发投入（lnR&D，企业当年研发费用加 1 后取自然对数），表 12.9 列（2）给出了估计结果，可以发现 treat×post 的估计系数在 1%的水平上显著为正，说明在个人所得税改革后企业增加了研发投入。列（3）、列（4）分别给出了加入固定资产投资和研发投入的估计结果，可以发现此时 treat×post 的估计系数分别在 1%和 5%的水平上显著，而 lninvestment、lnR&D 的估计系数均在 1%的水平上显著。这意味着存在部分中介效应，此时固定资产投资渠道、研发投入渠道的中介效应分别为 3.33%[(0.0030−0.0029)/0.0030×100%]和 36.67%[(0.0030−0.0019)/0.0030×100%]。

表 **12.9**　影响机制检验：“企业要素调整效应”

变量	（1）	（2）	（3）	（4）
	固定资产投资	研发投入	出口产品质量	出口产品质量
treat×post	0.046 7***	0.048 7***	0.002 9***	0.001 9**
	（0.003 1）	（0.004 1）	（0.000 9）	（0.000 9）
lninvestment			0.001 5***	
			（0.000 3）	
lnR&D				0.000 7***
				（0.000 2）
lnsize	0.345 1***	0.087 1***	0.006 6***	0.006 1***
	（0.002 9）	（0.005 4）	（0.000 6）	（0.000 9）
lncap	0.001 2	0.001 0	0.001 3	0.002 3**
	（0.000 8）	（0.002 3）	（0.000 8）	（0.001 2）

续表

变量	(1)	(2)	(3)	(4)
	固定资产投资	研发投入	出口产品质量	出口产品质量
tfp	0.147 7***	0.041 0***	0.009 6***	0.010 3***
	(0.001 7)	(0.003 3)	(0.000 4)	(0.000 7)
soe	−0.128 5***	−0.021 3	0.008 7*	0.001 8
	(0.011 9)	(0.046 4)	(0.004 8)	(0.009 6)
fie	−0.118 0***	0.027 7	0.009 7**	0.000 8
	(0.014 6)	(0.052 5)	(0.004 9)	(0.009 7)
lnpop	−0.085 0***	0.026 0**	−0.003 8***	−0.006 7***
	(0.009 7)	(0.013 3)	(0.001 1)	(0.001 5)
lntrans	0.016 8***	0.026 2**	−0.000 3	0.007 5***
	(0.003 3)	(0.011 5)	(0.001 0)	(0.002 3)
lnwage	0.115 0***	−0.146 5***	0.001 2	0.011 7**
	(0.009 6)	(0.026 0)	(0.003 2)	(0.005 8)
entrybarrier	0.034 8***	−0.016 5	0.002 5***	0.006 3***
	(0.003 6)	(0.011 2)	(0.000 9)	(0.001 9)
hhi	−0.341 6***	0.214 3	−0.033 9**	−0.040 8
	(0.062 3)	(0.234 3)	(0.014 3)	(0.041 0)
agglomeration	0.192 1***	−0.008 3	0.009 7	0.027 8
	(0.034 1)	(0.123 7)	(0.007 5)	(0.023 1)
企业固定效应	控制	控制	控制	控制
年份固定效应	控制	控制	控制	控制
常数项	5.196 9***	1.945 7***	0.523 9***	0.338 6***
	(0.121 3)	(0.294 0)	(0.034 8)	(0.064 7)
观测值	1 365 478	666 771	172 114	88 506
R^2	0.883 2	0.775 1	0.842 5	0.884 8

注：系数下方括号中的数值为企业层面的聚类标准误

***表示在 1%的水平上显著，**表示在 5%的水平上显著，*表示在 10%的水平上显著

（三）“政府税收转嫁效应”检验

对于可能存在的“政府税收转嫁效应”，由于这种转嫁是整体性的，而非对于特定行业或者是特定群体的企业，因此很难考察个人所得税改革对企

业实际税收负担的影响。退而求其次，本部分提出如下推测：如果一个地区财政压力越大，政府税收转嫁的动机就越强，那么个人所得税改革对出口产品质量的提升作用就会相对越弱。

采用城市层面数据计量地方财政压力，借鉴赵文哲等[604]、祝继高等[605]的做法，采用“(预算内财政支出−预算内财政收入)/预算内财政收入”来度量各城市的财政压力，数值越大，代表地方政府财政压力越大。具体地，以 2005 年各城市财政压力的中位数为临界值，将样本划分为高财政压力地区子样本与低财政压力地区子样本。表 12.10 列（1）、列（2）分别报告了高财政压力地区和低财政压力地区子样本的估计结果。可以看出，treat×post 的估计系数在高财政压力地区没有通过显著性检验，而在低财政压力地区的估计系数则在 1%的水平上显著为正。

表 **12.10**　影响机制检验：“政府税收转嫁效应”

变量	（1）	（2）	（3）
	高财政压力地区	低财政压力地区	出口产品质量
treat×post	0.001 7 （0.002 4）	0.003 3*** （0.001 0）	0.004 1*** （0.001 2）
tax_burden			−0.005 9* （0.003 4）
lnsize	0.009 8*** （0.002 1）	0.006 8*** （0.000 6）	0.005 8*** （0.000 9）
lncap	0.001 0 （0.002 3）	0.001 3 （0.000 8）	0.002 3** （0.001 2）
tfp	0.009 2*** （0.001 2）	0.009 8*** （0.000 4）	0.009 9*** （0.000 6）
soe	0.018 4* （0.009 9）	0.006 9 （0.005 4）	0.007 9 （0.006 8）
fie	0.019 2* （0.010 8）	0.007 8 （0.005 5）	0.008 5 （0.007 0）

续表

变量	(1)	(2)	(3)
	高财政压力地区	低财政压力地区	出口产品质量
lnpop	−0.004 5 (0.005 8)	−0.003 9*** (0.001 2)	−0.005 0*** (0.001 5)
lntrans	0.000 6 (0.002 1)	0.000 0 (0.001 1)	0.002 9 (0.002 0)
lnwage	−0.009 0 (0.007 0)	0.003 8 (0.003 9)	0.004 5 (0.005 5)
entrybarrier	0.006 0** (0.003 0)	0.002 3** (0.000 9)	0.001 3 (0.001 4)
hhi	−0.085 2* (0.050 7)	−0.029 2* (0.014 9)	−0.062 7** (0.025 7)
agglomeration	0.055 8** (0.022 6)	0.003 8 (0.008 0)	0.023 0* (0.012 1)
企业固定效应	控制	控制	控制
年份固定效应	控制	控制	控制
常数项	0.568 9*** (0.081 0)	0.509 5*** (0.041 4)	0.491 5*** (0.060 9)
观测值	15 715	156 346	79 668
R^2	0.843 1	0.842 5	0.868 2

注：系数下方括号中的数值为企业层面的聚类标准误

***表示在 1%的水平上显著，**表示在 5%的水平上显著，*表示在 10%的水平上显著

进一步地，为了证明“政府税收转嫁效应”的存在，需要证明企业税负的提高会抑制出口产品质量的提高。对此，计算企业层面的实际税收负担率（tax_burden），计算公式为

$$\text{tax\_burden}_f = \sum_s \text{tax}_{fs} / \text{va}_f$$

其中，f 表示企业个体；s 表示税种，包括增值税、主营业务税金及附加、所得税三类；va 表示企业 f 的增加值。选取企业增加值作为分母的具体原因如下：一是增值税是中国的主体税种，以企业增加值作为分母，比以营业收

入（或利润）作为分母带来的偏误可能要小一些；二是由于企业的经营特点及其所处行业不同，当以利润或营业收入作为分母定义微观企业税收负担率时，不同类型企业的税负差异更大，而企业增加值一般较大，出现负值的可能性较小[606]。表 12.10 列（3）给出了估计结果，可以发现 tax_burden 的估计系数在 10%的水平上显著为负，意味着企业实际税收负担率越高，企业出口产品质量越低，而 treat×post 的估计系数仍在 1%的水平上显著为正。

综上，本部分结果证明了“政府税收转嫁效应”渠道的存在。

二、出口产品质量提升的其他表现

从更广的范围讲，企业转型升级不仅体现在产品质量的提升上，还包括国际竞争优势强化、价值链地位攀升以及贸易发展可持续性提高等多重含义[607]。由于本节不可能穷尽所有因素探讨个人所得税改革的出口升级效应，所以选取全球价值链位置、出口技术复杂度、一般贸易占比三个指标，进一步探讨个人所得税改革对企业出口产品质量的其他表现。

（一）全球价值链位置

在国际生产过程日益碎片化和分散化的背景下，实现企业在全球价值链中的地位攀升是中国对外贸易转型升级的必然选择。借鉴倪红福和王海成[608]的研究，采用企业层面的出口上游度指标刻画企业在全球价值链中的位置。企业的出口上游度数值越大，表明该企业出口的产品更多为距离最终需求较远的中间投入产品，这也就意味着企业在全球价值链所处的位置越靠近上游水平。表 12.11 列（1）报告了个人所得税改革对企业全球价值链位置的影响，从中可以看出 treat×post 的系数在 1%的水平上显著为正，表明个人所得税改革显著提升了企业在全球价值链中的位置。

表 12.11 出口产品质量升级的其他表现

变量	（1）	（2）	（3）
treat×post	0.013 3***	0.169 9***	0.012 2***
	（0.003 1）	（0.049 1）	（0.002 1）
lnsize	−0.001 9	0.017 6	−0.009 9***
	（0.001 9）	（0.027 2）	（0.001 7）
lncap	−0.002 1	−0.138 9***	−0.000 7
	（0.002 6）	（0.038 5）	（0.001 9）
tfp	0.002 7*	0.077 6***	−0.006 4***
	（0.001 4）	（0.017 1）	（0.001 1）
soe	0.001 9	0.322 9*	−0.023 3**
	（0.012 5）	（0.188 5）	（0.010 0）
fie	0.006 8	0.288 2	−0.019 9*
	（0.013 0）	（0.194 8）	（0.010 5）
lnpop	0.014 0***	0.066 3	0.001 3
	（0.002 6）	（0.051 2）	（0.002 2）
lntrans	−0.001 8	−0.033 0	−0.008 2***
	（0.002 8）	（0.037 2）	（0.002 4）
lnwage	0.022 2**	0.384 6***	−0.067 6***
	（0.010 7）	（0.145 3）	（0.011 2）
entrybarrier	0.002 0	0.244 2***	−0.005 4**
	（0.003 7）	（0.042 2）	（0.002 3）
hhi	0.055 8	−3.423 0***	0.009 9
	（0.047 9）	（0.660 1）	（0.036 9）
agglomeration	−0.113 3***	1.469 1***	0.003 3
	（0.023 2）	（0.272 3）	（0.017 0）
企业固定效应	控制	控制	控制
年份固定效应	控制	控制	控制
常数项	2.096 4***	3.709 3**	1.579 0***
	（0.116 8）	（1.587 3）	（0.115 3）
观测值	172 223	178 093	177 970
R^2	0.954 2	0.845 7	0.918 9

注：系数下方括号中的数值为企业层面的聚类标准误

***表示在 1%的水平上显著，**表示在 5%的水平上显著，*表示在 10%的水平上显著

（二）出口技术复杂度

一国出口技术复杂度越高，则其出口产品技术含量越高，出口产品在国际市场上竞争力越强，而且出口技术复杂度还能反映出口产业在国际分工体系中的地位和作用[609]。参考 Xu[610]、盛斌和毛其淋[611]的做法，计算企业层面的出口技术复杂度。表 12.11 列（2）报告了个人所得税改革对企业出口技术复杂度的影响，从中可以看出，treat×post 的系数在 1%的水平上显著为正，表明个人所得税改革显著提升了企业出口技术复杂度。

（三）一般贸易占比

通常情况下，相比加工贸易，一般贸易企业在全球价值链中的位置和生产效率更高，所获得的利润率也更高[612]，因此企业产品中一般贸易占比越高，意味着企业出口转型升级的表现越好。借鉴 Brandt 和 Morrow[613]的做法，计算企业一般贸易出口比重（企业一般贸易出口额/企业一般贸易与加工贸易出口总额）。表 12.11 列（3）报告了个人所得税改革对企业一般贸易占比的影响，可以看出 treat×post 的系数在 1%的水平上显著为正，表明个人所得税改革显著提升了企业一般贸易占比。

第七节　主要结论与政策启示

个人所得税设立至今，已成为政府最为重要的税收收入来源之一。在保证财政功能实现的同时，历次个税改革往往还被寄希望于提升资源配置效率。本章以 2006 年个人所得税改革为准自然实验，采用双重差分模型实证检验了个人所得税改革对中国企业出口产品质量的影响。主要结论如下。

一是基准回归结果显示：个人所得税改革有助于提升企业出口产品质

量，意味着个人所得税改革在提高劳动者收入的同时也有助于培育企业出口竞争新优势，即实现了劳动者和企业的双赢。

二是机制检验结果显示：个人所得税改革一方面通过“效率工资效应”和“企业要素调整效应”提升了出口产品质量（个人所得税改革显著提高了企业人均工资水平、增加了企业的固定资产投资和研发投入，进而有利于提升企业出口产品质量）；另一方面又通过“政府税收转嫁效应”抑制了出口产品质量的提高，即企业实际税收负担率越高，企业出口产品质量越低（个人所得税改革增加了财政收入较低地区的财政压力，增加了企业实际税收负担率，进而降低了企业出口产品质量）。这意味着从地方政府的角度来讲，在某种意义上地方政府并非个人所得税改革的直接受益方。

三是对出口产品质量的其他表现进行检验，个人所得税改革不仅有助于提升出口产品质量，对出口技术复杂度也产生了显著的提升作用，有利于出口产业在国际分工体系中地位的提升；个人所得税改革还能提升一般贸易占比，推动企业获得更高的利润率和更高的价值链地位。这意味着个人所得税改革对企业出口转型升级的作用是多维度、全方位的。

本章提供的政策启示在于以下四个方面：

一是应进一步坚定深化个人所得税改革的信心。逐步提高个人所得税起征点，强化个人所得税在收入再分配中的作用，扩大个人所得税综合征收范围，把更多收入类型纳入综合征收范围。例如，实现不同收入来源的无差别征税，将经营性所得和财产性所得逐步纳入综合征收范围，增加个税专项附加扣除项目等。这一系列举措是在高质量发展中促进共同富裕、正确处理效率和公平的关系、培育出口竞争新优势的一项基础性制度安排。

二是应充分激发“效率工资效应”，引导企业加强薪酬体系管理，实行“优质优价”的合理劳动资源分配制度。实施薪酬管制，同时完善薪酬激励机制，建立多元化激励机制，可结合长短期激励，建立科学晋升机制，依据员工业绩和创新能力评估晋升资格；同时创新员工薪酬体系，实现薪酬增长与企业发展的协同，进而实现长效正向调节。

三是应引导企业加大研发投入，加强企业技术改造和高新技术产业化，加大稀缺原材料、关键零部件和关键核心技术的供给力度，并在人才方面给予大力支持。进一步落实国家支持企业研发的各项税收优惠政策，可采取差异化税收激励政策，以推动企业创新升级；针对成长阶段、行业竞争程度与市场化程度不同的企业实行差异化的税收激励政策，同时根据政策的实施效果不断调整政策，使得各类企业都能受到税收激励。

四是鉴于“政府税收转嫁效应”的存在，建议适度加大对地方的转移支付力度，以缓解地方政府财力不足的问题；地方政府也应进一步规范税费管理，完善治理机制，加快推进预算管理一体化建设，多措并举实现财政收支平衡，提高财政资金的使用效率。为重视税制改革的影响，还需积极完善统一的税收合作平台，加深地方政府间的税收政策协调合作。

第十三章
实训基地建设与制造业全球价值链升级

第一节 问 题 提 出

当前，随着经济社会的迅速发展和产业转型升级，我国对于高技能人才的需求日益迫切。然而，高素质技术技能人才的短缺已经成为我国竞争力提升和产业发展的主要障碍。我国人才队伍结构性矛盾突出，出现了“双荒”现象：一方面，制造业一线工人短缺；另一方面，对于高技能人才的需求也日益增长，但其比重却偏低。随着“互联网+”、大数据、云计算、物联网等多项技术的融合发展，人类社会正迈入智能化时代。这些高端技术在实体经济和生活领域得到广泛应用，促进了产业结构的优化调整。随着经济全球化趋势日益加剧，源自不同国家的外国直接投资，对我国高技能劳动力需求层面所产生的影响将会持续增强。在工业化进程中，资本的深化与高技能工人的就业之间存在相互补充关系，因此我国对高技能劳动力的需求将进一步增加。参与全球价值链将提高高技能工人的就业比例，在当前价值链不断升级的背景下，这种增长趋势将会更加显著。

在产业和技术双重变革的潮流下，产品质量的提升已不再单纯依赖于前期生产流程中的原理性突破，而是愈发倾向于贴近实际产业应用、具有渐进性特征的创新实践。创新不再仅局限于科学家和工程师，而是要求生产链上的每个从业者都积极从事创造性和研究性工作。为了推动我国技术的全面飞跃，必须突出人的独特优势和不可替代性。高技能人才不仅需要具备扎实的专业知识和精湛的操作技能，还必须具备创新素质。他们应当通过吸收、改进和优化现有技术及工艺，将实践探索和经验转化为切实可行的产品或服务，最终实现产品质量的提升。

基于以上背景，本章使用 2000～2013 年的中国工业企业数据库与中国海关进出口数据库的匹配数据，作为企业出口产品质量的基础数据，基于 2004～2013 年中央财政支持的职业实训基地项目建设作为准自然实验，采用双重差分法来检验实训基地建设对企业出口产品质量的影响。

本章余下部分安排为：第二节是机制研究；第三节是研究设计；第四节是实证检验与结果分析；第五节是主要结论与政策启示。

第二节　机 制 研 究

本章通过引入一个简单的柯布–道格拉斯生产函数来说明企业如何从技术和成本角度来决定产品质量。一般意义上，不论企业对高低技能劳动力的需求如何，其生产的产品质量从投入角度来说都是由资本、劳动和技术条件决定的。实训基地的出现通常会通过改变要素市场高技能劳动力的供应，导致企业内部高低技能劳动力的比例发生变化，从而改变成本投入决策，在给定生产技术和市场结构条件下，最终影响产品的质量。

一、模型设定

本章借鉴 Verhoogen[412]的研究，将出口产品质量的生产函数设为

$$Q_i = A_i F\left(K_i, L_i\right) \tag{13-1}$$

其中，下标 $i=0$ 表示企业没有通过实训基地对企业员工进行培训，同时实训基地也未向劳动力市场输出大量高技能劳动力；Q_i 表示产品质量；A_i 表示生产率；K_i 和 L_i 分别表示资本和劳动两种投入品，且劳动和资本的边际产品递减［即 $F(\cdot)$ 是递增的凹函数］。不同生产要素之间具有互补性，即 $\partial^2 F(\cdot)/\partial F \partial L > 0$。

生产成本 TC 的表达式为

$$\mathrm{TC} = K_i + w_i L_i + \mathrm{FC} \tag{13-2}$$

其中，w_i 表示工资水平；FC 表示固定成本（在本节第二部分和第三部分的优化问题中，企业根据其面临的资本和劳动的要素价格来选择资本和劳动投入，因此固定成本不进入企业优化问题的一阶条件。固定成本的变化受一些长期外生性因素的影响）。根据李成友等[614]的假定，放弃同质性劳动力假设，并提出劳动力异质性假设，即假设市场中普遍存在低技能劳动力和高技能劳动力，故企业生产决策所面临的要素约束为低技能劳动力 L_l、高技能劳动力 L_h 和资本 K 三种类型。改变假设条件后的生产成本变为

$$\mathrm{TC} = K_i + w_{il} L_{il} + w_{ih} L_{ih} + \mathrm{FC} \tag{13-3}$$

其中，L_{il} 表示低技能劳动力；L_{ih} 表示高技能劳动力；w_{il} 表示低技能劳动力工资水平；w_{ih} 表示高技能劳动力工资水平。不同技能工人的实际边际生产力不一样，即 $\partial F / \partial L_{ih} > \partial F / \partial L_{il}$，当企业对高技能劳动力有需求时，暂时忽略由“干中学”升级的少部分劳动力。此时，企业面临两种选择：①在劳动力市场雇用更多高技能劳动力；②通过在职培训升级劳动力技能。

二、雇用更多高技能劳动力

根据李成友等[614]的研究，技能型工资差距反映了技能所带来的价值增

值部分，因此 $w_{0l}<w_{0h}$（在职培训后工资情况将在第三部分进行说明）。此时市场上高技能工人的竞争性工资水平同样为 w_{0h}，为了雇用 L_{0h} 数量的高技能工人，企业必须提供市场竞争性的工资水平。此时企业利润最大化问题为

$$\left\{K_0^*,L_{0l}^*,L_{0h}^*\right\}=\arg\max_{K_0,L_{0l},L_{0h}} A_0F\left(K_0,L_{0l},L_{0h}\right)-K_0-w_{0l}L_{0l}-w_{0h}L_{0h}-\mathrm{FC} \quad (13\text{-}4)$$

由于市场高技能劳动力供应不足，企业想要聘请足够的高技能劳动力，只能通过提供更高的工资、花更多的时间、用更高的成本来获取高技能劳动力，因此 w_{0l}'/w_{0h} 为高技能劳动力的溢价率，将其设为 θ_1；而在高技能劳动力短缺造成市场溢价的情况下，当低技能劳动力和资本这一生产要素组合的收益高于高技能劳动力和资本组成的生产要素组合时，企业会聘用更多的低技能劳动力来代替高技能劳动力，此时高低技能劳动力的替代率为 $\left(L_{0l}'-L_{0l}\right)/\left(L_{0h}-L_{0h}'\right)$，将其设为 θ_2。在此状况下，无论企业选择何种资本、劳动力的要素投入组合，都难以实现最优配置。此时企业的利润最大化问题可以表示为

$$\left\{K_0^*,L_{0l}^*,L_{0h}^*\right\}=\arg\max_{K_0,L_{0l},L_{0h}} A_0F\left(K_0,L_{0l},L_{0h}\right)-K_0-w_{0l}\theta_2L_{0l}-\theta_1w_{0h}L_{0h}-\mathrm{FC}$$
$$\text{s.t.}\begin{cases}L_{0l}+L_{0h}\geqslant L_0\\ w_{0l}+w_{0h}\geqslant w_0\end{cases} \quad (13\text{-}5)$$

约束条件中拉格朗日乘子为 μ。其中，L_0、w_0 表示企业在要素市场完全充分竞争条件下企业的最优就业量以及工资水平，因此上述两个约束条件取大于号（或对应乘子 $\mu<0$）。在企业要素的优化问题中，拉格朗日乘子的经济意义为要素市场不完全竞争对企业造成的经济损失。劳动对产品质量的边际贡献等于高低技能劳动力的工资水平，即 $\theta_2w_{0l}-\mu=A_0\partial F/\partial L_{0l}$，

$\theta_1 w_{0h} - \mu = A_0 \partial F / \partial L_h$。可见，劳动力资源的配置同时影响了高低技能劳动力的工资和劳动投入，进而影响了单位劳动力对应的资本水平。

当实训基地通过职业教育将低技能劳动力升级为高技能劳动力，并将高技能劳动力大量投入市场后，由于高技能劳动力的供应量增大，改变了供需关系，缓解了高技能劳动力供给不足的情况，从而降低了高技能劳动力的议价能力，因此有 $w_{1h} \leqslant w_{0h}$。而要素市场中低技能劳动力供给丰富，低技能劳动力转化为高技能劳动力并不改变低技能劳动力的收益，即 $w_{0l} = w_{1l}$。此时企业利润最大化问题为

$$\left\{K_1^*, L_{1l}^*, L_{1h}^*\right\} = \arg\max_{K_1, L_{1l}, L_{1h}} A_1 F\left(K_1, L_{1l}, L_{1h}\right) - K_1 - w_{1l} L_{1l} - w_{1h} L_{1h} - \mathrm{FC} \quad (13\text{-}6)$$

式（13-6）的一阶条件要求边际劳动的产出等于市场竞争性的工资水平，即

$$w_{il} = A_i \partial F / \partial L_{il}, \quad w_{ih} = A_i \partial F / \partial L_{ih} \quad (13\text{-}7)$$

因此，在高技能劳动力要素供给丰富的情况下，企业可以根据生产技术以及资金情况选择最优的要素投入组合。

三、通过在职培训升级劳动力技能

对于通过在职培训升级员工技能的企业而言，由于参加职业教育的员工工资是由签订合同时的工资水平决定的，因此在进行在职培训后，即使员工劳动水平（员工在工作中的产出效率）提高，短期内该类型员工的工资水平也不会发生较大改变；同时 Becker[500]认为，企业提供在职培训的前提条件是员工接受工资的相应扣减，所以综合来看，短期职业教育至少不会使得参加培训的低技能劳动力工资高于原高技能劳动力的工资水平，即

$$w_{1l} L_{1l} + w_{1h} L_{1h} \leqslant w_{0l} L_{0l} + w_{0h} L_{0h} \quad (13\text{-}8)$$

其中，w_{1h}表示企业参加在职培训后高技能劳动力的平均工资水平，该指标由两部分共同组成：一是原有高技能劳动力的工资，二是那些原本为低技能劳动力，但是在参加培训后转变为高技能劳动力的员工工资水平。因此，进行在职培训后，企业利润最大化问题为

$$\left\{K_1^*,L_{1l}^*,L_{1h}^*\right\}=\arg\max_{K_1,L_{1l},L_{1h}} A_1F\left(K_1,L_{1l},L_{1h}\right)-\left(1-\gamma_0\right)K_1-w_{1l}L_{1l}-w_{1h}L_{1h}-\mathrm{FC} \tag{13-9}$$

其中，γ_0表示当市场上没有职业学校提供实训基地时，企业为员工参加在职培训所需要付出的培训费用与企业需要额外付出的建立在职培训学校的成本的比值。当市场上有成熟的针对企业员工在职培训的实训基地时，企业将与实训基地签署代理合同，由实训基地为员工提供在职培训。从长期看，随着市场上在职培训机构的增多以及培训体系的完善，在形成规模效应后，培训费用γ_1会进一步降低，即$\gamma_0>\gamma_1$。因为劳动力市场是完全竞争的，培训后的高技能劳动力与原有的高技能劳动力具有互补性，同时培训后的高技能劳动力工资水平相较原有高技能劳动力工资水平更低，只要高质量产品有足够的市场，企业就会有动力对原有的低技能劳动力或招聘更多的低技能劳动力进行在职培训，以替代原有的高工资水平的高技能劳动力，即$L_{1h}>L_{0h}$，同时$w_{1h}>w_{0h}$。

因此，长期来看，企业高技能劳动力的工资将与低技能劳动力的工资相等（原高工资水平劳动力接受降薪或离职）。此时企业利润最大化问题变为

$$\left\{K_1^*,L_{1l}^*,L_{1h}^*\right\}=\arg\max_{K_1,L_{1l},L_{1h}} A_1F\left(K_1,L_{1l},L_{1h}\right)-(1-\gamma_1)K_1-w_{1l}\left(L_{1l}+L_{1h}\right)-\mathrm{FC} \tag{13-10}$$

四、均衡分析

将产品质量的生产函数形式具体化为规模递减的柯布–道格拉斯生产函

数，要素市场高技能劳动力短缺、实训基地提供丰富高技能劳动力，以及没有和有实训基地为企业提供在职培训时的产品质量生产函数分别为：$Q_0^* = A_0 K_0 L_{0l}^{\alpha} L_{0h}^{\beta}$，$Q_1^* = A_1 K_1 L_{1l}^{\alpha} L_{1h}^{\beta}$，$Q_0^* = A_0 K_0^{\lambda_0} L_{0l}^{\alpha} L_{0h}^{\beta}$，$Q_1^* = A_1 K_1^{\lambda_1} L_{1l}^{\alpha} L_{1h}^{\beta}$。根据要素市场高技能劳动力短缺、实训基地提供丰富的高技能劳动力，以及企业员工参与在职培训后的产品质量优化问题，分别可以得到均衡产品质量和对投入品的需求。要素市场高技能劳动力短缺和实训基地提供丰富的高技能劳动力情况下均衡产品质量为

$$Q_0^* = \left[A_0 K_0 \left(\frac{\alpha}{\theta_2 w_{0l}} \right)^{\alpha} \left(\frac{\beta}{\theta_1 w_{0h} - \mu} \right)^{\beta} \right]^{\frac{1}{1-(\alpha+\beta)}}, \quad Q_1^* = \left[A_1 K_1 \left(\frac{\alpha}{w_{1l}} \right)^{\alpha} \left(\frac{\beta}{w_{1l}} \right)^{\beta} \right]^{\frac{1}{1-(\alpha+\beta)}} \tag{13-11}$$

企业员工参与在职培训后的均衡产品质量为

$$Q_{1l}^* = \left[A_1 \left(\frac{\lambda}{\gamma_1} \right)^{\lambda} \left(\frac{\alpha}{w_{1l}} \right)^{\alpha} \left(\frac{\beta}{w_{1l}} \right)^{\beta} \right]^{\frac{1}{1-(\lambda+\alpha+\beta)}} \tag{13-12}$$

企业自行对员工进行在职培训前后或通过实训基地对员工进行在职培训前后，对低技能和高技能劳动的需求分别为

$$L_{0l}^* = \frac{\alpha}{\theta_2 w_{0l} - \mu} Q_0^*, \quad L_{0h}^* = \frac{\beta}{\theta_1 w_{0h} - \mu} Q_0^*, \quad L_{1l}^* = \frac{\alpha}{w_{1l}} Q_1^*, \quad L_{1h}^* = \frac{\beta}{w_{1l}} Q_1^* \tag{13-13}$$

企业通过实训基地对员工进行在职培训后，企业短期和长期（其中，短期用下标 s 表示，长期用下标 m 表示）对低技能和高技能劳动以及资本的需求分别为

$$L_{sl}^{*}=\frac{\alpha}{w_{0l}}Q_{0}^{*},\ L_{sh}^{*}=\frac{\beta}{w_{0l}}Q_{0}^{*},\ K_{s}^{*}=\frac{\lambda}{\gamma_{0}}Q_{0}^{*},\ L_{ml}^{*}=\frac{\alpha}{w_{1l}}Q_{1}^{*},\ L_{mh}^{*}=\frac{\beta}{w_{1l}}Q_{1}^{*},\ K_{m}^{*}=\frac{\lambda}{\gamma_{1}}Q_{1}^{*} \tag{13-14}$$

式（13-13）是企业自行对员工进行在职培训前后或通过实训基地对员工进行在职培训前后企业最优化问题的四个一阶条件，式（13-14）为企业通过实训基地对员工进行在职培训后企业最优化问题的六个一阶条件。为考察生产率和要素价格变动对劳动需求的影响，结合式（13-11）至式（13-14）分别对生产率水平 A 以及要素价格 w_i 进行微分或取对数。由于边际报酬递减，因此有如下结论：

（1）全要素生产率的提高，会提升均衡产品质量，即 $\mathrm{d}Q_i/\mathrm{d}A_i\big|_{(K_i^*,L_i^*)}>0$。

（2）劳动投入总量的增加会提升产品质量。随着劳动成本的提高，高技能劳动力的溢价率会提高，低技能劳动力对高技能劳动力替代率的提高会降低劳动需求，进而降低产品质量，即 $\mathrm{d}Q_i/\mathrm{d}\theta_i\big|_{(K_i^*,L_i^*)}<0$。

（3）教育成本的降低会增加资本投入，从而提升产品质量，即 $\mathrm{d}Q_i/\mathrm{d}\gamma_i\big|_{(K_i^*,L_i^*)}>0$。

五、出口产品质量决定

实训基地对出口产品质量的影响主要通过以下三种渠道：

第一，实训基地可以降低企业培训费用、降低招聘成本以及减少由于高技能劳动力紧缺造成的技能溢价，从而提高企业资本的使用效率；由于高技能劳动力短缺的情况得到缓解，企业能够聘请到更多高技能劳动力；实训基地的使用改变了劳动和资本的投入占比，提高了企业资本密集度，从而提升了企业产品质量。该过程如图 13.1 所示。

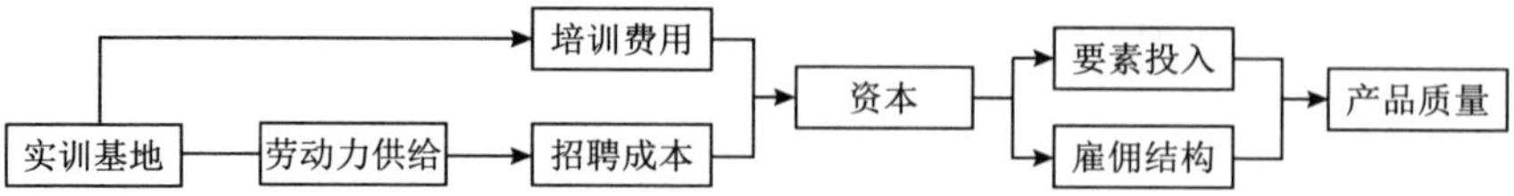

图 13.1　实训基地通过企业资本影响产品质量的路线图

根据上一段的推导，培训及用工成本的降低会增加资本占比，即 $dK_i/dy_i<0$（其中 y 为培训及用工成本）。实训基地的出现，一方面使得企业的培训成本得以降低；另一方面使得企业的用工成本也随之降低。这些改变进而促使资本和劳动的相对投入以及使用效率都发生了变化。据此提出本章的第一个假设。

假设 13.1：实训基地在提高劳动力技能水平的同时会增加（减少）企业资本要素的投入，提高（降低）资本密集度，从而使产品质量上升（下降）。

第二，用工成本的降低会提高资本的使用效率以及对高技能劳动力的需求，即 $dK_i / dw_i<0$，同时，实训基地为企业提供了充足的高技能劳动力，而高技能人才具有较强的生产力，其对产品质量的作用路线图如图 13.2 所示。

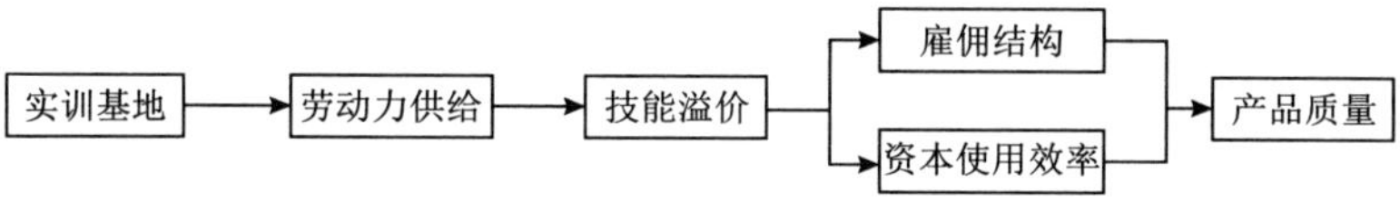

图 13.2　实训基地通过企业人类资本水平影响产品质量的路线图

据此提出本章的第二个假设。

假设 13.2：实训基地通过提高企业人力资本水平，提高了企业出口产品质量。

第三，Griliches[615]认为与低技能劳动相比，高技能劳动具备较高的人力资本质量，并且能更好地适应新环境，因此新型机器设备投资与技能型劳动力互补性更高。据统计，我国工业产品合格率在 2003 年至 2008 年始终在 80%左右徘徊。高技能人力资本供给的不足，限制了新设备作用的发挥以及对于新技术的吸收和掌握，阻碍了企业生产力的提高以及生产技术的进步，产品质量的提升进程也随之放缓。而劳动力技能水平的提高在提高生产水平的同时会加速对外溢技术的吸收，由此企业生产率也会提高，生产率的提高将直接提高产品质量。此外，生产水平的提高也会通过提高中间产品的质量提高最终产品的质量。

实训基地丰富了企业的人力资本，而人力资本的提升会进一步提高企业全要素生产率，全要素生产率提高会对产品质量带来直接影响，作用路线图如图 13.3 所示。

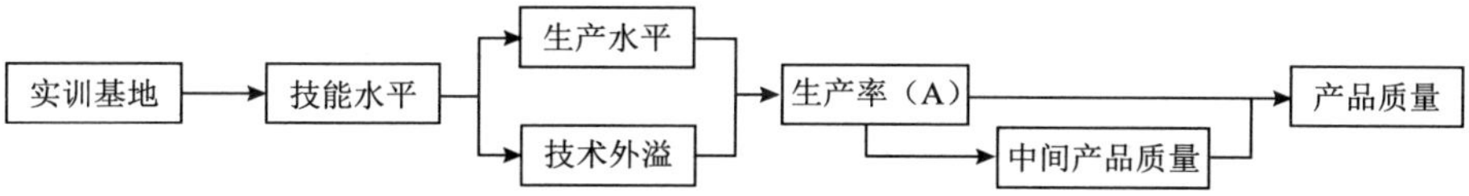

图 13.3　实训基地通过企业生产率影响产品质量的路线图

据此提出本章的第三个假设。

假设 13.3：实训基地提高了企业全要素生产率，促进了企业出口产品质量提升。

综上，实训基地解决了企业对高技能劳动力的需求，主要通过改变企业资本密集度、人力资本水平以及全要素生产率三个途径影响企业出口产品质量。

第三节　研 究 设 计

一、数据来源

本章的数据主要来源于三个方面：第一，企业层面的生产数据，来源于中国工业企业数据库 2000～2013 年公布的数据。第二，产品层面的出口数据，来自中国海关进出口数据库 2000～2013 年公布的数据。第三，来自教育部 2004～2013 年中央财政支持的职业教育实训基地项目立项情况统计。本章首先通过企业名称和年份对中国工业企业数据库和中国海关进出口数据库的数据进行匹配，得到企业相关的基本数据以及出口数据。鉴于企业参与实训基地职业教育培训方面缺乏现成可用的数据，本章通过对教育部公布的历年中央财政支持的职业教育实训基地项目立项情况表进行查找，最终收集到 2004～2013 年 31 个省份（不包括港澳台地区）的实训基地数据共 4438 个。根据实训基地所在省份及行业，建立省份-CIC 四位码行业层面数据，并与中国工业企业数据库、中国海关进出口数据库和实训基地数据进行合并得到最终数据。

二、计量模型与变量说明

为检验设立实训基地对企业出口产品质量的影响，建立如式（13-15）所示的计量模型：

$$\text{quality}_{fhct} = \alpha + \beta \cdot \text{treat}_{ph} \times \text{post}_t + \gamma \cdot X_{ft} + \tau \cdot G_{pt} + \rho \cdot H_{ht} + \lambda_f + \lambda_{hc} + \lambda_t + \varepsilon_{fhct} \tag{13-15}$$

其中，f 表示企业；h 表示 CIC 四位码行业；c 表示出口目的国；p 表示省份；t 表示年份；quality 表示出口产品质量，如果某一省份的 CIC 四位码行业设有实训基地，则 treat 赋值为 1，否则为 0；post 同样为二元虚拟变量，实训基地设立前为 0，设立后为 1；系数 β 衡量了设立实训基地对企业出口产品质量的影响；X、G、H 分别表示企业、省份、行业层面控制变量；λ_f 、λ_{hc} 、λ_t 分别表示企业、产品-目的国和年份固定效应；ε 表示随机误差项。为了消除可能存在的异方差和自相关问题，所有回归均在省份-CIC 四位码行业层面聚类。

出口产品质量（quality）是被解释变量，本章借鉴 Khandelwal 等[345]、

Fan 等[346]的做法，设定的产品需求函数为

$$x_{fhct}=q_{fhct}^{\sigma-1}p_{fhct}^{-\sigma}P_{ct}^{\sigma-1}Y_{ct} \tag{13-16}$$

其中，x_{fhct}、q_{fhct}、p_{fhct}分别表示在 HS 六位码上，在年份 t 出口目的国 c 从企业 f 进口的产品 h 的数量、质量、价格；P_{ct} 表示出口目的国加总价格指数；Y_{ct} 表示出口 目的国总收入；σ 表示不同产品之间的替代弹性。对式（13-16）两边取对数，可得

$$\ln x_{fhct}+\sigma\ln p_{fhct}=\varphi_h+\varphi_{ct}+\varepsilon_{fhct} \tag{13-17}$$

其中，产品固定效应（φ_h）可以控制不同种类产品之间价格和数量的差异；国家−年份固定效应（φ_{ct}）可以控制出口目的国的加总价格指数（P_{ct}）和总收入（Y_{ct}）的差异。进一步可以得出产品层面的出口质量：

$$\hat{q}_{fhct}=\varepsilon_{fhct}/(\sigma-1) \tag{13-18}$$

对于σ，使用 Broda 和 Weinstein[347]关于 HS 六位码产品层面替代弹性的数据，计算在每个 HS 两位码产品上的σ值。考虑到产品质量在产品间的异质性，为使不同出口产品质量在年份等维度上具有可比性，方便加总分析，本章参考施炳展和邵文波[513]的方法对产品质量进行标准化处理。

企业层面控制变量如下：

（1）企业规模（lnsize）。使用取自然对数的企业年平均就业人数来衡量。首先，大型企业拥有更多的资金和技术支持，可以投入更多资源来提升产品质量，如购置先进的生产设备和检测仪器。其次，大企业通常有完善的质量管理体系，能更好地保证产品的一致性和稳定性。最后，大企业由于具有规模优势，在原材料采购、物流等方面具有较强的议价能力，有利于降低成本，提高产品的性价比和竞争力。

（2）资本密集度（lncap）。使用取自然对数的人均固定资产衡量。资本密集型企业通常拥有更先进的生产设备和检测仪器，这有利于提高产品制造的精密度和一致性；大量的技术投入也使这类企业能够更好地控制生产工艺，降低不合格品的出现概率。

（3）全要素生产率（tfp）。参考王海成等[616]的做法，使用 LP 方法进行衡量，全要素生产率较高的企业通常拥有更先进的生产技术和管理水平，这有利于提升产品的制造精度和一致性。这类企业能够更好地控制生产过程，减少质量损失，降低返工成本；此外，全要素生产率较高意味着企业的创新能力较强，往往有更多资源投入产品研发，不断优化产品设计，提高产品的功能性、耐用性等品质。

（4）企业所有制类型（ownership）。根据实收资本和企业登记注册类型，分为国有企业（soe）、民营企业（pri）和外资企业（fie）。由于 2012 年、2013 年中国工业企业数据库未提供企业登记注册类型变量，我们按照 Brandt 等[617]的做法，根据企业实收资本将企业所有制类型划分为国有、集体、独立法人、私人所有、港澳台和非港澳台外商投资企业等六种不同的所有制类型，将国有和集体归为国有企业，港澳台和非港澳台外商投资企业归为外资企业，独立法人和私人所有归为民营企业。

省份层面控制变量如下：

（1）人口规模（lnpop）。用取自然对数的常住人口数量衡量。一方面，人口规模较大的国家往往拥有丰富的劳动力资源，企业可以从中选择更优秀的员工从事生产和质量管控工作，从而提高出口产品的制造精度和一致性。另一方面，人口规模大也意味着市场需求更加多元化，企业需要更好地了解和满足不同类型客户的需求，这种差异化的质量要求有助于推动企业提升出口产品在功能性、可靠性等诸多方面的品质表现。

（2）人均工资（lnwage）。用取自然对数的人均工资（省份层面）衡量。一方面，人均工资水平较高的地区通常意味着当地劳动力的技能和综合素质也较高，企业可以从中吸引和培养更优秀的生产和管理人才，从而提升产品制造的精密度和质量稳定性。另一方面，人均工资水平较高也会增加企业的生产成本压力，从而不利于提高整体的生产效率和产品品质。

（3）基础设施（lntrans）。用取自然对数的人均等级公路里程衡量。一方面，完善的交通、物流等基础设施，能为企业提供更加便捷高效的生产和配送渠道，有利于缩短产品交货周期、降低运营成本，从而有助于企业集中精力改善生产工艺、提升产品性能。另一方面，较为完善的基础设施还能促进区域内企业间的信息共享和技术交流，推动行业内部的标准化和质量提升，从而增强出口产品的整体竞争力。此外，良好的基础设施还能吸引更多优质的上游供应商和下游渠道商，为企业提供更优质的配套服务，进一步促进出口产品质量的提高。

行业层面控制变量如下：

（1）行业进入壁垒（entrybarrier）。借鉴 Lu 和 Yu[554]的方法，使用 CIC 两位码行业的企业年平均固定资产进行衡量。一方面，较高的进入壁垒可以保护已有企业，减少低劣产品的进入，鼓励企业不断提升产品质量。这是因为在进入壁垒较高的行业，新进入者需要投入更多资金和技术才能突破壁垒，这就要求企业必须持续进行技术创新和产品升级，以维持自身的竞争优势。另一方面，过高的进入壁垒也可能导致既有企业缺乏外部竞争压力，对产品质量的重视程度下降，降低产品质量标准，以谋求短期利益最大化。

（2）行业竞争水平（hhi），由某特定市场上所有企业的市场份额的平方和表示，hhi 越小，行业竞争水平越高。一方面，激烈的产业竞争会促使企业提高出口产品质量，以增强市场竞争力。面对激烈的行业竞争，企业必须通过提升产品质量来赢得消费者的信任，提高品牌影响力，从而在市场上获得更大的份额。同时，企业还需要不断进行技术创新和提高生产效率，以降低成本、优化产品性能，满足国际市场的严格质量标准。另一方面，过度的竞争压力也可能导致一些企业为了降低成本而牺牲产品质量，采取缩短生产周期、使用低劣原材料等策略，从而损害出口产品的质量水平。

（3）行业集聚水平（agglomeration）。使用 Ellison-Glaeser 指数衡量行业集聚水平。行业集聚水平对出口产品质量的影响是双向的。一方面，行业集聚能够促进出口企业提升产品质量。集聚的企业可以相互学习和交流，获得更多的技术创新资源和专业人才支持，也能增强企业之间的竞争压力，迫使企业不断推动质量改进以保持市场优势。另一方面，过度集聚也可能导致企业出现僵化和同质化的风险。在缺乏外部刺激的情况下，企业可能会过于依赖现有技术和生产模式，而忽视市场需求的变化，导致产品质量无法持续提高。

三、变量描述性统计

表 13.1 是主要变量的描述性统计结果，可以看出，出口产品质量（quality）的均值为 75.010，标准差为 20.130。这表明出口产品质量的平均水平较高，但存在一定的波动性，即产品质量的变化范围较广；最小值为 0，最大值为 100，说明在该样本中存在从低质量到高质量的产品。设立实训基地（treat）的均值为 0.226，标准差为 0.418，该均值较低，说明实训基地建设的整体程度不高，存在一定的提升空间。

表 **13.1** 主要变量的描述性统计

变量	含义	均值	标准差	最小值	最大值
quality	出口产品质量	75.010	20.130	0	100
treat	设立实训基地	0.226	0.418	0	1
lnsize	企业规模	5.915	1.232	2.303	11.770
lncap	资本密集度	5.346	1.191	–6.500	14.570

续表

变量	含义	均值	标准差	最小值	最大值
tfp	全要素生产率	5.574	1.081	−7.629	12.600
soe	国有企业	0.015	0.120	0	1
pri	民营企业	0.670	0.470	0	1
fie	外资企业	0.316	0.465	0	1
lnpop	人口规模	6.160	0.538	2.819	9.315
lnwage	人均工资	10.450	0.443	2.283	12.680
lntrans	基础设施	9.484	0.835	3.219	12.520
entrybarrier	行业进入壁垒	10.020	0.923	7.096	16.590
hhi	行业竞争水平	0.015	0.028	0.001	0.878
agglomeration	行业集聚水平	0.071	0.069	0.003	0.923

第四节　实证检验与结果分析

一、基础回归

表 13.2 给出了基本回归的估计结果，各列均控制了企业、产品–目的国、年份层面的固定效应。列（1）未加入任何控制变量，treat×post 的估计系数在 1%的水平上显著为正，列（2）则加入了企业层面的控制变量，列（3）、列（4）则进一步加入了省份、行业层面的控制变量，可以看出 treat×post 的估计系数有所变大，但仍在 1%的水平上显著为正，说明设立实训基地显著提升了企业的出口产品质量。

表 **13.2**　设立实训基地与企业出口产品质量的基本回归结果

变量	（1）	（2）	（3）	（4）
treat×post	0.843***	0.845***	0.863***	0.863***
	（0.061）	（0.062）	（0.065）	（0.065）

续表

变量	（1）	（2）	（3）	（4）
lnsize		0.047***	0.037***	0.037***
		（0.010）	（0.011）	（0.011）
lncap		0.048***	0.040***	0.039***
		（0.009）	（0.009）	（0.009）
tfp		0.009*	0.018***	0.018***
		（0.005）	（0.006）	（0.006）
soe		−0.059	0.035	0.037
		（0.058）	（0.057）	（0.057）
fie		−0.031**	−0.019	−0.018
		（0.016）	（0.017）	（0.017）
lnpop			0.102***	0.102***
			（0.014）	（0.015）
lntrans			−0.249***	−0.250***
			（0.053）	（0.053）
lnwage			0.919***	0.916***
			（0.150）	（0.150）
entrybarrier				0.057***
				（0.018）
hhi				−0.901***
				（0.254）
agglomeration				−0.117
				（0.139）
常数项	74.936***	74.423***	66.948***	66.434***
	（0.013）	（0.108）	（1.763）	（1.764）
企业固定效应	控制	控制	控制	控制
产品-目的国固定效应	控制	控制	控制	控制
年份固定效应	控制	控制	控制	控制
观测值	7 901 848	7 541 629	6 518 825	6 518 825
R^2	0.996	0.996	0.996	0.996

注：括号中为省份-CIC 四位码行业层面聚类的稳健标准误

***表示在 1%的水平上显著，**表示在 5%的水平上显著，*表示在 10%的水平上显著

二、平行趋势及动态效应检验

使用双重差分模型进行政策评估的一个重要前提是，处理组（设有实训基地）与对照组（未设有实训基地）在政策冲击之前需要满足平行趋势假设，即出口产品质量存在相同的变动趋势，否则式（13-15）中核心解释变量 treat×post 与被解释变量之间的关联可能并非来自设立实训基地，而是在设立实训基地之前即已存在的某些不可直接观测的趋势性因素。在满足平行趋势假设的同时，我们还关心政策的动态效应，以证明政策效应是在实训基地设立之时或之后才出现，否则有可能是其他因素导致了出口产品质量提升。为此，设定如式（13-19）所示的计量模型：

$$\text{quality}_{fhct}=\alpha+\sum_{k=-6+}^{6+}\beta_k\cdot\text{treat}_{ph}\times\text{post}_t^k+\gamma\cdot X_{ft}+\tau\cdot G_{pt}+\rho\cdot H_{ht}+\lambda_f+\lambda_{hc}+\lambda_t+\varepsilon_{fhct}\tag{13-19}$$

其中，post_t^k 是一个新增的年份虚拟变量，表示第 t 年时某省份或某行业设立实训基地的前 k 年、当年或后 k 年。如果满足平行趋势假设，设立实训基地之前核心解释变量的回归系数（β_k，$k<0$）应不显著。同时，如果是设立实训基地带来了出口产品质量提升，而非其他因素的作用结果，那么动态效应结果应显示设立实训基地之后，核心解释变量的回归系数（β_k，$k\geqslant 0$）均显著。k 的取值包括−6+（设立实训基地前第 6 年及之前年份）、−5（设立实训基地前第 5 年）、……、0（设立实训基地当年）、……、5（设立实训基地后第 5 年）和 6+（设立实训基地后的第 6 年及之后年份）。本章以 k=−1（设立实训基地的前 1 年）作为基期。

平行趋势检验结果如图 13.4 所示。可以看出，当 $k=-6,-5,-4,-3,-2$ 时，β_k 的估计系数没有通过显著性检验，说明相较于设立实训基地前 1

年，处理组和对照组的出口产品质量变化趋势并无显著差异，满足平行趋势假设。当 k=0,1 时，β_k 的估计系数同样没有通过显著性检验。当 $k>2$ 时，β_k 的估计系数至少在 5%的水平上显著，说明设立实训基地对出口产品质量的影响存在一定的时滞，可能的解释是：一是当实训基地刚刚设立时，员工需要一定时间去适应全新的培训内容与技能要求，同时也要熟悉并运用新的工艺以及操作流程。在这一学习与适应的阶段中，员工大概率需要一段时间来扎实掌握新知识与新技能，进而为后续提高产品质量奠定基础。二是实训基地设立后，可能需要一段时间来积累市场反馈和产品质量数据。基于这些反馈和数据，企业才能及时调整生产流程和产品设计，进而提高产品质量。三是企业可能会引入新的设备和设施，或对现有设备进行更新和升级。这些设备的调试和运行稳定化过程可能需要一定的时间，才能对产品质量产生显著影响。

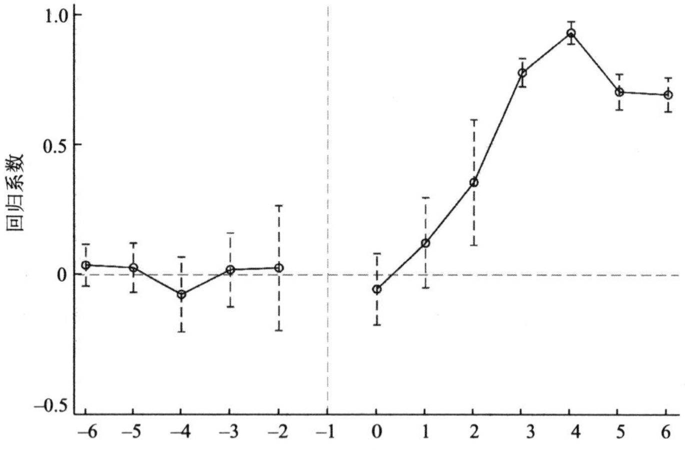

图 13.4　平行趋势检验结果

灰色垂直虚线表示基期；黑色虚线表示置信区间；圆圈表示回归系数具体值

三、稳健性检验

（一）工具变量检验

满足平行趋势假设是增加双重差分模型可信度的重要条件之一，但它并不意味着模型就完全不存在内生性问题。首先，由于设立实训基地这一事件并非随机发生，是否设立实训基地可能受到一些难以观测到的遗漏变量的影响，而这些变量又可能会影响出口产品质量，因此可能存在“遗漏变量偏差”和“自选择偏差”问题。为了缓解上述内生性问题，本节进一步采用各地区历史上的教会大学数量作为工具变量进行回归。

19 世纪末到 20 世纪初，作为中国近代高等教育先声的重要组成部分的教会大学相继建立，这一时期主要集中于医学与神学教育，代表性的学府包括成都的华西协和大学和北京汇文书院。20 世纪前 30 年，教会大学迅速扩展教育领域，纳入了文学、理学、工学等多个学科，这一时期的著名学府有北京的燕京大学、上海的圣约翰大学以及南京的金陵大学等。1949 年新中国成立后，教会大学经历了一系列的调整和整合，大都被并入公立大学或改制为公立大学，结束了作为教会大学的历史身份，但它们对中国教育和社会发展产生了深远影响[618]。

具体地，我们采用 1949 年各省份的教会大学数量（christian）①与时间趋势（trend）的乘积（christian × trend）②作为设立实训基地的工具变量，使用两阶段最小二乘法进行估计。1949 年中国各省份教会大学数量反映了

---

① 1949 年各城市教会大学名单来自 Lutz[618]，新教大学有齐鲁大学（济南）、福建协和大学（福州）、金陵女子大学（南京）、之江大学（杭州）、华中大学（武汉）、华南女子文理学院（福州）、岭南大学（广州）、金陵大学（南京）、圣约翰大学（上海）、沪江大学（上海）、东吴大学（苏州）、华西协和大学（成都）、燕京大学（北京），罗马天主教大学有震旦大学（上海）、辅仁大学（北京）、津沽大学（天津）。

② 因为 1949 年的教会大学数量是一个非时变变量，难以直接用于面板数据分析，我们以 1949 年教会大学数量与时间趋势的乘积作为具有时变特征的工具变量。

当时的教育资源分布和发展情况，更多的教会大学数量可能意味着该地区拥有更多受过良好教育的人才，同时也可能反映了该地区对人才培养和实际技能培训的重视程度较高。因此，教会大学数量与实训基地评定之间可能存在人才供需匹配的相关性，理论上我们预期这一工具变量与设立实训基地的概率之间正相关，满足相关性假设。此外，民国时期是否设有教会大学距当前较为久远，很难直接影响样本期间（2000～2013 年）的出口产品质量，因此满足外生性要求。

本章构建的两阶段最小二乘法模型为

$$\widehat{\text{treat}_{ph} \times \text{post}_t} = \alpha + \beta \cdot \text{christian}_p \times \text{trend}_t + \tau \cdot G_{pt} + \rho \cdot H_{ht} + \lambda_p + \lambda_h + \lambda_t + \varepsilon_{pht} \tag{13-20}$$

$$\text{quality}_{fhct} = \alpha + \beta \cdot \widehat{\text{treat}_{ph} \times \text{post}_t} + \gamma \cdot X_{ft} + \tau \cdot G_{pt} + \rho \cdot H_{ht} + \lambda_f + \lambda_{hc} + \lambda_t + \varepsilon_{fhct} \tag{13-21}$$

第一阶段的估计结果如表 13.3 列（1）所示，可以看出，christian × trend 对设立实训基地的估计系数在 10%的水平上显著为正，表明各省份历史上教会大学数量越多，就越可能设立实训基地，这与我们的理论预期一致。第一阶段 F 值为 12.748，说明不存在弱工具变量问题。第一阶段的估计结果如表 13.3 列（2）所示，其中 treat × post 的估计系数在 1%的水平上显著为正，表明控制内生性问题之后，设立实训基地的企业出口产品质量显著高于未设立实训基地的企业。

表 13.3 工具变量检验结果

变量	（1）	（2）
	treat×post	quality
christian×trend	0.001*	
	（0.001）	

续表

变量	(1)	(2)
	treat×post	quality
treat×post		0.802***
		(0.292)
lnsize		0.036***
		(0.012)
lncap		0.039***
		(0.010)
tfp		–0.018***
		(0.006)
soe		0.038
		(0.057)
fie		–0.018
		(0.017)
lnpop	0.007**	0.102***
	(0.003)	(0.014)
lntrans	0.003	–0.249***
	(0.002)	(0.054)
lnwage	–0.006	0.921***
	(0.004)	(0.153)
entrybarrier	0.002	0.057***
	(0.001)	(0.018)
hhi	–0.018	–0.892***
	(0.041)	(0.265)
agglomeration	0.012	–0.113
	(0.021)	(0.140)
企业固定效应	控制	控制
产品-目的国固定效应	控制	控制
年份固定效应	控制	控制
观测值	58 446	6 518 825
R^2	0.494	0.026
Kleibergen-Paap rk Wald F	12.748	

注：括号中为省份-CIC 四位码行业层面聚类的稳健标准误

***表示在 1%的水平上显著，**表示在 5%的水平上显著，*表示在 10%的水平上显著

（二）改变出口产品质量的测度方法

本部分主要采用以下做法：首先选择使用单位价值量（出口总价值量/出口数量）作为产品质量的代理变量。根据经典的产品理论模型，CES 函数假设垄断竞争下每个企业的产品定价包含一个固定的成本加成，且产品质量对边际成本的弹性为正。因此，随着产品质量的提高，每个企业的价格也会相应上涨，那么有理由认为使用单位价值量来衡量产品质量是一个较为合理的选择。具体估计结果见表 13.4 列（1）。其次，使用企业层面的出口质量作为被解释变量。中国工业企业数据库为企业层面的数据，而基本回归中的出口质量为产品层面，虽然这种做法在既有文献中非常普遍，但在没有引入新信息的情况下，如果使用产品层面质量数据，观测值数量的扩大将使得标准误差变小而影响估计结果的可靠性。具体地，将企业-年份-产品-目的国层面的产品质量在企业-年份层面进行简单平均，从而得出企业层面的出口质量，表 13.4 列（2）给出了估计结果。可以看出，在改变了出口产品质量的测度方法后，基本回归的结论依然成立。

表 **13.4** 改变出口产品质量的测度方法后的检验结果

变量	（1）	（2）
treat×post	0.197***	0.346**
	（0.015）	（0.164）
lnsize	–0.025***	0.167**
	（0.006）	（0.071）
lncap	–0.023***	0.122*
	（0.004）	（0.065）
tfp	0.021***	0.070
	（0.004）	（0.044）
soe	–0.015	–0.009
	（0.023）	（0.426）

续表

变量	(1)	(2)
fie	0.024***	−0.231**
	(0.006)	(0.101)
lnpop	0.009**	−0.061
	(0.004)	(0.057)
lntrans	0.015	0.380**
	(0.014)	(0.163)
lnwage	−0.012	1.073*
	(0.036)	(0.594)
entrybarrier	0.010*	0.160
	(0.005)	(0.123)
hhi	−0.036	−0.206
	(0.086)	(1.684)
agglomeration	−0.087	−0.195
	(0.058)	(0.885)
企业固定效应	控制	控制
产品-目的国固定效应	控制	控制
年份固定效应	控制	控制
观测值	6 518 825	315 032
R^2	0.829	0.840

注：括号中为省份-CIC 四位码行业层面聚类的稳健标准误

***表示在 1%的水平上显著，**表示在 5%的水平上显著，*表示在 10%的水平上显著

（三）控制贸易自由化带来的进口冲击和投资冲击

本章所使用的样本区间为 2000～2013 年，其间发生的一个重要事件是中国于 2001 年 12 月 11 日正式加入 WTO。大量研究发现，面对增大的竞争压力，企业可能加大对产品质量控制和技术创新的投入，以适应国际市场需求，提升产品质量水平。而其中一个可能的解释是，企业为了应对进口产品的竞争，主动建立实训基地或者是游说政府去支持相应的实训基地建设，进

而提升产品质量，即越是受竞争影响大的省份及行业，就越有可能建立实训基地，那么 treat × post 对出口产品质量的影响就不是实训基地建设带来的，而是加入 WTO 后，贸易自由化带来的进口冲击和投资冲击造成的。

为此，我们基于中国海关进出口数据库构建省份-行业层面的进口额指标（lnimport），用以控制进口冲击；基于中国工业企业数据库中的企业实收资本来源，构建省份-行业层面的外资份额指标（foreignshare），用以控制投资冲击。表 13.5 列（1）、列（2）分别给出了控制进口冲击和投资冲击的估计结果，可以发现 treat × post 的估计系数仍然显著为正。列（3）则同时控制了进口冲击和投资冲击，treat × post 的估计系数仍然显著为正。以上结论意味着，控制了中国加入 WTO 带来的进口冲击和投资冲击后，基本回归得出的结论依然成立。

表 13.5 控制贸易自由化带来的进口冲击和投资冲击后的检验结果

变量	（1）	（2）	（3）
treat×post	0.863***	0.863***	0.863***
	（0.065）	（0.087）	（0.013）
lnimport	−0.003		−0.003
	（0.007）		（0.004）
foreignshare		0.054	0.054***
		（0.047）	（0.012）
lnsize	0.037***	0.037***	0.037***
	（0.011）	（0.011）	（0.008）
lncap	0.039***	0.039***	0.039***
	（0.009）	（0.009）	（0.008）
tfp	−0.018***	−0.018**	−0.018***
	（0.006）	（0.008）	（0.005）
soe	0.037	0.038	0.038
	（0.057）	（0.063）	（0.065）

续表

变量	(1)	(2)	(3)
fie	−0.018 (0.017)	−0.019 (0.021)	−0.019 (0.015)
lnpop	0.102*** (0.015)	0.103*** (0.015)	0.103*** (0.005)
lntrans	−0.250*** (0.053)	−0.249*** (0.044)	−0.249*** (0.015)
lnwage	0.916*** (0.150)	0.920*** (0.153)	0.920*** (0.050)
entrybarrier	0.057*** (0.018)	0.057*** (0.021)	0.057*** (0.012)
hhi	−0.901*** (0.254)	−0.907*** (0.323)	−0.907*** (0.231)
agglomeration	−0.117 (0.139)	−0.119 (0.161)	−0.119 (0.087)
企业固定效应	控制	控制	控制
产品-目的国固定效应	控制	控制	控制
年份固定效应	控制	控制	控制
观测值	6 518 825	6 518 825	6 518 825
R^2	0.996	0.996	0.996

注：括号中为省份-CIC 四位码行业层面聚类的稳健标准误

***表示在 1%的水平上显著，**表示在 5%的水平上显著

（四）改变聚类方法

在面板数据分析中，为了更好地研究不同层面的群组结构（如个体、时间、地区等）对估计结果的影响，以提升模型的稳健性和可信度，选择合适的聚类层面至关重要。本部分尝试从以下三个方面重新进行聚类：①在省份层面聚类；②在 CIC 四位码行业层面聚类；③在企业个体层面聚类。表 13.6 给出了估计结果，可以看出，无论使用何种聚类方法，treat × post 的估

计系数均在 1%的水平上显著。

表 **13.6**　改变聚类方法后的检验结果

变量	(1)	(2)	(3)
	省份	CIC 四位码行业	企业
treat×post	0.863***	0.863***	0.863***
	(0.078)	(0.087)	(0.013)
lnsize	0.037***	0.037***	0.037***
	(0.012)	(0.011)	(0.008)
lncap	0.039***	0.039***	0.039***
	(0.011)	(0.009)	(0.008)
tfp	−0.018***	−0.018**	−0.018***
	(0.006)	(0.008)	(0.005)
soe	0.037	0.037	0.037
	(0.063)	(0.063)	(0.065)
fie	−0.018	−0.018	−0.018
	(0.032)	(0.022)	(0.015)
lnpop	0.102***	0.102***	0.102***
	(0.012)	(0.015)	(0.005)
lntrans	−0.250***	−0.250***	−0.250***
	(0.068)	(0.044)	(0.015)
lnwage	0.916	0.916***	0.916***
	(0.673)	(0.152)	(0.050)
entrybarrier	0.057*	0.057***	0.057***
	(0.028)	(0.021)	(0.012)
hhi	−0.901*	−0.901***	−0.901***
	(0.513)	(0.322)	(0.232)
agglomeration	−0.117	−0.117	−0.117
	(0.111)	(0.162)	(0.087)
企业固定效应	控制	控制	控制
产品-目的国固定效应	控制	控制	控制

续表

变量	（1）	（2）	（3）
	省份	CIC 四位码行业	企业
年份固定效应	控制	控制	控制
观测值	6 518 825	6 518 825	6 518 825
R^2	0.996	0.996	0.996

注：括号中为省份-CIC 四位码行业层面聚类的稳健标准误

***表示在 1%的水平上显著，**表示在 5%的水平上显著，*表示在 10%的水平上显著

（五）控制企业地址和行业变迁的影响

当从更宏观的空间范畴，比如国家层面进行观察时，区位导向性政策所产生的效果，究竟是体现为"净增长"，还是仅仅造成了经济活动在空间上的转移？以省份-行业层面出口产品质量的升级为例，疑问在于这一提升是独立发生的，还是由于吸引了其他地区的优质企业向该省份及对应行业汇聚所引发的。这两种情形都可能导致模型估计呈现显著的正向效果，但政策实施者更期待前一种，即"净增长"。

为了探索这一问题，我们分别从样本中剔除了样本期间企业注册地所在省份、行业发生变化的样本。表 13.7 给出了控制企业地址和行业变迁影响的估计结果，可以发现 treat × post 的估计系数仍在 1%的水平上显著为正，且系数与基础回归相比有所变大，意味着控制了企业地址（省份）和行业（CIC 四位码行业）变迁的影响后，实训基地建设给出口产品质量提升带来了"净增长"。

表 **13.7**　控制企业地址和行业变迁的影响后的检验结果

变量	（1）	（2）
	省份	CIC 四位码行业
treat×post	0.894***	0.872***
	(0.083)	(0.065)

续表

变量	（1）	（2）
	省份	CIC 四位码行业
lnsize	0.027*	0.035***
	(0.015)	(0.011)
lncap	0.040***	0.041***
	(0.013)	(0.010)
tfp	−0.020**	−0.017***
	(0.008)	(0.006)
soe	0.013	0.071
	(0.074)	(0.060)
fie	0.010	−0.020
	(0.022)	(0.017)
lnpop	0.104***	0.102***
	(0.017)	(0.015)
lntrans	−0.217***	−0.246***
	(0.063)	(0.054)
lnwage	0.673***	0.928***
	(0.180)	(0.151)
entrybarrier	0.248***	0.057***
	(0.067)	(0.018)
hhi	−2.590***	−0.927***
	(0.733)	(0.255)
agglomeration	−0.198	−0.115
	(0.552)	(0.139)
企业固定效应	控制	控制
产品-目的国固定效应	控制	控制
年份固定效应	控制	控制
观测值	4 059 809	6 470 344
R^2	0.996	0.996

注：括号中为省份-CIC 四位码行业层面聚类的稳健标准误

***表示在 1%的水平上显著，**表示在 5%的水平上显著，*表示在 10%的水平上显著

四、异质性分析

（一）产品质量异质性

本部分重点考察实训基地建设对企业出口质量的影响是否因质量的差异而存在不同。产品质量异质性的研究指出，当质量差异化程度较大时，行业就需要更多高质量的生产要素投入，其中包括高技能劳动力。这是因为在质量差异较大的行业中，竞争更加激烈，消费者对产品质量的要求也更高。为了生产高质量的产品并在市场上脱颖而出，企业需要拥有高技能的劳动力来保证生产过程的有效运作和产品的高质量标准[404]。因此，我们预测实训基地建设对质量差异化大的企业的出口产品质量的边际改善作用更大。

为此，本节根据行业的差异化程度将所有行业分为两组。使用Rauch[406]提出的差异化指数衡量产品质量异质性。如果出口产品可以在交易所进行交易或者具有指导价格，那么这些产品被视为同质性产品，即产品没有太大的差异。相反，如果产品不能在交易所进行交易或者没有指导价格，那么这些产品被视为差异性产品，即产品之间存在较大的差异。

表 13.8 列（1）、列（2）给出了保守估计的差异化指数分组估计结果，可以发现异质产品组 treat × post 的估计系数明显大于同质产品组。为了保证计量结果的可靠性，我们进一步使用自由估计的差异化指数进行回归，表 13.8 列（3）、列（4）给出了对应的结果，可以看出，treat × post 在异质产品组的估计系数仍明显大于同质产品组，说明实训基地建设对质量差异化大的企业出口产品质量的边际改善作用更大。

表 13.8 产品质量异质性检验结果

变量	差异化指数保守估计		差异化指数自由估计	
	异质产品组	同质产品组	异质产品组	同质产品组
	（1）	（2）	（3）	（4）
treat×post	0.876***	0.586***	0.862***	0.726***
	（0.079）	（0.135）	（0.082）	（0.106）
lnsize	0.038***	0.036	0.036***	0.040
	（0.013）	（0.033）	（0.013）	（0.026）
lncap	0.046***	0.017	0.046***	0.028
	（0.011）	（0.029）	（0.011）	（0.026）
tfp	−0.024***	0.003	−0.025***	0.004
	（0.007）	（0.023）	（0.007）	（0.018）
soe	−0.015	0.264	−0.021	0.223
	（0.062）	（0.187）	（0.066）	（0.150）
fie	−0.013	−0.089**	−0.012	−0.062*
	（0.020）	（0.040）	（0.020）	（0.033）
lnpop	0.088***	0.226***	0.087***	0.209***
	（0.017）	（0.057）	（0.017）	（0.045）
lntrans	−0.247***	−0.481***	−0.243***	−0.399***
	（0.063）	（0.158）	（0.065）	（0.129）
lnwage	1.065***	0.199	1.070***	0.335
	（0.180）	（0.289）	（0.185）	（0.258）
entrybarrier	0.063***	−0.040	0.060***	0.033
	（0.022）	（0.067）	（0.023）	（0.050）
hhi	−1.139***	1.133	−1.118***	0.343
	（0.299）	（0.878）	（0.308）	（0.631）
agglomeration	−0.092	−0.676*	−0.074	−0.797***
	（0.155）	（0.374）	（0.159）	（0.285）
企业固定效应	控制	控制	控制	控制
产品-目的国固定效应	控制	控制	控制	控制

续表

变量	差异化指数保守估计		差异化指数自由估计	
	异质产品组	同质产品组	异质产品组	同质产品组
	(1)	(2)	(3)	(4)
年份固定效应	控制	控制	控制	控制
观测值	5 087 669	535 451	4 906 581	715 313
R^2	0.997	0.991	0.997	0.993

注：括号中为省份-CIC 四位码行业层面聚类的稳健标准误

***表示在 1%的水平上显著，**表示在 5%的水平上显著，*表示在 10%的水平上显著

（二）所有制类型异质性

不同所有制背景的企业在管理机制、发展目标、市场竞争环境等方面存在显著差异，这些差异可能会影响企业对实训基地建设的反应程度，进而导致产品质量的异质性表现。

首先，不同所有制类型的企业在决策机制、激励政策、资源配置等方面存在显著差异。民营企业通常具有较强的市场适应性和创新能力，管理灵活、高效；而国有企业则受制于相对固化的管理体制和决策机制，可能难以充分利用实训基地的优势。外资企业则可能更注重技术和管理的先进性，但在本地化水平和供应链整合上面临挑战。

其次，不同所有制企业的发展目标和市场定位存在差异。民营企业通常面临较大的市场竞争压力，更加注重产品质量的提升以赢得竞争优势；而国有企业可能更关注政治任务和社会效益，对产品质量的重视程度相对较低。外资企业受母公司战略导向的影响，可能更侧重全球供应链和品牌形象的维护。这些差异决定了各类企业在实训基地建设中的不同诉求和预期收益。

最后，政府和社会对不同所有制企业在政策支持、基础设施建设等方面的倾斜程度也存在差异。

表 13.9 给出了对应的估计结果。可以看出，民营企业样本中

treat × post 的估计系数最大，国有企业其次，外资企业较小，但均在 1%的水平上显著为正，说明实训基地建设对不同所有制类型的企业出口产品质量提升均有促进作用，不过，促进作用的大小存在差异，从大到小依次为民营企业、国有企业以及外资企业。

表 **13.9** 所有制类型异质性检验结果

变量	（1）	（2）	（3）
	国有企业	民营企业	外资企业
treat×post	0.856***	0.977***	0.795***
	（0.068）	（0.203）	（0.070）
lnsize	0.004	−0.194	0.055***
	（0.012）	（0.336）	（0.015）
lncap	0.015	−0.183	0.040***
	（0.012）	（0.323）	（0.013）
tfp	−0.016**	0.038	−0.009
	（0.007）	（0.053）	（0.009）
lnpop	0.034**	−0.499**	0.129***
	（0.016）	（0.239）	（0.016）
lntrans	−0.161***	−0.035	−0.269***
	（0.048）	（0.090）	（0.077）
lnwage	0.216	−0.288	1.806***
	（0.143）	（0.690）	（0.220）
entrybarrier	0.052**	−0.180	0.035*
	（0.020）	（0.118）	（0.020）
hhi	−0.746**	2.361	−1.041***
	（0.292）	（2.849）	（0.264）
agglomeration	−0.158	2.213	−0.118
	（0.147）	（1.987）	（0.189）
企业固定效应	控制	控制	控制

续表

变量	(1)	(2)	(3)
	国有企业	民营企业	外资企业
产品-目的国固定效应	控制	控制	控制
年份固定效应	控制	控制	控制
观测值	64 874	4 505 959	1 881 257
R^2	0.996	0.996	0.996

注：括号中为省份-CIC 四位码行业层面聚类的稳健标准误

***表示在 1%的水平上显著，**表示在 5%的水平上显著，*表示在 10%的水平上显著

（三）规模异质性

企业规模是企业的重要特征之一，不同规模的企业在生产经营、管理机制、资源配置和市场竞争等方面存在明显差异，这些差异将直接影响企业对实训基地建设的反应和产品质量的表现。大型企业通常具有更多资源、技术和管理优势，能够更好地利用实训基地提供的支持和资源，从而提升产品质量水平。它们拥有更强的资金实力和市场竞争力，对产品质量的要求更为严苛，投入的资源也更多，因此在实训基地建设中能够展现出更高的参与度，对实训资源的利用效果也更佳。相比之下，中小型企业可能面临资源限制、管理挑战和市场竞争压力，在实训基地建设中可能需要更多的支持和帮助才能提升产品质量。

根据企业规模中位数，我们将高于中位数的定义为大规模企业，将低于中位数的定义为中小规模企业，表 13.10 给出了对应的估计结果，可以看出，大规模企业组和中小规模企业组 treat × post 的估计系数均在 1%的水平上显著为正，但大规模企业组的系数显著大于中小规模企业组的系数，说明实训基地建设对大规模企业的出口产品质量的正向作用更大。

表 **13.10** 企业规模异质性检验结果

变量	(1)	(2)
	大规模企业	中小规模企业
treat×post	1.094***	0.524***
	(0.079)	(0.045)
lnsize	0.070***	0.032***
	(0.021)	(0.010)
lncap	0.071***	0.018**
	(0.019)	(0.008)
tfp	0.031***	−0.003
	(0.011)	(0.005)
soe	0.005	−0.012
	(0.070)	(0.073)
fie	−0.033*	0.014
	(0.020)	(0.017)
lnpop	0.116***	0.052***
	(0.017)	(0.012)
lntrans	−0.249***	−0.174***
	(0.072)	(0.031)
lnwage	1.498***	0.146
	(0.189)	(0.103)
entrybarrier	0.105***	0.019
	(0.027)	(0.013)
hhi	−1.064***	−0.375*
	(0.341)	(0.216)
agglomeration	−0.293	0.051
	(0.194)	(0.111)
企业固定效应	控制	控制
产品-目的国固定效应	控制	控制
年份固定效应	控制	控制
观测值	3 310 319	3 151 945
R^2	0.996	0.997

注：括号中为省份-CIC 四位码行业层面聚类的稳健标准误

***表示在 1%的水平上显著，**表示在 5%的水平上显著，*表示在 10%的水平上显著

五、影响机制检验

本章的基本结论是实训基地显著提高了企业出口产品质量，我们在本部分通过交乘项的形式建立计量模型，进一步揭示其背后可能的影响渠道。

表 13.11 报告了设立实训基地对企业出口产品质量的影响机制检验结果。列（1）给出了资本密集度机制的检验结果，可以发现 treat × post × lncap 的系数显著为正，意味着实训基地建设提高了企业资本密集度，从而提升了出口产品质量。列（2）报告了企业人力资本渠道的检验结果，企业人力资本用企业人均工资水平（lnpwage）进行衡量，可以发现 treat × post × lnpwage 的估计系数显著为正，意味着实训基地建设提高了企业人力资本水平，从而提升了出口产品质量。列（3）报告了企业全要素生产率渠道的检验结果，可以看出 treat × post × tfp 的估计系数显著为正，意味着实训基地建设提高了企业全要素生产率，从而提升了出口产品质量。

表 13.11　设立实训基地对企业出口产品质量的影响机制检验

变量	（1）	（2）	（3）
treat×post	1.183***	1.428***	0.319**
	（0.153）	（0.108）	（0.142）
treat×post×lncap	0.060***		
	（0.019）		
treat×post×lnpwage		0.107***	
		（0.017）	
treat×post×tfp			0.095***
			（0.017）
lnsize	0.036***	0.024*	0.036***
	（0.011）	（0.015）	（0.011）
lncap	0.054***	0.045***	0.034***
	（0.009）	（0.013）	（0.009）

续表

变量	（1）	（2）	（3）
tfp	0.017***	−0.014	0.037***
	（0.006）	（0.009）	（0.008）
soe	0.043	0.047	0.030
	（0.058）	（0.060）	（0.057）
fie	−0.018	0.003	−0.018
	（0.017）	（0.018）	（0.017）
lnpop	0.102***	0.131***	0.102***
	（0.015）	（0.018）	（0.015）
lntrans	0.909***	0.986***	0.922***
	（0.151）	（0.160）	（0.150）
lnwage	−0.251***	−0.320***	−0.251***
	（0.053）	（0.073）	（0.053）
entrybarrier	0.057***	0.072***	0.056***
	（0.018）	（0.023）	（0.017）
hhi	−0.902***	−0.951***	−0.907***
	（0.253）	（0.315）	（0.256）
agglomeration	−0.116	−0.294	−0.112
	（0.139）	（0.183）	（0.137）
企业固定效应	控制	控制	控制
产品-目的国固定效应	控制	控制	控制
年份固定效应	控制	控制	控制
观测值	6 518 825	5 190 514	6 518 825
R^2	0.996	0.996	0.996

注：括号中为省份-CIC 四位码行业层面聚类的稳健标准误

***表示在 1%的水平上显著，**表示在 5%的水平上显著，*表示在 10%的水平上显著

第五节　主要结论与政策启示

建立实训基地、强化校企合作，对于发挥职业教育在国民教育体系以及

人力资源开发中的关键作用意义重大，此举能够更好地满足我国企业发展对高技能劳动力的需求，进而提升出口产品质量。这不仅关系到我国能否在美欧等发达国家和地区推行“再工业化”的进程中，保持出口的强劲增长态势，有效应对其间产生的摩擦与挑战，保障出口持续赋能经济发展，还关系到我国能否培育出外贸竞争新优势，从容适应其他发展中国家成本优势逐步凸显的经济格局变化，最终达成互补共赢，共享经济发展成果。

本章以 2004～2013 年中央财政支持的职业教育实训基地项目建设为准自然实验，基于中国工业企业数据库和中国海关进出口数据库，运用双重差分法系统地考察了实训基地建设对企业出口产品质量升级的影响效应及其影响机制。研究发现：①实训基地建设显著提高了企业的出口产品质量，这一结论在通过一系列稳健性检验后依然成立；②异质性检验表明，实训基地对差异化产品、民营企业和大规模企业的出口产品质量升级效应相对更大；③影响机制检验发现，实训基地通过提升资本密集度、人力资本水平和全要素生产率推动了出口产品质量升级。

本章的政策启示在于以下四个方面。

第一，应推动公共实训基地的可持续发展。应遵循市场化原则，完善实训基地的多元投入机制，改变政府单一投入机制，积极开拓多元化实训基地资金筹集渠道，形成多元投入机制。同时，鼓励和引导企业力量与社会力量深度参与基地建设及运营，增加企业或社会的话语权，激发市场活力，从而争取资金的长效保障。另外，为进一步实现实训基地建设与投入主体多元化布局，应切实加强实训基地与政府、院校、企业等各方的合作，积极主动联系和走访职业院校及高新科技企业，与之建立深度的合作关系，寻求多方主体的利益契合，实现实训基地与社会力量合作的可持续发展。

第二，鉴于实训基地对于提升企业出口产品质量有着显著助力，政府可考虑打造区域共享型实训基地。政府应充分发挥主导、统筹作用，通过扶持等优惠政策充分调动高校、行业、企业的建设积极性；行业在建设区域共享型实训基地中起到指导、组织协调的作用，是政府、高校与企业沟通的桥梁；企业是区域共享型实训基地建设的重要力量，企业应主动承担起合作培养人才的责任，将企业的核心技术与高校的技术研发相整合，协同组建由企业人才与高校教师构成的精干的技术师资队伍，以提高技能人才培养的实效；科研机构在区域共享型实训基地中承担着技术研发的角色，可以联结高校、企业协同创新，培养学生的创新创业能力。关于区域共享型实训基地的管理与运营，应在政府统筹下，由政府、高校、行业企业及科研机构分别抽调人员组成专兼结合的管理团队，管理基地的各项事务，发挥校地共建、校企共建、地地共建的机制作用。

第三，结合实训基地对企业出口产品质量的影响和现阶段我国“创新驱动”的重要发展理念，人力资本的积累需向专业化、高级化的方向转变。通过进一步强化对大学及以上学历人才和专业技能人才的培养，促进高素质人力资本队伍的形成，为企业进行高层次的质量研发创新创造有利条件。

第四，为推动我国出口产品质量升级，应积极引导企业借助新竞争优势培育政策和“一带一路”倡议的优势平台，在新的出口产业和市场中开拓质量提升的新路径，摆脱低端锁定的尴尬处境；同时，要充分激发出口优势企业的“龙头效应”，带动后进企业做大做强。

第三篇　引　领　篇

第十四章
劳动力结构变化视角下促进制造业全球价值链升级的政策研究

随着全球制造业竞争的日益加剧和技术革新的不断推进，劳动力结构的优化与升级已成为推动中国制造业迈向全球价值链高端的重要驱动力。当前，中国制造业在全球市场中面临着诸多挑战，包括劳动力技能结构不匹配、人口老龄化加剧、区域发展不平衡以及产业转型升级的迫切需求等。这些问题不仅制约了制造业的竞争力提升，也影响了经济的可持续发展。因此，从劳动力结构变化的视角出发，研究并制定有效的政策措施显得尤为重要。通过提升劳动力综合素质与专业技能、优化劳动力供给体系、创新高校人才培养机制与模式、健全劳动力市场制度，以及推进城乡劳动力市场一体化，能够有效应对当前面临的挑战，促进制造业在全球价值链中的地位提升。本章将系统探讨在劳动力结构变化背景下，如何通过政策引导和制度创新，推动中国制造业实现全球价值链的升级，进而促进经济的高质量发展。

第一节 提升劳动力综合素质与专业技能

一、构建多层次职业技能培训体系

（一）加快构建适合中国国情的多层次职业技能培训体系，完善公共政策支持体系

随着劳动力市场的快速变化和产业结构的持续升级，现有的职业技能培训体系已无法满足不同技能层次和群体的需求。为推动制造业全球价值链的升级，必须加快构建一个多层次的职业技能培训体系，涵盖从基础技能到高级技术的各类培训，其中，尤其要着重针对制造业中高端环节所需的高素质技能型人才开展专门培训，培训内容应根据区域、行业和岗位的具体需求量身定制，避免“一刀切”的培训模式，确保与地方经济发展、产业转型以及制造业升级紧密对接。与此同时，政策支持应特别关注低收入群体和弱势群体的技能提升需求，特别是贫困地区和农村地区的劳动者。通过增加财政投入、设立职业培训津贴、提供税收优惠等政策措施，确保这些群体能够平等地接受高质量的技能培训，提升其就业能力和市场竞争力。

（二）推动职业技能培训内容动态更新，使之与市场需求对接

鉴于全球制造业技术变革的迅速发展，若职业技能培训内容未能及时与市场需求对接，将可能导致劳动者的适应性不足，进而影响其竞争力。因此，职业技能培训的内容应紧密跟随产业发展趋势，特别是在智能制造、绿色制造、人工智能、大数据分析等前沿领域，应适时调整培训课程和项目设置，确保其能够满足全球价值链升级过程中所要求的技术能力。在此过程

中，需加强与行业协会及企业的合作，通过定期更新培训课程内容，推动企业参与培训项目的设计与开发，从而确保培训体系能够与市场需求以及技术进步同步发展。同时，应设立专项资金，支持培训机构在课程创新方面加大投入，培养具备新技术与新工艺的高端技术人才，以保障其掌握未来制造业所需的关键技能。

（三）加强政策扶持，促进区域性培训资源均衡配置

现阶段职业技能培训资源在城乡及不同区域间的分布不均衡，尤其在中西部地区和农村地区，劳动力技能提升的机会较为有限，制约了这些地区劳动力对制造业升级和产业变革的适应性，也影响了经济结构的转型与高质量发展。为促进区域间平衡发展，应加大对中西部及农村地区职业技能培训的财政支持，设立专项资金，支持地方政府与企业联合建设区域性培训中心，结合当地产业发展需求开展定向培训。特别是在装备制造、电子信息、新能源等领域的关键产业集群中，政府应提供针对性的财政补贴或培训资助，鼓励企业与行业协会共同参与培训项目的设计与实施，推动地方培训资源的优化整合，提升区域劳动力的技能水平，使其能够更好地适应制造业升级和全球价值链的要求。

二、加强产教融合实训基地建设

（一）深化校企合作机制，建立长效校企合作模式

当前，校企合作多集中于短期项目，缺乏长期稳定的合作机制及深度融合。因此，为确保产教融合能够实现可持续发展，亟须制定相关政策，鼓励企业与高校在人才培养、技术研发及生产实践等方面共同承担责任。具体而言，一方面，应通过设立“校企共建基金”，推动企业与高等院校在实训基

地建设中合作，同时激励企业在课程设置、教学资源及实训设施建设等方面投入资源；另一方面，应通过项目化管理或签订长期合作协议，明确企业在教育资源配置中的责任与义务，确保合作关系的稳定性与持续性，促进企业与高校之间的信息共享与资源互通，从而提高教育培训的质量与针对性，以更好地服务于制造业升级与全球价值链拓展的需求。

（二）更新实训设备，推动先进技术在实训中应用

随着智能制造和自动化技术的迅速发展，现有的实训设施在技术先进性和培训能力上已滞后于行业需求，导致高技能人才供给不足。为此，应推动行业领先企业与高校深度合作，引进符合行业标准的先进实训设备与技术，特别是在自动化、人工智能、数字化生产等新兴领域。通过共同投资，建设能够模拟真实生产环境的实训平台，为学生提供高质量的实践机会，从而提高其解决实际问题的能力。与此同时，政府应设立专项资金或提供税收优惠政策，支持企业与高校共同更新与维护实训设施，确保设备与行业技术同步发展，进而提升学生的实际操作能力和市场竞争力，以更好地服务于制造业向全球价值链高端迈进的需求。

（三）引入企业导师，提升实训指导的专业性与实用性

目前，许多实训基地的实践教学仍主要依赖高校教师的理论指导，尚未充分整合企业一线技术专家的经验，这在一定程度上导致了实训课程与行业实际需求之间的脱节。为提升实训指导的专业性与实用性，应积极推动实训基地引入企业一线技术专家担任实训导师，深入参与教学活动。通过与企业开展紧密合作，实训基地能够将行业前沿技术及时融入教学过程，帮助学生全面掌握最新的生产工艺、技术流程及设备操作，确保所学知识及技能与产业发展需求同步。与此同时，建议企业与高校共同设立实训导师岗位，明确

企业导师的职责与教学任务，确保其在教学中的核心作用。此外，还应鼓励企业技术专家参与课程设计与教学内容的制定，以增强实训的针对性和实效性，进一步提升学生的实践能力和市场竞争力。

三、加强继续教育和终身学习体系建设

（一）拓宽继续教育渠道，建立多层次的继续教育服务体系

为建立覆盖全体劳动者的多层次继续教育服务体系，特别是针对不同群体的技能提升需求，应推出定制化的教育项目。具体而言，需促进教育机构、行业协会与企业之间的合作，开展针对在职人员、低技能劳动者以及中老年群体的继续教育计划。通过推动企业主导的职工培训计划，鼓励企业为员工提供职业技能提升课程，政府可通过税收优惠、财政补贴等政策手段，降低企业培训成本，从而激励企业积极参与职工技能提升。此外，针对不同群体的特定需求，可量身定制专门的专业技能培训以及通用素质教育方案，确保劳动者在其职业生涯的各个阶段都能够获得适宜的教育资源，进而有效提升劳动力的整体素质与市场竞争力。

（二）支持灵活学习方式，推动在线教育和移动学习平台普及

大力支持在线教育平台与移动学习平台的发展，鼓励教育机构将传统课程转化为在线形式，以更好地满足在职人员和流动劳动力的灵活学习需求。为提升教育的覆盖面和便捷性，可通过提供平台支持和财政补贴，激励企业、教育机构与行业协会合作，推动实行线上与线下相结合的混合教育模式。特别应设立针对技术工人和低技能劳动者的在线课程，利用移动平台将培训内容精准传递至城乡基层和偏远地区，帮助劳动者在工作之余提升技能，增强市场竞争力。此外，政府应出台相应政策，开设新兴产业领域（如

智能制造、大数据分析等）的在线培训课程，帮助劳动者掌握前沿技术，提升其在全球价值链中的适应性与竞争力。

（三）强化终身学习意识，激励劳动者持续提升技能

加强终身学习的宣传力度，推动劳动者树立持续学习的意识，尤其是在职业生涯初期，通过职业规划辅导帮助其充分认识到终身学习的战略重要性。应通过建立多元化的激励机制，如开展“学习型企业”评选、“终身学习奖”评选等，鼓励企业和劳动者积极参与职业教育，形成良性的学习氛围。此外，政府应与行业协会合作，定期组织技术技能大赛或职业能力评估活动，为劳动者提供展示技能的机会，并通过颁发奖项、证书等形式，激励其不断追求卓越。同时，针对低收入群体和农村地区的劳动者，应为其提供更多学习支持和机会，通过线上平台、补贴政策等方式减轻其学习负担，推动教育公平，确保不同群体在职业生涯中均能持续提升技能，以适应行业发展的变化。

第二节　优化劳动力供给体系

一、加快建立健全老年人力资源开发利用长效机制

（一）采用渐进式弹性退休政策

随着人们健康状况的改善和劳动技能的提升，传统的固定退休年龄模式逐渐不能满足社会的需求。为了充分发挥老年人在社会和经济中的作用，应推动渐进式弹性退休政策的实施，允许符合条件的老年人根据个人意愿和身体状况选择推迟退休。①设定弹性退休年龄区间，允许劳动者根据自身健康状况、职业要求和个人意愿选择退休时间；②进行分阶段退休，允许劳动者

在退休前几年逐渐减少工作时间，使老年人更好地适应从工作到完全退休的过渡期；③设定定制化工作岗位，针对老年人的身体健康状况、兴趣爱好和工作经验，可以提供更适合的工作岗位；④为了帮助老年人继续参与劳动市场，政府和企业可以提供免费的职业技能培训课程，尤其是那些适应现代技术和工作方式（如数字化工具使用、网络技能等）的培训。

（二）建立退休人员经验传承机制

老年群体积累了丰富的工作经验和技能，如何让这些宝贵的经验得以传承是当前的重要任务。应推动企事业单位建立退休人员与年轻员工的“师徒传帮带”机制，鼓励退休人员在退休后参与岗位培训、知识传递和技术指导，通过建立正式的导师制度，将经验丰富的退休人员与年轻员工配对，进行一对一的指导和帮助。这些退休人员可以在自己的专业领域中，向年轻人传授技能、行业知识以及工作经验。这不仅能帮助年轻员工快速成长，还能有效利用老年人的社会资本。同时，可借助现代信息技术搭建知识分享平台，鼓励退休人员通过录制经验分享视频、撰写技术文章或参与线上研讨会等形式，将自身的经验与知识分享出来，确保经验传承打破时间与空间的束缚，让更多年轻员工能够随时随地进行访问与学习。

（三）提供再就业和创业支持服务

为了鼓励老年群体继续参与社会劳动，应提供再就业和创业支持服务，包括提供职业培训、就业信息对接、资金支持等。根据老年人的兴趣和能力，设计定制化的职业培训课程。可以覆盖数字技能（如计算机基础、网络应用等）、健康护理、家政服务、社区管理、心理咨询等领域，帮助老年人掌握新的技能，适应现代社会的需求。利用在线教育平台，为老年人开辟灵活多样的学习途径，让他们随时随地利用互联网研习新技能，尤其是那些在老年群体日常生活中使用频率较高的技术，诸如智能手机的操作、社交媒体的使用等。设立针对老年群体的专门就业信息平台，发布老年人可参与的工作信息。这个平台可以和本地企业、政府部门以及社会组织合作，提供低强度、灵活的工作岗位，帮助老年人实现再就业。

二、加快建立全方位、立体化、多层次、可操作的生育支持政策体系

（一）激发生育意愿

生育率下降是我国面临的一个严重问题，它直接影响未来的劳动力供给。为了提高生育率，减轻家庭育儿压力，政府应加快制定并实施全方位、多层次的生育支持政策。通过政策引导和社会氛围的营造，激发年轻人，尤其是已婚女性的生育意愿，可以通过增加生育补贴、改善产假政策、提供生育奖励等方式，降低生育的经济和社会成本。与此同时，应通过加强性别平等教育，减少职场歧视，为年轻女性创造更友好的生育环境。在保证女性基本权益的同时，增加男性的育儿假期，使育儿责任可以更加均衡地分担。通过政策引导，鼓励父亲主动参与育儿。企业应为有子女的家庭提供更为灵活的工作安排，如弹性工作时间和远程工作机会，以便父母平衡家庭和工作的双重压力。

（二）解决育儿难题

育儿难题是年轻家庭不敢生育的重要原因之一。建议政府大力发展婴幼儿托育服务，提供足够的公共托育资源，确保父母能够在工作和育儿之间找到平衡，可以出台相关政策，支持企业建立职工托儿所，并提供财政补贴，减轻家庭的育儿负担。除了公立托育机构，政府可以鼓励社会力量参与婴幼儿托育服务，扶持私立托儿所、企业托育机构等社会化服务的健康发展。可

以通过政策引导和行业标准的制定，确保市场上的托育服务质量不低于公立服务。建立健全托育服务行业的资质认证体系，对所有托育服务提供者进行资格审查和质量认证，确保服务标准统一，并为家长提供透明的选择依据。政府应定期对托育服务政策的实施效果进行评估，及时发现问题并进行调整，根据社会人口结构、家庭需求等变化，灵活调整托育资源的供给。

（三）减轻养育负担

除了托育服务外，政府还应采取税收优惠、社会福利等措施，减轻养育子女的经济负担，通过提供教育、医疗、住房等方面的优惠政策，帮助家庭降低养育成本，提升生育意愿。进一步强化国家关于子女教育的税收优惠政策，确保父母在进行税务申报时，能够将子女教育费用、托幼费用等相关开支作为扣除项目，有效减轻个人所得税的经济负担。这一措施可以有效减轻家庭在教育阶段的经济压力。对有子女的家庭，尤其是低收入家庭，可以提供专项育儿津贴。除了育儿津贴外，还可以对家庭的个人所得税进行减免，特别是针对多子女家庭，通过累进税率减轻其经济负担。对婴幼儿用品（如奶粉、尿布、玩具等）免征增值税，或降低这些商品的税率，有助于减少家庭在日常生活中的开销。

三、拓宽多元化劳动力供给渠道

（一）鼓励女性广泛参与就业

为适应人口结构变化，除了推动老年群体适当参与劳动和提高生育率外，还必须拓宽多元化的劳动力供给渠道，充分利用社会各类人力资源。女性在劳动力市场中的参与度对经济发展至关重要。应制定并完善相关法律法规，确保职场中没有性别歧视，尤其是针对怀孕、产假和育儿等方面的歧视。法律应做出明确规定，加强对女性在怀孕、生产及育儿阶段的就业保护措施，切实保障她们不会因承担家庭生育、养育责任而失去工作机会。为女性提供带薪产假和育儿假，并确保在休假期间女性的职位得到保留。同时，鼓励企业为育儿中的男性员工提供类似的福利，以促使男女在育儿责任上的平等分担。确保女性在相同岗位上的薪酬与男性平等，消除性别薪酬差距。这不仅有助于激励女性参与更多高薪行业，也有助于提升女性的职业尊严和独立性。

（二）推广灵活就业、共享用工等模式

随着科技的发展和工作方式的变化，灵活就业和共享用工逐渐成为劳动力市场的重要组成部分。政府应完善针对灵活就业的法律框架，例如针对共享用工、远程办公这类新型工作方式，应制定与之适配的劳动合同规定，以此保障灵活就业人员诸如工资支付、休息日、社会保障等基本劳动权利，杜绝恶性竞争以及用工不规范等现象的出现。出台相关政策，明确灵活就业人员与相关平台之间的法律关系，防止平台方规避责任或滥用“雇用关系外包”的漏洞。制定优惠税收政策，降低灵活就业人员的税负，鼓励更多人参与到灵活就业中。政府及相关部门可通过引导、合作等方式，助力建立并持续完善线上灵活就业服务平台，帮助劳动力市场中的企业和劳动者实现高效匹配。此外，可以为年轻人、老年人以及其他群体提供数字化、远程办公等相关的职业技能培训，确保他们具备参与灵活就业所需的技术能力。

（三）引进高端国际人才和专业技术人才

随着国内劳动力供给的逐渐紧张，引进国际高端人才和专业技术人才成为解决劳动力短缺问题的有效途径。应简化外国人才的签证和工作许可流程，例如推行“一站式”服务，提供快速审批通道等。同时，对高端人才和

紧缺行业的外国专家可以提供长期有效的工作签证和居留许可，减少烦琐的审批流程。对于在科技、金融、医药、人工智能等领域的高端人才，建立专门的“人才绿色通道”，提供更为便捷的入境、居留、就业等政策保障，并配合相应的税收优惠和社会保障政策。政府可与企业合作，共同设立有竞争力的薪酬标准，鼓励企业为国际人才提供较高的薪资待遇、股权激励等福利。同时，提供子女教育、配偶就业、安置服务等方面的全面保障措施，提高外籍人才的归属感和满意度。

第三节　创新高校人才培养机制与模式

一、深化产教融合培养模式

（一）推进校企深度合作，构建长效合作机制

当前，校企合作大多停留在表面层次，缺乏深度融合与实质性合作。为打破这一瓶颈，政府应积极推动高校与企业建立长期且深度融合的合作机制，尤其在人才培养、科研合作和技术转化等方面应加强互动与协同。政策层面应通过提供税收减免、财政补贴等激励手段，鼓励企业积极参与教育与人才培养，提升其在教育领域的责任感与参与度。同时，应鼓励企业为高等院校提供定制化课程，或与高校联合开设“企业定制班”，通过真实的项目实践与行业需求来培养学生的专业技能。政府还应推动高校与企业共同参与人才培养方案的设计与实施，确保教育内容与产业需求的紧密对接，尤其是在制造业、信息技术、人工智能等关键领域。

（二）建立市场导向的订单式人才培养机制

当前，订单式培养机制尚未得到广泛应用，且存在订单数量较少、覆盖

范围有限等问题。为此，政府应出台相关政策，推动高校与企业在人才培养方面的深度合作，建立更加灵活且广泛的订单式培养机制。例如，可以通过政策引导，鼓励大型企业和行业协会与高校建立合作关系，定制人才培养计划，并提前发布用人需求，以确保培养内容能够精准对接企业的实际需求。同时，政府应通过专项资金支持高校与企业共建订单式培养项目，确保企业的人才需求能够通过定向培养得到充分满足。在此基础上，高校应依据行业发展趋势和技术创新及时调整课程设置，优化人才培养模式，缩短培养周期，提高培养效率，确保人才培养能够迅速适应市场变动与行业发展需求。

（三）完善实习实训体系，提升学生实践能力

当前，高校的实习实训基地数量有限，且质量参差不齐，导致学生难以获得足够的实践经验。为了改善这一状况，政府应加大财政投入，推动高等院校与企业、行业协会联合建设一批高质量的实训基地，并将其纳入高校教学评价体系，鼓励高校与企业共同开展人才培养。政策支持应重点聚焦于与产业发展紧密相关的实训基地建设，尤其是在新兴行业和技术领域，确保学生能够在接触真实工作环境的过程中，提升操作技能与创新能力。与此同时，应通过激励措施鼓励企业派遣技术专家和资深从业人员担任实训导师，参与学生的实习指导，确保学生获得专业的技能指导和行业经验。

二、优化专业结构与课程体系

（一）基于产业结构升级调整学科专业布局

目前，高校的专业设置往往滞后于产业结构的变化，未能及时响应新兴产业的需求，导致一些传统专业的人才供给过剩，而新兴产业所需的专业人才严重短缺。此外，专业调整的机制相对僵化，审批程序复杂，未能有效应

对市场变化，进而造成了供需失衡和人才结构性矛盾。为此，政府应简化专业设置的审批流程，提高专业调整的灵活性和响应速度，以确保高校能够迅速适应产业发展需求。政策应鼓励高校结合地方经济特色和产业结构调整，科学合理地设置专业，特别是在人工智能、绿色能源、新材料等新兴产业领域，优先开设相关专业，不断强化课程内容建设，从专业理论的深度挖掘到实践应用的广度拓展，全方位、多层次地提升课程品质。同时，政府应通过专项资金支持高校进行课程和专业方向的调整，激励高校根据行业发展动态持续优化学科结构，确保人才培养能够紧密契合产业需求。此外，应建立和完善行业与教育部门之间的沟通机制，将产业需求及时反馈到教育领域，以便及时减少供需错配，提升人才培养的精准度与时效性。

（二）加快更新课程内容，反映前沿科技与技术进步

当前，许多高校的课程内容较为陈旧，未能及时关注前沿科技与行业动态，导致教学内容滞后于产业需求，进而影响学生所学知识的适用性和市场竞争力。此外，部分高校教师存在知识更新滞后的问题，他们对所属领域的最新科研成果掌握不足，且缺少直接的行业实践经验，限制了课程内容的时效性和实际应用价值。为此，政府应出台政策，鼓励高校与企业、行业协会及科研机构合作，定期更新课程内容，将新兴技术、前沿科技及行业最新发展趋势引入教学体系。政府可以设立专项资金，支持高校教师开展继续教育和行业实践，提升其教学内容的前瞻性和应用性。同时，应鼓励高校在课程设计中加强跨学科的整合，特别是信息技术、人工智能、大数据等学科的融合，以增强学生的综合素质和跨界能力，满足现代制造业对复合型人才的需求。

（三）增强教学资源投入，改善课程教学设施

目前，高校在课程更新方面面临资金和资源的制约，尤其是在现代化教

学设备和数字化资源方面的短缺，严重影响了课程内容的创新性和实践性。为此，政策应加大对高校教学设施和数字化资源的投入，尤其是在科技前沿领域和新兴产业方向的课程开发中。政府可通过设立专项基金，支持高校购置先进的实验设备、更新在线教育平台及数字资源库，以确保教学资源能够满足现代课程的需求。同时，政策应鼓励高校与企业和行业合作，引进先进的技术设施，建设更加符合产业发展需求的教学基地，从而提升实践教学的质量和效果，增强学生的实际操作能力和创新能力。

三、完善创新创业教育体系

（一）构建多元化创新创业平台

当前，高校的创新创业平台数量有限、规模较小，且功能单一，难以满足日益增长的学生创新和创业需求。现有平台通常缺乏充足的资金、技术支持以及与产业的深度连接，导致其运作效果不尽如人意，难以有效激发学生的创新潜力。因此，政府应加大对高校创新创业平台建设的支持力度，通过专项资金和政策激励等方式，鼓励高校与行业企业合作，共同建设具有产业背景的创新创业平台；推动高校设立综合性创业孵化中心，提供资金支持、技术指导、市场对接等全方位服务，确保学生能够获得从最初的创意萌发，到逐步落地实现的全程支持；同时推动高校与地方政府的协作，共享创业资源，构建区域性的创新创业生态圈，促进科技成果转化和创新资源的整合共享，助力学生在实践中培养创业能力，推动创新成果的实际应用。

（二）健全创业指导服务体系

高校的创业指导服务体系存在一个较为突出的共性问题，即实践经验丰富的导师数量严重不足，难以有效满足学生在政策咨询、法律援助、融资支持等方面的实际需求，这在一定程度上制约了学生创业项目的可持续发展，尤其在涉及智能制造、绿色技术研发等高端制造业领域，以及突破国际技术壁垒、构建跨国供应链等全球价值链升级环节中，学生创业项目因缺乏行业专家指导和国际化资源对接，难以实现技术迭代和市场拓展，导致项目竞争力不足。为此，政府应出台政策，鼓励高校引入具有行业经验的企业家、投资人和技术专家，由其担任创业导师，进一步增强创业指导团队的实践性与专业性。同时，通过引导社会资本流入高校创业服务体系，为学生创业团队提供更多的资金支持和投资机会，特别是在新兴技术和先进制造业领域的项目上。高校也应进一步完善创业服务体系，为学生提供政策、法律、财务和税务咨询等全方位支持，确保学生能够将创新创意顺利转化为实际项目，为推动制造业结构升级做出贡献。

（三）优化评价激励机制，强化创新创业驱动

目前，许多高校的评价体系过度关注学术成果，忽视了对创新创业能力的培养，导致教师和学生在创新创业方面的积极性不足。此外，现有的评价机制对创新创业失败的容忍度较低，往往使学生和教师在面对失败时感到压力，进而影响其创新创业的持续性和风险承担意愿。为了促进创新创业文化的培育，政府应推动高校改革评价体系，将创新创业活动纳入教学、科研及人才评价的核心内容，激励教师和学生在创新与创业领域取得更大突破。政策应鼓励高校建立系统的激励机制，为投身创新创业的师生提供资金支持、项目资助，并完善教师职业晋升体系等，进一步激发全体师生的创新创业热情。同时，政府应通过相关法律和政策措施，增强对创新创业失败的包容性，建立健全的容错机制，为学生和教师提供更加宽松的创新创业环境，鼓励他们在面对挑战时敢于尝试、不怕失败。这一系列举措将有助于推动高校在培养适应制造业转型升级的人才方面发挥更大作用。

第四节　健全劳动力市场制度

一、完善最低工资制度，保障劳动者基本权益

（一）合理设定最低工资标准，平衡就业与薪酬

部分地区的最低工资标准较低，难以满足劳动者的基本生活需求，尤其在大城市和经济相对欠发达地区，这种现象更为突出，导致“工作贫困”现象广泛存在，许多劳动者的收入远低于当地的生活成本。为保障劳动者的基本生计，政府应根据地区经济发展水平、生活成本及行业薪酬水平进行动态评估，合理调整最低工资标准。在此过程中，应避免简单的“一刀切”政策，充分考虑不同地区的经济差异和行业特性，实施区域性差异化的最低工资标准，以确保低收入群体能够通过劳动获得基本的生活保障，同时避免过高的最低工资水平对就业市场造成过大压力，从而保障社会就业的稳定性和可持续发展。

（二）建立最低工资动态调整机制

如果最低工资的调整机制滞后，未能及时反映物价上涨、经济增长或通货膨胀等因素，就会导致劳动者的实际收入水平长期低于生活成本，进而影响其生活质量与社会稳定性。为此，政府应建立最低工资的动态调整机制，明确调整周期和依据，确保在每个经济周期内，最低工资能够与通货膨胀率、经济增长及市场薪酬水平相匹配。具体而言，可以设立由劳动部门、行业协会及专家组成的定期评估委员会，通过采集社会平均收入、物价指数等相关数据，定期评估和调整最低工资水平，确保其具有现实适应性，从而有效保障劳动者的基本生活水平，并适应经济环境的变化。

（三）强化最低工资执法监督，确保政策落实到位

最低工资政策的执行效果在部分地区受到监督和执行力度不足的制约，尤其是在一些中小企业和劳动密集型行业，存在部分企业违规支付低于最低工资标准的现象，缺乏有效的法律监督和处罚机制。这不仅损害了劳动者的基本权益，也影响了社会公平和经济稳定。为确保最低工资标准政策的落实，政府应加大执法力度，建立跨部门的联合执法机制，确保各级政府和相关部门能够严格执行最低工资标准。同时，鼓励地方劳动监察部门与行业协会、工会等社会组织开展合作，发挥社会监督作用，及时发现并纠正违规行为。对于违反最低工资规定的企业，应依法严肃处理，通过加大处罚力度、公开曝光等手段，形成有效震慑，确保政策能够真正落实到位，维护劳动者的基本利益，促进社会公平，保障经济稳定发展。

二、优化个人所得税制度

（一）提高个税起征点，减轻中低收入者负担

现阶段个人所得税的起征点相对较低，导致中低收入群体承担的税负较重，尤其是在一线和二线城市，随着生活成本不断上升，许多家庭在缴税后所剩无几，影响了其消费能力和生活质量。为缓解这一问题，政府应根据居民收入水平和物价变动情况，适时调整个税起征点，确保中低收入群体能够在不受过重税负压力的情况下，享有更多的可支配收入。具体而言，可以根据不同地区的收入水平和生活成本差异，设立地区差异化的个税起征点，使得税制更加灵活和公平。此外，政府还应在合理范围内逐步提高个税起征点，特别是对低收入群体可以实施税收减免，释放消费潜力，推动内需增长，促进经济发展。

（二）完善税率结构，促进收入分配公平

当前，个人所得税的税率结构存在一定的不合理性，特别是在高收入者和低收入者的税收调节方面，尚未充分发挥税收对收入分配的调节作用。累进税率档次较为简化，税率级距过宽，未能有效调节高收入群体的税负，导致税收在促进社会公平方面的功能未得到最大化发挥。为此，政府应优化税率结构，增加税率档次，使其更加细化，从而实现更精确的收入调节效果。税率的设定应根据社会经济发展、物价水平和居民收入差异等多重因素进行动态调整。尤其是在高收入群体的税收调节上，应适当强化对高收入群体的税收调节力度，合理增加其税收负担，进一步缩小收入差距，推动更加公平的社会财富分配，增强社会的凝聚力和稳定性。

（三）实施税收优惠政策，鼓励创新创业

当前的税收政策对创新创业的激励力度有限，部分创新型企业和初创企业面临较高税负，影响了其创新活动的开展和可持续发展。为了推动创新驱动发展，政府应出台针对创新型企业和初创企业的税收优惠政策，诸如税收减免、研发费用加计扣除等措施，以降低企业的税负，激发企业的创新潜力。此外，政府应进一步完善税收激励机制，推动资金向创新领域流动，并通过政策扶持降低企业的融资成本；明确税收优惠清单和相关政策，以充分支持创新活动，增强企业在产业升级和技术创新方面的能力，有效满足制造业在全球价值链升级中的需求。

三、改革劳动力市场管制，增强市场活力

（一）优化劳动力市场的流动性与灵活性

随着技术密集型产业和高增加值行业的兴起，劳动力的跨行业、跨地区

流动愈发成为推动经济转型和产业升级的重要因素。然而，现有的部分地区和行业的劳动力市场受限于较为僵化的流动政策，限制了劳动力资源的优化配置。为促进劳动力资源的高效配置，应逐步简化跨区域就业的相关政策，放宽户籍制度，改善劳动力转移与就业服务体系，降低地域间的就业壁垒。通过这一系列政策的优化，劳动者能够更加灵活地根据市场需求调整职业路径，从而更有效地为高技术和高增加值产业提供充足的劳动力支持，推动制造业向全球价值链高端位置跃升。

（二）强化职业资格认证，护航技能人才流动

随着我国在全球价值链中的位置不断向高端环节攀升，对劳动力技能的要求也不断提升，现行的职业资格认证体系存在一定局限，尤其在新兴产业领域表现得较为明显，它在某种程度上限制了劳动力适应产业变化、实现自身升级的步伐。为推动劳动力向高端制造业和技术密集型产业流动，政府应加大对跨行业、跨区域技能认证的政策支持，建立多层次的职业资格认证体系，特别是在新兴产业领域。此外，政府可通过推动行业协会与职业教育机构合作，完善职业技能培训和认证体系，确保技能水平的提升能够满足产业发展对高技能劳动者的需求。

（三）加强劳动力市场社会保障体系建设

随着全球化进程的加快与产业升级的持续推进，劳动力市场中的社会保障体系亟待进一步完善。此举旨在应对劳动力于转型期间可能遭遇的各类风险，尤其是那些受自动化、人工智能等新技术冲击较大的低技能工人所面临的困境。政府应推动建立一个多方参与的社会保障体系，综合政府、企业和社会力量的资源，为受技术变革影响的劳动者提供转岗培训、再就业支持及收入保障。此外，针对新兴产业的发展，政府应设计符合新型劳动者特点的

社会保障政策，如平台经济和零工经济领域的保障措施，确保这些群体的基本生活需求得到满足，并为其提供必要的职业转换和再就业机会。

第五节 推进城乡劳动力市场一体化

一、消除城乡劳动力市场壁垒，促进要素自由流动

（一）改革户籍制度，促进人口自由迁徙

现行户籍制度是制约城乡劳动力流动的主要障碍，导致大量农村劳动力在城市落户、就业、教育等方面遇到困境。为此，建议逐步放宽户籍限制，特别是在中小城市和城镇，实施更加灵活的户籍迁移政策。政府应在中小城市和城镇中率先试点改革，降低落户门槛，允许符合条件的农民工及其家庭成员在这些区域顺利落户。特别是对那些从事农业、制造业等行业的农民工，给予一定的奖励和优先政策，吸引他们迁入城市。应依据不同地区的经济发展水平以及人口承载能力，因地制宜地实施分层次的户籍迁移政策。要全力确保落户城市的农民工及其家庭成员能够全方位享有与本地居民同等水平的公共服务，包括教育、医疗、社会保险等诸多领域。一方面，需着力提高基础教育资源的均衡分配程度，保障农民工子女无障碍顺利入学；另一方面，要持续增加城市公共医疗资源的供给量，充分保障农民工群体的医疗保障权益，真正实现公共服务均等化，推动社会融合发展。

（二）统一城乡社会保障体系，降低流动成本

目前城乡社会保障制度的差异性增加了农民工的流动成本，严重影响其社会保障的可持续性和公平性。应制定和推行全国统一的社会保险制度，包括医疗保险、养老保险、失业保险、工伤保险等，消除城乡之间的制度差

异。通过立法或者政策框架，确保农民工在不同地区之间流动时，能够享受同等的社会保障待遇。从制度设计上消除城乡差异，建立全覆盖的社会保险体系，确保所有公民（包括农民工）不论其户籍在何处，都能依法享有基本社会保障。推动全国范围内社保关系的转移和接续平台建设，减少农民工转移社保的行政壁垒，简化转移流程，确保农民工能便捷地在原籍地和流入地之间转移其医疗保险、养老保险等社保账户，避免冗长的办理时间和不必要的烦琐手续。

（三）完善公共服务设施，提升流动人口生活质量

随着城乡劳动力的流动规模不断扩大，城市公共服务面临较大压力，尤其是在教育、医疗和住房等方面，流动人口的需求未能得到充分满足。可以通过扩建公立学校、增加教师编制等方式，解决流动人口子女入学难的问题。在教育资源相对紧张的城市，尤其要注重合理规划学校布局。一方面，应简化流动人口子女的学籍管理流程，搭建全国统一的学籍信息系统，以此实现学籍的跨省顺畅流动与无缝接续。借助信息共享平台，让流动人口子女的学籍、学业成绩等关键信息得以在不同地区间快速流转，最大限度降低转学过程中的阻碍。另一方面，在入学安排上，对于流动人口子女要给予优先考量，特别是教育资源紧缺的片区，保障他们能够顺利入学。此外，还可设立专门面向流动人口子女的专项奖学金与助学金项目，助力其在城市中获得更优质的教育机会。

二、健全城乡一体化就业服务体系

（一）建立统一的公共就业服务平台

当前，农村劳动力在求职时，常常面临就业信息获取不及时的困境，存

在着信息不对称问题。鉴于此，亟须打造一个统一的数字化就业服务平台，整合全国以及地方就业资源，包括招聘信息、用人需求、岗位推荐以及职业培训等内容。该平台应具备强大的功能，不但能够实现在线发布、精准筛选以及智能匹配工作岗位，而且尤其关注农村劳动力的就业需求，能够针对性地提供涵盖农业、制造业、服务业等众多行业的就业机会。考虑到部分农村地区信息技术普及程度较低这一现实状况，平台界面的设计应简洁直观，确保不同年龄段、各个学历层次的农村劳动力都能够顺利使用。此外，平台的智能推荐功能也不可或缺，它可以依据求职者的技能专长、从业经验以及就业意向，自动为其匹配合适的岗位，从而提高信息获取效率。

除了构建线上平台之外，政府还应当充分发挥线下渠道的作用，依托地方劳动就业服务中心、乡镇服务站等基层服务站点，为求职者提供全方位的技术支持与贴心服务。通过将线上平台所发布的就业信息与线下的实体服务有机结合，让求职者得以直接获取诸如就业咨询、面试安排等一站式综合服务，保障农村劳动力的充分就业。

（二）加强职业培训和技能提升

农村劳动力存在技能水平较低的问题，而职业培训资源的缺乏使得他们很难获得更好的就业机会。政府可以通过设立农村劳动力技能培训专项基金，支持贫困地区的职业培训项目。这些资金可用于研发培训课程、购置先进的教学设施，以及为培训师资提供补贴。对提供农村劳动力技能培训的企业和社会组织，给予税收减免或补贴，激励更多企业参与其中。充分利用互联网资源，尤其是在偏远地区，大力推广线上教育与远程培训模式，帮助学员降低学习成本；可以建立专门的在线平台，提供农业、机械维修、电商等方面的培训课程。组织有经验的技术工人和行业专家走进农村，开展针对性的培训。通过“师傅带徒弟”的模式，使劳动力能更快速地熟练掌握实用技能。

（三）完善劳动力市场信息共享机制

当前，城乡劳动力市场信息沟通不畅，导致劳动力供需不匹配，影响就业效率。鉴于此，政府可以着手推动建立一个覆盖城乡全域的统一劳动力市场信息平台，汇聚各类就业岗位信息、求职者需求、劳动力供需情况等。平台可以通过网页、移动端应用等多种形式，提供便捷的查询、发布和对接功能。一方面，可有机整合现有的各类招聘网站、政府主导的就业服务平台以及第三方劳动力市场运营平台所蕴含的丰富资源，深度融合并统一纳入信息共享系统。另一方面，借助大数据技术，动态更新就业岗位信息、分析行业趋势和地域差异，确保信息的时效性和准确性。平台应具备个性化需求服务，在企业发布岗位信息后，平台可以立即推送至求职者，同时根据求职者的反馈，实时调整信息内容，提高信息的有效性。

三、保障农民工合法权益

（一）强化劳动合同管理，保障劳动者权益

劳动合同是保障农民工权益的重要依据，但目前很多农民工并未签订劳动合同，导致他们的工作条件、薪资待遇等得不到法律保障。对此，政府一方面可以组织面向农民工群体的法律培训，助力他们明晰劳动合同的关键意义以及相关法律细则，诸如《劳动合同法》所明确的各方权利与义务，以及识别、防范非法用工行为的要点等。此类培训可依托乡村振兴项目、社区活动，借助移动宣传车等多元途径开展，力求让农民工在踏入劳动市场前就做到知法、懂法。另一方面，政府应联合媒体与行业协会，广泛宣传，促使用人单位强化法治观念，使其意识到签订劳动合同既是法定责任，也是企业规范运营的内在要求。同时，运用税收优惠、劳动保障信用体系等政策杠杆，激发企业与农民工依法签订劳动合同的积极性；出台相关政策，精简劳动合

同的签订流程，剔除不必要的手续与繁杂的行政环节，让农民工能够便捷、高效地签订劳动合同。

（二）解决拖欠工资问题，维护薪酬支付公平

拖欠工资现象是农民工面临的重大问题，部分企业存在克扣、拖欠工资的行为，严重侵害了农民工的合法权益。政府应加快完善工资支付相关的法律法规，特别是《中华人民共和国劳动法》和《工资支付暂行规定》中的细节规定，确保各类劳动者的工资支付权益得到充分保障。要强化企业在工资支付方面的法律责任，明确拖欠工资的处罚措施，增加违法成本，提升企业的合规意识。对于有意拖欠工资的企业，应该通过行政处罚、经济制裁等手段加大惩处力度。针对部分农民工工资支付困难问题较为突出的行业，政府可考虑建立工资支付担保制度，强制企业按时足额为农民工支付工资。可考虑设立专项保障基金，尤其是针对建筑行业，在项目开工之际，可以要求企业向该基金缴存一定金额，作为农民工工资支付的保障。一旦企业未能按时足额支付农民工工资，专项保障基金便能即刻启用，先行垫付，切实保障农民工的基本收入。

（三）提高社会保险覆盖率，保障长期福利

当前，农民工的社会保险参与率较低，特别是养老、医疗等长期福利的保障不足。一方面，政府可以制定专项政策，通过财政补贴和税收优惠等手段，鼓励企业和农民工加入社会保险体系。例如，对于主动为农民工足额缴纳社会保险的企业，给予税收减免或财政奖励，减轻企业成本压力，激励企业积极履行社会责任；面向农民工群体，尤其是低收入以及流动性偏大的人员，政府可以发放参保补贴，减少其参保费用，降低其参保的经济压力。

另一方面，鉴于参保程序繁杂、信息流通不畅是阻碍农民工参保的两大

“拦路虎”，政府可以通过简化流程、减少烦琐的手续，提升参保的便捷性。例如，提供线上参保平台，农民工可以通过手机或互联网直接申请参加社保，避免传统方式中需要多种证明材料和长时间的等待。此外，参保的门槛也应适当降低，特别是针对个体农民工，可将社保缴纳基数调低，确保更多农民工能够负担得起。

第十五章
主要结论、研究局限与未来展望

第一节 主要结论

近年来，我国劳动力结构特征正经历着显著变化，这一变化对制造业转型和升级产生了深远影响，从而引起国家及业界对制造业迈向全球价值链中高端的广泛关注。随着高等教育大众化的进程加快、国家教育投入不断增加，教育体制改革持续深化，劳动力受教育水平和技能水平进一步提升，人力资本得到充分积累，劳动力素质结构发生了巨大变化。同时，随着人口老龄化程度不断加深，15～64 岁适龄劳动人口中，50 后、60 后、70 后中老年体能型劳动力比例逐渐减少，伴随着劳动力成本日趋增长，原有的传统制造业低成本优势逐渐削弱；80 后、90 后、00 后新生代知识型劳动力数量不断增加，占比逐步提高，相对成本较低，且择业行为与消费偏好也发生了变化，呈现“高端化、服务化”新趋势。制造业迈向全球价值链中高端迎来发展契机。因此，基于如何顺应劳动力结构新变化，顺势促进制造业迈向全球价值链中高端这一重大现实问题，本书的选题“劳动力结构变化与制造业全球价值链升级”得以顺利提出。

在当下劳动力结构发生深刻变化、劳动力比较优势呈动态变化的新背景下，鉴于制造业全球价值链低、中、高端环节存在劳动力需求异质性，本书结合不同类别劳动力择业行为与消费偏好存在异质性这两个基本假定，以制造业全球价值链升级为研究对象展开研究。首先，通过实地调研与数据分析统计，对劳动力结构、不同类别劳动力择业行为与消费偏好及制造业细分行业、企业发展等情况开展调查，掌握第一手分组分类数据资料，并结合已有文献，摸清劳动力结构变化及我国制造业价值链攀升的状况和问题。其次，分析了处于不同年龄阶段、不同学历层次，尤其是新生代劳动力择业行为与消费行为的心理前景、决策动机、态度与期望。再次，综合分析测度指标的方法，构建科学的计量模型，运用计量软件多维度实证检验了劳动力结构变化与制造业全球价值链的关系。最后，根据理论分析和实证检验，提出了在劳动力结构发生深刻变化的背景下，促进制造业全球价值链升级的对策建议。

整个过程基于“提出问题—分析问题—解决问题”的思路，从劳动力素质结构变化、劳动力受教育程度变化、企业 CEO 双海外背景、新生代劳动力供给变化、劳动力年龄结构变化、最低工资标准制度、劳动力市场管制、城乡劳动力市场结构、个人所得税改革和实训基地建设等十个维度研究了劳动力结构变化影响制造业全球价值链升级的相关问题，得出的结论如下。

（1）劳动力结构发生深刻变化，主要体现在以下六个方面。一是，劳动力素质结构显著优化，体能型劳动力比例明显下降，知识型劳动力比例迅速上升，表明劳动力整体素质提高。二是，受教育程度大幅提高，但创新人才不足，高等教育毛入学率大幅增长，人均受教育年限延长，但高端创新型人才仍然匮乏，制约了技术创新和产业升级。三是，新生代劳动力供给质量提升但数量减少，受计划生育政策的滞后影响，新生代劳动力数量下降，但人均受教育年限增加，整体素质提高。四是，劳动力年龄结构发生根本性变化，青年劳动力数量呈现不断减少趋势，而中老年劳动力数量则呈现出不断增长的趋势。五是，劳动力成本总体呈不断上升趋势，最低工资标准和人均工资水平大幅提高，削弱了传统的低成本竞争优势。六是，城乡劳动力市场结构发生较大变化，大量农村劳动力向城市转移，但劳动力市场的一体化程度仍需提高，这样才能优化劳动力资源的配置。

（2）制造业价值链升级的状况和挑战主要体现在以下三个方面：一是要素禀赋结构发生变化，劳动力从无限供给转向供不应求，资本要素从稀缺变为相对较为充裕，技术要素有所积累和提升。二是出口国内增加值率尽管在样本期内总体呈上升趋势，但后期有所下降，表明制造业在全球价值链中的地位提升面临挑战。三是 2004～2015 年制造业结构升级的进展缓慢；2016～2022 年，技术密集型制造业比重显著上升，而资本密集型制造业的比重趋于稳定，劳动密集型制造业的比重不断下降，显示出制造业结构升级和优化的积极效果。在此状况下制造业发展面临以下三个主要问题，一是原有比较优势正在消减，廉价劳动力的优势逐渐消失，传统劳动密集型产业的竞争力下降。二是新竞争优势难以形成，高端创新人才不足，技术创新能力不强，制约了新型竞争优势的培育。三是劳动力市场与制造业区域发展不平衡，结构性矛盾显著。

（3）劳动力素质结构的提升对于推动中国制造业全球价值链升级具有重要作用，但其影响在不同类型的企业、地区和城市规模中存在明显的异质性。具体而言，劳动力素质结构优化显著促进了制造业出口国内增加值率的提升。这意味着增强劳动力素质可以有效推动制造业企业在全球价值链中的地位上升，促进出口价值的攀升。该结论在更换测度指标、考虑极端值和内生性问题后依然稳健。劳动力素质结构优化对加工贸易企业的促进作用大于一般贸易企业。提高劳动力素质对加工贸易企业提升出口国内增加值率的影响更为显著，有助于这些企业实现价值链升级。劳动力素质结构优化对东部和中部地区的制造业出口价值攀升有显著促进作用，对西部地区影响不明显。这说明劳动力素质的提升在不同地区的作用存在差异，需要因地制宜地制定人力资本发展策略。劳动力素质结构优化对大城市和中等城市的企业出口价值攀升有显著促进作用，尤其是对Ⅱ型大城市作用最大，对小城市影响不显著。这反映出劳动力素质提升在不同城市规模下的效果不同，大城市更能受益于人力资本的集聚效应。劳动力素质结构优化显著促进了外资企业和民营企业的出口国内增加值率提升，但对国有企业影响不明显。

（4）劳动力受教育程度提升，显著促进了中国制造业出口产品质量的提升和全球价值链地位的升级。具体而言，自 1999 年高校扩招以来，随着第一批毕业生进入劳动力市场，高技能密集型企业的出口产品质量相较于低技能密集型企业有了明显提高。这表明高校扩招提高了劳动力受教育水平，进而促进了出口产品质量的提升。此外，高校扩招对出口产品质量的影响在质量差异化较大的行业中更为显著。由于质量差异化大的行业更依赖高技能劳动力，因此高校扩招在这些行业中对出口产品质量的边际改善作用更大。高校扩招对内陆地区和民营企业的出口产品质量的提升作用更大。沿海地区、国有企业和外资企业由于原本就吸引了大量高素质劳动力，因此高校扩招对其人力资本水平的提升空间较小；而内陆地区和民营企业相对缺乏高技能人才，因此高校扩招对这些企业的出口产品质量提升作用更为明显。高校扩招主要通过以下三个机制提升了出口产品质量：一是提高企业生产效率，高素质劳动力的增加提升了企业的全要素生产率，降低了生产成本，促进了产品质量的提升。二是提高员工技能水平，高校扩招使企业更容易获得高技能劳动力，员工技能水平的提升直接影响了产品质量。三是提高中间投入品质量，高技能员工对高质量中间投入品的需求增加，企业因此提高了中间投入品的质量，从而提升了最终产品的质量。

（5）企业 CEO 同时具有海外学习和海外工作经历，对提升企业韧性、促进中国制造业全球价值链升级具有重要作用。具体而言，拥有海外学习和海外工作双重背景的 CEO，能够有效提升企业在面对外部冲击和不确定性时的适应和恢复能力，即企业韧性。这一结论在多重稳健性检验下仍然成立。CEO 具有双海外背景通过以下两个机制提升了企业韧性：一是降低企业的破产风险，通过建立完善的风险管理体系，提升企业的风险识别和应对能力。二是提高企业的营运效率，通过引入国际最佳实践经验和先进管理经验，优化企业运营流程。异质性分析表明，在以下四种情况下，CEO 具有双海外背景对企业韧性的提升作用更为显著：一是位于在经济较发达地区的企业，由于其开放程度高，资源和管理优势明显；二是行业竞争程度高的企业，在激烈的市场竞争中，其更能发挥 CEO 的国际化优势；三是高科技行业的企业，其对高层次国际人才的需求更为迫切；四是管理者短视程度低的企业，其更注重长期发展战略，能充分利用 CEO 的国际视野。

（6）新生代劳动力供给的数量和质量增长，通过提升企业的全要素生产率，显著促进了中国制造业企业出口国内增加值率的提高，有助于推动制造业全球价值链的升级。具体而言，新生代劳动力供给数量增加与供给质量提高均有助于提升出口国内增加值率。其中，新生代劳动力供给质量提高带来的促进作用更加明显。新生代劳动力供给质量每提高 10%，制造业企业的出口国内增加值率平均提升 2.495%；而新生代劳动力供给数量每增加 10%，出口国内增加值率平均仅提升 0.942%。分区域来看，新生代劳动力供给变化对出口国内增加值率的提升作用在沿海地区显著，在内陆地区不显著。沿海地区凭借区位、政策、资源和要素等优势，吸引了更多的新生代劳动力，供给数量和质量的提升对当地企业的出口国内增加值率有显著促进作用；而内陆地区由于经济不够发达，对新生代劳动力的吸引力有限，因此其供给变化对出口国内增加值率的影响不显著。全要素生产率在新生代劳动力供给变化与出口国内增加值之间发挥了中介作用。机制检验结果显示，新生代劳动力供给数量和质量的增加，通过提高企业的全要素生产率，进而提升了出口国内增加值率。而且，新生代劳动力供给质量对全要素生产率的强化作用更为显著，即供给质量的提升更有助于提高企业的生产效率，从而推动出口国内增加值率的提升。新生代劳动力供给变化对不同要素密集型制造业的影响无明显差异。在劳动密集型和非劳动密集型制造业中，新生代劳动力供给数量和质量对出口国内增加值率的提升作用均显著。

（7）人口老龄化对企业出口产品质量的影响为负，而劳动力老龄化对企业出口产品质量的影响为正，且通过稳健性和内生性检验后，该结论仍然成立。具体而言，人口老龄化加速导致劳动力供给数量减少，企业面临招工困难、劳动力成本上升、技术人才短缺，削弱了规模经济效应，限制研发投入，降低生产技术支持，最终导致出口产品质量下降。相反，劳动力老龄化，即劳动年龄人口中老年劳动力比例上升，提高了劳动力供给质量，老年劳动力拥有丰富经验和技能，通过“积累效应”提升企业人力资本水平，促进技术进步，有利于出口产品质量提升。老龄化对出口产品质量的影响在地区、行业和所有制上存在差异：人口老龄化对东、中、西部地区企业出口产品质量的影响分别为负、负、正，但只对东部的影响显著；劳动力老龄化对东、中、西部地区企业出口产品质量的影响分别为正、负、正，且都显著。人口老龄化对劳动密集型企业、非劳动密集型企业出口产品质量的影响都为负且显著；劳动力老龄化对劳动密集型企业、非劳动密集型企业出口产品质量的影响分别为负、正，但只对劳动密集型企业的影响不显著。人口老龄化对本土独资、中外合资和外商独资企业出口产品质量的影响都为负，但对本土独资企业的影响不显著；劳动力老龄化对中外合资和外商独资企业出口产品质量的影响依然显著为正，而对本土独资企业出口产品质量的影响不显著。机制分析显示，人口老龄化对企业出口产品质量的负向影响中，有82.4%通过劳动力供给数量的路径传导；劳动力老龄化对企业出口产品质量的正向影响中，有 63.31%是通过劳动力供给质量静态效应的路径传导的，有 33.59%是通过劳动力供给质量动态效应的路径传导的，有 17.97%被劳动力供给质量内部效应的路径所抵消了。

（8）最低工资标准上调显著抑制了企业出口产品质量。这一结论在多项稳健性检验和克服内生性问题后仍然成立。最低工资标准对不同类型企业的影响存在差异：劳动密集型行业受最低工资标准上调的负面影响显著。随着劳动要素密集度的增加，最低工资标准对出口产品质量的抑制作用显著增强。国有企业受最低工资标准上调的负面影响大于非国有企业。最低工资标准每上调 10%，国有企业出口产品质量下降约 1.26%，远高于总体样本的平均水平。最低工资标准上调对中部地区出口产品质量的抑制作用大于东部地区，对西部地区影响不显著。这可能与各地区的经济发展水平、劳动力供给状况和技术水平差异有关。最低工资标准主要通过以下四个机制影响企业出口产品质量：一是“成本效应”，最低工资标准上升提高了企业的劳动力成本，可能导致企业解雇部分员工，特别是低技能员工，影响了企业的人力资本水平，进而降低了出口产品质量。二是“要素替代效应”，工资成本上升促使企业倾向于用资本和技术替代劳动，但这种替代受到资金、技术供给弹性和行业特征的限制。三是“人力资本投资效应”，最低工资标准上升可能降低企业提供在职培训的激励，影响员工技能提升，不利于出口产品质量的提高。四是“效率工资效应”，最低工资标准上升可能提高员工的工作积极性和技能水平，但这一正向效应不足以抵消成本上升带来的负面影响。

（9）通过加强劳动力市场管制以构建和谐劳动关系，有利于促进企业技术创新，二者并行不悖，可以实现劳动者和资本长期利益的双赢。具体而言，劳动力市场管制显著促进了企业技术创新。劳动力市场管制力度的增强，通过“要素替代效应”和“人力资本投资效应”提升了企业技术创新能力，特别是工艺创新能力。企业面对劳动力成本上升，更倾向于改进生产工艺以降低成本，提高生产效率。劳动力市场管制对工艺创新有显著的正向影响，而对产品创新的影响并不显著。这表明加强劳动力市场管制主要推动了企业在生产流程和技术方面的改进，而非新产品的研发。劳动力市场管制对不同行业的技术创新影响存在显著差异：对于劳动密集型行业，劳动力市场管制显著促进了技术创新。由于这些行业对劳动力依赖程度高，管制加强促使企业通过技术创新来替代劳动，提高生产效率；对于资本密集型行业，劳动力市场管制同样显著促进了其技术创新，但程度略低于劳动密集型行业；对于技术密集型行业，劳动力市场管制的影响为负且不显著。这可能是因为管制增强增加了用工调整成本和创新租金分享比例，削弱了企业的创新激励。在临时雇用比例较低的企业中，劳动力市场管制对技术创新的促进作用更为显著。这表明稳定的劳动关系有利于企业进行人力资本投资，促进技术创新。

（10）城乡劳动力市场一体化不仅有利于农村劳动者进入城市就业、提高收入，也为企业创造了新的价值，实现了劳动者和企业的双赢。具体而言，城乡劳动力市场一体化显著提升了企业出口产品质量。整体提升效果为，参与统筹城乡就业试点的地区，其企业出口产品质量平均提高了约12.1%。此外，城乡劳动力市场一体化对企业出口产品质量的正向影响整体上呈现先增强后减弱的倒“U”形动态变化特征。这意味着政策的积极影响在实施初期最为显著，随后随着时间推移有所减弱。城乡劳动力市场一体化对不同类型企业的影响存在异质性：分企业所有制类型来看，非国有企业（包括民营企业和外资企业）受益更大。由于非国有企业在吸纳新增劳动力、灵活调整用工等方面具有优势，城乡劳动力市场一体化政策对其出口产品质量提升方面的促进作用更为明显。分产品类型来看，生产差异化产品的企业受益更大。差异化产品通常对劳动者技能要求更高，劳动力市场一体化提高了劳动力技能水平，因此对这些企业的产品质量提升效果更显著。分地区来看，内陆地区企业受益程度高于沿海地区。由于内陆地区劳动力市场发展相对滞后，劳动力市场一体化政策对其劳动力供给和技能水平提升的边际效应更大，从而更有助于提升企业出口产品质量。分行业特征来看，劳动密集型行业受益更大。劳动力市场一体化增加了劳动力供给，改善了劳动密集型企业的用工环境，有助于其产品质量的提升。城乡劳动力市场一体化提升企业出口产品质量的主要机制分为以下两个渠道：一是用工技能提升效应，城乡劳动力市场一体化政策通过建立职业培训体系、提供职业培训补贴等，提高了城乡劳动者的技能水平。技能水平的提升直接增强了企业的生产能力，促进了产品质量的提高。二是用工成本调整效应，一方面，劳动力供给的增加可能降低企业的用工成本；另一方面，政策强调保障劳动者权益，可能增加企业在社保、福利等方面的支出。研究发现，虽然用工成本有所上升，但并未抵消技能提升带来的正向效应。

（11）个人所得税改革不仅提高了劳动者的实际收入，还通过多种渠道促进了企业出口产品质量的提升，推动了制造业在全球价值链中的升级。具体而言，个人所得税改革使企业出口产品质量平均提高了 0.3%。这表明提高个人所得税起征点对企业产品竞争力具有显著的促进作用，实现了劳动者和企业的双赢。个人所得税改革通过以下三个机制影响企业出口产品质量：一是“效率工资效应”，个人所得税改革降低了员工的实际税负，提高了员工的净工资水平；工资水平的提高增强了员工的工作动力，减少了怠工和离职的倾向，提高了劳动生产率；更高的员工效率和技能水平直接促进了企业出口产品质量的提升。二是“企业要素调整效应”，个人所得税改革后，企业增加了固定资产投资和研发投入；增加的投资和研发投入提高了企业的技术创新能力，有助于生产出更高质量的产品。三是“政府税收转嫁效应”，个人所得税改革降低了地方政府的税收收入，增加了财政压力；为弥补财政缺口，地方政府可能将税负转嫁给企业，增加了企业的税收负担；企业税负增加可能导致资金不足，减少在产品质量提升方面的投入，部分抵消了改革的正向影响。个人所得税改革促进了企业多维度的出口升级：一是全球价值链地位提升，改革提高了企业出口产品的上游度，意味着企业在全球价值链中处于更高的环节。二是出口技术复杂度提高，企业出口产品的技术复杂度显著提升，表明企业在国际分工体系中的地位和作用凸显。三是一般贸易占比提高，一般贸易相比加工贸易，利润率更高。改革后，企业一般贸易占比增加，体现了企业价值链地位的提升。

（12）实训基地建设通过增加高技能劳动力供给，优化企业要素配置，提高人力资本和全要素生产率，显著提升了中国制造业企业的出口产品质量，推动了制造业在全球价值链中的升级。该结论在通过工具变量检验、改变出口产品质量的测度方法、控制贸易自由化带来的冲击、改变聚类方法以及控制企业地址和行业变迁的影响等一系列稳健性检验后仍然成立。实训基地建设对不同类型企业的影响存在异质性：一是产品质量异质性，实训基地建设对质量差异化程度较高的产品出口质量提升作用更为显著。在质量差异化大的行业中，企业面临更大的竞争压力，实训基地提供的高技能劳动力有助于企业提高产品质量以获得竞争优势。二是所有制类型异质性，实训基地建设对民营企业出口产品质量的提升作用显著，其次是国有企业，对外资企业的影响相对较小。三是企业规模异质性，实训基地建设对大规模企业的出口产品质量提升作用更显著。实训基地建设通过以下三种机制提升出口产品质量：一是提高资本密集度，实训基地降低了企业培训和用工成本，使企业能够投入更多资本，提高资本密集度，从而提升产品质量。资本密集度的提高有助于企业引进先进设备和技术，提高生产精度和质量控制能力。二是提升人力资本水平，实训基地培养了大量高技能劳动力，缓解了高技能人才短缺的问题。高技能劳动力的增加提高了企业的生产效率和质量管理水平，有助于生产高质量的出口产品。三是提高全要素生产率，高技能劳动力更能适应新技术和新工艺，有助于企业吸收外溢技术，促进技术创新。全要素生产率的提高直接促进了出口产品质量的升级。

第二节 研究局限

本书在探讨劳动力结构变化与制造业全球价值链升级的关系时，虽然取得了一定的成果，但也存在一些局限性，这些局限为未来的研究提供了进一步探索的空间。

一是数据来源和覆盖范围的限制。本书主要依赖中国工业企业数据库、中国海关进出口数据库和《中国城市统计年鉴》等提供的数据。这些数据虽然具有较高的权威性和覆盖面，但在微观层面，如劳动力个体的技能水平、教育背景、企业内部管理等方面的信息可能不够详尽，限制了对某些作用机制深入分析的可能性。此外，数据的时间跨度和更新频率也可能影响研究结果的时效性和对动态变化的捕捉。

二是研究方法的局限性。本书主要采用计量经济学的实证分析方法，虽然在处理内生性和稳健性问题上取得了一定的进展，但仍可能存在其他计量偏误，如潜在的遗漏变量、模型设定的局限性等。

三是研究视角的单一性。本书主要从宏观和中观层面分析劳动力结构变化对制造业全球价值链升级的影响，缺乏对微观企业层面的深入探讨。

四是对新技术和全球经济环境变化的考量不足。当前，数字化、自动化、人工智能等新技术迅猛发展，对劳动力需求结构产生了深刻影响。同时，全球贸易格局的变化、逆全球化趋势、国际贸易摩擦等，也对制造业全球价值链产生了重要影响。本书未能充分考虑这些新因素。

五是政策建议的实践检验不足。本书提出了一系列政策建议，但这些建议需要在实际中进行验证和细化。

第三节　未 来 展 望

在全球经济一体化和新一轮科技革命的背景下，中国的劳动力结构正经历着深刻的变革。这些变革不仅体现在劳动力素质的提升、年龄结构的变化、劳动力成本的上升，还反映在城乡劳动力市场的一体化程度、劳动力市场管制的加强以及人力资本积累的加速等方面。这些劳动力结构的变化，对中国制造业的全球价值链升级产生了深远的影响。本书以劳动力结构变化为切入点，通过理论模型构建和实证数据分析，深入探讨了其对制造业全球价值链升级的作用机制和影响效果。本书为探讨如何顺应劳动力结构新变化，顺势推动制造业向全球价值链中高端迈进提供了重要的理论依据、经验数据、实证支持与政策建议。

尽管本书对劳动力结构变化与制造业全球价值链升级之间的关系进行了深入探讨，并取得了系列重要结论，但仍存在一些局限性和需要进一步研究的领域。这些不足之处为未来的研究提供了新的方向和思路。

一是深化数据分析。未来的研究可以尝试利用更为丰富和翔实的微观数据，如劳动力市场动态监测数据、企业人力资源管理数据、员工技能培训和职业发展数据等，更全面地揭示劳动力结构变化对制造业全球价值链升级的影响。

二是研究方法的创新。未来的研究可以考虑采用更为先进和多元的研究方法，如复杂网络分析、机器学习算法、大语言模型等，以更精准地估计劳动力结构变化的影响。同时，结合质性研究方法，如案例研究、深度访谈等，可以对企业和劳动力群体进行深入的调查和分析，丰富对研究问题的理解和阐释。

三是行业和区域差异的研究。未来的研究可以进一步细分到具体的行业层面，如高技术制造业、传统制造业、战略性新兴产业等，深入探讨劳动力结构变化在不同行业中的作用机制。

四是新技术和全球经济环境的影响。未来的研究应将数字化、自动化、人工智能等新技术的发展，以及全球贸易格局的变化、逆全球化趋势、国际贸易摩擦等新因素纳入考量，探讨在新的技术和贸易环境下，劳动力结构变化对制造业全球价值链升级的影响机制，以及企业和政府应对的策略。

五是政策建议的实践检验。未来的研究可以结合政策实施的效果评估，深入分析政策的有效性、适用性和可行性，提出更具操作性的对策。同时，应关注政策之间的协同效应，探讨综合性的政策体系如何更好地促进劳动力结构优化和制造业价值链升级，避免政策冲突和资源浪费。

总之，劳动力结构变化与制造业全球价值链升级是一个复杂而动态的过程，受到多重因素的影响。随着经济社会的发展和技术的进步，劳动力市场和制造业将不断出现新的变化和挑战。我们期待未来有更多的研究者投入这一领域，利用更为先进的研究方法和更为丰富的数据资源，深入探讨劳动力结构变化的内在机制，揭示其对制造业发展的深远影响，为推动中国制造业迈向全球价值链中高端提供坚实的理论和实践支持。

参 考 文 献

[1] 人民网. 中央外事工作会议在京举行 习近平发表重要讲话[EB/OL]. http://jhsjk.people.cn/article/26119225[2014-11-30].

[2] 人民网. 加快建设以实体经济为支撑的现代化产业体系 以人口高质量发展支撑中国式现代化[EB/OL]. http://jhsjk.people.cn/article/32679764[2023-05-06].

[3] 新华网. 高举中国特色社会主义伟大旗帜为全面建设社会主义现代化国家而团结奋斗——在中国共产党第二十次全国代表大会上的报告[EB/OL]. http://www.qstheory.cn/yaowen/2022-10/25/c_1129079926.htm[2022-10-16].

[4] 张现苓, 明艳. 第七次全国人口普查年龄数据准确性分析[J]. 人口研究, 2022, 46(4): 27-39.

[5] Zhang H F, Zhang H L, Zhang J S. Demographic age structure and economic development: Evidence from Chinese provinces[J]. Journal of Comparative Economics, 2015, 43(1): 170-185.

[6] Mason A. Demographic transition and demographic dividends in developed and developing countries[R]. Honolulu: University of Hawaii at Manoa, 2005.

[7] Gómez R, Hernández de Cos P. The importance of being mature: the effect of demographic maturation on global percapita GDP[J]. Journal of

Population Economics, 2008, 21(3): 589-608.

[8] 蔡昉. 人口转变、人口红利与刘易斯转折点[J]. 经济研究, 2010, 45(4): 4-13.

[9] 杨昕, 赵守国. 数字经济赋能劳动生产率的收敛效应: 基于人口红利转变的视角[J]. 中国人口科学, 2023, 37(2): 3-18.

[10] 程婉静, 武康平, 田亚峻. 劳动力年龄结构对中国经济发展的影响[J]. 技术经济, 2019, 38(1): 104-111.

[11] 楠玉. 中国人口红利源泉：教育、健康和人口年龄结构[J]. 经济与管理评论, 2022, 38(2): 18-30.

[12] 亢梅玲, 韩依航, 吴碧瑶, 等. 人口年龄结构变动会影响创新吗?[J]. 中国软科学, 2024(3): 201-211.

[13] Mason A,Lee R,Jiang J X. Demographic dividends, human capital, and saving[J]. The Journal of the Economics of Ageing, 2016, 7: 106-122.

[14] Modigliani F, Brumberg R. Utility analysis and the consumption function: an interpretation of the cross-section data[M]//Kurihara K K. Post-Keynesian Economics. New Brunswick: Rutgers University Press, 1954: 388-436.

[15] Coale A J, Hoover E M. Population growth and economic development in India, 1956-1986[J]. Population (French Edition), 1958, 13(1): 152.

[16] Ladd H F, Murray S E. Intergenerational conflict reconsidered: county demographic structure and the demand for public education[J]. Economics of Education Review, 2001, 20(4): 343-357.

[17] Dormont B, Grignon M, Huber H. Health expenditure growth: reassessing the threat of ageing[J]. Health Economics, 2006, 15(9): 947-963.

[18] Pecchenino R A, Pollard P S. Dependent children and aged parents: funding education and social security in an aging economy[J]. Journal of Macroeconomics, 2002, 24(2): 145-169.

[19] 曲海波. 中国人口老龄化问题研究[M]. 长春: 吉林大学出版社, 1990: 64 -65.

[20] 田雪原. 人口老龄化与经济发展[M]//本书课题组. 21 世纪上半叶中国老龄问题与对策研究. 北京: 华龄出版社, 2000.

[21] 李晴. 人口老龄化对贸易收支的影响[D]. 厦门: 厦门大学, 2009.

[22] 胡鞍钢, 刘生龙, 马振国. 人口老龄化、人口增长与经济增长: 来自中国省际面板数据的实证证据[J]. 人口研究, 2012, 36(3): 14-26.

[23] 郭瑜. 人口老龄化对中国劳动力供给的影响[J]. 经济理论与经济管理, 2013, 33(11): 49-58.

[24] 郝云飞. 人口年龄结构变动与中国居民消费[D]. 济南: 山东大学, 2017.

[25] 卓乘风, 邓峰. 人口老龄化、区域创新与产业结构升级[J]. 人口与经济, 2018, (1): 48-60.

[26] Acemoglu D, Restrepo P. Demographics and automation[J]. The Review of Economic Studies, 2022, 89(1): 1-44.

[27] 穆怀中. 人口老龄化、延迟退休与经济增长[J].中国软科学, 2024, (5): 70-79.

[28] Cruz M, Ahmed S A. On the impact of demographic change on economic growth and poverty[J]. World Development, 2018, 105: 95-106.

[29] 魏占祥, 侯云先. 劳动力年龄结构及团队合作对企业技术变革的双重影响研究[J]. 重庆大学学报(社会科学版), 2019, 25(4): 63-76.

[30] Cylus J, Al Tayara L. Health, an ageing labour force, and the economy:

does health moderate the relationship between population age-structure and economic growth?[J]. Social Science & Medicine, 2021, 287: 114353.

[31] Lehman H C. Age and Achievement[M]. Princeton: Princeton University Press, 1953.

[32] Adams C W. The age at which scientists do their best work[J]. Isis; an International Review Devoted to the History of Science and Its Cultural Influences, 1946, 36(105/106): 166-169.

[33] Van Heeringen A, Dijkwel P A. The relationships between age, mobility and scientific productivity. Part I[J]. Scientometrics, 1987, 11(5): 267-280.

[34] Bayer A E, Dutton J E. Career age and research-professional activities of academic scientists[J]. The Journal of Higher Education, 1977, 48(3): 259-282.

[35] Eagly R V. Contemporary profile of conventional economists[J]. History of Political Economy, 1974, 6(1): 76-91.

[36] Mahlberg B, Freund I, Crespo Cuaresma J, et al. Ageing, productivity and wages in Austria[J]. Labour Economics, 2013, 22: 5-15.

[37] Feyrer J. Demographics and productivity[J]. Review of Economics and Statistics, 2007, 89(1): 100-109.

[38] Roger M, Wasmer M. Heterogeneity matters: labour productivity differentiated by age and skills[J]. SSRN Electronic Journal, 2011.

[39] Vandenberghe V. Are firms willing to employ a greying and feminizing workforce?[J]. Labour Economics, 2013, 22: 30-46.

[40] Lindh T, Malmberg B. Age structure effects and growth in the OECD, 1950-1990[J]. Journal of Population Economics, 1999, 12(3): 431-449.

[41] Skans O N. How does the age structure affect regional productivity?[J]. Applied Economics Letters, 2008, 15(10): 787-790.

[42] Tang J M, MacLeod C. Labour force ageing and productivity performance in Canada[J]. Canadian Journal of Economics/Revue Canadienne D'économique, 2006, 39(2): 582-603.

[43] Guest R. Population ageing, capital intensity and labour productivity[J]. Pacific Economic Review, 2011, 16(3): 371-388.

[44] Prettner K, Bloom D E, Strulik H. Declining fertility and economic well-being: do education and health ride to the rescue?[J]. Labour Economics, 2013, 22: 70-79.

[45] 章铮. 劳动生产率的年龄差异与刘易斯转折点[J]. 中国农村经济, 2011, (8): 12-21, 32.

[46] 徐升艳, 周密. 东中西地区城市不同年龄组劳动生产率的比较研究[J]. 上海经济研究, 2013, 25(3): 135-145.

[47] 汪伟, 刘玉飞, 徐炎. 劳动人口年龄结构与中国劳动生产率的动态演化[J]. 学术月刊, 2019, 51(8): 48-64.

[48] 刘生龙, 程文银, 熊雪. 新生代农民工与中国农村储蓄率下降[J]. 中国农村经济, 2016(3): 2-11.

[49] 阳立高, 龚世豪, 韩峰. 新生代劳动力供给变化对制造业升级的影响研究: 基于新生代劳动力供给和制造业细分行业数据的实证[J]. 中国软科学, 2015, (11): 136-144.

[50] Diaconu M, Dutu A. Employees' behavior within labor market : generation Z vs. generation Y[J]. The USV Annals of Economics and Public Administration, 2020, 20(1): 113-119.

[51] Zheng A X. Does learning ambidexterity affect the sense of urban integration among new-generation migrant workers in China? An empirical study based on career growth and environmental dynamism[J]. Humanities and Social Sciences Communications, 2024, 11(1): 28.

[52] 李燕萍，侯烜方. 新生代员工工作价值观结构及其对工作行为的影响机理[J]. 经济管理, 2012, 34(5): 77-86.

[53] 马涛，刘仕国. 全球价值链下的增加值贸易核算及其影响[J]. 国际经济评论, 2013(4): 97-109, 6.

[54] Li S L, Jiang L H. New forms of labor time control and imaginary freedom: a study of the labor process of food delivery workers[J]. The Journal of Chinese Sociology, 2022, 9(1): 8.

[55] 姜鹏飞，姜良杰，曹敏，等. 新就业形态劳动者高质量就业的价值意蕴、现实困境与突破路径[J]. 中国软科学, 2024, (S1): 434-440.

[56] 黄茂兴，李军军. 技术选择、产业结构升级与经济增长[J]. 经济研究, 2009, 44(7): 143-151.

[57] 毛其淋，许家云. 中间品贸易自由化提高了企业加成率吗?: 来自中国的证据[J]. 经济学(季刊), 2017, 17(2): 485-524.

[58] 杨皖苏，杨希，杨善林. 挑战性压力源对新生代员工主动性-被动性创新行为的影响[J]. 科技进步与对策, 2019, 36(8): 139-145.

[59] 王伟光，韩旭. 企业战略性技术创新与产业自主可控水平[J]. 中国工业经济, 2024, (8): 43-60.

[60] 周勇，解美娟. 我国劳动力结构演变对居民消费结构变迁的影响[J]. 商业经济研究, 2020, (2): 47-50.

[61] 张纯音. 按质论价同价值规律的关系[J]. 中国经济问题, 1979, (1): 15-19.

[62] 时正新. 劳动力的素质结构及其优化[J]. 人文杂志, 1986, (2): 9-11.

[63] Heertje A. Endogenous technical change: P. M. Romer, Journal of political economy(1990), 71-103[J]. European Journal of Political Economy, 1991, 7(4): 629-632.

[64] 陈晓光. 人力资本向下兼容性及其对跨国收入水平核算的意义[J]. 经济研究, 2005, 40(4): 46-56.

[65] Fleisher B, Li H Z, Zhao M Q. Human capital, economic growth and regional inequality in China[J]. Journal of Development Economics, 2010, 92(2): 215-231.

[66] 魏峰, 江永红. 劳动力素质、全要素生产率与地区经济增长: 基于安徽省 17 个地级市的研究[J]. 人口与经济, 2013, (4): 30-38.

[67] 任栋, 崔雁冰. 高素质劳动力集聚对产业结构升级的影响效应[J]. 公共财政研究, 2016, (2): 52-59.

[68] 阎志强, 钟英莲. 劳动力素质对广东经济增长的影响[J]. 南方人口, 2009, 24(4): 14-18.

[69] 王志华, 董存田. 我国制造业结构与劳动力素质结构吻合度分析: 兼论“民工荒”、“技工荒”与大学生就业难问题[J]. 人口与经济, 2012, (5): 1-7.

[70] 韩自然, 刘明宇, 芮明杰. 信息化水平对生产率的直接效应和间接效应: 劳动力技能结构的中介作用[J]. 技术经济, 2017, 36(7): 56-65.

[71] 李向阳, 赵永辉, 柯稚晖. 贸易开放与地区经济增长: 基于市场一体化的门槛效应考察[J]. 科学决策, 2022, (6): 16-33.

[72] 何小钢, 梁权熙, 王善骝. 信息技术、劳动力结构与企业生产率: 破解“信息技术生产率悖论”之谜[J]. 管理世界, 2019, 35(9): 65-80.

[73] Schultz T W. Investment in man: an economist's view[J]. Social Service Review, 1959, 33(2): 109-117.

[74] Schultz T W. Investment in human capital[J]. American Economic Review, 1961, 51: 1-17.

[75] Lucas R E. On the mechanics of economic development[J]. Journal of Monetary Economics, 1988, 22(1): 3-42.

[76] Bloom D E, Canning D. Economic growth and the demographic transition[R]. Cambridge: National Bureau of Economic Research, 2001.

[77] Banister J, Cook G. China's employment and compensation costs in manufacturing through 2008 [J]. Monthly Labor Review, 2011, 134: 39.

[78] 李玲，李明强. 人力资本、经济奇迹与中国模式[J]. 当代中国史研究，2010, 17(1): 63-71, 127.

[79] Che Y, Zhang L. Human capital, technology adoption and firm performance: impacts of China's higher education expansion in the late 1990s[J]. The Economic Journal, 2018, 128(614): 2282-2320.

[80] 张国强，温军，汤向俊. 中国人力资本、人力资本结构与产业结构升级[J].中国人口·资源与环境, 2011, 21(10): 138-146.

[81] 阳立高，谢锐，贺正楚，等. 劳动力成本上升对制造业结构升级的影响研究：基于中国制造业细分行业数据的实证分析[J]. 中国软科学，2014, (12): 136-147.

[82] 肖土盛，孙瑞琦，袁淳，等. 企业数字化转型、人力资本结构调整与劳动收入份额[J]. 管理世界, 2022, 38(12): 220-237.

[83] 于茂荐. 专用性人力资本与我国制造企业的转型升级[J]. 当代经济管理, 2014, 36(9): 52-56.

[84] Acemoglu D. Patterns of skill premia[J]. The Review of Economic Studies, 2003, 70(2): 199-230.

[85] 张阳, 姜学民. 人力资本对产业结构优化升级的影响: 基于空间面板数据模型的研究[J]. 财经问题研究, 2016, (2): 106-113.

[86] Autor D H, Dorn D. The growth of low-skill service jobs and the polarization of the US labor market[J]. American Economic Review, 2013, 103(5): 1553-1597.

[87] Angelino A. Human capital shortages in the Vietnamese industry: a firm-level analysis[R]. Ferrara: University of Ferrara, 2017.

[88] 魏玮, 张万里, 宣旸. 劳动力结构、工业智能与全要素生产率: 基于我国 2004—2016 年省级面板数据的分析[J]. 陕西师范大学学报(哲学社会科学版), 2020, 49(4): 143-155.

[89] 程林, 黄晓霞, 朱学义, 等. 劳动力素质结构在信息化对产业升级影响中的中介作用[J]. 中国科技论坛, 2020, (5): 99-108.

[90] 江鹃, 杨华峰, 阳立高, 等. 劳动力结构变化影响制造业结构升级的实证研究[J]. 科学决策, 2018, (8): 73-94.

[91] 张万里, 宣旸, 睢博, 等. 产业智能化、劳动力结构和产业结构升级[J]. 科学学研究, 2021, 39(8): 1384-1395.

[92] 孙锦. 究竟什么是高等教育的质量: 对国外高等教育质量界定的文献研究[J]. 当代教育科学, 2018, (6): 62-66.

[93] 陈斌开, 张鹏飞, 杨汝岱. 政府教育投入、人力资本投资与中国城乡收入差距[J]. 管理世界, 2010, 26(1): 36-43.

[94] 张海峰, 姚先国, 张俊森. 教育质量对地区劳动生产率的影响[J]. 经济研究, 2010, 45(7): 57-67.

[95] 叶晓阳, 丁延庆. 扩张的中国高等教育: 教育质量与社会分层[J]. 社会, 2015, 35(3): 193-220.

[96] 聂娟, 辛士波. 我国高等教育质量差异化及对区域经济增长的效应分析[J]. 中国软科学, 2018, (11): 58-65.

[97] Mankiw N G, Romer D, Weil D N. A contribution to the empirics of economic growth[J]. The Quarterly Journal of Economics, 1992, 107(2): 407-437.

[98] 杨建芳, 龚六堂, 张庆华. 人力资本形成及其对经济增长的影响: 一个包含教育和健康投入的内生增长模型及其检验[J]. 管理世界, 2006, 22(5): 10-18, 34, 171.

[99] 屈小博, 吕佳宁. 大学教育质量与劳动力市场表现: 基于工资回报的分析[J]. 经济学动态, 2020, (2): 30-44.

[100] Feng Y X, Tan X Y, Wang R X. The value of higher education to entrepreneurial performance: evidence from higher education expansion in China[J]. China Economic Review, 2022, 73: 101789.

[101] Rauch J E. Productivity gains from geographic concentration of human capital: evidence from the cities[J]. Journal of Urban Economics, 1993, 34(3): 380-400.

[102] Kreishan F M, Hawarin I M A. Education and economic growth in Jordan: causality test[J]. International Journal of Economic Perspectives. 2011, 5(1): 45-53.

[103] Li X B. China's regional innovation capacity in transition: an empirical approach[J]. Research Policy, 2009, 38(2): 338-357.

[104] 陈浩天, 肖延玉. 数字技术赋能义务教育高质量发展: 绩效评估与机制

检验: 来自 31 个省份的经验证据[J]. 教育与经济, 2024, 40(4): 46-55.

[105] 赖德胜, 王琦, 石丹淅. 高等教育质量差异与区域创新[J]. 教育研究, 2015, 36(2): 41-50.

[106] 邵宜航, 徐菁. 高等教育扩张的增长效应: 人力资本提升还是信号干扰[J]. 财贸经济, 2017, 38(11): 5-22.

[107] 邵云飞, 范群林, 唐小我. 基于内生增长模型的区域创新能力影响因素研究[J]. 科研管理, 2011, 32(9): 28-34.

[108] 肖小勇, 黄静, 郭慧颖. 教育能够提高农民工就业质量吗?: 基于 CHIP 外来务工住户调查数据的实证分析[J]. 华中农业大学学报(社会科学版), 2019, (2): 135-143, 169.

[109] 崔远淼, 曾利飞, 陈志昂. 教育红利对中国制造业国际竞争力作用及渠道的实证研究[J]. 国际贸易问题, 2016, (7): 15-26.

[110] 张杰, 翟福昕, 周晓艳. 政府补贴、市场竞争与出口产品质量[J]. 数量经济技术经济研究, 2015, 32(4): 71-87.

[111] 许家云. 海归与企业出口行为: 来自中国的微观证据[J]. 金融研究, 2018, (2): 118-134.

[112] 李方静, 张静. 探究城市质量分工源泉: 要素禀赋与本土市场效应[J]. 世界经济文汇, 2018, (5): 94-112.

[113] 何菊莲, 李军, 赵丹. 高等教育人力资本促进产业结构优化升级的实证研究[J]. 教育与经济, 2013, 29(2): 48-55.

[114] 阮建青, 石琦, 张晓波. 产业集群动态演化规律与地方政府政策[J]. 管理世界, 2014, 30(12): 79-91.

[115] 张艳, 李子联, 金炜皓. 高等教育质量影响产业结构升级的机理与证据[J]. 高等教育研究, 2021, 42(2): 47-56.

[116] Ahmed N, Sheikh A A, Hassan B, et al. The role of educating the labor force in sustaining a green economy in MINT countries: panel symmetric and asymmetric approach[J]. Sustainability, 2022, 14(19): 12067.

[117] 赵昕东, 吴宇. 提高教育水平是否有助于跨越中等收入陷阱: 对不同收入水平国家的比较研究[J]. 中国软科学, 2022, (7): 129-139.

[118] 周慧珺, 傅春杨, 龚六堂. 就业政策如何影响收入分配?: 基于量化空间一般均衡模型的理论分析[J]. 管理世界, 2024, 40(1): 38-63.

[119] Dias J. Educational system, income inequality and growth: the Median voter's decision[J]. Estudos Econômicos (São Paulo), 2005, 35(1): 81-100.

[120] Sylwester K. Enrolment in higher education and changes in income inequality[J]. Bulletin of Economic Research, 2003, 55(3): 249-262.

[121] 胡咏梅, 薛远康. 高等教育规模与质量对城乡收入差距的影响: 基于2003—2019 年省级面板数据的空间计量分析[J]. 教育经济评论, 2022, 7(4): 17-40.

[122] 张军, 赵达, 周龙飞. 最低工资标准提高对就业正规化的影响[J]. 中国工业经济, 2017, (1): 81-97.

[123] Hampton M, Totty E. Minimum wages, retirement timing, and labor supply[J]. Journal of Public Economics, 2023, 224: 104924.

[124] 于新亮, 宋爽爽, 孙峥岫. 跨越工作贫困陷阱: 最低工资的福利再分配效应[J]. 世界经济, 2024, 47(7): 205-228.

[125] 彭刚, 杨德林, 姚星, 等. 最低工资标准与共同富裕: 理论逻辑与中国实践[J].数量经济技术经济研究, 2024, 41(2): 47-67.

[126] 马双, 张劼, 朱喜. 最低工资对中国就业和工资水平的影响[J]. 经济研究, 2012, 47(5): 132-146.

[127] 马双，肖翰，李丁，等．最低工资与异质性人力资本需求：基于招聘网站数据的研究[J].世界经济，2023, 46(12): 92-114.

[128] Dustmann C, Lindner A, Schönberg U, et al. Reallocation effects of the minimum wage[J]. The Quarterly Journal of Economics, 2021, 137(1): 267-328.

[129] 许和连，王海成．最低工资标准对企业出口产品质量的影响研究[J]．世界经济，2016, 39(7): 73-96.

[130] 孙楚仁，田国强，章韬．最低工资标准与中国企业的出口行为[J]．经济研究，2013, 48(2): 42-54.

[131] 程晨，王萌萌．企业劳动力成本与全要素生产率："倒逼"机制的考察[J]．南开经济研究，2016, (3): 118-132.

[132] 刘青，肖柏高．劳动力成本与劳动节约型技术创新：来自 AI 语言模型和专利文本的证据[J]．经济研究，2023, 58(2): 74-90.

[133] 魏下海，万江滔，佘玲铮．劳动力成本上涨与制造业企业技术选择方向[J]．财贸经济，2023, 44(1): 154-168.

[134] 杜鹏程，徐舒．最低工资、市场演化与生产率增长[J]．产业经济研究，2020, (4): 90-101.

[135] 王鑫，吴斌珍．个人所得税起征点变化对居民消费的影响[J]．世界经济，2011, 34(8): 66-86.

[136] 王秀燕，董长瑞，靳卫东．个人所得税改革与居民消费：基于准实验研究[J]．管理评论，2019, 31(2): 36-48.

[137] 叶菁菁，吴燕，陈方豪，等．个人所得税减免会增加劳动供给吗?：来自准自然实验的证据[J]．管理世界，2017, 33(12): 20-32, 187.

[138] 鲁元平，崔小勇，赵颖．减税如何影响居民收入分配：来自个人所得税

月度数据的证据[J]. 金融研究, 2023, (10): 165-185.

[139] 邱德馨，王雪标，张逸君. 减税激励与少儿人力资本积累：来自 2011 年个人所得税改革的证据[J]. 数量经济技术经济研究，2024，41(5): 176-196.

[140] Agarwal S, Qian W L, Yeung B, et al. Taxing the rich to finance redistribution: evidence from a permanent tax increase in Singapore[J]. Management Science, 2024, 70(4): 2518-2548.

[141] Akcigit U, Grigsby J, Nicholas T, et al. Taxation and innovation in the twentieth century[J]. The Quarterly Journal of Economics, 2021, 137(1): 329-385.

[142] 程小可，孙乾，高升好. 个人所得税激励与企业创新[J]. 中国软科学，2021, (6): 103-119.

[143] 门闯，孙晓骅. 个税改革、要素价格扭曲与企业过度投资[J].云南财经大学学报, 2016, 32(1): 101-110.

[144] 沈坤荣，余吉祥. 农村劳动力流动对中国城镇居民收入的影响：基于市场化进程中城乡劳动力分工视角的研究[J]. 管理世界，2011，27(3): 58-65.

[145] 吴贾，姚先国，张俊森. 城乡户籍歧视是否趋于止步：来自改革进程中的经验证据: 1989-201[J]. 经济研究, 2015, 50(11): 148-160.

[146] 钱雪亚，肖青青. 工作条件、工资补偿与劳动力市场城乡分割测量[J]. 统计研究, 2015, 32(8): 37-45.

[147] 孙婧芳. 城市劳动力市场中户籍歧视的变化：农民工的就业与工资[J]. 经济研究, 2017, 52(8): 171-186.

[148] Qu Z P, Zhao Z. Glass ceiling effect in urban China: wage inequality of

rural-urban migrants during 2002–2007[J]. China Economic Review, 2017, 42: 118-144.

[149] 黄文彬, 马银坡, 史清华. 劳动力配置效率与中国经济增长: 户籍改革视角[J]. 经济学(季刊), 2023, 23(4): 1373-1391.

[150] 陈红霞, 席强敏. 京津冀城市劳动力市场一体化的水平测度与影响因素分析[J]. 中国软科学, 2016, (2): 81-88.

[151] 陆远权, 陈莉, 张源. 成渝地区双城经济圈劳动力市场一体化测度及影响因素研究[J]. 中国软科学, 2023, (10): 88-97.

[152] 黄永颖, 张克中, 鲁元平. 统一大市场建设: 养老保险省级统筹与劳动力市场一体化[J]. 数量经济技术经济研究, 2023, 40(1): 25-45.

[153] 吕铁, 王海成. 劳动力市场管制对企业技术创新的影响: 基于世界银行中国企业调查数据的分析[J]. 中国人口科学, 2015, (4): 32-46, 127.

[154] Blanchard O, Giavazzi F. Macroeconomic effects of regulation and deregulation in goods and labor markets[J]. The Quarterly Journal of Economics, 2003, 118(3): 879-907.

[155] Botero J C, Djankov S, Porta R L, et al. The regulation of labor[J]. The Quarterly Journal of Economics, 2004, 119(4): 1339-1382.

[156] Gangl M. Scar effects of unemployment: an assessment of institutional complementarities[J]. American Sociological Review, 2006, 71(6): 986-1013.

[157] Hornstein A, Krusell P, Violante G L. Technology: policy interaction in frictional labour-markets[J]. The Review of Economic Studies, 2007, 74(4): 1089-1124.

[158] Alimov A. Labor market regulations and cross-border mergers and

acquisitions[J]. Journal of International Business Studies, 2015, 46(8): 984-1009.

[159] Levine R, Lin C, Shen B B. Cross-border acquisitions: do labor regulations affect acquirer returns?[J]. Journal of International Business Studies, 2020, 51(2): 194-217.

[160] Porter M E. Competitive Advantage: Creating and Sustaining Superior Performance[M]. New York: The Free Press, 1985.

[161] Kogut B. Designing global strategies: comparative and competitive value-added chains[J]. Sloan Management Review, 1985, 26(4): 15-28.

[162] 孙黎，许唯聪. 数字经济对地区全球价值链嵌入的影响：基于空间溢出效应视角的分析[J]. 经济管理, 2021, 43(11): 16-34.

[163] 李新瑜. 马克思主义理论视域下的中国制造业价值链升级研究[J]. 经济研究导刊, 2019, (13): 49-50, 53.

[164] 余海燕，沈桂龙. 对外直接投资对母国全球价值链地位影响的实证研究[J]. 世界经济研究, 2020, (3): 107-120, 137.

[165] Schmitz H, Humphrey J. Governance and upgrading: linking industrial cluster and global value chain research[R]. Brighton: Institute of Development Studies, 2000.

[166] Schmitz H. Local upgrading in global chains: recent findings[R]. Brighton: Institute of Development Studies at the University of Brighton, 2004.

[167] 卢福财，罗瑞荣. 全球价值链分工条件下产业高度与人力资源的关系：以中国第二产业为例[J]. 中国工业经济, 2010, (8): 76-86.

[168] Wang Z, Wei S J, Yu X D, et al. Characterizing global value chains: production length and upstreamness[R]. Cambridge: National Bureau of

Economic Research, 2017.

[169] 张天顶, 魏丽霞. 金融服务发展与制造业全球价值链升级[J]. 金融研究, 2023, (3): 20-37.

[170] 田云华, 周燕萍, 张支南. 中间投入非关税措施对企业价值链升级的影响: 基于微观数据的经验分析[J]. 国际贸易问题, 2024, (5): 18-35.

[171] Antràs P, Chor D, Fally T, et al. Measuring the upstreamness of production and trade flows[J]. American Economic Review, 2012, 102(3): 412-416.

[172] 唐荣, 顾乃华, 谭周令. 产业政策、市场结构与企业价值链定位[J]. 产业经济研究, 2019, (1): 12-26.

[173] 鞠建东, 余心玎. 全球价值链上的中国角色: 基于中国行业上游度和海关数据的研究[J]. 南开经济研究, 2014, (3): 39-52.

[174] 王永进, 刘灿雷. 国有企业上游垄断阻碍了中国的经济增长?: 基于制造业数据的微观考察[J]. 管理世界, 2016, 32(6): 10-21, 187.

[175] 刘辉煌, 吕雪丽. 国内价值链分工质量测度及其影响因素: 基于改进的行业上游度分析[J]. 商业研究, 2018, (7): 125-132.

[176] 王珏, 唐青青. 西部地区贸易上游度测算研究: 20 年结构演变[J]. 统计与信息论坛, 2020, 35(10): 111-118.

[177] 吕越, 谷玮, 包群. 人工智能与中国企业参与全球价值链分工[J]. 中国工业经济, 2020, (5): 80-98.

[178] 周洺竹, 綦建红, 张志彤. 人工智能对全球价值链分工位置的双重影响[J]. 财经研究, 2022, 48(10): 34-48, 93.

[179] Chor D, Manova K, Yu Z H. Growing like China: firm performance and global production line position[J]. Journal of International Economics, 2021, 130: 103445.

[180] Ju J D, Yu X D. Productivity, profitability, production and export structures along the value chain in China[J]. Journal of Comparative Economics, 2015, 43(1): 33-54.

[181] 沈鸿, 顾乃华. 地方财政分权、产业集聚与企业出口行为[J]. 国际贸易问题, 2017, (9): 25-36.

[182] 张为付, 戴翔. 中国全球价值链分工地位改善了吗?: 基于改进后出口上游度的再评估[J]. 中南财经政法大学学报, 2017, (4): 90-99.

[183] 张鹏杨, 唐宜红. FDI 如何提高我国出口企业国内附加值?: 基于全球价值链升级的视角[J]. 数量经济技术经济研究, 2018, 35(7): 79-96.

[184] 毛其淋. 人力资本推动中国加工贸易升级了吗?[J]. 经济研究, 2019, 54(1): 52-67.

[185] 许和连, 成丽红, 孙天阳. 制造业投入服务化对企业出口国内增加值的提升效应: 基于中国制造业微观企业的经验研究[J]. 中国工业经济, 2017, (10): 62-80.

[186] 许家云, 毛其淋. 生产性补贴与企业进口行为: 来自中国制造业企业的证据[J]. 世界经济, 2019, 42(7): 46-70.

[187] 许家云, 徐莹莹. 政府补贴是否影响了企业全球价值链升级?: 基于出口国内附加值的视角[J]. 财经研究, 2019, 45(9): 17-29.

[188] 金洪飞, 陈秋羽. 产学研合作与价值链低端困境破解: 基于制造业企业出口国内附加值率的视角[J]. 财经研究, 2021, 47(11): 94-108.

[189] Koopman R, Powers W, Wang Z, et al. Give credit where credit is due: tracing value added in global production chains[R]. Cambridge: National Bureau of Economic Research, 2010.

[190] 李昕. 贸易总额与贸易差额的增加值统计研究[J]. 统计研究, 2012,

29(10): 15-22.

[191] 李昕, 徐滇庆. 中国外贸依存度和失衡度的重新估算: 全球生产链中的增加值贸易[J]. 中国社会科学, 2013(1): 29-55, 205.

[192] 樊茂清, 黄薇. 基于全球价值链分解的中国贸易产业结构演进研究[J]. 世界经济, 2014, 37(2): 50-70.

[193] 尹彦罡, 李晓华. 中国制造业全球价值链地位研究[J]. 财经问题研究, 2015, (11): 18-26.

[194] 王元彬, 王林. 国内研发及外溢、中间品进口研发外溢与制造业全球价值链分工地位[J]. 国际贸易问题, 2022, (8): 53-68.

[195] Michaely M. Trade Income Levels, and Dependence[M]. Amsterdam: North-Holland.

[196] Lall S. Determinants of R&D in an LDC the Indian engineering industry[J]. Economics Letters, 1983, 13(4): 379-383.

[197] Hausmann R, Hwang J, Rodrik D. What you export matters[J]. Journal of Economic Growth, 2007, 12(1): 1-25.

[198] 唐海燕, 张会清. 中国在新型国际分工体系中的地位: 基于价值链视角的分析[J]. 国际贸易问题, 2009, (2): 18-26.

[199] 赵增耀, 沈能. 垂直专业化分工对我国企业价值链影响的非线性效应[J]. 国际贸易问题, 2014, (5): 23-34.

[200] 邱斌, 叶龙凤, 孙少勤. 参与全球生产网络对我国制造业价值链提升影响的实证研究: 基于出口复杂度的分析[J]. 中国工业经济, 2012, (1): 57-67.

[201] 孙少勤, 邱璐. 全球价值链视角下中国装备制造业国际竞争力的测度及其影响因素研究[J]. 东南大学学报(哲学社会科学版), 2018, 20(1):

61-68, 147.

[202] Hummels D, Ishii J, Yi K M. The nature and growth of vertical specialization in world trade[J]. Journal of International Economics, 2001, 54(1): 75-96.

[203] 文东伟, 冼国明. 中国制造业的垂直专业化与出口增长[J]. 经济学(季刊), 2010, 10(2): 467-494.

[204] 高敬峰, 王庭东. 中国参与全球价值链的区域特征分析: 基于垂直专业化分工的视角[J]. 世界经济研究, 2017, (4): 83-94, 135-136.

[205] 桑丹丹, 王元月, 丁黎黎. 中美制造业环境友好型全球价值链地位的测算: 基于世界投入产出表及其环境账户[J]. 当代财经, 2020, (8): 101-113.

[206] 高翔, 张敏, 李之旭. 中国产业全球价值链分工的位置演变及其国际比较研究[J]. 国际贸易问题, 2022, (7): 123-141.

[207] 杨以文, 周勤, 毛春梅, 等. 中国制造业全球价值链位置的行业异质性及收敛性测度[J]. 科技进步与对策, 2020, 37(12): 46-54.

[208] 何雅兴, 马丹. 区域垂直专业化分工与出口产品竞争力提升: 基于区域贸易增加值分解的新视角[J]. 统计研究, 2022, 39(5): 3-22.

[209] 陈福中, 罗科, 董康银. 外资嵌入国内大循环与制造业价值链功能升级[J]. 数量经济技术经济研究, 2024, 41(10): 46-68.

[210] Stöllinger R. Testing the smile curve: functional specialisation and value creation in GVCs[J]. Structural Change and Economic Dynamics, 2021, 56: 93-116.

[211] 闫云凤. 中国内资和外资企业在全球价值链中的嵌入位置与演进路径研究: 基于行业数据的测度[J]. 上海财经大学学报, 2020, 22(3): 3-18.

[212] Humphrey J. Upgrading in global value chains[R]. Geneva: International Labour Office, 2004.

[213] 刘维林, 李兰冰, 刘玉海. 全球价值链嵌入对中国出口技术复杂度的影响[J]. 中国工业经济, 2014, (6): 83-95.

[214] 王玉燕, 林汉川, 吕臣. 全球价值链嵌入的技术进步效应: 来自中国工业面板数据的经验研究[J]. 中国工业经济, 2014, (9): 65-77.

[215] Akcigit U, Ates S T. What happened to US business dynamism?[J]. Journal of Political Economy, 2023, 131(8): 2059-2124.

[216] 文武, 吕建阳, 张海洋. 数字技术嵌入环节与全球价值链分工地位[J]. 财贸经济, 2024, 45(9): 143-160.

[217] 陶锋. 国际知识溢出、社会资本与代工制造业技术创新: 基于全球价值链外包体系的视角[J]. 财贸经济, 2011, 32(7): 78-83.

[218] Pradhan J P, Singh N. Outward FDI and knowledge flows: a study of the Indian automotive sector[J]. Institutions and Economies (Formerly Known as International Journal of Institutions and Economies), 2009, 1(1): 156-187.

[219] 刘斌, 王杰, 魏倩. 对外直接投资与价值链参与: 分工地位与升级模式[J]. 数量经济技术经济研究, 2015, 32(12): 39-56.

[220] 郭娟娟, 冼国明, 徐邦栋. 外资进入与国内价值链地位提升[J]. 金融研究, 2022, (5): 20-37.

[221] Gebauer H, Worch H, Truffer B. Absorptive capacity, learning processes and combinative capabilities as determinants of strategic innovation[J]. European Management Journal, 2012, 30(1): 57-73.

[222] Grossman G M, Helpman E. Integration versus outsourcing in industry

equilibrium[J]. The Quarterly Journal of Economics, 2002, 117(1): 85-120.

[223] 李梅, 柳士昌. 对外直接投资逆向技术溢出的地区差异和门槛效应: 基于中国省际面板数据的门槛回归分析[J]. 管理世界, 2012, (1): 21-32, 66.

[224] 沙文兵. 对外直接投资、逆向技术溢出与国内创新能力: 基于中国省际面板数据的实证研究[J]. 世界经济研究, 2012, (3): 69-74, 89.

[225] 周密. 后发转型大国价值链的空间重组与提升路径研究[J]. 中国工业经济, 2013, (8): 70-82.

[226] 韩亚峰, 冯雅倩. OFDI 逆向技术溢出对制造业价值链升级的影响: 基于 G20 国家面板数据的研究[J]. 国际商务(对外经济贸易大学学报), 2018, (6): 75-85.

[227] 陈颂, 卢晨. 不同投资方式的 OFDI 逆向技术溢出效应研究[J]. 国际商务(对外经济贸易大学学报), 2017, (6): 86-97.

[228] 余姗, 樊秀峰. 自主研发、外资进入与价值链升级[J]. 广东财经大学学报, 2014, 29(3): 55-63.

[229] Feenstra R C . Advanced International Trade: Theory and Evidence[M]. Princeton: Princeton University Press, 2002.

[230] 王正新, 朱洪涛. 创新效率对高技术产业出口复杂度的非线性影响[J]. 国际贸易问题, 2017, (6): 61-70.

[231] 郭晶, 杨艳. 经济增长、技术创新与我国高技术制造业出口复杂度研究[J]. 国际贸易问题, 2010, (12): 91-96.

[232] Dedrick J, Kraemer K L, Linden G. Who profits from innovation in global value chains? a study of the iPod and notebook PCs[J]. Industrial and Corporate Change, 2010, 19(1): 81-116.

[233] Ali-Yrkkö J, Rouvinen P, Seppälä T, et al. Who captures value in global supply chains? Case Nokia N95 smartphone[J]. Journal of Industry, Competition and Trade, 2011, 11(3): 263-278.

[234] 张小蒂, 孙景蔚. 基于垂直专业化分工的中国产业国际竞争力分析[J]. 世界经济, 2006, 29(5): 12-21.

[235] 黄先海, 韦畅. 中国制造业出口垂直专业化程度的测度与分析[J]. 管理世界, 2007, 23(4): 158-159.

[236] 吕越, 谷玮, 尉亚宁, 等. 人工智能与全球价值链网络深化[J]. 数量经济技术经济研究, 2023, 40(1): 128-151.

[237] Acemoglu D, Restrepo P. Robots and jobs: evidence from US labor markets[J]. Journal of Political Economy, 2020, 128(6): 2188-2244.

[238] 祝树金, 张鹏辉. 中国制造业出口国内技术含量及其影响因素[J]. 统计研究, 2013, 30(6): 58-66.

[239] Kee H L, Tang H W. Domestic value added in exports: theory and firm evidence from China[J]. American Economic Review, 2016, 106(6): 1402-1436.

[240] 赵景瑞, 孙慧, 郝晓. 产业链内嵌国内技术进步与企业出口国内附加值率提升: 基于中国工业企业数据的实证分析[J]. 西部论坛, 2021, 31(4): 1-17.

[241] 邱涛. 金砖国家制造业产业在全球价值链分工地位研究[J]. 现代经济探讨, 2021, (4): 89-96.

[242] 王岚, 李宏艳. 中国制造业融入全球价值链路径研究: 嵌入位置和增值能力的视角[J]. 中国工业经济, 2015, (2): 76-88.

[243] 蒋含明. 中国制造业全球价值链利益分配机制研究: 契约不完全视角

[J]. 经济学动态, 2019, (2): 102-114.

[244] Reddy K, Sasidharan S, Thangavelu S. Does servicification of manufacturing increase the GVC activities of firms? Case of India[J]. The World Economy, 2023, 46(1): 153-181.

[245] White A L, Feng L. Servicizing: the quiet transition to extended product responsibility[R]. Boston: Tellus Institute, 1999.

[246] 丁一兵, 孙艺宁. 制造业投入服务化与中国企业出口贸易方式转型[J]. 经济评论, 2024, (2): 71-89.

[247] Amiti M, Wei S J. Service offshoring and productivity: evidence from the US[J]. World Economy, 2009, 32(2): 203-220.

[248] 姚战琪. 工业和服务外包对中国工业生产率的影响[J]. 经济研究, 2010, 45(7): 91-102.

[249] Lombardi S, Santini E, Vecciolini C. Drivers of territorial servitization: an empirical analysis of manufacturing productivity in local value chains[J]. International Journal of Production Economics, 2022, 253: 108607.

[250] Chen G, Liu Y S, Gao Q Z, et al. Does regional services development enhance manufacturing firm productivity? A manufacturing servitization perspective[J]. International Review of Economics & Finance, 2023, 86: 451-466.

[251] 张文红, 张骁, 翁智明. 制造企业如何获得服务创新的知识?: 服务中介机构的作用[J]. 管理世界, 2010, 26(10): 122-134.

[252] 顾乃华, 夏杰长. 对外贸易与制造业投入服务化的经济效应: 基于2007年投入产出表的实证研究[J]. 社会科学研究, 2010, (5): 17-21.

[253] 姜铸, 李宁. 服务创新、制造业服务化对企业绩效的影响[J]. 科研管

理, 2015, 36(5): 29-37.
[254] 江积海, 沈艳. 制造服务化中价值主张创新会影响企业绩效吗?: 基于创业板上市公司的实证研究[J]. 科学学研究, 2016, 34(7): 1103-1110.
[255] 刘斌, 魏倩, 吕越, 等. 制造业服务化与价值链升级[J]. 经济研究, 2016, 51(3): 151-162.
[256] 吕越, 李小萌, 吕云龙. 全球价值链中的制造业服务化与企业全要素生产率[J]. 南开经济研究, 2017, (3): 88-110.
[257] 刘玉荣, 刘芳. 制造业服务化与全球价值链提升的交互效应: 基于中国制造业面板联立方程模型的实证研究[J]. 现代经济探讨, 2018, (9): 46-55.
[258] 吴云霞, 马野驰. 制造业投入服务化对价值链升级的影响: 基于参与度和分工地位的双重视角[J]. 商业研究, 2020, (2): 62-72.
[259] 任琳, 孟思宇. 霸权护持、复边主义与全球治理秩序的危机[J]. 外交评论(外交学院学报), 2022, 39(5): 53-77, 3-4.
[260] 刘琳, 盛斌. 全球价值链和出口的国内技术复杂度: 基于中国制造业行业数据的实证检验[J]. 国际贸易问题, 2017, (3): 3-13.
[261] 杜运苏, 姬雯云, 余泳泽. 内外销耦合协调对企业价值链升级的影响[J]. 财贸经济, 2023, 44(3): 117-133.
[262] 戴翔, 金碚. 制造业结构优化的技术进步路径选择[J]. 经济研究, 2014, 49(7): 4-17.
[263] 刘英基. 知识资本对制造业出口技术复杂度影响的实证分析[J]. 世界经济研究, 2016, (3): 97-107, 136.
[264] 戴翔, 郑岚. 制度质量如何影响中国攀升全球价值链[J]. 国际贸易问题, 2015(12): 51-63, 132.

[265] 刘艳. 制度质量与高技术制成品出口复杂度[J]. 当代财经, 2014, (2): 96-105.

[266] 胡昭玲, 张玉. 制度质量改进能否提升价值链分工地位?[J]. 世界经济研究, 2015(8): 19-26, 127.

[267] 胡昭玲, 夏秋. 制度质量对价值链分工位置的影响: 基于亚太地区的跨国实证研究[J]. 亚太经济, 2017(4): 114-124, 175-176.

[268] 齐俊妍, 王永进, 施炳展, 等. 金融发展与出口技术复杂度[J]. 世界经济, 2011, 34(7): 91-118.

[269] Rodrik D. What's so special about China's exports?[J]. China & World Economy, 2006, 14(5): 1-19.

[270] Sui H G, Geng S M, Zhou J, et al. Fiscal institutional reform and export product quality: a Quasi-experimental research on counties managed directly by provinces[J]. Economic Modelling, 2023, 126: 106383.

[271] Lin Y M, Lin S L, Wang X W, et al. Does institutional quality matter for export product quality? Evidence from China[J]. The Journal of International Trade & Economic Development, 2021, 30(7): 1077-1100.

[272] Huynh T N. Spatial effects of institutional quality on firm performance: evidence from Vietnam[J]. Asian-Pacific Economic Literature, 2022, 36(2): 89-105.

[273] 魏龙, 王磊. 全球价值链体系下中国制造业转型升级分析[J]. 数量经济技术经济研究, 2017, 34(6): 71-86.

[274] 任保全, 刘志彪, 任优生. 全球价值链低端锁定的内生原因及机理: 基于企业链条抉择机制的视角[J]. 世界经济与政治论坛, 2016, (5): 1-23.

[275] 代中强. 知识产权保护提高了出口技术复杂度吗? 来自中国省际层面

的经验研究[J]. 科学学研究, 2014, 32(12): 1846-1858.

[276] 张杰, 刘志彪. 制度约束、全球价值链嵌入与我国地方产业集群升级[J]. 当代财经, 2008, (9): 84-91.

[277] 陈晓华, 刘慧. 成本上升、外需疲软与制造业技术复杂度演进: 基于内外资和要素密集度异质性视角[J]. 科学学研究, 2014, 32(6): 860-872.

[278] 白光裕, 庄芮. 全球价值链与国际投资关系研究: 中国的视角[J]. 国际贸易, 2015, (6): 16-20.

[279] Giuliani E, Pietrobelli C, Rabellotti R. Upgrading in global value chains: lessons from Latin American clusters[J]. World Development, 2005, 33(4): 549-573.

[280] Andreff M, Andreff W. Global trade in sports goods: international specialisation of major trading countries[J]. European Sport Management Quarterly, 2009, 9(3): 259-294.

[281] Su H, Fu Y. The impact of the outward and inward FDI on global value chains[J]. International Journal of Economics and Financial Issues, 2021, 11(6): 1-8.

[282] Cantwell J A, Tolentino P E. Technological accumulation and third world multinational[R]. Reading: University of Reading, 1990.

[283] Palit A. Technology upgradation through global value chains: challenges before BIMSTEC nations[R]. Kolkata: CSIRD(Centre for Studies in International Relations and Development), 2006.

[284] 王杰, 段瑞珍, 孙学敏. 对外直接投资与中国企业的全球价值链升级[J]. 西安交通大学学报(社会科学版), 2019, 39(2): 43-50.

[285] 郑丹青. 对外直接投资与全球价值链分工地位: 来自中国微观企业的

经验证据[J]. 国际贸易问题, 2019, (8): 109-123.

[286] 丁秀飞, 毕蕾, 仲鑫. 中国对外直接投资与制造业全球价值链升级的双向影响关系研究[J]. 宏观经济研究, 2021, (12): 69-82.

[287] Li X, Zhou W, Hou J N. Research on the impact of OFDI on the home country's global value chain upgrading[J]. International Review of Financial Analysis, 2021, 77: 101862.

[288] 宋玉洁, 乔翠霞. 中国制造业 OFDI 的国内价值链质量效应: 兼论效率与稳定性[J]. 世界经济研究, 2022, (5): 60-79, 136.

[289] Herzer D. How does foreign direct investment really affect developing countries' growth[J]. Review of International Economics, 2012, 20(2): 396-414.

[290] 尹东东, 张建清. 我国对外直接投资逆向技术溢出效应研究: 基于吸收能力视角的实证分析[J]. 国际贸易问题, 2016, (1): 109-120.

[291] 何建华, 陈阳阳, 彭建娟. OFDI 逆向技术溢出与我国技术创新能力关系研究[J]. 统计与决策, 2016, 32(2): 112-114.

[292] Humphrey J, Schmitz H. How does insertion in global value chains affect upgrading in industrial clusters?[J]. Regional Studies, 2002, 36(9): 1017-1027.

[293] 陆菁, 陈飞. 金融创新对我国高技术产业出口复杂度的影响分析[J]. 国际经贸探索, 2015, 31(5): 47-61.

[294] 黄灿, 林桂军. 全球价值链分工地位的影响因素研究: 基于发展中国家的视角[J]. 国际商务(对外经济贸易大学学报), 2017, (2): 5-15.

[295] 李金城, 周咪咪. 互联网能否提升一国制造业出口复杂度[J]. 国际经贸探索, 2017, 33(4): 24-38.

[296] Staritz C, Gereffi G, Cattaneo O. Shifting end markets and upgrading prospects in global value chains[J]. International Journal of Technological Learning, Innovation and Development, 2011, 4(1): 1-13.

[297] 李小平, 崔致远. 关税冲击如何影响中国企业的全球价值链攀升[J]. 数量经济技术经济研究, 2024, 41(7): 71-92.

[298] Caliendo L, Parro F. Estimates of the trade and welfare effects of NAFTA[J]. The Review of Economic Studies, 2012, 82(1): 1-44.

[299] 徐海波, 张建民. 贸易成本对入世后中国制造业全球价值链分工位置的影响[J]. 现代经济探讨, 2018, (5): 62-69.

[300] 佘群芝, 户华玉. 贸易成本对中国全球价值链地位的影响: 基于制造业细分行业的实证[J]. 统计与决策, 2020, 36(19): 88-92.

[301] 陈锦然. 非对称贸易成本对国家价值链地位差距的影响研究[J]. 亚太经济, 2021, (4): 111-119.

[302] Zhou W C, Yan D Y, Sun S L. Climbing the ladder: inward sourcing as an upgrading capability in global value chains[J]. Research Policy, 2022, 51(3): 104439.

[303] 戴翔, 张雨, 占丽. 数字技术与全球价值链攀升理论新发展[J]. 天津社会科学, 2022, (3): 77-83.

[304] Lee J Y, Kim D, Choi B, et al. Early evidence on how Industry 4.0 reshapes MNEs' global value chains: the role of value creation versus value capturing by headquarters and foreign subsidiaries[J]. Journal of International Business Studies, 2023, 54(4): 599-630.

[305] Catalano M, Pezzolla E. The effects of education and aging in an OLG model: long-Run growth in France, Germany and Italy[J]. Empirica, 2016,

43(4): 757-800.

[306] 张少军, 刘志彪. 全球价值链模式的产业转移: 动力、影响与对中国产业升级和区域协调发展的启示[J]. 中国工业经济, 2009, (11): 5-15.

[307] 占丽. 人口结构转型能否重塑攀升价值链新动力?[J]. 世界经济研究, 2019, (2): 61-73, 136.

[308] 古柳. 人口结构变化能否形成攀升价值链动力源: 基于全球价值链布局的视角[J]. 国际贸易问题, 2020, (10): 97-111.

[309] 周懿, 邓峰, 卓乘风. 人口红利消退阻碍我国制造业价值链攀升了吗?[J]. 经济问题探索, 2020, (4): 13-26.

[310] 龚世豪, 祝树金. 老龄化是否会提升出口产品质量?[J]. 财经理论与实践, 2021, 42(2): 141-147.

[311] 王正中. “民工荒”现象与新生代农民工的理性选择[J]. 理论学刊, 2006, (9): 75-76.

[312] 童玉芬. 人口老龄化过程中我国劳动力供给变化特点及面临的挑战[J]. 人口研究, 2014, 38(2): 52-60.

[313] 王海成, 邵小快. 高校扩招提升了企业出口质量吗[J]. 宏观经济研究, 2020, (8): 131-145.

[314] 戴翔, 刘梦, 任志成. 劳动力演化如何影响中国工业发展: 转移还是转型[J]. 中国工业经济, 2016, (9): 24-40.

[315] 戴翔, 刘梦. 人才何以成为红利: 源于价值链攀升的证据[J]. 中国工业经济, 2018, (4): 98-116.

[316] 李宜航. 劳动力技能分布与地区出口比较优势: 基于中国省份细分产业数据的研究[J]. 数量经济技术经济研究, 2021, 38(2): 78-97.

[317] 黄晶, 王琦. 技能和无技能劳动力工资扭曲、利率扭曲与效率损失[J].

统计研究, 2021, 38(1): 65-78.

[318] 阳立高, 龚世豪, 王铂, 等. 人力资本、技术进步与制造业升级[J]. 中国软科学, 2018, (1): 138-148.

[319] 陈彦斌, 林晨, 陈小亮. 人工智能、老龄化与经济增长[J]. 经济研究, 2019, 54(7): 47-63.

[320] Acemoglu D, Restrepo P. The wrong kind of AI? Artificial intelligence and the future of labour demand[J]. Cambridge Journal of Regions, Economy and Society, 2020, 13(1): 25-35.

[321] 荆林波, 袁平红. 全球价值链变化新趋势及中国对策[J]. 管理世界, 2019, 35(11): 72-79.

[322] 刘斌, 潘彤. 人工智能对制造业价值链分工的影响效应研究[J]. 数量经济技术经济研究, 2020, 37(10): 24-44.

[323] 郭凯明. 人工智能发展、产业结构转型升级与劳动收入份额变动[J]. 管理世界, 2019, 35(7): 60-77, 202-203.

[324] 祝树金, 谈晓静, 李丹. 劳动力需求视角下智能化影响制造业价值链攀升的实证研究[J]. 国际贸易问题, 2022, (5): 51-68.

[325] Gan L, Hernandez M A, Ma S. The higher costs of doing business in China: minimum wages and firms' export behavior[J]. Journal of International Economics, 2016, 100: 81-94.

[326] 铁瑛, 黄建忠, 高翔. 劳动力成本上升、加工贸易转移与企业出口附加值率攀升[J]. 统计研究, 2018, 35(6): 43-55.

[327] 袁劲, 马双. 最低工资与中国多产品企业出口: 成本效应抑或激励效应[J]. 中国工业经济, 2021, (9): 62-79.

[328] 崔晓敏, 余淼杰, 袁东. 最低工资和出口的国内附加值: 来自中国企业

的证据[J]. 世界经济, 2018, 41(12): 49-72.

[329] 葛新庭, 谢建国. 最低工资标准、产业智能化与企业出口国内附加值[J]. 经济评论, 2023, (2): 107-121.

[330] 盛丹, 杨慧梅. 增值税改革与出口产品的品质升级[J]. 财经研究, 2020, 46(6): 79-93.

[331] 刘玉海, 廖赛男, 张丽. 税收激励与企业出口国内附加值率[J]. 中国工业经济, 2020, (9): 99-117.

[332] 刘啟仁, 龙健雄, 张展辉, 等. 税收激励、研发支出与出口绩效: 基于高新技术企业认定条件改革的聚束分析[J]. 中国工业经济, 2023, (4): 79-97.

[333] 龚世豪, 严勇翔, 阳立高, 等. 个人所得税改革影响企业出口产品质量研究[J]. 宏观经济研究, 2023, (6): 34-55.

[334] 陈媛媛. 市场分割与出口竞争力: 基于中国数据的经验研究[J]. 世界经济研究, 2013, (11): 49-55, 88.

[335] 韩峰, 王涵. 数字化转型、劳动力市场整合与制造业全球价值链攀升[J]. 宏观经济研究, 2024, (7): 4-27, 71.

[336] 吕越, 盛斌, 吕云龙. 中国的市场分割会导致企业出口国内附加值率下降吗[J]. 中国工业经济, 2018, (5): 5-23.

[337] 王明涛, 谢建国. 中国出口企业“低加成率悖论”: 基于市场分割的再检验[J]. 经济评论, 2020, (5): 63-81.

[338] Melitz M J , Ottaviano G I P . Market size, trade, and productivity[J]. The Review of Economic Studies, 2008, 75(1): 295-316.

[339] 阳立高, 于金柳, 龚世豪, 等. 城乡劳动力市场一体化能提升出口产品质量吗: 基于 2006 年统筹城乡就业试点的准自然实验[J]. 中国软科学,

2023, (11): 159-174.

[340] 龚世豪. 劳动力结构及劳动力市场制度改革影响出口产品质量的研究[D]. 长沙: 湖南大学, 2022.

[341] 张杰, 陈志远, 刘元春. 中国出口国内附加值的测算与变化机制[J]. 经济研究, 2013, 48(10): 124-137.

[342] 孙京洲. 我国技术创新的制度安排影响企业出口国内增加值研究[D]. 长沙: 湖南大学,2021.

[343] 阳立高, 彭頔雯, 杨崇峻, 等. 新生代劳动力供给变化对出口国内附加值的影响研究[J]. 财经理论与实践, 2021, 42(3): 71-77.

[344] Hallak J C, Sivadasan J. Firms' exporting behavior under quality constraints[R]. Cambridge: National Bureau of Economic Research, 2009.

[345] Khandelwal A K, Schott P K, Wei S-J. Trade liberalization and embedded institutional reform: evidence from Chinese exporters[J]. American Economic Review, 2013, 103(6): 2169-2195.

[346] Fan H C, Li Y A, Yeaple S R. Trade liberalization, quality, and export prices[J]. Review of Economics and Statistics, 2015, 97(5): 1033-1051.

[347] Broda C, Weinstein D E. Globalization and the gains from variety[J]. The Quarterly Journal of Economics, 2006, 121(2): 541-585.

[348] 傅元海, 叶祥松, 王展祥. 制造业结构变迁与经济增长效率提高[J]. 经济研究, 2016, 51(8): 86-100.

[349] 傅元海, 叶祥松, 王展祥. 制造业结构优化的技术进步路径选择: 基于动态面板的经验分析[J]. 中国工业经济, 2014, (9): 78-90.

[350] 阳立高, 龚世豪, 韩峰. 劳动力供给变化对制造业结构优化的影响研究[J]. 财经研究, 2017, 43(2): 122-134.

[351] 马野青，张梦，巫强. 什么决定了中国制造业在全球价值链中的地位?: 基于贸易增加值的视角[J]. 南京社会科学, 2017, (3): 28-35.

[352] Glaeser E L, Lu M. Human-capital externalities in China[R]. Cambridge: National Bureau of Economic Research, 2018.

[353] 中国经济增长前沿课题组，张平，刘霞辉，等. 突破经济增长减速的新要素供给理论、体制与政策选择[J]. 经济研究, 2015, 50(11): 4-19.

[354] Halpern L, Koren M, Szeidl A. Imported inputs and productivity[J]. American Economic Review, 2015, 105(12): 3660-3703.

[355] 刘智勇，李海峥，胡永远，等. 人力资本结构高级化与经济增长：兼论东中西部地区差距的形成和缩小[J]. 经济研究, 2018, 53(3): 50-63.

[356] 段文斌，刘大勇，皮亚彬. 现代服务业聚集的形成机制：空间视角下的理论与经验分析[J]. 世界经济, 2016, 39(3): 144-165.

[357] 刘奕，夏杰长，李垚. 生产性服务业集聚与制造业升级[J]. 中国工业经济, 2017, (7): 24-42.

[358] Combes P P, Gobillon L. The empirics of agglomeration economies[M]//Gilles D, Vernon H, William S. Handbook of Regional and Urban Economics. Amsterdam: Elsevier, 2015: 247-348.

[359] 邵朝对，苏丹妮. 产业集聚与企业出口国内附加值：GVC 升级的本地化路径[J]. 管理世界, 2019, 35(8): 9-29.

[360] Acemoglu D, Angrist J. How large are human-capital externalities? Evidence from compulsory schooling laws[J]. NBER Macroeconomics Annual, 2000, 15: 9-59.

[361] 韩峰，柯善咨. 追踪我国制造业集聚的空间来源：基于马歇尔外部性与新经济地理的综合视角[J]. 管理世界, 2012, 28(10): 55-70.

[362] Han F, Ke S Z. The effects of factor proximity and market potential on urban manufacturing output[J]. China Economic Review, 2016, 39: 31-45.

[363] 夏怡然, 陆铭. 跨越世纪的城市人力资本足迹: 历史遗产、政策冲击和劳动力流动[J]. 经济研究, 2019, 54(1): 132-149.

[364] Moretti E. Estimating the social return to higher education: evidence from longitudinal and repeated cross-sectional data[J]. Journal of Econometrics, 2004, 121(1-2): 175-212.

[365] Glaeser E L. Learning in cities[J]. Journal of Urban Economics, 1999, 46(2): 254-277.

[366] Head K, Ries J. Heterogeneity and the FDI versus export decision of Japanese manufacturers[J]. Journal of the Japanese and International Economies, 2003, 17(4): 448-467.

[367] Hall R E, Jones C I. Why do some countries produce so much more output per worker than others?[J]. The Quarterly Journal of Economics, 1999, 114(1): 83-116.

[368] Cai H B, Liu Q. Competition and corporate tax avoidance: evidence from Chinese industrial firms[J]. The Economic Journal, 2009, 119(537): 764-795.

[369] Brandt L, van Biesebroeck J, Zhang Y F. Creative accounting or creative destruction? Firm-level productivity growth in Chinese manufacturing[J]. Journal of Development Economics, 2012, 97(2): 339-351.

[370] 杨汝岱. 中国制造业企业全要素生产率研究[J]. 经济研究, 2015, 50(2): 61-74.

[371] 田巍, 余淼杰. 企业出口强度与进口中间品贸易自由化: 来自中国企业的实证研究[J]. 管理世界, 2013, 29(1): 28-44.

[372] Upward R, Wang Z, Zheng J H. Weighing China’s export basket: the domestic content and technology intensity of Chinese exports[J]. Journal of Comparative Economics, 2013, 41(2): 527-543.

[373] Liu X P. Tax avoidance through re-imports: the case of redundant trade[J]. Journal of Development Economics, 2013, 104: 152-164.

[374] Ahn J, Khandelwal A K, Wei S J. The role of intermediaries in facilitating trade[J]. Journal of International Economics, 2011, 84(1): 73-85.

[375] 张杰，刘元春，郑文平．为什么出口会抑制中国企业增加值率?：基于政府行为的考察[J]．管理世界, 2013, 29(6): 12-27, 187.

[376] 吕越，罗伟，刘斌．异质性企业与全球价值链嵌入：基于效率和融资的视角[J]．世界经济, 2015, 38(8): 29-55.

[377] 苏锦红，兰宜生，夏怡然．异质性企业全要素生产率与要素配置效率：基于 1999—2007 年中国制造业企业微观数据的实证分析[J]．世界经济研究, 2015, (11): 109-117, 129.

[378] 陈爱贞，刘志彪．决定我国装备制造业在全球价值链中地位的因素：基于各细分行业投入产出实证分析[J]．国际贸易问题, 2011, (4): 115-125.

[379] Wooldridge J M. Econometric Analysis of Cross Section and Panel Data[M]. Cambridge: The MIT Press, 2010.

[380] 杨义武，林万龙，张莉琴．地方公共品供给与人口迁移：来自地级及以上城市的经验证据[J]．中国人口科学, 2017, (2): 93-103, 128.

[381] 温忠麟，叶宝娟．中介效应分析：方法和模型发展[J]．心理科学进展, 2014, 22(5): 731-745.

[382] 周茂，陆毅，符大海．贸易自由化与中国产业升级：事实与机制[J]．世界经济, 2016, 39(10): 78-102.

[383] 柯善咨，韩峰．中国城市经济发展潜力的综合测度和统计估计[J]．统计研究, 2013, 30(3): 64-71.

[384] 蔡昉．高等教育该不该保持继续扩大的势头[J]．中国党政干部论坛，2012, (10): 23-25.

[385] Brambilla I, Lederman D, Porto G. Exports, export destinations, and skills[J]. American Economic Review, 2012, 102(7): 3406-3438.

[386] Brambilla I, Porto G G. High-income export destinations, quality and wages[J]. Journal of International Economics, 2016, 98: 21-35.

[387] 夏庆杰，宋丽娜，Knight J，等．20 世纪 90 年代中国国有企业改革对城镇劳动力市场的影响[J]．世界经济, 2009, 32(4): 50-68.

[388] 吴要武，赵泉．高校扩招与大学毕业生就业[J]．经济研究，2010，45(9): 93-108.

[389] Wang L. Economic transition and college premium in urban China[J]. China Economic Review, 2012, 23(2): 238-252.

[390] 陈至立．深刻变革中的高等教育[J]．教育发展研究, 1999, 19(1): 1-3.

[391] Bertrand M, Duflo E, Mullainathan S. How much should we trust differences-In-differences estimates?[J]. The Quarterly Journal of Economics, 2004, 119(1): 249-275.

[392] Cameron A C, Gelbach J B, Miller D L. Robust inference with multiway clustering[J]. Journal of Business & Economic Statistics, 2011, 29(2): 238-249.

[393] Angrist J D, Pischke J-S. Mostly Harmless Econometrics: An Empiricist’s Companion[M]. Princeton: Princeton University Press, 2008.

[394] Acemoglu D, Pischke J-S. Minimum wages and on-the-job training[J].

Research in Labor Economics, 2003, 22: 159-202.

[395] Ciccone A, Papaioannou E. Human capital, the structure of production, and growth[J]. Review of Economics and Statistics, 2009, 91(1): 66-82.

[396] Levinsohn J, Petrin A. Estimating production functions using inputs to control for unobservables[J]. The Review of Economic Studies, 2003, 70(2): 317-341.

[397] Dang J W, Motohashi K. Patent statistics: a good indicator for innovation in China? Patent subsidy program impacts on patent quality[J]. China Economic Review, 2015, 35: 137-155.

[398] Sheng L G, Yang D T. Expanding export variety: The role of institutional reforms in developing countries[J]. Journal of Development Economics, 2016, 118: 45-58.

[399] Bas M, Strauss-Kahn V. Input-trade liberalization, export prices and quality upgrading[J]. Journal of International Economics, 2015, 95(2): 250-262.

[400] Chatterjee A, Dix-Carneiro R, Vichyanond J. Multi-product firms and exchange rate fluctuations[J]. American Economic Journal: Economic Policy, 2013, 5(2): 77-110.

[401] Heckman J J. Sample selection bias as a specification error[J]. Econometrica, 1979, 47(1): 153.

[402] Li H B, Ma H, Xu Y. How do exchange rate movements affect Chinese exports?: A firm-level investigation[J]. Journal of International Economics, 2015, 97(1): 148-161.

[403] Xing C B, Yang P, Li Z L. The medium-Run effect of China’s higher

education expansion on the unemployment of college graduates[J]. China Economic Review, 2018, 51: 181-193.

[404] Kugler M, Verhoogen E. Prices, plant size, and product quality[J]. The Review of Economic Studies, 2012, 79(1): 307-339.

[405] Fan H C, Lai E L C, Li Y A. Credit constraints, quality, and export prices: Theory and evidence from China[J]. Journal of Comparative Economics, 2015, 43(2): 390-416.

[406] Rauch J E. Networks versus markets in international trade[J]. Journal of International Economics, 1999, 48(1): 7-35.

[407] 樊海潮, 郭光远. 出口价格、出口质量与生产率间的关系: 中国的证据[J]. 世界经济, 2015, 38(2): 58-85.

[408] Crinò R, Ogliari L. Financial imperfections, product quality, and international trade[J]. Journal of International Economics, 2017, 104: 63-84.

[409] 岳昌君. 规模扩大与高等教育人学机会均等化(初稿)[C]//2009 年中国教育经济学学术年会论文集. 广州, 2009: 1618-1625.

[410] 常进雄, 赵海涛. 所有制性质对农村户籍劳动力与城镇户籍劳动力工资差距的影响研究[J]. 经济学(季刊), 2016, 16(2): 627-646.

[411] 张车伟, 薛欣欣. 国有部门与非国有部门工资差异及人力资本贡献[J]. 经济研究, 2008, 43(4): 15-25, 65.

[412] Verhoogen E A. Trade, quality upgrading, and wage inequality in the Mexican manufacturing sector[J]. The Quarterly Journal of Economics, 2008, 123(2): 489-530.

[413] Kremer M. The O-ring theory of economic development[J]. The Quarterly Journal of Economics, 1993, 108(3): 551-575.

[414] Xu B, Lu J Y. Foreign direct investment, processing trade, and the sophistication of China's exports[J]. China Economic Review,2009, 20(3): 425-439.

[415] 罗长远，季心宇. 融资约束下的企业出口和研发：“鱼”与“熊掌”不可得兼?[J]. 金融研究, 2015, (9): 140-158.

[416] 阳佳余，徐敏. 融资多样性与中国企业出口持续模式的选择[J]. 世界经济, 2015, 38(4): 50-76.

[417] Ethier W J. National and international returns to scale in the modern theory of international trade[J]. American Economic Review, 1982, 72(3): 389-405.

[418] Kasahara H, Lapham B. Productivity and the decision to import and export: theory and evidence[J]. Journal of International Economics, 2013, 89(2): 297-316.

[419] Amiti M, Konings J. Trade liberalization, intermediate inputs, and productivity: evidence from Indonesia[J]. American Economic Review, 2007, 97(5): 1611-1638.

[420] Yu M J. Processing trade, tariff reductions and firm productivity: evidence from Chinese firms[J]. The Economic Journal, 2015, 125(585): 943-988.

[421] Feng L, Li Z Y, Swenson D L. The connection between imported intermediate inputs and exports: Evidence from Chinese firms[J]. Journal of International Economics, 2016, 101: 86-101.

[422] 施炳展，曾祥菲. 中国企业进口产品质量测算与事实[J]. 世界经济, 2015, 38(3): 57-77.

[423] 罗思平，于永达. 技术转移、“海归”与企业技术创新：基于中国光伏产业的实证研究[J]. 管理世界, 2012, 28(11): 124-132.

[424] 宋林, 张丹. 高管政治关联与海外背景对企业创新能力的协同影响研究[J]. 当代经济科学, 2019, 41(6): 98-107.

[425] 单宇, 许晖, 周连喜, 等. 数智赋能: 危机情境下组织韧性如何形成?: 基于林清轩转危为机的探索性案例研究[J].管理世界, 2021, 37(3): 84-104, 7.

[426] Hambrick D C, Mason P A. Upper echelons: the organization as a reflection of its top managers[J]. Academy of Management Review, 1984, 9(2): 193-206.

[427] 杜勇, 张欢, 陈建英. CEO 海外经历与企业盈余管理[J]. 会计研究, 2018, (2): 27-33.

[428] 张涛, 韩惠敏. 高管海外经历如何影响企业数字化转型: 基于烙印理论的实证研究[J]. 当代金融研究, 2023, 6(4): 38-50.

[429] 刘爱明, 周劲君. 高管海外背景对企业违规行为的影响研究[J]. 金融发展研究, 2021, (8): 11-19.

[430] 戚聿东, 张倩琳, 于潇宇. 高管海外经历促进技术创新的机理与路径[J]. 经济学动态, 2023, (2): 52-70.

[431] Marquis C, Tilcsik A. Imprinting: toward a multilevel theory[J]. Academy of Management Annals, 2013, 7(1): 195-245.

[432] 周中胜, 贺超, 韩燕兰. 高管海外经历与企业并购绩效: 基于"海归"高管跨文化整合优势的视角[J]. 会计研究, 2020, (8): 64-76.

[433] Holling C S. Resilience and stability of ecological systems[J]. Annual Review of Ecology and Systematics, 1973, 4: 1-23.

[434] 张公一, 张畅, 刘晚晴. 化危为安: 组织韧性研究述评与展望[J]. 经济管理, 2020, 42(10): 192-208.

[435] 李欣. 家族企业的绩效优势从何而来?: 基于长期导向韧性的探索[J]. 经济管理, 2018, 40(5): 54-72.

[436] Williams T A, Gruber D A, Sutcliffe K M, et al. Organizational response to adversity: fusing crisis management and resilience research streams[J]. Academy of Management Annals, 2017, 11(2): 733-769.

[437] Bahrami H, Evans S. Super-flexibility for real-time adaptation: perspectives from silicon valley[J]. California Management Review, 2011, 53(3): 21-39.

[438] Barasa E, Mbau R, Gilson L. What is resilience and how can it be nurtured? A systematic review of empirical literature on organizational resilience[J]. International Journal of Health Policy and Management, 2018, 7(6): 491-503.

[439] Lv W D, Wei Y, Li X Y, et al. What dimension of CSR matters to organizational resilience? Evidence from China[J]. Sustainability, 2019, 11(6): 1561.

[440] 章立, 王述勇. 技术断供对企业韧性的影响研究[J]. 中南财经政法大学学报, 2023, (6): 102-114.

[441] Lins K V, Servaes H, Tamayo A. Social capital, trust, and firm performance: the value of corporate social responsibility during the financial crisis[J]. The Journal of Finance, 2017, 72(4): 1785-1824.

[442] 陆蓉, 徐龙炳, 叶茜茜, 等. 中国民营企业韧性测度与影响因素研究[J]. 经济管理, 2021, 43(8): 56-73.

[443] van der Vegt G S, Essens P, Wahlström M, et al. Managing risk and resilience[J]. Academy of Management Journal, 2015, 58(4): 971-980.

[444] 乔朋华, 张悦, 许为宾. 领导者韧性对高科技企业探索式创新的影响:

兼论期望落差的调节作用[J]. 软科学, 2022, 36(3): 131-137.

[445] 胡海峰, 宋肖肖, 窦斌. 数字化在危机期间的价值: 来自企业韧性的证据[J]. 财贸经济, 2022, 43(7): 134-148.

[446] 胡冬梅, 赵璐, 陈维政. 基于系统动力学的高管团队危机注意力与组织韧性关系研究[J]. 软科学, 2024, 38(2): 103-110.

[447] Sajko M, Boone C, Buyl T. CEO greed, corporate social responsibility, and organizational resilience to systemic shocks[J]. Journal of Management, 2021, 47(4): 957-992.

[448] 李兰, 仲为国, 彭泗清, 等. 新冠肺炎疫情危机下的企业韧性与企业家精神: 2021 · 中国企业家成长与发展专题调查报告[J]. 南开管理评论, 2022, 25(1): 50-64.

[449] Shane S, Khurana R. Bringing individuals back in: the effects of career experience on new firm founding[J]. Industrial and Corporate Change, 2003, 12(3): 519-543.

[450] 代昀昊, 孔东民. 高管海外经历是否能提升企业投资效率[J]. 世界经济, 2017, 40(1): 168-192.

[451] 何瑛, 于文蕾, 戴逸驰, 等. 高管职业经历与企业创新[J]. 管理世界, 2019, 35(11): 174-192.

[452] 姚凯, 王亚娟. 海归高管与企业国际化: 基于我国高科技上市公司的实证研究[J]. 经济理论与经济管理, 2020, (11): 55-71.

[453] 崔秀梅, 王敬勇, 王萌. 环保投资、CEO 海外经历与企业价值: 增值抑或减值? : 基于烙印理论视角的分析[J]. 审计与经济研究, 2021, 36(5): 86-94.

[454] 何瑛, 于文蕾, 杨棉之. CEO 复合型职业经历、企业风险承担与企业价

值[J]. 中国工业经济, 2019, (9): 155-173.

[455] 钱雪松，石鑫. 加强劳动保护提高了劳动收入份额吗?: 基于《劳动合同法》实施的经验研究[J]. 经济学(季刊), 2024, 24(1): 286-302.

[456] Martin R. Regional economic resilience, hysteresis and recessionary shocks[J]. Journal of Economic Geography, 2012, 12(1): 1-32.

[457] Faggian A, Gemmiti R, Jaquet T, et al. Regional economic resilience: The experience of the Italian local labor systems[J]. The Annals of Regional Science, 2018, 60: 393-410.

[458] Holl A. Local employment growth patterns and the Great Recession: the case of Spain[J]. Journal of Regional Science, 2018, 58(4): 837-863.

[459] 陈安平. 集聚与中国城市经济韧性[J]. 世界经济, 2022, 45(1): 158-181.

[460] 张卿，邓石军. 数字化转型对企业韧性的影响: 来自 COVID-19 的证据[J]. 经济与管理, 2023, 37(1): 38-48.

[461] 钟凯，梁鹏，董晓丹，等. 数字普惠金融与商业信用二次配置[J]. 中国工业经济, 2022, (1): 170-188.

[462] 胡楠，薛付婧，王昊楠. 管理者短视主义影响企业长期投资吗?: 基于文本分析和机器学习[J]. 管理世界, 2021, 37(5): 139-156, 11, 19-21.

[463] 阳立高，胡敏智，韩峰. OFDI 影响产业结构升级的实证研究[J]. 财经理论与实践, 2019, 40(2): 126-133.

[464] 李胜旗，毛其淋. 制造业上游垄断与企业出口国内附加值: 来自中国的经验证据[J]. 中国工业经济, 2017, (3): 101-119.

[465] 高翔，刘啟仁，黄建忠. 要素市场扭曲与中国企业出口国内附加值率: 事实与机制[J]. 世界经济, 2018, 41(10): 26-50.

[466] 阳立高，段先鹏，李玉双，等. 新生代劳动力供给变化对企业出口产品

质量的影响研究[J]. 科学决策, 2020, (11): 1-14.

[467] 毛其淋, 许家云. 贸易自由化与中国企业出口的国内附加值[J]. 世界经济, 2019, 42(1): 3-25.

[468] 韩峰, 庄宗武, 阳立高. 中国制造业出口价值攀升的空间动力来源: 基于要素供给和市场需求的综合视角[J]. 中国工业经济, 2021, (3): 61-79.

[469] 郑江淮, 郑玉. 新兴经济大国中间产品创新驱动全球价值链攀升: 基于中国经验的解释[J]. 中国工业经济, 2020, (5): 61-79.

[470] 干春晖, 郑若谷, 余典范. 中国产业结构变迁对经济增长和波动的影响[J]. 经济研究, 2011, 46(5): 4-16, 31.

[471] 黄勇峰, 任若恩, 刘晓生. 中国制造业资本存量永续盘存法估计[J]. 经济学(季刊), 2002, 2(1): 377-396.

[472] Karl A. The use of unit values to discriminate between price and quality competition[J]. Cambridge Journal of Economics, 1997, 21(5): 571-592.

[473] 王有鑫, 王猛, 赵雅婧. 人口老龄化促进了出口产品品质升级吗?[J]. 财贸研究, 2015, 26(2): 61-69.

[474] 敖洁, 于金柳, 阳立高, 等. 人口老龄化会影响企业出口产品质量吗?[J]. 财经理论与实践, 2019, 40(4): 123-129.

[475] 杨菊华, 刘铁锋, 王苏苏. 人口老龄化的经济社会后果: 基于多层面与多维度视角的分析[J]. 中国农业大学学报(社会科学版), 2020, 37(1): 48-65.

[476] 汪伟. 人口老龄化、生育政策调整与中国经济增长[J]. 经济学(季刊), 2017, 17(1): 67-96.

[477] 王宇鹏. 人口老龄化对中国城镇居民消费行为的影响研究[J]. 中国人口科学, 2011, (1): 64-73, 112.

[478] Cheng W Y, Morrow J, Tacharoen K. Productivity as if space mattered: an application to factor markets across China[R]. Cambridge: National Bureau of Economic Research, 2012.

[479] 李军. 人口老龄化条件下的经济平衡增长路径[J]. 数量经济技术经济研究, 2006, 23(8): 11-21.

[480] 周浩, 刘平. 中国人口老龄化对劳动力供给和劳动生产率的影响研究[J]. 理论学刊, 2016, (3): 106-110.

[481] 王德文. 人口低生育率阶段的劳动力供求变化与中国经济增长[J]. 中国人口科学, 2007, (1): 44-52, 96.

[482] 李魁. 人口年龄结构变动与经济增长: 兼论中国人口红利[D]. 武汉: 武汉大学, 2010.

[483] 蔡昉. 劳动经济学[M]. 北京: 中国社会科学出版社, 2015.

[484] 汪伟, 艾春荣. 人口老龄化与中国储蓄率的动态演化[J]. 管理世界, 2015, (6): 47-62.

[485] 施炳展. 中国企业出口产品质量异质性: 测度与事实[J]. 经济学(季刊), 2014, 14(1): 263-284.

[486] Ding S, Guariglia A, Knight J. Investment and financing constraints in China: does working capital management make a difference?[J]. Journal of Banking & Finance, 2013, 37(5): 1490-1507.

[487] Kleibergen F, Paap R. Generalized reduced rank tests using the singular value decomposition[J]. Journal of Econometrics, 2006, 133(1): 97-126.

[488] Peneder M. Industrial structure and aggregate growth[J]. Structural Change and Economic Dynamics, 2003, 14(4): 427-448.

[489] Draca M, Machin S, van Reenen J. Minimum wages and firm

profitability[J]. American Economic Journal: Applied Economics, 2011, 3(1): 129-151.

[490] 许明, 李逸飞. 最低工资政策、成本不完全传递与多产品加成率调整[J]. 经济研究, 2020, 55(4): 167-183.

[491] Bell L A. The impact of minimum wages in Mexico and Colombia[J]. Journal of Labor Economics, 1997, 15(S3): S102-S135.

[492] Parrotta P, Pozzoli D, Pytlikova M. Labor diversity and firm productivity[J]. European Economic Review, 2014, 66: 144-179.

[493] 邸俊鹏, 韩清. 最低工资标准提升的收入效应研究[J]. 数量经济技术经济研究, 2015, 32(7): 90-103.

[494] 孙楚仁, 张卡, 章韬. 最低工资一定会减少企业的出口吗[J]. 世界经济, 2013, 36(8): 100-124.

[495] Hicks J. The Theory of Wages[M]. London: Macmillan, 1932.

[496] 黄先海, 徐圣. 中国劳动收入比重下降成因分析: 基于劳动节约型技术进步的视角[J]. 经济研究, 2009, 44(7): 34-44.

[497] 王小霞, 蒋殿春, 李磊. 最低工资上升会倒逼制造业企业转型升级吗?: 基于专利申请数据的经验分析[J]. 财经研究, 2018, 44(12): 126-137.

[498] Hamermesh D S, Pfann G A. Adjustment costs in factor demand[J]. Journal of Economic Literature, 1996, 34(3): 1264-1292.

[499] Grandmont J M, Pintus P, de Vilder R. Capital-labor substitution and competitive nonlinear endogenous business cycles[J]. Journal of Economic Theory, 1998, 80(1): 14-59.

[500] Becker G. Human Capital[M]. New York: Columbia University Press, 1964.

[501] Acemoglu D, Pischke J-S. The structure of wages and investment in

general training[J]. Journal of Political Economy, 1999, 107(3): 539-572.

[502] Neumark D, Wascher W L. Minimum Wages[M]. Cambridge: MIT Press, 2008.

[503] Steedman H, Wagner K. A second look at productivity, machinery and skills in Britain and Germany[J]. National Institute Economic Review, 1987, 122: 84-95.

[504] Mason G, van Ark B, Wagner K. Workforce skills, product quality and economic performance[M]//Booth A L, Snower D J. Acquiring Skills: Market Failures, Their Symptoms and Policy Responses. Cambridge: Cambridge University Press, 1996: 175-198.

[505] 邹红，肖翰，宋泽，等. 最低工资、成本价格传递与家庭真实福利效应[J]. 经济研究, 2023, 58(6): 173-189.

[506] Shapiro C, Stiglitz J E. Equilibrium unemployment as a worker discipline device[M]//Akerlof G A, Yellen J L. Efficiency Wage Models of the Labor Market. Cambridge: Cambridge University Press, 1986: 45-56.

[507] Salop S C. A model of the natural rate of unemployment[M]// Akerlof G A, Yellen J L. Efficiency Wage Models of the Labor Market. Cambridge: Cambridge University Press, 1986: 93-101.

[508] Weiss A. Job queues and layoffs in labor markets with flexible wages[J]. Journal of Political Economy, 1980, 88(3): 526-538.

[509] Akerlof G A. Labor contracts as partial gift exchange[J]. The Quarterly Journal of Economics, 1982, 97(4): 543-569.

[510] 蔡昉. 刘易斯转折点与公共政策方向的转变：关于中国社会保护的若干特征性事实[J]. 中国社会科学, 2010, (6): 125-137, 223.

[511] Manova K, Zhang Z W. Export prices across firms and destinations[J]. The Quarterly Journal of Economics, 2012, 127(1): 379-436.

[512] Amiti M, Khandelwal A K. Import competition and quality upgrading[J]. Review of Economics and Statistics, 2013, 95(2): 476-490.

[513] 施炳展, 邵文波. 中国企业出口产品质量测算及其决定因素: 培育出口竞争新优势的微观视角[J]. 管理世界, 2014, 30(9): 90-106.

[514] Khandelwal A. The long and short (of) quality ladders[J]. The Review of Economic Studies, 2010, 77(4): 1450-1476.

[515] Luong T, Huang R J, Li S Y. Ethnic diversity and the quality of exports: evidence from Chinese firm-level data[R]. Shanghai: Shanghai University of Finance and Economics, 2013.

[516] 宁光杰. 中国最低工资标准制定和调整依据的实证分析[J]. 中国人口科学, 2011, (1): 26-34, 111.

[517] 丁守海. 最低工资管制的就业效应分析: 兼论《劳动合同法》的交互影响[J]. 中国社会科学, 2010, (1): 85-102, 223.

[518] 马双, 甘犁. 最低工资对企业在职培训的影响分析[J]. 经济学(季刊), 2014, 14(1): 1-26.

[519] Lu D. Exceptional Exporter Performance? Evidence from Chinese Manufacturing Firms[M]. Chicago: University of Chicago, 2010.

[520] 陆正飞, 王雄元, 张鹏. 国有企业支付了更高的职工工资吗?[J]. 经济研究, 2012, 47(3): 28-39.

[521] 吴延兵. 国有企业双重效率损失研究[J]. 经济研究, 2012, 47(3): 15-27.

[522] 张五常. 多难登临录: 金融危机与中国前景[M]. 北京: 中信出版社, 2009.

[523] 蔡昉. 劳动合同法不是狼来了游戏[EB/OL]. https: //finance.sina.com.cn/

review/20080515/16184873533.shtml[2008-05-15].
[524] Aghion P, Howitt P. A model of growth through creative destruction[J]. Econometrica, 1992, 60(2): 323.
[525] 李钢，沈可挺，郭朝先. 中国劳动密集型产业竞争力提升出路何在：新《劳动合同法》实施后的调研[J]. 中国工业经济, 2009, (9): 37-46.
[526] 刘媛媛，刘斌. 劳动保护、成本粘性与企业应对[J]. 经济研究，2014, 49(5): 63-76.
[527] 李建强，赵西亮. 劳动保护与企业创新：基于《劳动合同法》的实证研究[J]. 经济学(季刊), 2020, 20(1): 121-142.
[528] 柏培文，王亚文. 中国细分行业技能资本替代弹性与技术偏向性[J]. 经济研究, 2023, 58(3): 135-153.
[529] 范如国. 员工效率工资与企业的管理效率分析[J]. 南开管理评论, 2009, 12(4): 128-135.
[530] 周维. 工业企业创新租金分享程度研究[J]. 经济研究参考，2014, (21): 76-91.
[531] 李明，徐建炜. 谁从中国工会会员身份中获益?[J]. 经济研究，2014, 49(5): 49-62.
[532] Bassanini A, Ernst E. Labour market regulation, industrial relations and technological regimes: a tale of comparative advantage[J]. Industrial and Corporate Change, 2002, 11(3): 391-426.
[533] Cappelli P. Examining the incidence of downsizing and its effect on establishment performance[R]. Cambridge: National Bureau of Economic Research, 2000.
[534] Kleinknecht A, van Schaik F N, Zhou H B. Is flexible labour good for

innovation? Evidence from firm-level data[J]. Cambridge Journal of Economics, 2014, 38(5): 1207-1219.

[535] Bonanno G, Haworth B. Intensity of competition and the choice between product and process innovation[J]. International Journal of Industrial Organization, 1998, 16(4): 495-510.

[536] Cuijpers M, Guenter H, Hussinger K. Costs and benefits of inter-departmental innovation collaboration[J]. Research Policy, 2011, 40(4): 565-575.

[537] Meyer M, Vandenberg P. Globalization, labor market regulation, and firm behavior[R]. Manila: Asian Development Bank, 2013.

[538] Stock J H, Watson M W. Introduction to Econometrics[M]. London: Pearson, 2020.

[539] Card D, Krueger A B. Minimum wages and employment: a case study of the fast-food industry in New Jersey and Pennsylvania[J]. The American Economic Review, 1993, 90(5): 1397-1420.

[540] Besley T, Burgess R. Can labor regulation hinder economic performance? Evidence from India[J]. The Quarterly Journal of Economics, 2004, 119(1): 91-134.

[541] 姚洋, 钟宁桦. 工会是否提高了工人的福利?: 来自 12 个城市的证据[J]. 世界经济文汇, 2008, (5): 5-29.

[542] 孙中伟, 贺霞旭. 工会建设与外来工劳动权益保护: 兼论一种“稻草人机制”[J]. 管理世界, 2012, 28(12): 46-60, 81.

[543] 纪雯雯, 赖德胜. 工会能够维护流动人口劳动权益吗?[J]. 管理世界, 2019, 35(2): 88-101.

[544] Allen R C. The British Industrial Revolution in Global Perspective[M]. Cambridge: Cambridge University Press, 2009.

[545] Acemoglu D. When does labor scarcity encourage innovation?[J]. Journal of Political Economy, 2010, 118(6): 1037-1078.

[546] 刘志成. 要素市场化配置的主要障碍与改革对策[J]. 经济纵横, 2019, (3): 93-101.

[547] 刘啟仁, 铁瑛. 企业雇佣结构、中间投入与出口产品质量变动之谜[J]. 管理世界, 2020, 36(3): 1-23.

[548] 王明益, 戚建梅. 我国出口产品质量升级: 基于劳动力价格扭曲的视角[J]. 经济学动态, 2017, (1): 77-91.

[549] 阳立高, 韩峰. 人力资本何以成为红利?: 来自企业出口价值攀升视角的证据[J]. 中国软科学, 2022, (5): 123-133.

[550] 蔡昉. 中国经济改革效应分析: 劳动力重新配置的视角[J]. 经济研究, 2017, 52(7): 4-17.

[551] Li Z G, Wu M Q. Estimating the incidences of the recent pension reform in China: evidence from 100,000 manufacturers[J]. Contemporary Economic Policy, 2013, 31(2): 332-344.

[552] 叶林祥, Gindling T H, 李实, 等. 中国企业对最低工资政策的遵守: 基于中国六省市企业与员工匹配数据的经验研究[J]. 经济研究, 2015, 50(6): 19-32.

[553] 王贵东. 1996-2013 年中国制造业企业 TFP 测算[J]. 中国经济问题, 2018, (4): 88-99.

[554] Lu Y, Yu L H. Trade liberalization and markup dispersion: evidence from China's WTO accession[J]. American Economic Journal: Applied

Economics, 2015, 7(4): 221-253.

[555] Angrist J D, Pischke J-S. Mastering'Metrics: The Path from Cause to Effect[M]. Princeton: Princeton University Press, 2014.

[556] Beck T, Levine R, Levkov A. Big bad banks? The winners and losers from bank deregulation in the United States[J]. The Journal of Finance, 2010, 65(5): 1637-1667.

[557] Li S M, Li S H, Zhang W Y. The road to capitalism: competition and institutional change in China[J]. Journal of Comparative Economics, 2000, 28(2): 269-292.

[558] Brandt L, van Biesebroeck J, Wang L H, et al. WTO accession and performance of Chinese manufacturing firms[J]. American Economic Review, 2017, 107(9): 2784-2820.

[559] 孙浦阳, 蒋为, 陈惟. 外资自由化、技术距离与中国企业出口: 基于上下游产业关联视角[J]. 管理世界, 2015, 31(11): 53-69.

[560] 许和连, 王海成. 简政放权改革会改善企业出口绩效吗?: 基于出口退(免)税审批权下放的准自然试验[J]. 经济研究, 2018, 53(3): 157-170.

[561] Clarke D. Estimating difference-in-differences in the presence of spillovers[R]. Munich: University of Munich, 2017.

[562] 孙天阳, 陆毅, 成丽红. 资源枯竭型城市扶助政策实施效果、长效机制与产业升级[J]. 中国工业经济, 2020, (7): 98-116.

[563] 尹志超, 甘犁. 公共部门和非公共部门工资差异的实证研究[J]. 经济研究, 2009, 44(4): 129-140.

[564] 齐亚强, 梁童心. 地区差异还是行业差异?: 双重劳动力市场分割与收入不平等[J]. 社会学研究, 2016, 31(1): 168-190, 245-246.

[565] 樊纲，王小鲁，张立文，等. 中国各地区市场化相对进程报告[J]. 经济研究, 2003, 38(3): 9-18, 89.

[566] Lu D, Alvarez F, Arkolakis C, et al. Exceptional exporter performance? Evidence from Chinese manufacturing firms[R]. Cambridge: National Bureau of Economic Research, 2010.

[567] Liu Q, Lu Y. Firm investment and exporting: evidence from China's value-added tax reform[J]. Journal of International Economics, 2015, 97(2): 392-403.

[568] 孙浦阳，侯欣裕，盛斌. 服务业开放、管理效率与企业出口[J]. 经济研究, 2018, 53(7): 136-151.

[569] Feenstra R C, Romalis J. International prices and endogenous quality[J]. The Quarterly Journal of Economics, 2014, 129(2): 477-527.

[570] 岳希明，徐静，刘谦，等. 2011 年个人所得税改革的收入再分配效应[J]. 经济研究, 2012, 47(9): 113-124.

[571] 徐建炜，马光荣，李实. 个人所得税改善中国收入分配了吗：基于对 1997—2011 年微观数据的动态评估[J]. 中国社会科学，2013，(6)：53-71, 205.

[572] 田志伟，胡怡建，宫映华. 免征额与个人所得税的收入再分配效应[J]. 经济研究, 2017, 52(10): 113-127.

[573] Zhan P, Li S, Xu X J. Personal income tax reform in China in 2018 and its impact on income distribution[J]. China & World Economy, 2019, 27(3): 25-48.

[574] 王凯风，吴超林. 个税改革、收入不平等与社会福利[J]. 财经研究，2021, 47(1): 18-31.

[575] 余显才. 所得税劳动供给效应的实证研究[J]. 管理世界, 2006, 22(11): 28-40, 171-172.

[576] 刘怡, 聂海峰, 邢春冰. 个人所得税费用扣除调整的劳动供给效应[J]. 财贸经济, 2010, 31(6): 52-59.

[577] 刘蓉, 汤云鹏, 赵岭晓. 个人所得税改革对中老年劳动力供给的影响研究: 基于 CHARLS 的面板数据[J]. 北京大学学报(哲学社会科学版), 2019, 56(5): 87-100.

[578] 徐润, 陈斌开. 个人所得税改革可以刺激居民消费吗?: 来自 2011 年所得税改革的证据[J]. 金融研究, 2015, (11): 80-97.

[579] 赵达, 王贞. 个人所得税减免有助于中国城镇家庭提高消费吗?[J]. 统计研究, 2020, 37(5): 27-39.

[580] 刘利利, 刘洪愧. 个人所得税改革与家庭教育支出: 兼论教育负担与教育差距[J]. 经济科学, 2020, (1): 100-112.

[581] 戴翔, 金碚. 产品内分工、制度质量与出口技术复杂度[J]. 经济研究, 2014, 49(7): 4-17, 43.

[582] 余淼杰, 张睿. 人民币升值对出口质量的提升效应: 来自中国的微观证据[J]. 管理世界, 2017, 33(5): 28-40, 187.

[583] 张明志, 季克佳. 人民币汇率变动对中国制造业企业出口产品质量的影响[J]. 中国工业经济, 2018, (1): 5-23.

[584] 张夏, 汪亚楠, 施炳展. 事实汇率制度、企业生产率与出口产品质量[J]. 世界经济, 2020, 43(1): 170-192.

[585] 毛日昇, 陈瑶雯. 汇率变动、产品再配置与行业出口质量[J]. 经济研究, 2021, 56(2): 123-140.

[586] 梁平汉, 邹伟, 胡超. 时间就是金钱: 退税无纸化改革、行政负担与企

业出口[J]. 世界经济, 2020, 43(10): 52-73.

[587] 周茂, 李雨浓, 姚星, 等. 人力资本扩张与中国城市制造业出口升级: 来自高校扩招的证据[J]. 管理世界, 2019, 35(5): 64-77, 198-199.

[588] 李波, 杨先明. 劳动保护与企业出口产品质量: 基于《劳动合同法》实施的准自然实验[J]. 经济学动态, 2021,(7): 99-115.

[589] Bai X, Chatterjee A, Krishna K, et al. Trade and minimum wages in general equilibrium: Theory and evidence[J]. Journal of International Economics, 2021, 133: 103535.

[590] 王海成, 许和连, 邵小快. 国有企业改制是否会提升出口产品质量[J]. 世界经济, 2019, 42(3): 94-117.

[591] 余长林. 知识产权保护与中国出口比较优势[J]. 管理世界, 2016, 32(6): 51-66.

[592] 李俊青, 苗二森. 不完全契约条件下的知识产权保护与企业出口技术复杂度[J]. 中国工业经济, 2018, (12): 115-133.

[593] 沈国兵, 黄铄珺. 行业生产网络中知识产权保护与中国企业出口技术含量[J]. 世界经济, 2019, 42(9): 76-100.

[594] 魏如青, 张铭心, 郑乐凯, 等. 生产分割、知识产权保护与出口技术复杂度: 基于生产阶段分割的研究视角[J]. 统计研究, 2021, 38(4): 103-115.

[595] Chandra P, Long C. VAT rebates and export performance in China: firm-level evidence[J]. Journal of Public Economics, 2013, 102: 13-22.

[596] Du Y, Yang M K, Li J, et al. The stagnant export upgrading in NorthEast China: evidence from value-added tax reform[J]. China & World Economy, 2020, 28(4): 101-126.

[597] Hicks J. The Theory of Wages[M]. 2nd ed. London: Macmillan, 1963.
[598] 于文超, 殷华, 梁平汉. 税收征管、财政压力与企业融资约束[J]. 中国工业经济, 2018, (1): 100-118.
[599] Anderson J E, van Wincoop E. Trade costs[J]. Journal of Economic Literature, 2004, 42(3): 691-751.
[600] Waugh M E. International trade and income differences[J]. American Economic Review, 2010, 100(5): 2093-2124.
[601] 潘士远. 贸易自由化、有偏的学习效应与发展中国家的工资差异[J]. 经济研究, 2007, 42(6): 98-105, 141.
[602] 戴觅, 张轶凡, 黄炜. 贸易自由化如何影响中国区域劳动力市场?[J]. 管理世界, 2019, 35(6): 56-69.
[603] Cadot O, Fernandes A M, Gourdon J, et al. Are the benefits of export support durable? Evidence from Tunisia[J]. Journal of International Economics, 2015, 97(2): 310-324.
[604] 赵文哲, 杨其静, 周业安. 不平等厌恶性、财政竞争和地方政府财政赤字膨胀关系研究[J]. 管理世界, 2010, 26(1): 44-53, 187-188.
[605] 祝继高, 岳衡, 饶品贵. 地方政府财政压力与银行信贷资源配置效率: 基于我国城市商业银行的研究证据[J]. 金融研究, 2020, (1): 88-109.
[606] 倪红福, 吴延兵, 周倩玲. 企业税负及其不平等[J]. 财贸经济, 2020, 41(10): 49-64.
[607] Verhoogen E. Firm-level upgrading in developing countries[J]. Journal of Economic Literature, 2023, 61(4): 1410-1464.
[608] 倪红福, 王海成. 企业在全球价值链中的位置及其结构变化[J]. 经济研究, 2022, 57(2): 107-124.

[609] 黄先海, 陈晓华, 刘慧. 产业出口复杂度的测度及其动态演进机理分析: 基于 52 个经济体 1993~2006 年金属制品出口的实证研究[J]. 管理世界, 2010, 26(3): 44-55.

[610] Xu B. The sophistication of exports: is China special?[J]. China Economic Review, 2010, 21(3): 482-493.

[611] 盛斌, 毛其淋. 进口贸易自由化是否影响了中国制造业出口技术复杂度[J]. 世界经济, 2017, 40(12): 52-75.

[612] Manova K, Yu Z H. How firms export: Processing vs. ordinary trade with financial frictions[J]. Journal of International Economics, 2016, 100: 120-137.

[613] Brandt L, Morrow P M. Tariffs and the organization of trade in China[J]. Journal of International Economics, 2017, 104: 85-103.

[614] 李成友, 孙涛, 焦勇. 要素禀赋、工资差距与人力资本形成[J]. 经济研究, 2018, 53(10): 113-126.

[615] Griliches Z. Capital-skill complementarity[J]. The Review of Economics and Statistics, 1969, 51(4): 465.

[616] 王海成, 张伟豪, 夏紫莹. 产业规模偏好与企业全要素生产率: 来自省级政府五年规划文本的证据[J]. 经济研究, 2023, 58(5): 153-171.

[617] Brandt L, van Biesebroeck J, Zhang Y F. Challenges of working with the Chinese NBS firm-level data[J]. China Economic Review, 2014, 30: 339-352.

[618] Lutz J G. China and Christian Colleges, 1850-1950[M]. Ithaca: Cornell University Press, 1971.

后　记

党的二十大报告提出，要“推动制造业高端化、智能化、绿色化发展”[①]。2023 年 9 月 27 日，习近平在中共中央政治局第八次集体学习时进一步强调“要加快建设贸易强国，升级货物贸易，创新服务贸易，发展数字贸易，以数字化绿色化为方向，进一步提升国际分工地位，向全球价值链中高端迈进”[②]。这不仅是新时代赋予我国产业发展的新使命，也为经济学研究开辟了新的领域。然而，在当前人口老龄化、高等教育大众化与全面三孩化等多重背景下，我国劳动力结构发生了深刻变化，对制造业全球价值链升级产生了深远影响。因此，探索如何顺应劳动力结构新变化，促进制造业迈向全球价值链中高端，成为我国经济社会发展亟待解决的重要问题。

基于此，本书深入探讨了劳动力结构变化与制造业全球价值链升级二者之间的内在联系与作用机理，并对劳动力结构变化影响制造业全球价值链升级的效应进行了实证检验，最后就如何顺应劳动力结构新变化，促进制造业全球价值链迈向中高端提出政策建议。

本书系集体研究成果，由阳立高教授担任首席专家，负责总体设计、撰稿和统稿修改。具体的写作分工如下。第一章绪论：阳立高、王海成、高

---

① 习近平：高举中国特色社会主义伟大旗帜 为全面建设社会主义现代化国家而团结奋斗——在中国共产党第二十次全国代表大会上的报告，http://www.qstheory.cn/yaowen/2022-10/25/c_1129079926.htm[2024-11-21]。

② 习近平在中共中央政治局第八次集体学习时强调 积极参与世界贸易组织改革 提高驾驭高水平对外开放能力，https://news.cyol.com/gb/articles/2023-09/27/content_xaME3zHVxb.html[2024-11-21]。

超；第二章文献述评：阳立高、李江、蒋振婷；第三章劳动力结构与制造业全球价值链升级的状况与问题：阳立高、谢锐、陈樱；第四章劳动力素质结构变化与制造业全球价值链升级：阳立高、韩峰、罗甜甜；第五章劳动力受教育程度变化与制造业全球价值链升级：阳立高、王海成、熊贵；第六章企业 CEO 双海外背景与制造业全球价值链升级：阳立高、李玉双、刘丽雯；第七章新生代劳动力供给变化与制造业全球价值链升级：阳立高、韩峰、严勇翔；第八章劳动力年龄结构变化与制造业全球价值链升级：阳立高、江鹃、龚世豪；第九章最低工资标准制度与制造业全球价值链升级：阳立高、李玉双、曾斌；第十章劳动力市场管制与制造业全球价值链升级：阳立高、付蕾、王子昂；第十一章城乡劳动力市场结构与制造业全球价值链升级：阳立高、于金柳、丁丹；第十二章个人所得税改革与制造业全球价值链升级：阳立高、韩峰、江鹃；第十三章实训基地建设与制造业全球价值链升级：阳立高、王海成、陈清煜；第十四章劳动力结构变化视角下促进制造业全球价值链升级的政策研究：阳立高、牛子正、刘丽雯；第十五章主要结论、研究局限与未来展望：阳立高、刘建江、黄维。

在本书完稿即将付印之际，衷心感谢科学出版社为本书的撰写与出版提供的支持，使得作者多年的研究成果得以展示。感谢徐倩编辑在本书完成和出版过程中给予的帮助。

本书在撰写过程中，还得到了多方指导、支持与帮助。首先，要特别感谢赖明勇教授、张占斌教授等给予的指导、支持与帮助。其次，感谢我的学生龚世豪、于金柳、罗甜甜、牛子正、曾斌、黄慧、彭頔雯、刘丽雯、陈清煜、严勇翔、彭哲超、蒋振婷、熊贵、陈樱、唐翰乾、王子昂、刘娜英、申娴雅、吴胤宽、肖凤标等在本书撰写过程中所做的工作。最后，要感谢我的父母和岳父岳母、贤惠善良的妻子、聪明伶俐的儿女，感谢你们的关爱、理解与支持。

由于时间和水平有限，书中内容难免存在疏漏之处，敬请广大读者和有关专家批评指正。

阳立高

2024年11月